思政课要用心教

SIZHENGKE YAO YONGXIN JIAO

曲建武 / 著

大连海事大学出版社

图书在版编目(CIP)数据

思政课要用心教 / 曲建武著. — 大连 : 大连海事大学出版社, 2025. 9. — ISBN 978-7-5632-4734-9

Ⅰ. G641

中国国家版本馆 CIP 数据核字第 2025YC8162 号

大连海事大学出版社出版

地址:大连市黄浦路523号　邮编:116026　电话:0411-84729665(营销部)　84729480(总编室)

http://press.dlmu.edu.cn　E-mail:dmupress@dlmu.edu.cn

大连金华光彩色印刷有限公司印装　大连海事大学出版社发行

2025 年 9 月第 1 版　2025 年 9 月第 1 次印刷

幅面尺寸:170 mm×240 mm　印张:30.5

字数:484 千　印数:1~1050 册

出版人:余锡荣

责任编辑:陶月初　责任校对:刘长影

封面设计:张爱妮　版式设计:张爱妮

ISBN 978-7-5632-4734-9　定价:90.00 元

序 言

我在大学里学的是政史专业，这使得我在我的“拔节孕穗期”较早地、系统地学习了马克思主义理论，我还阅读了许多西方思想家的著述，我在比较中相信了马克思主义。马克思从来不为自己发声；马克思主义不是空洞的学说；马克思亲自实践；马克思清楚地知道他会得到什么；马克思追求的是面对我们的骨灰让高尚的人们洒下热泪。受《共产党宣言》的启发，我写下了入党申请书，我要成为共产党员，做马克思主义的传承人。我原本希望毕业后到西藏、新疆等地方做思政课教师，但毕业时因为没有相关计划便未能如愿，我被留校做了一名辅导员，上思政课，（当时叫“共产主义思想品德课”）。我觉得这样也好，同样可以传播马克思主义，当好大学生人生成长的指导者和引路人。我原本希望做一辈子辅导员，上一辈子思政课，因为我的职务多次变动，一辈子辅导员便没有当成。这是我的一个遗憾，但是上一辈子思政课这个理想我实现了，包括在任省委高校工委副书记期间，我仍然兼做马克思主义理论学科（思想政治教育方向）的博士生导师。2013 年我辞去厅级领导职务来到大连海事大学，继续做辅导员，上思政课，转眼又过去了 12 年。我对思想政治理论课教学情有独钟。大学里开设了很多门课程，如果用“食材”来比喻，最好的一种“食材”就是思政课。思政课是立德树人的关键课程，管人生的方向、活着的目的。中华文化中传承着“厚德载物”的理念，没有德，学那么多知识有什么用；没有德，承载不了知识的重量；没有德，也找不到人生的幸福。正所谓“德不配位，必有灾殃”。今天一些走进监狱里的曾经的干部，他们的知识、能力都可以，但正是因为德不配位，才导致了悲剧性的结局。当年，教过我的好几位老师都劝我到他们的教研室给学生上社会学、伦理学、法学、党史等课程，他们认为思政课不是课，搞不出学问。而我却偏偏认为思政课最重要。今天思政课的效果还没有达到令人满意的程度，这里的原因是多方面的。于我们思政课教师而言，有个“手艺”问题，由于“手艺”不佳，结果思政课这种最好的“食材”不是被做“咸了”，就是被做“淡了”，再不就是被做“腻了”，学生不愿意“吃”。

2019 年 3 月 18 日，我荣幸地参加了习近平总书记主持召开的学校思想政治理论课教师座谈会。习近平总书记指出：“思想政治理论课是落实立德树人根本任务的关键课程。青少年阶段是人生的‘拔节孕穗期’，最需要精心引导和栽培。我们办中国特色社会主义教育，就是要理直气壮开好思政课，用新时代中国特色社会主义思想铸魂育人，引导学生增强中国特色社会主义道路自信、理论自信、制度自信、文化自信，厚植爱国主义情怀，把爱国情、强国志、报国行自觉融入坚持和发展中国特色社会主义事业、建设社会主义现代化强国、实现中华民族伟大复兴的奋斗之中。思政课作用不可替代，思政课教师队伍责任重大。”作为一名思政课教师一定要切实担负起为党育人、为国育才的神圣使命，用心上好思政课。思政课教师用心教，学生才会用心悟，思政课才能达到沟通心灵、启智润心、激扬斗志的教学效果。

我从 2017 年始开通了我的“仍然在路上”微信公众号，粉丝有 20 余万人，其中绝大多数都是辅导员、大学生、思政课教师。我和大家交流了四五百万字，交流的主题就是怎样当好辅导员、怎样读好大学、怎样上好思政课。2020 年我曾将围绕这三方面问题在公众号上推送的文章结集出版了《我与辅导员的交流》《我与大学生朋友们的交流》《我与思政课教师的交流》三本书，这次出版的《辅导员要用心当》《大学要用心读》《思政课要用心教》三本书，保留了已出版的三本书中的部分内容，特别是梳理了 2020 年以后我在微信公众号上的推文。就本书而言，我希望我的思考和实践能对思政课教师用心教有所启发，哪怕有那么一点点我也知足了。同时也欢迎大家对书中不足的地方提出批评。

值此书稿完结之际，衷心感谢大连海事大学出版社的同志们为本书出版所付出的辛苦！

祝大家一切都好！

曲建武

2025 年 1 月

目 录

马克思主义是什么?

2017-06-22

我曾两次在英国拜谒马克思的墓。在马克思的墓碑上刻着他的两句名言,其中一句为:“哲学家们只是用不同的方式解释世界,而问题在于改变世界。”我一直在琢磨,马克思的著作浩如烟海,为什么要把这句话刻在墓碑上?是马克思生前告诉恩格斯将这句话写在墓碑上,还是因为恩格斯深深地了解马克思学说的精髓在哪里?不管怎样,有一点是值得肯定的,那就是:马克思主义理论是一种改变社会现实、推动人类不断进步的学说。

我在大学读书期间,在一次讨论马克思主义和空想社会主义区别的时候,举了这样一个例子:一个人骑在另一个人的身上不停地殴打着,打人的那个人是资本家,被打的那个人是无产者。这时,欧文走了过来,傅里叶走了过来,圣西门也走了过来。他们看到这个情况,纷纷感到太不人道、太不合理。他们希望打人的那个人能够发发善心,不要再殴打下去了。可是,那个人照样不停地殴打。接着,马克思走来了,恩格斯走来了,列宁走来了……他们见此情景,不由分说帮助被打的那个人掀掉了骑在他身上的人。现状被改变了,马克思主义和空想社会主义的本质区别就在这里。

毛泽东同志说:“精通的目的全在于应用。”邓小平同志说:“不干,半点马克思主义都没有。”习近平同志说:“空谈误国,实干兴邦。”这些朴实的话语应当是对“马克思主义是什么”的最好诠释。中国共产党由起初的五十多名党员，发展到今天拥有将近九千万党员的大党，中国如今已成为世界第二大经济体，这些都是马克思主义在中国社会不断实践的结果。马克思主义的力量来自实践，只有伟大的实践才能从根本上保证马克思主义具有旺盛的生命力。

全国优秀共产党员毛丰美生前所在的凤城市大梨树村，其山头上立着一座“干”字碑。远远望去，“干”字浸透出的马克思主义的光辉耀眼夺目。毛丰美在世时，我在省里任高校工委副书记，曾组织辽宁省思想政治理论课教师到大梨树村参观考察。毛丰美说：“没有实惠，老百姓就不会信你的。共产党人就是要‘干’字当先，给老百姓实惠。”

马克思主义是科学，问题是怎样才能使人们感受到它的力量。不在“干”上下功夫，恐怕再好的理论也是难以打动人的。从这个意义上讲，“干”比“说”要重要得多。思想政治理论课教师不能只把马克思主义当作知识来传授，更要引导青年学生用马克思主义理论指导自身的实践。

几句关于命运的话

2017-06-24

我这个人不信命，大概是因为从懂事的时候起就忙碌，没有时间考虑什么是命。我今年60岁，这个年龄自然会听到许多关于命运的谈论。今天早上在微信群里我还看到一条关于命运的微信，其中说道："人最无能为力的是老天爷对于命运的安排。""命里一尺，难求一丈"，意思是没有必要做无谓的抗争，老天爷早为你安排好了一切，该啥样就啥样了。这种对命运的理解对吗？显然是不对的。什么是命运？命运是自然生命与社会生命的统一体。自然生命是无法抗拒、无法改变的。你出生在什么样的家庭你决定不了；你出生在什么时代你决定不了；你出生在哪个国家你决定不了；乃至于你出生时是个健全人还是残障人你也决定不了。鲁迅先生说："其实即使是天才，在生下来的时候的第一声啼哭，也和平常的儿童一样。"为什么呢？这是因为这时的命还是"自然"的。可是，为什么后来有了"傻瓜"和"天才"之分，有了奉献和索取之别？为什么有的人还活着，别人却以为他不在了？为什么有的人虽已离世，却永远活在人们的心中？这些自然生命决定不了，它们属于社会生命的范畴。有的人命多好啊，含着金汤匙出生，可是他后来落魄了；有的人命多差啊，是嚼着苦菜根长大的，可是他后来致富了。有的人虽有强健的体魄，但是他作奸犯科，为人唾弃，最终受到法律的制裁；有的人虽身有残疾，却收获了事业的成功和甜美的爱情，成了令人尊敬的人。人的命运就像是一块块木坯，原本没有什么不同，雕刻得用不用心，雕刻的手法好坏，都会使木坯呈现出不同的模样。自然生命需要社会生命去润色,这样才能使人生色彩纷呈。不要拿所谓的命运来搪塞,只有懦夫才会把自己的生命弄得黯然失色。我在大学读书的时候,每天早上在操场要跑几千米,甚至上万米。冬季的室外,温度有零下二十多摄氏度,我也从未惧怕过。望着宿舍那温暖的灯光,想象着那一个个蜷缩在被窝里的躯体,我想,他们中没有几个人能成为我的对手。我当辅导员、上品德课的时候,也曾被其他专业教师看不起,他们认为只有没水平的老师才教品德课。但我并不在意,我佩服贝多芬,立志做一个能够扼住命运咽喉的人!我创造了学校运动会的万米跑纪录。前年在学校举行的教工男子网球单打比赛中,我获得不分年龄组冠军。我曾官至正厅级,学术上是二级教授。如果相信命运的话,我今天会在哪里?会干什么?什么叫"命里一尺,难求一丈"?那指的是自然生命。人的社会生命有巨大的弹性空间,不同的活法决定了不同的发展空间。个别的思想政治理论课教师认为命不好才教这门课,这种观点实在荒谬可笑。

社会实践的目的是什么？

2017-07-17

组织大学生参加社会实践活动，是高校对大学生进行思想政治教育、培养高质量人才的一个重要环节，也是上好思想政治理论课的一个途径。因此，总体上看，各高校对这项工作还是比较重视的，广大学生也都在积极地参加。参加社会实践使学生开阔了视野，加深了对社会的认识，提高了思想觉悟，从而更加健康地成长。成绩应当充分地被肯定，这是我们研究问题的起点。但是，如果从问题的角度出发，我们应当怎样看待大学生的社会实践呢？这里，我想谈一下组织大学生参加社会实践目的的问题。

首先从高校自身来看。毫无疑问，组织学生参加社会实践的目的是使学生增强时代的使命感、责任感，培养适应社会需要的高质量的人才。

这个目的实现得怎样？客观地说，我们的目的实现的程度与我们的愿望还是有一定差距的。尽管思想政治教育视域和教学管理层面都强调要重视大学生的社会实践问题，然而，我们还没有将社会实践真正纳入教学环节，没有从培养高质量的人才必须从尊重人才成长规律，也可以说必须从尊重教育的规律出发来认识社会实践的地位和作用。因此，社会实践就无法纳入学校人才培养的“大盘子”，相关的教学制度设计需要进一步完善。这导致社会实践更多的是由思想政治教育部门“单打独斗”来完成的，成了一项“纯粹”的思想政治教育活动。既然社会实践是一项思想政治教育活动，就有了随意性，就可以这样组织、那样组织，甚至也可以不组织，也就是说，组不组织、怎样组织，完全取决于组织者的认识，取决于组织者想得到什么。例如,许多高校也是积极地开展社会实践活动,目的是什么呢?这里还得从问题的不同角度看。一些学校的社会实践活动就是评比的需要,也可以说是应景的需要。比如,组织一个重走长征路小分队,举行一下声势浩大的出征仪式,即便这些人都得到了实实在在的教育,那又怎样?教育的一切是为了学生。绝大多数学生该睡觉的照样睡觉,该玩计算机的照样玩计算机,该“放羊”的照样“放羊”,这也太不成比例了,怎么能实现社会实践的目的呢?

再从学生自身来看。对学生来说,社会实践的目的应当是明确的,就是让学生加深对课堂上所学理论的认识,以确立正确的价值观,刻苦学习,努力成才,报效祖国。还是从问题的不同角度看,我们的目的还没有完全实现。有一次我在食堂门口看到几个学生在卖铅笔。我问他们这么做的目的,他们说想通过这种方式募集资金,帮家庭困难的小学生买书包。我说,通过这种方式你们能得到什么?这几个学生相互看了看,没有回答。我给他们100元钱买了一支铅笔。我跟他们说:“大学生社会实践的根本目的不是帮别人,尽管你们可以力所能及地做些事情,但你们实践的根本目的是要帮自己。”大学生正处在人生观确立的关键时期,如何确立正确的价值观,系好人生的“扣子”,需要理论和实际统一起来,需要在实践中加深对真理的认识。为什么我们常说“雷锋叔叔3月来了,4月走”,就是因为我们没有把大学生的社会实践变成他们成长的内在需要。你去帮助小学生买书包,是否想到要好好学习,将来成为富翁,盖起广厦千万间,让天底下的“寒士”都住到你提供的房子里?你到医院照顾病人,你是否想到一定要把自己的身体锻炼好,少给他人添麻烦,多为祖国做贡献?到了革命老区,你是否想到为了你的今天,多少革命先烈献出了生命,你有责任为中国梦的实现继往开来?要从本质上学雷锋,要懂得雷锋精神的当代价值。不然,你去做好事了,那些本应当做这些“好事”的人都到哪儿去啦?他们都去喝茶、聊天、打麻将啦?通过这种社会实践,大学生会得到什么呢?他们会在心里嘀咕:“我们国家怎么这么落后呢?老百姓怎么这么穷呢?这些人怎么这么懒呢?”深究下去,就有可能给学生的思想带来负面影响。有的学生对党和社会主义制度的不正确看法或许就是从这些所谓的“社会实践”中来的;有的学生不正确的职业态度的形成,恐怕就与他所参加的某一次“社会实践”有关。

盲目的社会实践是没有意义的,甚至会适得其反。要想实现社会实践的真正目的,从学校来说,还需要加强正确的引导;从学生个人来看,还要提高其正确的认识。现在更有些大学生参加社会实践的目的很功利:有的是为了入党,入党是为了择业时抢占先机;有的是为了保研加分;有的是为获奖学金增加筹码。这些都与社会实践的目的不相一致,十分不可取。社会实践应当纳入思想政治理论课程当中,并且确实能够得到落实,起到育人的作用。思政课教师要把学生的社会实践纳入教学考核当中,可以独立组织学生的社会实践活动,也可以与有关部门共同组织学生的社会实践活动。

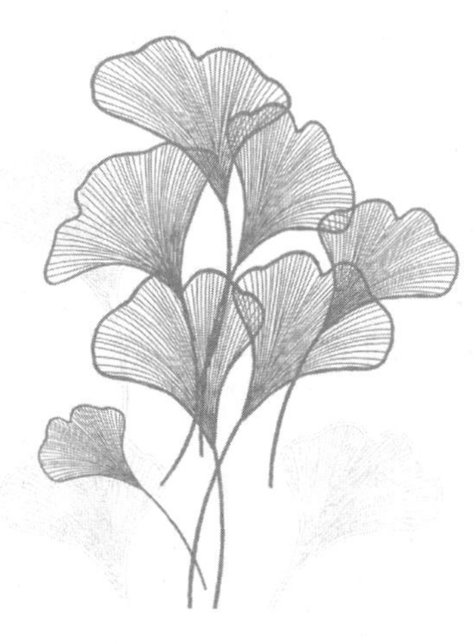

思想政治教育工作者要有坚定的政治信仰

2017-07-19

思想政治教育的主要对象就是朝气蓬勃的大学生群体。思想政治教育要干什么？从最本质的意义上，可以说就是帮助大学生确立马克思主义信仰，相信“两个必然”的结论。大学生怎样才能确立起这样的信仰？毫无疑问这是一个复杂的教育过程。而从教育者和被教育者的关系来看，在这一教育过程中，教育者起着主导的作用。这就要求思想政治教育工作者自身首先要有坚定的政治信仰。自己都不坚定，怎么能教育别人坚定呢？

习近平总书记指出：“理想信念坚定，骨头就硬，没有理想信念，或理想信念不坚定，精神上就会‘缺钙’，就会得‘软骨病’”“就可能导致政治上变质、经济上贪婪、道德上堕落、生活上腐化”“对马克思主义的信仰，对社会主义和共产主义的信念，是共产党人的政治灵魂，是共产党人经受住任何考验的精神支柱。”

在《共产党宣言》开篇中，马克思、恩格斯就斩钉截铁地指出：“现在是共产党人向全世界公开说明自己的观点、自己的目的、自己的意图并且拿党自己的宣言来反驳关于共产主义幽灵的神话的时候了。”“为了这个目的，各国共产党人集会于伦敦，拟定了如下的宣言，用英文、法文、德文、意大利文、弗拉芒文和丹麦文公布于世。”马克思一生不断受到迫害，他的一个孩子就因饥饿、疾病在他的怀里离世。马克思的身体不好，为了创立马克思主义，他因贫穷看不起医生，只好自己处理身上的伤痛。马克思至于

困窘到这个样子吗？马克思的妻子出身于贵族家庭，马克思妻子的哥哥是当时普鲁士政府的高官；马克思又有那么多的学识。马克思经历的苦难不都是“自找”的吗？马克思只要放弃他的主义，为资本主义者说话，就可以马上得到富贵荣华。然而，如果真是那样的话，那还会有马克思主义吗？马克思没有用他的学问去“评职称”，更没有绞尽脑汁地去想他的这些学问能得到什么样的“报酬”，马克思相信的是：“面对我们的骨灰，高尚的人们将洒下热泪。”

1927年，那个军阀混战的年代，“铁肩担道义，妙手著文章”的马克思主义理论传播先驱、中国共产党的创始人之一李大钊同志被杀害了，那年他才38岁。李大钊也是这样，往“左边”迈一步就是荣华富贵，往“右边”迈一步就是绞刑架。李大钊选择了后者。李大钊相信的是：“试看将来的环球，必是赤旗的世界！”我两次在中国历史博物馆看过绞死李大钊的绞刑架，还去李大钊烈士陵园献上了一束鲜花。站在烈士墓前，作为一名党的思想政治教育工作者，我实在感到惭愧：“我们党的这些先驱，他们献出的是生命，而我们就是少睡点觉、多流点汗而已。”我辞去高校工委副书记职务回到学校当辅导员、上思政课的时候，有的人会替我担心“级别没有了，将来看病怎么办？”可我认为老百姓怎么看病，我就该怎么看病。

1920年8月，《共产党宣言》第一个中文全译本终于在上海问世。由于印刷时间仓促，封面的书名错印成了“共党产宣言”，这个错误在次月出版第二版时做了更正。中国共产党成立后，第一个秘密出版机构——人民出版社（由李达负责）在上海成立，当时只能利用伪装的方式出版书籍（广州昌兴马路26号）。鲁迅先生说：“旧中国内忧外患，反动保守势力异常强大”“即使搬动一张桌子，改装一个火炉，几乎也要血。”更别说要宣传马克思主义了。但是，真正的中国共产党人并没有被吓倒。夏明翰留下了著名的《就义诗》，写道：“砍头不要紧，只要主义真。杀了夏明翰，还有后来人。”方志敏留下了《可爱的中国》，他“不稀罕美味的西餐大菜”。毛泽东写下了《星星之火，可以燎原》，他在谈到中国革命时指出：“它是站在海岸遥望海中已经看得见桅杆尖头了的一只航船，它是立于高山之巅远看东方已见光芒四射喷薄欲出的一轮朝日，它是躁动于母腹中的快要成熟了的一个婴儿。”马克思主义者多么伟大！马克思160多年前就认为是时候了。这需要多么深厚的理论底蕴，这需要多么坚定的政治信仰！今天我们怎么了？邓小平同志说：“我坚信，世界上赞成马克思主义的人会多起来的,因为马克思主义是科学。”今天我们宣传马克思主义还怕杀头吗?靠着思政课我们当上了教授,也可以说靠着马克思主义的“饭碗”我们衣食无忧。一些同志在刊物上发表宣传马克思主义的文章,总是要嘱咐来嘱咐去的,就怕把名字署错了,因为写错了评职称就用不上了。还有的同志所表现出的“不给我科研经费,我就不搞科研”的心态,像是在和谁较劲似的。当年马克思主义者们可不是抱着这样的态度传播马克思主义的,有的还变卖了家产。当然今天与昨天相比有环境变化的问题,今天毕竟不是当初。从客观环境来看,一定要为思想政治教育创造良好的条件。不过话说回来,思想政治教育工作者如果没有坚定的政治信仰,条件好了就会宣传马克思主义?未必吧。马克思主义的发展过程揭示了这样一个特点:马克思主义的传播从来都不是在一切条件都尽善尽美的条件下进行的。在旧社会,从事马克思主义传播需要冒着被杀头的危险;今天同样需要一种勇气、一种担当精神,从一定意义上讲,也要有一种牺牲精神。思想政治教育这个学科从本质上看,就不是令人致富的学科。

思想政治教育工作者具有坚定的马克思主义信仰十分重要,尤其是思政课教师,真的相信马克思主义理论,讲课时才能理直气壮,才会自觉担当起宣传马克思主义的责任,即便环境再不如意,也会将让学生相信“两个必然”的结论当成始终不渝的追求。

幸福是什么?

2017-07-20

(一)

幸福是什么?这是一个最普通的问题;这是一个因人而异的问题;这是一个似乎没有标准答案的问题;这是一个只要活着就谈论不完的问题;恐怕这也是一个最难回答的问题。幸福到底是什么?今天是我60岁的生日,我想谈谈我的幸福观。我以为,最简单地说,幸福就是一种活着的态度,也可以说是一种心情。幸福与权力、金钱无关。

我在做厅级领导的时候,有人会觉得我挺幸福,多少人想当厅级领导没当上啊!每天上班专车接送,这多风光!在我看来这又有什么!前些年还没有"中央八项规定",我到学校调研、开会、检查工作等,学校常常张贴"热烈欢迎××领导到我校检查指导工作"这类标语。望着明晃晃地挂在那里的标语,真是刺眼,我确实看不惯,但是我左右不了;车开进学校的时候,如果正赶上下课,碰上保安素质再不高,他们会大声嚷着:"闪开,闪开,领导来了!"我在车里坐着真是难受极了。我就想做个亲民的官、不扰民的官,留下好的口碑,这样多好!但是有人会以为你是在"装",他们信奉"领导不敬,早晚是病",所以该"前呼后拥"还是要"前呼后拥"。我想,权力真的带不来幸福,能够左右自己的人才是幸福的。2005年,我到一个学校调研工作。调研结束后,学校全体领导班子要请我到当地新开业的一家高档海鲜酒店吃饭。我“罢餐”了。我跟学校领导讲,把省下的钱拨给思政部教学使用吧,这也算解决了一点儿问题。我现在常在学生食堂吃饭。正如常说的“时间就是金钱”,我总觉得在吃饭上花去太多的时间不值得,饿不死就读书是件幸福的事。

到殡仪馆与遗体告别的人,可能会觉得活着就是幸福;躺在床上的病人,可能会觉得能下地走动就是幸福;生在穷乡僻壤的人,可能会觉得生在繁华的城市里就是幸福;我患癌症在北京看病的时候,觉得能在学生面前讲几句话就是幸福。1983 年,我有一次到学生家里访问,在路边一个小店吃饭的时候坐在我对面的是位矿工,交谈中他知道了我是位教师。他那双眼睛,散发的是发自内心、毫不掩饰、由衷羡慕的目光。他说:“你多好啊!每天可以在阳光下工作。我们每天下到矿里,能不能再上来见到妻子儿女都是未知数。”我常跟辅导员们说:“每天属于你的那缕阳光谁也剥夺不去,你不就是幸福的吗?”我跟我的孩子说过一句话:“人生要不断地向上努力,同时要常想到那些不如你的人。”

很多人都只是把“知足常乐”挂在嘴边。我为什么愿意当辅导员,愿意上思想政治理论课?其中既有我对这项工作意义的认识,也与我的心态有关。我们家祖辈上没有厅级干部,更没有教授、博导,全中国有这样身份的人毕竟是极少数。“管”别人就幸福,被别人“管”就不幸福?我回到学校的时候,学校领导开始不让我做辅导员,他们担心我太累了。我说不当辅导员,不上思想政治理论课,我来干什么?我一定要完整地带一届学生,给学生上好思想政治理论课。就这样,我当上了辅导员,上起了思想政治理论课。开教师节大会的时候,我像新入职的员工一样走上主席台,在众人的瞩目下从校长手里领取了任务书。我表示:“请校长放心,我一定完成学校交给我的任务。”那一刻,我的感觉很好。我感到能有机会被人“管着”的人是幸福的,不然你不就失业了、退休了、没有用了、老朽了吗?有的人当了科长想当处长,当了处长想当厅长,当了厅长想当……有的人当了讲师想当副教授,当了副教授想当教授,当了教授想当……他们记住的是“不想当将军的士兵不是好士兵”,可是一个士兵当得不怎么样却混上了将军的人会是好将军吗?有一次我到八宝山革命公墓瞻仰英烈陵墓,看到有座墓碑上刻着这样一段话:“我是谁?这不重要。我做过什么?也不重要。我的经历、我的职务、我的待遇等等,都不重要。人,就是人,光荣的人,神圣的人,即共产党人。”

读完后，我被深深地震撼了：生前这个共产党人的人生一定是幸福的；九泉之下的这个共产党人的灵魂一定是安息的！而此时的我，刚辞去厅级领导职务当了一名辅导员，成了一名思想政治理论课教师，这段话在我的内心产生了强烈的共鸣。

（二）

幸福不能建立在别人痛苦的基础之上。给予别人幸福的人应当是幸福的。郭明义说："把幸福给你！"郭明义整天忙着把幸福送给别人，因此，他每天都是幸福的。

有一次，我吃完饭从停车场离开的时候正下着大雨。到了出口，门卫把横杆给抬了起来。我摇下车窗递给了他 50 元钱。他赶忙说："停车不收钱。"我说："我知道不收钱，你这么辛苦，买点饮料喝吧。"他感动地说："你真是个好人！"那一晚我睡得很香。我打车、买菜，多给个 1 元钱、2 元钱的从来不用对方找零。我想这点儿钱我从哪里都能省出来。给了他人，或许就会为他们的一天增添些幸福感，他们就会觉得社会上还是好人多。我也会从他们那里得到一个又一个的"谢谢"。有时候，幸福就是这么简单。我的学生过生日的时候，我都要给每个学生送上少则几百字、多则上千字的生日祝福，我祝福他们生日快乐、一生幸福！学生们感受到了我的祝福。当我过生日的时候，学生们也给我送来了满满的祝福。他们祝福我身体健康、万事如意！他们说我的幸福就是他们最大的快乐。幸福是可以相互感染、相互传递的。要想得到幸福，就必须"输出"幸福！就在我写这段话的时候，我带的刚毕业的两个学生代表他们年级学生给我送来了一束鲜花。他们说，以前都是老师给我们过生日，今天我们给老师过生日。花束里的卡片上写着："鲜花曾记得您怎样走过，谨以鲜花纪念这美好的时刻。"

到底什么样的职业最幸福？我觉得社会上的职业千种万种，从事大学生思想政治教育工作应当是最幸福的职业之一。因为高校思想政治教育的对象是朝气蓬勃的大学生，他们代表着未来。他们是有思想、有情感的人。当他们有了进步、有了发展的时候，他们会跟我说："老师，学生有了点儿变化，感谢老师的培养。"有一次我从和田回大连。去的时候兴致勃勃，回来的时候天气炎热，我便无精打采。在机场候机的时候，我接到了我的一个学生发给我的短信。她说:“老师,我到大连来看您,您不在。不是每一朵鲜花都代表爱情,玫瑰做到了;不是每一棵树都耐得住饥渴,柏杨做到了;不是每一个人都这么想您啊,老师!我做到了。”我立马来了精神头,我想起了正是学生们朗朗的读书声和匆忙的脚步声奏响了我人生的乐章。前些天我和学生分别的时候,有个学生说:“有时候,觉得您像我的母亲,时时刻刻关心着我;有时候,又觉得您像我的父亲,为我指引方向。真的超级喜欢您,也因您是我的老师而骄傲!真希望能成为像您一样的老师,时刻关心学生并为学生指明方向,希望未来的某一天,我的学生也会因我而骄傲。”

幸福到底是什么?当这么多的学生满怀真诚地向你表达感谢和祝福的时候,你不幸福吗?这些发自肺腑的心声是权力换不来、金钱买不到的。只有真正理解了什么是幸福的人,才能得到真正的幸福!我常想:做个思想政治理论课教师就应当是幸福的人!

在内蒙古工业大学的校园里矗立着一块刻有“不器”二字的石头。大家都知道,这里实际指的是“君子不器”。

何谓“君子”呢?记得有一年参观广东省博物馆的时候,我看到展馆墙上对“君子”有这样的解释:君子者,权重者不媚之,势盛者不附之;倾城者不奉之,貌恶者不讳之;强者不畏之,弱者不欺之;从善者友之,好恶者弃之;长则尊之,幼则庇之;为民者安其居,为官者司其职;穷不失义,达不离道,此君子行事之准。

总之,君子者,应当德才兼备、文质彬彬、有所为有所不为。穷则独善其身,达则兼济天下。这也是几千年来中国人追求的理想人格。

我结婚的时候,有个朋友要送我一份礼物。他的书法水平很高。我说我非常喜欢林则徐的“海纳百川,有容乃大;壁立千仞,无欲则刚”这则名言,让他写来送我。此为清末政治家林则徐任两广总督时,在总督府衙题书的堂联。做人能够做到这样,实在不愧于君子之称谓了。思想政治理论课教师就应当成为真君子,“姓马”“言马”“信马”“行马”,知行合一,成为学生人生成长的价值引领者。

一杯水、一桶水、一缸水

2017-08-01

这个道理大家都懂：没有一桶水，难以给人一杯水。现在假设一下，有了一桶水，是不是想得到一杯水的人就能得到这杯水呢？实践告诉我们，即便有了一桶水，想得到一杯水的人也未必就能得到这杯水，这里的关键在于有了一桶水的这个人，是为了给别人一杯水才有了一桶水，还是想再有几桶水以装满一缸水。

这样一个比喻可以用在我们今天的理论课教学上，也可以用在日常思想政治教育上，更可以广泛应用于整个教育领域。还没有一桶水的老师，自然应当赶紧把自己桶里的水盛满。有了一桶水的老师，应当怎样来思考呢？毫无疑问首先就应当考虑尽快满足学生需要的这杯水。道理很简单，让老师有一桶水的目的是给学生一杯水，达不到这一点，也就失去了让老师拥有一桶水的意义。现在有的老师，想的不是让学生怎样尽快得到这杯水，而是怎样使自己能有一缸水，也就是怎样再“丰富”自己，以便能有这样的名、那样的名，成为这样的“家”、那样的“家”。当然有这样的追求也不是不可以，前提是一定要先解决好一杯水的问题。不然的话，等你有了一缸水，哪怕是有了一湖水的时候，需要一杯水的学生早已经渴死了。真是这样，水再多又有什么价值呢？

现在有一种倾向应当值得注意，有的思想政治理论课教师过于追求学术上的“高大上”，一心想成为马克思主义理论家，却忽视了马克思主义理论教育的实际效果，没有在进心灵上下功夫。这种倾向应当改变。

思想政治教育工作者要敢于喊出“向我学习”的口号

2017-08-03

榜样的力量是无穷的。这句话我们太熟悉了。用榜样的力量教育引领青年学生成长是思想政治教育工作者的一个普遍做法。“向雷锋同志学习”“向郭明义学习”,在榜样的感召下,一代又一代青年学子茁壮成长。

可是实事求是地看,榜样的力量还没有发挥到最大的限度,也就是说,这种榜样的力量对青年学子的教育引领作用与我们思想政治教育工作者的主观愿望还有一定的差距,尤其在当前的思想政治教育环境当中。问题出在哪儿呢?毫无疑问,今天的思想政治教育已经实现了“无缝链接”,各方面的因素都在对思想政治教育的效果产生影响,都在对榜样的力量产生“正向”或“负向”的推动,因此,不能一有了问题就铺天盖地地算到思想政治教育工作者的身上,这对他们不公平。应当说广大的思想政治教育工作者在思想政治教育的过程中还是发挥了很好的引领作用的,这是一个基本点。但是如果从问题的角度来说,榜样的力量没有得到很好的发挥,也确实与有的思想政治教育工作者有关,他们的实际表现在自觉不自觉地、不同程度地弱化着榜样的力量。

就拿思想政治理论课教师来说吧。有的思想政治理论课教师还做不到“真懂”“真信”“真用”马克思主义理论。对于这些教师而言,学雷锋、学郭明义,那是教学的需要,是用来做案例的,是让学生来学的。大学生中有很多生活困难的学生,他们中有的人为学费、生活费犯愁,作为思想政治理论课教师,不是要管他们的学费、饭费,而是我们要力所能及地给予他们帮助。有些事不是做不到,而是我们不够用心。比如,学生病了,你没有时间到医院看望,买点水果让辅导员代你看望一下也是可以的。雷锋、郭明义都是心中有他人的人。让学生向榜样学习,首先你就要学习。思想政治理论课教学效果的一个重要保证就是理论与实践要统一起来。仅仅是要学生统一吗?思想政治理论课教师首先就应当将理论和实践统一起来,我们本身就应当是马克思主义的践行者。还有的思想政治理论课教师,为了评职称互相告状、捏造事实,更有甚者还打了起来。这在学生中都有广泛的议论,这样的教师在课堂上讲起学雷锋、学郭明义,讲什么是集体主义,效果怎么能不打折扣呢?

不要忘了我们是人民教师

2018-02-14

有人会说这是在唱高调,其实不是。我常跟学生讲这样一句话:“我所说的每一句话未必是对的,但是我敢保证我所说的每一句话都是饱含真情的。”跟大家交流,我同样怀有这样的情感。

为什么想到这个问题了呢?2018年1月20日中共中央、国务院印发了《关于全面深化新时代教师队伍建设改革的意见》(以下简称《意见》)。这种高规格的专门强调加强教师队伍建设的意见在我们国家还是第一次,这是我国教育史上具有里程碑意义的纲领性文件,也是新时代教师队伍建设的行动指南。《意见》提出,到2035年,教师综合素质、专业化水平和创新能力将大幅提升,尊师重教蔚然成风,广大教师在岗位上有幸福感、事业上有成就感、社会上有荣誉感,教师成为让人羡慕的职业。这充分反映了党和国家对教师的重视和关爱。为此,有的同志欢欣鼓舞,认为教师的春天来了。

无须赘述,教育的地位在我们国家的建设发展中怎样强调都不为过,因此建设好教师队伍大有必要。那么怎样才能建设一支高素质的教师队伍呢?我认为,首先一定要保证主客观条件的一致性。从客观来说,国家的政策有利是必需的条件,这是导引、激励和方向。但是仅仅靠着优厚的有利条件就能建设起综合素质强,特别是品德高尚的教师队伍吗?恐怕不是这么简单。外因只是变化的辅助条件,内因才是变化的决定性因素,外因通过内因而起作用。如果一个教师认为只有具备了能够满足他的物质待遇的客观条件,他才会好好教书育人,那给他怎样的物质条件他才会满足、才能好好地教书育人呢?当然对教师在物质待遇上提出的要求也是可以理解的。从某种角度来看,广大教师所从事的教育工作,不仅是一项事业,也是一种职业。职业,本就具有满足生活需求的性质。教师也要养家糊口,给予他们必需的符合工作价值的物质待遇也是应当的,这既是对他们劳动的尊重,也是他们不断满足生活新期待所必需的。

特别是在当今仍有一些地区,教师的待遇还没有得到有效保障的情况下,就更需要强有力的外部条件(政策)来保证教师的待遇得以实现,不然教师就会缺乏幸福感、成就感、荣誉感,教师职业就不会让人羡慕,就会出现没人干,干了也是不情愿,也没动力好好干的情况。

实事求是地说,一些教师在教书育人方面的表现不尽如人意,与没有获得应当获得的物质待遇有关。不过这不是根本的,事实上师德如何与物质待遇并不相干。古今中外多少师德高尚的教师都出自寒门,并且用一贫如洗来形容他们中有的人的经济状况一点都不为过。为了学生,他们倾其所有。他们以“得天下英才而教育之”为终身追求,至于个人的物质待遇他们从不放在首位。再对比一下一些师德欠佳的教师,他们是因为物质条件差才这样吗?看看某些给中小学生补课的教师,他们本已是高收入群体了,现在他们是不是应当帮助那些困难学生?可是丰厚的物质条件并没有保证他们具有崇高的师德,有的反而为富不仁,只管收取高额的补课费,根本不顾学生父母的承受能力。大学里也是如此。有的教师已经名利双收了,可是他们所表现出的师德并不令学生们满意。师德是修养,靠内在的修炼,与主观上是否有这样的追求相关,与是否牢牢记住了自己是人民教师相关。

作为教师,特别是思想政治理论课教师,幸福感、成就感、荣誉感的获得不能靠丰厚的物质待遇,一定要通过为人民服务而获得。而学生就是我们的人民,岂有和学生讨价还价的道理。习近平总书记要求广大教师要成为“四有”好老师,它的核心就是要把学生放在心上。有个警察说,他爸爸告诉他世界上只有中国警察叫“人民警察”。他记住了,他要全心全意为人民服务。把老师叫“人民教师”的国家也没有几个。我们是人民教师,我们就应当“不忘初心、牢记使命”,为办好让人民满意的教育尽心尽力。我们什么时候也不能做忘了人民、对不起人民的事。培养崇高的师德不需要等,现在就可以做。重要的是无论客观环境如何,我们主观上都必须主动、自觉。

真理永放光芒

2018-02-21

我也算是一名老共产党员了。我于1982年大学毕业前夕加入了中国共产党。我为什么要加入中国共产党？我认为马克思、恩格斯所著的《共产党宣言》(以下简称《宣言》)中的思想是科学的,闪耀着真理的光芒。

我在大学学的是政治教育专业,《共产党宣言》是必读书目。在马列著作中,这本书是我读的遍数最多的。记得那时,早上我常常跑完步就在操场边上背诵《宣言》,许多章节都能背下来,其他同学都在背外语单词。对《宣言》我有着深深的政治情感,它所阐释的科学思想是我人生政治追求的理论基础,《宣言》所揭示的社会发展基本规律,是人类追寻的正确方向。

辩证唯物主义是马克思主义的核心内容之一。《宣言》并没有对资本主义全盘否定。在马克思、恩格斯看来,人类社会由原始社会进入封建社会,再由封建社会进入资本主义社会,这一过程呈现出螺旋式上升的发展规律。资本主义对人类社会的发展是有贡献的。《宣言》中有这样一句话:“资产阶级在历史上曾经起过非常革命的作用。”

马克思、恩格斯所反对或者说对资本主义否定的是这种制度解决不了社会所有成员的幸福问题。马克思、恩格斯一生所追求的是创立一种使每个人都得到自由发展的社会制度(难能可贵的是马克思在17岁的时候就有了这样的思想。我常常想,一个17岁的未成年人,在180多年前就能产生这样的思想,这需要多么崇高的人类情怀!)马克思为什么在进入新的千年的时候能够被评为上个千年以来最伟大的思想家？不正是因为他所创立的科学社会主义学说日益深入人心吗？马克思、恩格斯没有说错，资本主义是一定会灭亡的，这是不可改变的规律。

由于社会制度自身的缺点，资本主义社会的两极分化会越来越严重。因为这是符合西方政党的政治理念的，这种社会现实是“允许的”，是受“法律保护的”。马克思、恩格斯创立无产阶级政党的目的是解放全人类。正因为如此，中国共产党人把全心全意为人民服务作为奋斗宗旨。我们也有腐败，但是这是我们的社会制度、社会治理理念所不允许的。资本主义国家的生活水平有提高，但是这种“提高”不是其政党制度、国家治理的出发点。为了发展，资本主义社会不可能使劳动者永远处在“原始积累”的状态下。随着生产力的提高，资本主义社会也必须被动地保证提高劳动力生活水平。看看今天的美国，人均 GDP 已经超过了 6 万美元，我国人均 GDP 还不到 1 万美元，但我们解决了多少西方社会解决不了的问题？试想一下，如果我们和美国的人均 GDP 互换，美国会是什么样子，我们又会是什么样子呢？这就是我们的政党优势、制度优势，就是马克思、恩格斯所说的资本主义必然灭亡的内在根据。

一定会好起来的。无产者在斗争中失去的只是锁链，他们将获得整个世界。我真佩服马克思、恩格斯的政治视野和革命胆识。马克思生于 1818 年 5 月 5 日，创作《宣言》的时候，马克思刚好三十岁。古人云：三十而立。马克思正是在三十岁时创立了他的学说，《宣言》是他全部思想的集中概括。为了创立他的学说，马克思拿他的命做“赌注”，更因此而陷入了贫困、受迫害的悲惨境地。但是马克思并没有被这些所吓倒，从另一个角度讲，这种状况正是他选择的、他所喜欢的。也就是说，他选择不了怎样生，他却完全可以选择怎样死。不然他若是像我们今天有的人为了权力、职称而朝思暮想的话，马克思凭着他那渊博的学识，谋个官职、评个“特级教授”应当不在话下，由此他也就可以得到荣华富贵了。这就是差别，一些人想得到的正是马克思、恩格斯他们想舍弃的。“遗憾”的是马克思、恩格斯没有用他们的学说评职称，他们想的是怎样为劳动者说话。一种学说是否伟大、是否科学、是否有学问，其实检验的标准很简单，就是看其在为谁说话。为自己说话，即便把它描绘得天花乱坠，那也只能是哗众取宠、昙花一现；只有为别人说话，为绝大多数人说话，这样的学说才能征服天下，《宣言》的力量也就在这里。所以马克思说：“面对我们的骨灰，高尚的人们将洒下热泪。”《宣言》发表的时候，到处都是资本家的声音。《宣言》被看成异端邪说。虽然环境如此恶劣，且听马克思、恩格斯在《宣言》里怎样说：“现在是共产党人向全世界公开说明自己的观点、自己的目的、自己的意图并且拿党自己的宣言来反驳关于共产主义幽灵的神话的时候了。”这就是伟人的与众不同之处。今天我们已经是世界第二大经济体，中国共产党党员已接近九千万，而有些同志却动摇了为共产主义奋斗的理想信念，抱怨起眼下的环境来。东欧剧变、苏联解体，这又能怎么样？这只能说明共产主义的实现需要漫长的过程，其中充满着曲折和艰辛。《宣言》中有这样一句话：不管最近 25 年来的情况发生了多大的变化，这个《宣言》中所阐述的一般原理整个说来直到现在还是完全正确的。这里可以借用这样的说法，不管《宣言》发表 170 年来世界发生了怎样的变化，《宣言》所阐述的基本原理并没有过时，只是越是在遇到挑战的情况下，越需要我们后来人坚定地把《宣言》的思想传承下去。

其实我们真不应当抱怨环境。《宣言》刚传播到中国的时候，中国是什么样的环境啊？那时传播《宣言》的思想是要冒着被杀头的危险的。这才叫环境恶劣呢！可是这又能向谁抱怨呢？

共产党人坚信的就是“砍头不要紧，只要主义真”。今天，中国共产党成了执政党，马克思主义成了我们党的指导思想，被确立为我们社会的主流意识形态，宣传《宣言》的思想成了专门的职业。就拿高等院校来说，专门成立了马克思主义学院，开设了“马克思主义理论课”，一大批从事马克思主义理论教育的教师公开发表了大量阐释《宣言》思想的文章，出版了大批传播《宣言》思想的著作，这些文章、著作的作者姓名和联络方式都准确无误地印刷在这些出版物上，并且每个作者都希望自己的研究、宣传能被更多的人所了解、所认同。宣传《宣言》思想的人不用再像马克思所在的时代那样面临被迫害的危险，也不用像在白色恐怖年代那样担惊受怕了。

真理永放光芒。中国的影响力就是社会主义的影响力，在某种程度上也可以说就是《宣言》的影响力。

今日之中国在国际事务中的影响力越来越大，这背后折射出的是中国特色社会主义的强大生命力。我们完全有理由相信，在以习近平同志为核心的党中央坚强领导下，《宣言》思想必将牢牢地扎根中国这片沃土，中国故事、中国声音、中国模式必将以更大的影响力吸引世界的目光。

中国，“风景这边独好”。

别累着了

2018-03-09

“别累着了”,一些朋友常常这样来劝我。我感谢朋友们的关心。我懂得这个道理:累着了,身体就容易透支,容易吃不消,最后未老先衰,“出师未捷身先死”人确实不要累着了。

然而,每个人对“累”的理解不一样。在我看来,“累”可以分为体力上的和精神上的,后者与心态密切相关。体力上的累通过适当的休息便很快就会缓解;而精神上的累恐怕是真累,很难缓解。所以,人一定不能累着精神,精神累了,身体本不累,也会跟着累;反之,若精神不累,身体即便很累,这种累也可能被精神所克服,不至于感到太累。

从体能的消耗上看,我可能确实是一个很累的人。就从大学说起吧,那时我每天都要早晨到操场跑步,而且一跑就是几千米,甚至上万米。每天中午也不睡午觉。每天除了完成老师布置的学习任务外,还要安排自己读课外书。记得为了了解“人是怎么来的”,我到图书馆找到了很多书来读。《马克思恩格斯选集》1~4卷、《列宁选集》1~4卷、《毛泽东选集》一至四卷我都认真地读过,其中有些篇章读过多遍。

我早上跑完步后还经常在操场边上背诵经典著作部分章节。那时没有现在这么便利的学习条件,很多学习资料都要手抄下来,再有就是从报纸上剪裁下来粘贴到卡片上,我足足粘贴了几千张这样的卡片,学习起来就方便多了。参加工作后我便只争朝夕地工作。我把法国辞典大家利特雷的一句话写在一本工作手册的扉页上:珍惜自己生命的人应该总是在积极地工作，就好像他会长久地活下去；同时，他又应该总是争分夺秒地来安排他的时间，就好像不久他就要离开人世。

我有些爱好，像下棋、打牌，我还喜欢集邮，但是这些都要给我的学习、工作让路，我尽量克制自己的"玩瘾"。我在辽宁师范大学工作期间，假期还玩玩；在教育厅工作期间，我很少下棋、打牌；到大连海事大学工作后，基本就断了"玩瘾"。我每天都在起早贪黑地忙碌着。四年里，我仅和学生的微信交流就有200多万字。现在回想起来，真是不可思议。

我是博士生导师，也带硕士生，还是辅导员，还要上思想政治理论课，又有讲学和外出开会的安排，每天都在"连轴转"。从上大学到现在，将近40年了，我就这样不停歇地过来了。不累吗？说实话，我还真没觉得怎么累。我常想，这有什么呢？昨天能过去，今天就能过去，明天照样会过去。我每天乐此不疲，做着我愿意做的事。我渴望黎明的来临，渴望每天新的开始，渴望见到可爱的学生们。只要心不累，身体上的累就很容易缓解。有些人为什么总感觉累，一个重要的原因是累在心上，不快活，想得太多、太复杂，甚至好高骛远，这就会导致休息不好、睡不着觉，自然就累了。

其实，从某种程度来看，人生也是累的过程，什么都舒舒服服，能做成什么事呢？好多事并非难到那个份上，而是我们没累到那个份上。我常想，一些残疾人做成了我们健全人做不成的事，不就是因为我们没有他们累吗？他们做成的一些事恐怕我们健全人累到他们哪怕不到一半的程度就很容易做成。谈到累，这里我特别想跟大学生们说几句话，你们千万不能只想享受，却怕吃苦受累，没有累的积累，哪有甜的源泉？不累，能做成什么事呢？天下没有坐享其成的美事。

绝不能伤害了学生

2018-03-30

经典的“希波克拉底誓言”大家都很熟悉。该誓言中有这样一句誓词:尽我的能力,遵守为病人谋利益的道德原则,并杜绝一切堕落及害人的行为。

每当想起这句誓言的时候,我就会联想到作为一名教师岂不是也应当坚决做到这一点:绝不能伤害学生!

这里谈及的教师对学生的伤害与医生对患者的伤害有很大的不同。医生对患者的伤害往往是身体上的;而教师对学生的伤害尽管也有身体上的(这是极其个别的),但是更多的还是精神上的,或者说是思想上的、价值观上的。尤其需要我们注意的是,这种伤害常常是在一些教师的满不在乎,甚至打着学术自由的幌子下进行的。

作为教师,我们教授学生以专业知识是必要的,帮助学生提升能力也是应当的。但是比此更为重要的还是要让学生的精神世界增添力量,存有正确的思想,确立正确的价值观。这也就是我们一再强调的作为一名教师一定要教书育人。而事实上有的教师离这样的要求还有一定的距离。他们中的一部分人还没有认识到这一点,另外一部分人恐怕就是对学生的不负责任。

经常会听到有的学生谈到在课上教师都说了什么。有的教师在课上信口开河,想说什么就说什么;有的教师更是以己之悲喜肆意评价历史、现实中发生的大事、出现的人物,还美其名曰“学术自由”。学生正在成长，就像需要水分的秧苗一样，需要及时得到浇灌。但是教师一定要给学生浇灌“纯净之水”，而不能给学生浇灌“混浊之水”，不然不仅不能解“秧苗”之渴，反而会阻碍“秧苗”的生长，严重时还会使“秧苗”从根烂掉。有这样一句话：“学术讨论无禁区，课堂讲授有纪律。”这是对的。打个比方来说，夫妻间谈论的事总不能不加选择、不分场合地点、不管孩子的接受程度毫不保留的什么都讲给孩子听吧！

当然有些学生有一定的分析能力，对教师所讲得不对的地方会采取“筛选”的办法，或者拒绝接受；有的学生脑袋空空，不具备选择和判断能力，凡是教师讲的就奉为真理，就全部吸收，结果就是脑袋里灌进了“混浊之水”，进而导致精神的“伤害”，思想错误，价值观扭曲。

我经常接到毕业生（也有学生家长）给我打来的电话、发来的微信，这些学生（还有学生家长）反映的一个比较集中的问题就是在大学读书期间，他们受到了精神上的伤害，有的教师没有给予他们思想上的引导，反而灌输了一些错误的价值观念。有个学生更是气愤地说，他今天的样子就是在大学时××教师的不负责任造成的。个别学生的看法或许有夸大其词的一面，但是也反映出我们确有个别教师的不负责任的言论对学生产生了不好的影响，给学生的精神造成了伤害。

教师是学生除了父母之外最为信任的人。教师不经意间的一句话就有可能影响到学生的一生。因此，教师在学生面前一定要谨言慎行，时时考虑为学生提供正能量，千万不要因不当言论而伤害了学生，这样学生会记恨你一辈子的。

莫负人民

2018-04-16

对一名教师,我们常说的一句话是:莫误人子弟。对一所学校呢?我要说的是:莫负人民。没有人民就没有我们,我们是在为人民办大学,人民把对幸福的希望寄托在我们的身上。

在我刚做辅导员和思想政治理论课教师的第一个寒假,我到一个学生家家访。因为火车到站时天还没亮,我不想过早到学生家以免打扰他们,于是便在火车站待着。由于天气太冷,没有别的办法,我就在候车室“运动取暖”。跑着,跑着,值班大爷过来了。听说我是天亮要到学生家家访,大爷说:“小伙子,你跑吧。”之后转身回到了值班室。过了一会儿,大爷又回来了。他担心我被冻着,要给我生炉子。就这样,我“烤”了一个半小时的炉子后去学生家了。三十多年过去了,我无数次路过这个火车站,每次路过这里,我的脑海里都会闪现出值班大爷那慈祥的目光,我的心里都会涌出一股暖流。

我常想,我们所教的学生不就是从一个个家庭走出来的吗?我们没有理由不把他们培养好。一个学生若是倒下了,那毁掉的不只是学生自己,学生的背后是一个家庭,乃至一个家族;一个孩子成功了,同样,幸福的也不只是他自己,那一定还有他的父母,乃至他的家族。在我们有需要的时候,人民帮助了我们,现在人民把孩子送到了我们这里,我们必须好好培养这些孩子。

当年因为家里生活条件比较困难,我母亲就希望我早点儿工作,贴补家用,我没有听她的,而是选择了刻苦学习,努力工作。如今也算是有所成就吧,我改善了父母晚年的生活。这里有我个人的努力,更多的还是学校对我的培养,老师们对我的教诲和帮助,不然何谈成功。

我带过的一个学生现在是厅级干部了,他母亲经常念叨我。我在教育厅工作的时候,每年都去给他母亲拜年。他母亲常挂在嘴边的一句话是:“没有你,就没有俺家孩子的现在。”她告诉她的孩子:“你就算忘了父母,也不能忘了老师。你爸妈晚年的幸福是曲老师给的。”

习近平总书记强调,我们的大学是中国共产党领导的社会主义大学。必须坚持社会主义方向,必须为人民服务。可见,办好我们的大学,就是党的全心全意为人民服务的宗旨的一个重要体现。从这个角度来说,学生就是我们的人民,为学生服务,就是为人民服务,莫负学生,就是莫负人民。

怎样才算为学生服务好了呢?在当今科技迅猛发展的大背景下,学校必须让学生提高知识水平,有专业能力,这是对的,但是这不是检验一所学校是否为学生服务好的根本标准。学校要给学生“干粮”,更要给学生“猎枪”。这里“猎枪”就可以看成一种价值观的培养。

一个人懂得了自己的责任,就会产生前进的动力,责任越大,动力越足。一个人只有懂得了为什么学习,为谁学习,其所掌握的知识才会更有价值,同时不会的东西会想办法学会。不然,即便知识再多,给社会、给父母带来的也未必是福音。大量的高科技犯罪显然都是有知识的人干的。父母含辛茹苦地把孩子送到了大学,有些孩子并不懂得感恩。虽然出现这样的学生也不能全部责怪学校,但是学校如果能够很好地为学生服好务,帮助学生扣好人生的“扣子”,那么一定会最大限度地避免这样一些问题的发生。

人民在看着我们、期待着我们,人民把幸福的“赌注”都“押”在了我们身上!

我们有哪些做得不对？

2018-05-07

为纪念马克思诞辰200周年，中央电视台播放了专题片《马克思是对的》。5月4日，习近平总书记在纪念马克思诞辰200周年大会上发表了重要讲话。

习近平总书记指出："马克思是全世界无产阶级和劳动人民的革命导师，是马克思主义的主要创始人，是马克思主义政党的缔造者和国际共产主义的开创者，是近代以来最伟大的思想家。两个世纪过去了，人类社会发生了巨大而深刻的变化，但马克思的名字依然在世界各地受到人们的尊敬，马克思的学说依然闪烁着耀眼的真理光芒！"

马克思给我们留下的最有价值、最具影响力的精神财富，就是以他名字命名的科学理论——马克思主义。这一理论犹如壮丽的日出，照亮了人类探索历史规律和寻求自身解放的道路。

毫无疑问，我们纪念马克思，最为重要的就是把他所创立的科学理论——马克思主义传承下去。

怎样传承？这就需要我们培养的青年学生能够对马克思主义产生深刻的认同，能够把马克思主义作为认识世界和改造世界的锐利的思想武器。应当说，在对青年学生加强马克思主义教育方面，这些年我们做了大量富有成效的工作。但是我们必须要看到的是，在对青年学生进行马克思主义教育方面，我们还有大量的工作要做，我们的教育效果尚未完全达到预期。原因是什么呢？

“马克思是对的。”对照这一正确结论,我们有哪些做得不对或不是太对呢?

我认为,我们要想更为有效地对青年学生进行马克思主义教育,在诸多“不对”中,必须首先纠正以下三个“不对”。

(1)在对马克思主义的信仰上,我们有些同志还没有做对

“马克思是对的。”通过对比就会发现,马克思对科学社会主义始终抱着坚定的信仰。170年前,马克思、恩格斯发表了《共产党宣言》,标志着马克思主义的诞生。这是一个怎样的时间跨度?当时是一个怎样的社会环境?资产阶级诅咒马克思主义是“幽灵”,他们用尽一切手段要置马克思主义于死地。即便在马克思逝世的时候,他们仍发表文章说,但愿马克思的学说能够随着这个“红色博士”的死去而一同死去。马克思就是在这样的恶劣环境中创立了马克思主义,并对其学说的科学性始终坚信不疑。

《共产党宣言》中有这样一段话,鲜明地体现了马克思坚定的信仰:“现在是共产党人向全世界公开说明自己的观点、自己的目的、自己的意图并且拿党自己的宣言来反驳关于共产主义幽灵的神话的时候了。”

170年后的今天,我们岂止是可以“向全世界公开说明”了?中国共产党人在马克思主义中国化方面取得了令世人不得不刮目相看的伟大成就,今日之中国已经成为世界第二大经济体,中国共产党党员已经有接近九千万名。但是有的同志对马克思主义却缺乏坚定的信仰,讲起马克思主义来总是底气不足。“以其昏昏,使人昭昭”,我们的信仰不坚定,必然使我们的青年学生陷入迷茫、困惑之中。

(2)在人生追求方面,我们一些同志还没有做对

“马克思是对的。”马克思出生在一个富裕的家庭里,他的妻子燕妮更是出生在贵族的家庭里。燕妮的哥哥在当时的普鲁士王国担任显要的职位。凭着这样优越的家庭背景和社会关系,加上马克思的才学,如果他只想自己过上高官厚禄生活的话,那应当是易如反掌的事。

但是,马克思放弃了这些。马克思追求的是怎样使人类获得解放。他有三个孩子都因饥饿、疾病先后夭折,小女儿去世的时候,马克思甚至连买棺材的钱都没有。马克思无钱就医,为了创立他的学说,他自己给自己做手术,并继续从事理论研究。

为了《资本论》的写作,马克思在给友人的信中谈道:

“我一直在坟墓的边缘徘徊。因此,我不得不利用我还能工作的每时

每刻来完成我的著作。"

马克思的学识太渊博了,但是他并没有"评职称",这在我们的一些同志看来是件多么不可思议、多么令人遗憾的事情!而在马克思看来,"如果一个人只为自己劳动,他也许能够成为著名的学者、大哲人、卓越诗人,然而他永远不能成为完美无疵的伟大人物"。马克思所追求的是"面对我们的骨灰,高尚的人们将洒下热泪"。差距就在这里。我们有的同志把马克思主义当成了谋生的手段,想的不是怎样让马克思主义走进学生心灵,而是怎么能通过传播马克思主义而快速致富;研究马克思主义是为了发文章、积累科研成果,以当上名学者、名教授。更有个别的同志为了评职称闹得同事之间很不团结,甚至弄虚作假。

一个教师是怎样一个人,学生心中清清楚楚。当他站在学生面前的时候,学生通过他的言谈举止就会明白。为了追求个人利益而进行的教学、科研,对学生教育引领的效果自然就要大打折扣了。

(3)在理论与实际的结合上,也就是知行合一方面,我们有些同志还没有做对

"马克思是对的。"马克思从来没有把他的学说当成空洞的说教。在马克思看来,一个实际的行动胜过一打纲领。"哲学家们只是用不同的方式解释世界,而问题在于改变世界。"

马克思主义与空想社会主义的一个显著区别是:马克思主义不只是一种理论,更是一种实践。

习近平总书记指出:"实践的观点、生活的观点是马克思主义认识论的基本观点,实践性是马克思主义理论区别于其他理论的显著特征。马克思主义不是书斋里的学问,而是为了改变人民历史命运而创立的,是在人民求解放的实践中形成的,也是在人民求解放的实践中丰富和发展的,为人民认识世界、改造世界提供了强大精神力量。"

尤其应令我们敬仰的是,马克思本人就是他所创立的科学社会主义学说的积极践行者。恩格斯说,"马克思首先是一个革命家""斗争是他的生命要素。很少有人像他那样满腔热情、坚韧不拔和卓有成效地进行斗争。"习近平总书记指出:"马克思毕生的使命就是为人民解放而奋斗。为了改变人民受剥削、受压迫的命运,马克思义无反顾投身轰轰烈烈的工人运动,始终站在革命斗争最前沿。他领导创建了世界上第一个无产阶级政党——共产主义者同盟,领导了世界上第一个国际工人组织——国际工

人协会，热情支持世界上第一次工人阶级夺取政权的革命——巴黎公社革命，满腔热情、百折不挠推动各国工人运动发展。”

可是对照马克思，我们有些同志在自觉践行马克思主义方面还有不小的差距。他们学习马克思主义只是为了把马克思主义当成知识讲授给学生，只是要求学生用马克思主义指导自己的实际行动。对学生而言，学校是践行马克思主义的第一场所，教师是践行马克思主义的第一人。要求学生践行马克思主义，作为教育者的教师却做得不好，这就会使学生产生疑问：“马克思主义真值得学吗？真值得那样做吗？如果值得，他们怎么不带头做呢？”

在对青年学生进行马克思主义教育方面我们还有做得不对或做得不是很对的地方，这里就不一一列举了。从思想政治教育者的视角来看，改掉上面提到的三点实在是大有必要、刻不容缓。这三点解决了，我们对青年学生的马克思主义教育一定会取得更好的效果。

思想政治理论课的价值追求

2018-05-31

所谓进心灵，就是让青年学生将学到的马克思主义理论转化为具体的行动。用马克思主义这个价值尺度衡量自己的行为是对的还是错的。可以说，进心灵也是马克思主义理论的本质属性。

记得在大学读书时有一次课上讨论科学社会主义和空想社会主义的区别。我列举了这样一个例子：一个人骑在另一个人的身上，不停地殴打骑在他身下的那个人。那个骑在倒在地上的人身上的人就是资本家，而倒在地下挨打的那个人就是无产者。就在这时，欧文来了，傅立叶来了，圣西门来了，目睹了眼前这种状况后，他们非常愤怒，他们认为这个资本家太欺负人了。他们纷纷对这个资本家进行了谴责，他们希望资本家能够发发善心，不要再殴打下去了，可是那个资本家根本就不搭理他们，殴打在继续，那种不合理的社会现状毫无改变。接着马克思来了，恩格斯来了，列宁来了……他们告诉被打倒在地的无产者："起来，不愿做奴隶的人们。"他们与这个无产者一道，掀掉了骑在无产者身上的那个资本家，现状被改变了。

什么是科学社会主义？什么是空想社会主义？区别就在于科学社会主义是一种改变现实社会的学说，空想社会主义是一种对现实社会毫无改变的学说。

如今我们下了那么大的工夫对青年学生进行马克思主义理论教育，显然我们的目的不是让青年学生只掌握了马克思主义的理论知识，绝不能让学生们只是记住了马克思主义理论知识,把学习马克思主义理论只当成了考试的需要。学习的目的全在于应用。这就要求我们的马克思主义理论教育一定在进心灵上下功夫,使青年学生努力做到理论与实践相统一。正如习近平总书记2018年5月2日在北京大学与师生座谈时所指出的那样:“学到的东西,不能停留在书本上,不能只装在脑袋里,而应该落实到行动上,做到知行合一、以知促行、以行求知,正所谓‘知者行之始,行者知之成’。”毫无疑问,这样的马克思主义理论教育才有韵味,才应当成为我们理论课教学的价值追求,实践也是检验我们马克思主义理论教育教学效果的根本标准。

思想政治理论课怎样才能进心灵?

2018-06-01

前天我推送了《“三进”解决了没有?》一文。有个粉丝在看了这篇文章后写下了这样的留言:“想让思想政治理论课进心灵,我觉得以下三个方面很重要。

一是教学层面。要改变传统的思想政治理论课的授课方式,采用案例式教学,适当走出去参观考察,通过组织学生参加公益性活动等形式,让理论更好地“内化于心,外化于行”。

二是学校层面。不断提升每位教师和管理人员的思想政治理论水平,营造良好的校风,通过老师的言传身教,感染带动学生。

三是社会层面。社会整体道德文化水平的提高,社会主义核心价值观的深入人心,用人单位将德才兼备、以德为先作为选人、用人的明确标准,会激发学生努力完善自我,并成为他们争做品学兼优学生的内在动力。”

这个粉丝还不是从事思想政治理论课教学的教师,她是做行政管理工作的。应当说她的回答比我今天的回答要全面。我感动于这与她的工作一点儿关系都没有,但她能够拿出时间思考和回答本属于我们思想政治理论课教师应当回答的问题。这里我想说的是如果每一个思想政治理论课教师都能认真地思考我们的教学到底怎样才能走进学生的心灵,我们的思想政治理论课教学所追求的效果就一定会更好地得以实现。

进心灵的确是个系统工程,这个粉丝谈到了几个方面,还有其他一些方面涉及进心灵的问题。这里我不想全面论述,我只想谈一点,这个粉丝也谈到了，就是言传身教的问题。

我在上篇公众号文章中谈到，进心灵应当成为思想政治理论课教学的价值追求。这体现了马克思主义理论的本质要求，也就是我们常讲的理论要联系实际、知行合一。这就要求思想政治理论课的教学一定要使学生用所学的理论指导自己的行动。而要想推动别人前进，自己就应当是能够推动和鼓舞别人前进的人。要求学生做到的，教育者就应当先带头做到。

我常想，我们的思想政治理论课为什么离我们期望的效果总是存在一定的差距？其中一个原因，我们只是注重了对学生的理论灌输，而忽视了教育者的引领作用。我们要求学生的多，往往要求自己的少。

有一次我上思想政治理论课的时候，有个学生发高烧让班长跟我请假。我给了这个班长100元钱，让他买点东西替我去看看这个患病的同学。我跟班长说："你告诉那个同学，老师确实没有时间去看他，老师祝他早日康复。"当天夜里11点多了，这个患病的同学发着高烧给我发了很长一段微信，他说他很感动，他将来一定做个像我这样温暖别人的人。

什么是社会主义核心价值观？我们要求学生友善，我们就首先要成为一个友善的人。我们要求学生相信马克思主义理论，把所学到的马克思主义理论外化于行，我们就要先去践行。思想政治理论课教师就应当成为引领学生积极践行社会主义核心价值观的人。不然的话，学生们"绕过"你来践行从课堂上所学到的马克思主义理论就要大打折扣了。

学生不是傻瓜，要求他们做的教师能带头去做，他们才会觉得这件事真的值得去做。道理很简单，教师身上有光，学生才会受热。不然学生就会在心里画问号："既然教师说的事那么重要、那么有价值，那教师怎么不做呢？"教师都不去做却要求学生去做，学生又怎么会愿意去做，他们的头脑可不会这么地简单。

思想政治理论课教学要充满爱意

2018-06-06

（一）

这是我 2018 年年初写的一篇文章，感谢《中国大学教学》编辑部将这篇文章编辑后发表在该杂志 2018 年的第 2 期。

摘要：思想政治理论课教学的地位十分重要。它直接关涉我们党所开辟的伟大事业是否后继有人的问题；关涉广大人民群众对美好生活的追求能否实现的问题；关乎青年学子能否健康成长的问题。保证思想政治理论课教学效果的实现，既是思想政治理论课教学的出发点，也是落脚点。而要想取得思想政治理论课教学的最佳效果，就要充分体现这门课的特点，使思想政治理论课教学充满爱意。

任何一门课程的教学都有其价值和追求，思想政治理论课教学同样如此。

怎样才能更好地实现思想政治理论课教学的预期效果呢？与其他课程教学不同的是，思想政治理论课教学既要有教学的技巧，更要有教学的情感，即要使思想政治理论课教学充满爱意。

习近平总书记指出：“教育是一门‘仁而爱人’的事业，有爱才有责任。”好老师应该是仁师，没有爱心的人不可能成为好老师。教育的爱体现在多个方面，而教师的爱主要是通过教学过程来体现的，没有爱，自然也就不能取得好的教学效果。这一点,在思想政治理论课教学中体现得尤为充分。充满爱意的思想政治理论课教学,才能保证立德树人根本任务的完成。思想政治理论课教学是什么?说到底就是为取得马克思主义中国化最伟大的成果、为中国梦的实现培养建设者和接班人。

1848 年 2 月,《共产党宣言》的发表,标志着科学社会主义的诞生。人类历史由此产生了截然对立的两大思想体系,即马克思主义思想体系和资本主义思想体系,资本主义所谓“天经地义”的说法受到了挑战。紧接着,在马克思主义思想的指导下,巴黎公社运动和俄国十月革命相继爆发,资本主义统治永世长存的“神话”被打破了。20 世纪 80 年代末至 90 年代初,东欧剧变、苏联解体,社会主义遇到了巨大挫折,但是这并不意味着马克思主义失去了生命力。在中国,在“十月革命一声炮响,给中国送来了马克思列宁主义”后,以马克思主义为指导思想的中国共产党成立。中国共产党一经成立,就把实现共产主义作为党的最高理想和最终目标,义无反顾地肩负起实现中华民族伟大复兴的历史使命,团结带领人民进行了艰苦卓绝的斗争,谱写了气吞山河的壮丽史诗。正是在中国共产党的领导下,我们“站了起来”,特别是在东欧剧变、苏联解体,整个世界几乎全部倒向资本主义一边的大背景下,中国共产党人坚持马克思主义意识形态不动摇,坚定地走中国特色社会主义道路,使中国这样一个被西方世界一直瞧不起、一再遏制阻挠、一味西化和分化的社会主义大国富了起来、强了起来。如今马克思主义中国化在中国取得了举世瞩目的成就,我们站到了离实现中国梦最近的地方。但是,我们的目的还没有达到。

党的十九大又描绘了新的蓝图:到 2035 年,我国基本实现社会主义现代化;到 21 世纪中叶,把我国建成富强民主文明和谐美丽的社会主义现代化强国,中华民族将以更加昂扬的姿态屹立于世界民族之林。而这一切绝不是轻轻松松、敲锣打鼓就能实现的。青年兴则国家兴,青年强则国家强。当代大学生将全程参与中国梦的实现过程。

这就需要他们坚定地做到“四个自信”,继往开来地行进在实现中国梦的伟大征程上。要想推动别人前进,自己首先就应当是能够推动和鼓舞别人前进的人。思想政治理论课是巩固马克思主义在高校意识形态领域指导地位,坚持社会主义办学方向的重要阵地,是全面贯彻落实党的教育方针,培养中国特色社会主义事业合格建设者和可靠接班人,落实立德树人根本任务的主干渠道。办好思想政治理论课,事关意识形态工作大局，事关中国特色社会主义事业后继有人，事关实现中华民族伟大复兴的中国梦。从某种视域来看，思想政治理论课就是为了保证马克思主义理论不断走向更加完善、中国共产党人创立的伟大事业不断走向更加辉煌、中国特色社会主义道路不断走向更加广阔的课程。

爱是最好的老师。由此来说，思想政治理论课教师只有充满对马克思主义理论、对中国共产党的领导、对中国特色社会主义道路的爱意，才能成为先进思想文化的传播者、党执政的坚定支持者；才能讲政治责任、急党的事业之所急，自觉用习近平新时代中国特色社会主义思想武装头脑，坚定理想信念，自觉爱党、护党、为党，把为党的事业奋斗作为终身追求；才能在思想政治理论课教学中真正肩负起这门课所应肩负起的使命和责任；才能将思想政治理论课教学的知识体系转化为信仰体系，使马克思主义中国化在中华大地结出最丰硕的成果，为中华民族伟大复兴培养一代又一代可靠的社会主义事业建设者和接班人。我们常说思想政治理论课教学要想取得令人满意的效果，思想政治理论课教师一定要做到“真学”“真懂”“真信”“真用”。这里有个重要的环节需要把握好，思想政治理论课教学首先要解决“真爱”的问题。爱是一种思想感情，爱的问题解决了，思想政治理论课教师才能“欣赏”思想政治理论课，才能爱上思想政治理论课，也才会想办法上好思想政治理论课。毫无疑问，充满爱意的思想政治理论课教学才会充满真情实感，才会使马克思主义理论的魅力得以最大限度地展现，学生才会受到感染、受到启迪，才会相信老师讲的是对的，才能最终坚定道路自信、理论自信、制度自信、文化自信。如果爱意缺失了，思想政治理论课教学就不会关心培养什么人、怎样培养人、为谁培养人的问题，也就不会关心其教学的实际效果，再好的思想政治理论也只会被当成知识来传授，思想政治理论课教学的过程就会平淡无味，就不会理直气壮，学生也就难以感受到马克思主义理论那种磅礴的气势、无穷的魅力、强大的穿透力，思想政治理论课教学所担负的立德树人根本任务就无法很好地完成。

（二）

充满爱意的思想政治理论课教学才能保证完成办好人民满意的高等教育的任务。

中华民族有五千多年的文明历史，为人类做出了卓越贡献，是世界上伟大的民族。中华民族世世代代辛劳地安居在自己广袤的土地上，创造美好的生活是中华民族始终不渝的追求。但是，当历史进入近代社会，中国社会发展的链条被打断了。有多个帝国主义国家侵略过我们，腐败的清政府被迫签订了多个大大小小不平等的条约，这些条约像锁链一样禁锢着中国社会的发展。加上封建主义、官僚资本主义的压迫，中国社会陷入内忧外患的黑暗境地。中国人民经历了战乱频仍、山河破碎、民不聊生的深重苦难。

哪里有压迫，哪里就有反抗。中国人民从来就没有在“三座大山”面前屈服过。从“三元里抗英”到“平型关大捷”，再到解放战争时期的“三大战役”，中国人民表现出了誓与敌人血战到底的英雄气概，谱写了一曲曲气壮山河的赞歌。“三座大山”被推翻了，人民翻身得解放。接着，我们又开始了社会主义建设，中国人民在一穷二白的基础上建立起了自己工业的基础，解决了吃饭问题。改革开放以来，中国人民不断努力，建设美好的新家园。我们稳定地解决了十几亿人的温饱问题，总体上实现了小康，创造了人间奇迹。毛泽东同志指出：“人民，只有人民，才是创造世界历史的动力。”习近平同志指出：“人民是历史的创造者，是决定党和国家前途命运的根本力量。”

从某种角度看，思想政治理论课教学所揭示的就是近代社会以来，中国人民谋求民族独立、人民解放和国家富强、人民幸福的斗争史；揭示的就是没有人民，也就没有我们今天所得到的一切的历史。因此，我们什么时候也不能忘了人民；我们什么时候都要感谢人民；我们什么时候都要为了人民。党的十八大以来，以习近平同志为核心的党中央，确立了人民在经济社会发展中的核心地位，把实现人民幸福作为发展的目标和归宿，明确提出“人民对美好生活的向往，就是我们的奋斗目标”。

随着社会的发展，人民对美好生活的需要日益增长。怎样满足人民的新期待？从国家层面来说，一个更为重要的方面，就是办好人们满意的高等教育；从家庭层面来看，就是孩子（学生）能学有所成，懂得回报父母的养育之恩。特别是由于我国还处在社会主义的初级阶段，广大人民群众为孩子上大学付出了他们所能付出的一切。可以说每一个孩子（学生）就是每一个家庭能否过上幸福生活的希望所在。哪个孩子（学生）毁掉了，毁掉的就不只是他个人的幸福，而是一个家庭的幸福。

我们对人民群众要有爱意,什么时候也不能忘了人民;我们什么时候都要感谢人民;我们什么时候都要为了人民;我们要帮助人民实现对美好生活的新期待。从思想政治理论课教学来说,最具体的体现就是让学生懂得他们的学习成果不只关乎到他们自己将来生活能否幸福的问题,更是关乎到他们的父母,也是我们的人民将来生活能否幸福的问题。因此,学生首先就要增强自己的道德情感、道德责任,把父母放在心上。这些问题不解决,知识再多、能力再强,对于改变他们家庭的命运也毫无帮助,他们的父母,过上美好生活新期待的愿望就无法实现。教师是人民幸福的第一资源,尤其思想政治理论课教师的重要性尤为突出。从这点来看,这就要求思想政治理论课教学一定要为解决学生道德情感、道德责任服好务,要将以人民为中心的发展思想贯穿于思想政治理论课教学的始终。思想政治理论课教学马虎不得、含糊不得,其与人民的幸福息息相关。

总体来看,当下思想政治理论课教学过程还是充满了爱意的,大多数思想政治理论课教师表现出了一种对办好人民满意的高等教育积极负责的态度,在解决学生道德情感、道德责任方面下了很大的功夫,使思想政治理论课教学的效果得到了较好保证。这也充分地表明思想政治理论课教学充满爱意的重要性。

反观我们有些思想政治理论课教学,为什么达不到我们期望的结果?这与我们有的思想政治理论课教师在教学过程中缺少对人民的爱意有关。因为没有爱,就不会想方设法解决学生在道德认知、道德情感、道德责任方面表现出的偏差,就不会竭尽全力把思想政治理论课教学搞好。不仅如此,极个别的教师还会和人民“讨价还价”,总觉得人民亏欠了他们什么。他们忘记了自己能有今天这样的工作环境(尽管这种工作环境还有许多不能令人满意的地方)、幸福生活(尽管这种幸福生活还有有待提高的方面)都是人民给予的,对人民只有付出之理,没有索取之由。不能只把思想政治理论课教学当成“不得已”的谋生手段。显而易见的是,这样的思想政治理论课教学,在解决学生道德认知、道德情感、道德责任方面与办好让人民满意的高等教育这样一个要求还是存在一定的差距。

（三）

充满爱意的思想政治理论课教学才能保证青年学生的健康成长。

作家柳青说："人生的道路虽然漫长，但紧要处常常只有几步，特别是当人年轻的时候……你走错一步，可以影响人生的一个时期，也可以影响一生。"大学生正处在人生的紧要处，他们怎样才能走对他们的人生之路？事实说明，思想是行动的先导。在人的思想品德形成的知、情、意、行过程中，"知"是起始点，"知"之对错，将直接导致行为的对错。某名校一名硕士研究生因犯杀人罪被执行死刑前留下的一段话就应当引起警醒。他说："当我还在自由世界里的时候，我在思想上是无家可归的。没有价值观，没有原则，无所坚守，无所拒绝。要成为一个什么样的人，对我而言，是很不清晰的。"我们完全可以这样认为，是错误的价值观毁掉了这个硕士研究生。因此，我们要想保证青年学生的健康成长，首先就要保证他们有正确的价值观。

正确的价值观从哪里来？在今天这样一个信息化时代，青年学生的价值观确实会受到多方面的影响，但是这并没有改变学校教育的核心地位，没有改变教育的基本规律，没有改变教师的主体地位，没有改变思想政治理论课教学在青年学生价值观教育方面的主渠道作用。这也就是说，要想使青年学生树立起正确的价值观，思想政治理论课教学就要切实肩负起塑造灵魂、塑造生命、塑造人格的时代责任，为青年学生解疑、释惑，点亮理想之灯，照亮前行之路。这就需要思想政治理论课教师充满对学生的爱意。自己的孩子是孩子，别人的孩子也是孩子。只有像爱自己的孩子那样爱学生，才能时刻想着学生，时刻提醒自己不能让学生在价值观上出问题，思想政治理论课教学也才能处处以德立身、以德立学、以德施教、以德育德，坚持教书与育人相统一、言传与身教相统一、潜心问道与关注社会相统一、学术自由与学术规范相统一，才能切实达到学生真心喜欢、终身受用的效果。

尤其在当前的环境下，思想政治理论课教学在帮助青年学生确立正确的价值观方面还是遇到了多方面的挑战。随着经济全球化的推进，国与国之间的联系日益紧密。你中有我、我中有你，已成为经济全球化过程中国家间的常态。从来也没有单纯的经济活动，与经济全球化过程相伴随的必然是主导这个国家的意识形态的相互渗透。一些西方国家希望借经济全球化打赢“政治仗”,以极力推行其价值观,取得通过军事手段达不到的效果。客观来看,我们一些青年学生已不同程度受到其影响。众所周知,社会转型指的是社会经济结构、文化形态、价值观念等方面发生深刻变化的过程。随着转型的加快,许多传统的价值观念需要重新审视、重新确立。尤其是在转型的过程当中,由于文化多元化的影响,在价值观确立方面鱼龙混杂,人们常常处在选择的两难境地。今天的高等教育已经逐渐走进社会政治、经济、文化发展的中心,这客观上使得青年学生已经难以“两耳不闻窗外事,一心只读圣贤书”了,使得置身于社会转型中的青年学生不得不在价值观上做出或对或错的选择。而由于青年学生自身的弱点,决定了他们中一些人往往被错误的价值观所左右。

尽管我们一再阐明基础教育要突出素质教育,尤其是思想政治素质教育这个核心,但是在“片面追求升学率”这一指挥棒的引导下,素质教育被大打折扣,这导致一些学生带着错误的价值观来到了大学。家庭是孩子的第一所学校,父母是孩子的第一任老师。家庭环境对孩子的言行有着潜移默化的影响。现在家庭教育中一个突出的问题是一些父母把孩子看成了私有产品,缺乏对孩子确立正确价值观的教育,这使得一些刚来大学的大学生的价值观“先天不足”。高校的根本任务是立德树人,这是明确无误的。但是在实际办学过程中,立德树人往往被看成空洞的口号,即“喊起来重要,做起来次要,忙起来不要”,没有被置于应有的位置。

在片面强调学科建设和专业建设中,青年学生的价值观教育在一定程度上被忽视了。价值观错了,人生的路必然走错。不管环境如何、其他方面怎样,思想政治理论课教学不能等闲视之,不能眼看着学生在价值观上出现偏差,要切实担负起教育责任。

何谓思想政治理论课教学要充满对学生的爱意?说到底就是教师要心中有学生、爱学生,想学生之所想,急学生之所急;就是学生越需要什么,我们越要帮助他们什么。特别在当前这样一个价值观教育遇到了诸多挑战的环境下,价值观教育越是有难度,思想政治理论课教学越要迎难而上,越要帮助学生战胜这些挑战。可以想到的是,思想政治理论课教学越是充满了对学生的这种爱意,思想政治理论课教师就越是能够更加准确理解和把握社会主义核心价值观的深刻内涵,增强价值判断、选择、塑造能力,带头践行社会主义核心价值观;越是能将课上教学与课下实践结合起来,将集体教学与个体疏导结合起来;思想政治理论课教师越会自觉地深入到学生的生活当中,想方设法地了解学生在价值观方面存在的困惑,增强思想政治理论课教学的针对性、感染力、说服力,使思想政治理论课教学切实起到帮助青年学生健康成长的作用。

充满爱意的思想政治理论课才有味道

2018-06-11

思想政治理论课与其他专业课的一个最大不同是:其他专业课只要教师知识渊博,就能吸引学生,学生就会喜欢这个老师的课;而思想政治理论课不仅需要教师有深厚的理论知识,还要有情感,既要以理服人,又要以情感人。一名思想政治理论课教师一定要成为其所讲授的理论的第一践行人,只有这样,学生才会悦纳你的教育。

思想政治理论课要充满爱意,重要的一点就是不能让学生在价值观上出问题,能及时地解决他们思想上的困惑。这要求教师在第一时间节点就要与学生的思想进行"无缝链接"。特别是"思想道德修养与法律基础"这门课,往往是待学生军训结束后才能上,更有的学校将这门课安排在了第二学期,由此就造成了对学生思想引领的空档期,而相对来说,这一时期又是学生思想困惑最集中的时期,有些思想问题需要给他们打上"预防针"。

为了解决这个问题,每当给学生上"思想道德修养与法律基础"这门课的时候,我都要通过与辅导员进行沟通、翻阅学生登记表、下发问卷调查、走访学生寝室、深入学生军训生活等方式,对学生的情况进行详细的了解,对他们的思想进行梳理,及早同个别思想偏激的学生谈话,针对普遍性的问题通过微信、讲座对学生进行引导。就是说,这门"思想道德修养与法律基础"课在课堂教学还没有进行的时候就开始了。

正式讲授"思想道德修养与法律基础"这门课时,我会在第一节课上就对学生们说:“从自然年龄上看我是你们的父辈这没有问题,但是从社会年龄上看我不敢说我是你们的父辈,但我一定会努力成为你们的父辈。我向你们承诺这样两条:一是从现在开始,谁也不准饿着肚子上课、饿着肚子要求进步,吃不上饭找我,有我吃的就有你吃的;二是你们在大学四年里难免患些疾病,小病你们自己看看,大病找我,我送你们上医院,待你们的父母来恐怕就耽误了。”这样的承诺一下子就拉近了我和学生们的距离。我还真的多次送学生去医院。

记得有一次上课,正赶上第二天是“五一”假期。我上课前点了部分学生的名字。此前上课我从未点名,学生有点儿奇怪。后来学生明白了,他们发现站起来的都是家庭生活困难学生。我给他们每人发了100元钱,让他们过节期间改善一下生活。过完节后,这些困难的学生每人给我写了一封信,表达他们的感受和谢意。这里选几封推送给大家。

学生甲:

最让我感动的是什么,您知道吗,曲老师?我们本是不认识的,一个学期平均下来一星期只能见到1.5次面。您有自己专业的学生,我们也有自己的专业课,而您还时刻想着我们这些外院的小伙伴。在“五一”假期前,给我们贫困生发了100元补助费,让我们改善一下生活。当时,心中有种说不出来的感觉。以前也接受过类似的帮助,不过那都是政策上的。而这次,是一位老师的真情和爱心,让我心中感受到了真正的温暖。您曾经说过,尽自己的力量去帮助那些需要帮助的人。这是人生的一种信仰。

学生乙:

在我的生活中,确实遇到过很多糟糕的事。每当遇到困难以及不幸时,我的父母总会对我和我的妹妹说要有一颗向上的心,要用笑脸去面对世界。也许有时候,父母也会悄悄流泪,但是从来没有对我抱怨过这个世界,而我心中也始终坚信,未来总是美好的。在高中的最后一个月,我读到了一首诗,上面写着“世界以痛吻我,我要回报以歌”。从此,我学会以爱去面对一切。虽然有时候你会发现,有更多残忍的事接踵而至,但那只是因为你的世界还不够大。世界总是美好的,总是有许多人在爱着这个世界,在关心彼此。

曲老师,说实话好久没写过类似的文字了,写得有些乱,但是真的很感谢您,感谢您的这份爱心,而我相信自己也会是它的中转站。

最后,祝您身体健康、万事如意!

学生丙：

曲老师：您好！感谢您对我的关怀与帮助，您的帮助使我感受到在大学里又多了一份希望。我出生在一个并不富裕的村庄里。在小学五年级以前，我一直觉得虽然家庭贫困，但只要家人能在一起就是幸福的，我从未觉得自己比别人过得差。但在那一年，父亲与病魔经历了漫长的斗争之后离开了我们。虽然父亲生病多年，但我始终坚信只要活着就有希望，只要他能看着我成长就足矣。可惜天不遂人愿，病魔夺走了父亲的生命，这对我、对整个家庭而言，无疑是个沉重的打击。家里的顶梁柱垮了，母亲在开始的几天整日以泪洗面，她试图随父亲而去。我知道，在那段时光里，母亲过得有多艰难。我想，大概是因为我们几个姐妹使母亲最终冷静了下来。那一年，是我过得最艰难的一年，回到学校的我，一个人盯着操场，不知不觉就泪流满面。我很感激那些天曾安慰过我的朋友们。

父亲走后，母亲一人挑起家中的重担。那时的我和姐姐都还小，都需要母亲的照顾。靠着亲戚与社会的帮助，我和姐姐继续踏上学习之路。原本以为世界已抛弃了我们，而现实是社会上永远不乏爱心人士。我想，曲老师今天对我的帮助也正验证了这句话。家庭经济虽然困难，母亲却坚持送我们姐妹上学，所以才有了今天的我。

从小到大，我都受到了社会上各界爱心人士的帮助，这些都使我的心灵得到了极大的温暖。曲老师您曾说过："我绝不会让我的学生饿着肚子上课。"这句话听起来是那么有力，又是那么温暖。作为一名老师，您不仅传授了我们书本上的知识，还以实际行动让我们感受到了您那份深沉的爱。我一直都坚信"知识改变命运"这句话，曲导对我们的帮助也是为了让我们更好地学习。家庭困难并不代表什么，因为这只是暂时的，我从未觉得家庭贫困意味着低人一等，相反，这磨炼了我们的意志，使我们变得更加坚强。

衷心地感谢曲导您的帮助，现在我能做的，就是努力学习，锻炼自己，使自己变得更加强大。滴水之恩，定当铭记于心。

学生们说出了他们的心里话。我常想，思想政治理论课要想取得令人满意的效果，就一定要让学生感受到你的心中装着他们。教师之所以敢于站在学生的面前，那是因为教师为他们储满了浓浓的爱意。教师不是为了评职称、当学者来的，而是发自内心地相信：学生的幸福需要自己的帮助！

思想政治理论课是为学生开设的

2018-07-13

大学里为什么要开设思想政治理论课？说得简单些，就是为了让学生更好地接受马克思主义理论的教育。

应当说，这些年来，思想政治理论课教学在诸多方面的努力下，教师的教学效果得到不断提升，较好地完成了这门课所要完成的任务。

我就坚持这样的观点：若是没有思想政治理论课，学生的思想不知会混乱成什么样子，高校也难以保持这么多年的稳定。稳定是什么？稳定是思想的稳定。思想不稳定，行为就不会稳定。我在担任省委高校工委副书记时，主抓思想政治理论课教学，动不动就会听到有的学校领导说思想政治理论课没有用。我对此深感忧虑，心里想：如果允许某些人因个人偏好而放弃思想政治理论课，看看这个学校还能否正常运行下去？

我为什么要说思想政治理论课是为学生开设的？从题目上就能看出，我对思想政治理论课教学还是有些看法的，但是这是从积极的方面来说的，是从爱护思想政治理论课教学的角度出发的，是从没有最好、只有更好的追求出发的。

思想政治理论课怎样教才能更好？说起来很简单，就是回归到常识，就是别忘了我们为什么要开设思想政治理论课，要把我们的着力点定在对学生进行马克思主义理论教育上。

以这样的观点认真地审视一下现今的思想政治理论课教学，我们不得不承认的一点是：现今的思想政治理论课教学在一些方面还没有做到更好。

比如,在思想政治理论课教学过程中,我们存在过于学术化的倾向。什么意思呢?就是说我们对马克思主义理论课教学效果的评价,常常是看承担了多少课题、发表了多少文章以及这些课题和文章都是什么等级的。似乎等级越高,课程教学效果越好。

我不反对在理论层面上不断地加强研究,这些可使马克思主义理论得以更加丰富。但是我认为,这样一项研究任务,首先是由专职的马克思主义理论研究者来完成的,这是他们的使命和责任。当然也是少部分马克思主义理论教育工作者的使命和责任,而就绝大多数马克思主义理论课教师来说,他们的主要使命和责任就是让学生接受马克思主义理论教育,让学生知道马克思主义是什么,让学生把马克思主义理论"内化于心,外化于行"。这是一项很重要的任务,有的同志说:"自己没有一桶水,怎么能给学生一杯水?"以此强调理论研究的重要性。这个基本的道理我们都懂。问题是教师有了一桶水,学生就能得到一杯水吗?事实并非如此。这要取决于有一桶水这个人是想完成给学生一杯水这个迫切的任务还是想再有一桶水,再有更多桶水……这才是问题所在!

如果我们强调思想政治理论课是为学生开设的,不忘开设思想政治理论课的初衷,不违背思想政治理论课教学的常识,我们对思想政治理论课教学的评价就会以教学效果为根本标准,这样思想政治理论课教师的教学重心就会下移。一名思想政治理论课教师在有了一桶水之后,才会想尽办法向下使劲,才会先解决学生一杯水的问题,然后再考虑怎样装满下一桶水的问题。我们需要马克思主义理论家,这只是极少数,而对于思想政治理论课教师来说,即便你是马克思主义理论家,也还是要将理论和实践统一起来,不能忘了你的马克思主义理论研究是要为学生更好地接受马克思主义理论教育服务的。当然,我们还需要马克思主义理论教育家。只有他们切实地担负起马克思主义理论的教学任务,对学生进行马克思主义理论教育的任务才能完成。

因此,我们一定要注意我们的教学引领,要"弱化"学术引领,"强化"实践引领。检验思想政治理论课教学好坏的标准一定是学生是否将马克思主义理论"内化于心,外化于行"。不然课题研究得再多,文章发表得层次再高,对思想政治理论课教学的实效又有什么用呢?

做一名思想政治理论课教师真挺好

2018-09-10

我非常愿意做教师,尤其愿意做思想政治理论课教师。

我考大学的时候本来我的中文也是可以的,但是我喜欢政教,于是便报了辽宁师范大学政史系。当时我的成绩比省本财经类院校高几十分,有人建议我报财经类院校,我想将来做个教政治的教师不是挺好的吗?后来参加工作了,特别是在市场经济十分红火的时候,有的朋友还说:"你当初报财经类院校多好!"可我真心感到做一名思想政治理论课教师挺好。

毕业前夕,辅导员了解我们的毕业去向,我在申请里写下了去西藏、新疆等边远地区,我要在这些文化资源相对匮乏的地区当一名教师,培养更多的学生,帮助他们实现读大学的梦想。因毕业那年没有支边计划,学校让我留校了,把我派到历史系做辅导员。

我读书的时候政史还没有"分家",历史系的教师基本上都是政教系的教师,他们都给我上过课。特别是历史系的主任,对我很了解。我到系里报到后不久,有一天他私下对我说:"听我的,别当辅导员,你是把教学好手,不然是人才的浪费。"他认为我能教好中国史、世界史这样的课程,他认为这是专业课,教这些课才有出息。可我不这样看,我觉得在大学里学好知识、培养技能是重要的,但比此更重要的还是要树立正确的价值观。学了那么多的知识、有了能耐,如果不知为什么要学知识、要有能耐,那知识再多、能耐再大又有什么用呢?而思想政治理论课教师就是教给学生价值观的人。我跟主任说，我愿意当辅导员，给学生上思想品德课。我们学校一直开这门课，当时叫“共产主义思想品德”课。我认为在大学的所有课程里，思想品德课对学生的影响最大、最直接、最深刻，能够帮助学生确立正确的价值观，就是学问，而且是很高深的学问。

我有很多机会从事专业课教学，我都不为之所动。我这一辈子可以说就上了一门课——马克思主义理论课。

从辅导员的角度看，重点在实践层面帮助学生树立正确的价值观；从思想政治理论课教师的角度看，重点在理论层面帮助学生树立正确的价值观。所以，在做辅导员的时候，我兼上思想政治理论课；在做马克思主义学院教师的时候，我兼做辅导员。我始终把两者统一起来。现在看，我的选择是对的。

我经常说我就是个农民。我春天播下种子，夏天洒下汗水，秋天有了收获。我现在可谓桃李满天下，我的学生做什么工作的都有。谈到他们的大学生活，他们感谢专业课教师给了他们专业知识，更感谢我对他们的人生引领。我有个学生是个厅级干部，他给我写过一封近 5000 字的信，信的题目是“我的精神导师”。

他说：“于我而言，您恰是我人生成长的精神导师。”一次上完“思想道德修养与法律基础”课，学生自发给我送上条幅“桃李天下，师恩似海”，表达对我的感谢；有的学生家长几十年了仍念念不忘我对他们孩子的培养。有个学生家长嘱咐他的孩子说：“你可以忘了父母，但不能忘了曲老师。”还有个学生家长，经常念叨我。我 1983 年去她家家访的时候，给了这个学生 20 元钱，学生的母亲很过意不去。说当年幸亏有我，现在日子好了，希望我常到她家。7 年前我在教育厅工作的时候，我去看过这个学生的母亲。她拿了个草莓让我吃，当我吃下这个草莓的时候，她对她的孩子说：“你妈能闭上眼睛啦。”我的眼角湿润了。上个月，我又去看望了这个学生的母亲。因为晚上要赶到丹东，下午 3 点多的时候我先到了这个学生家。这个时间根本不是饭点，我也是故意躲开了饭点。谁知学生的母亲准备了一桌丰盛的农家饭菜，一定要我吃。我的眼里含着泪水，虽然我一点儿也不饿，但还是吃了许多。学生的母亲 92 岁高龄了，这一桌饭菜对我来说价值连城、情谊无限。

今天是教师节，从昨天开始，就有学生给我发节日祝福，还有的到学校来看我，这一早上祝福的话语像雪片一样纷纷飘来。有个我刚做思想政治教师时带的学生说:虽然我们人分两地,不常见面,但老师的形象已经深深地印在我们的脑海里,永久难忘。

我带的去年毕业的学生说:

曲老师好!教师节快乐呀!今天是一个多么美好的日子啊,这日子属于您和像您一样千千万万用心奉献的老师们。越发觉得教师是一个伟大的职业,不仅充分说明了知识的力量,像您这样有人格魅力的老师更会让学生受益终身啊!所以,一切的赞美和祝福送给您都不为过!老师您辛苦了!我以后争取也做一个像您一样有情怀的老师!

今天一定会有来自五湖四海甚至世界各地的人向老师发去祝福吧!我猜老师的手机会一直响。有时候被打扰也是一种幸福,老师您一定很开心吧。开心就好啦,您看到我的祝福就行啦,不用回我的,那么多信息哪能回得完。今天总该休息休息了吧,这可是专门给您放的假呢,虽然知道您还是闲不住。有时就真的感慨,到了这个该懂事的年纪,和父母、老师就像互换了身份。每次给家里打电话,每次给您发消息,都不忘叮嘱您要注意身体,您总是答应得好好的,可挂了电话还是依旧不知疲倦地工作着,不听叮嘱。其实我理解,您有重任在身,哪敢耽搁一天。我心里真的很愧疚,我会好好努力的!等等我!

记得有一年教师节我给您送花来着,今年我也想给您送的,预订鲜花本是很简单的事,但始终觉得太容易的事不足以表达我的真心。所以我让妹妹为您做了一束手捧花,代表我们两人的心意,可能不如真花好看,不过心意都在里面了。希望老师收到花时开心!祝您教师节快乐!以后也天天快乐!祝愿您身体健康,永远爱您!

做一名思想政治课教师多好!真正可以体现“燃烧自己,照亮别人”那种蜡烛精神。有个别的教师嫌学生麻烦、事多,嫌学生思想复杂、难引导,不也正是因为有了这些“麻烦”“复杂”才需要我们,才凸显了我们的价值,才奏响了我们人生的乐章吗?社会职业千行万行,哪一行有教师的职业最情深意长?教师培养的是人,而人是有感情的。正是在我们的奉献中,我们得到了学生们的思念,也正是在学生们的思念中我们得到了永生!2006 年 4 月,为配合全国辅导员工作会议的召开,《光明日报》的记者采访了我。他问了我许多问题,最后问我:“如果让您重新选择的话,您还会选择做辅导员吗?”我当时毫不犹豫地说:“一定会的。”我没有来生,如果有来生的话,我一定还做辅导员、上思想品德课,我会比现在做得更好。因为我不仅清楚地知道了一个思想政治教师的地位和价值,我还知道了自己还有哪些地方做得不好。

值此第三十四个教师节到来之际,谨以此文纪念我们自己的节日。作为一名老思政人,衷心地祝愿老师们节日快乐!

课就是课,把它“讲好”就行了

2019-1-15

一、课是什么

这里的“课”,指的是思想政治理论课。

“课”字是由“讠(言)”和“果”两部分组成的。“言”就是说话,就是表达;“果”就是果实,就是收获或效果。在此我们可以把“课”简单地理解为通过语言表达所达到的授课效果。

但是这种表达不是随心所欲的,就是说不是谁都可以表达的,不是想表达什么就表达什么的。要想取得“课”的效果,就要依据“课”的要求来进行,就要好好地表达。总的来看,广大的思想政治理论课教师们还是能够依据“课”的要求,认真备课,努力使这门课达到学生喜爱、终身受用的效果。

但是实事求是地说,这门“课”还没有达到令人十分满意的效果。当然原因是多方面的,不能都怪在思想政治理论课教师的身上,不过有一点与我们思想政治理论课教师的教学还是有关系的,这就是有的思想政治理论课教师的教学与“课”的要求还是有点相悖的。

二、谁来讲课

“课”由谁来讲?“课”由担负这门课的教师来讲。

可是事实上有些“课”都是“代讲”的。这里的“代讲”不是说这门课在主讲教师有特殊情况的时候由别的教师来替代讲授,说的是主讲教师在讲授的时候,以各种理由(包括以创新教学方法的名义)运用多种形式,尽量地使自己少讲，甚至不讲。

有的教师，以“大学教学应培养学生研究能力”的名义，把课堂“还给”了学生，让学生尽量地谈他们对课程内容的理解，然后教师再加以点评。有的教师，以“挖掘地方文化特色”的名义，课上让学生介绍家乡当地的文化，学生讲的一些东西与“课”的内容根本不相关。有的教师，以学生“喜闻乐见”为名，过多地播放影视片；有的教师把别人的课件拿来，不加取舍，便照搬到课堂上，有的教师，爱上讨论课，以此替代了教师的讲授；有的教师，课件制作得花里胡哨。

三、把课讲好

在网络如此发达的今天，传统那种只有教师有知识，学生只有从教师那里才能得到知识的观念遇到了现实的挑战；教师的一言堂亦不合时宜。

如何充分地调动学生的积极性，进行研究性教学，增强教课的效果，思想政治理论课教师要认真加以思考。

不过我认为，既然是“课”，就不是看电影，就不是座谈会，学生就不能七嘴八舌地弱化教师的主讲地位。

教师要深刻挖掘教材的内容，最大限度地占有属于教师的讲授时间，凭着三寸不烂之舌把要告诉学生的告诉学生，把学生应当记住地让学生记住。

我上课的时候都是先吃透教材，熟悉学生，然后结合我的人生体验跟学生娓娓道来。我的课件都是最初级的原始制作，我把和讲课有关的照片粘贴到模板上。

我总觉得我有很多话说，真舍不得把课上这有限的宝贵时间留给学生，我讲课时从来没有放过视频，也很少上那种讨论课，我基本上都是“一言堂”，效果也很不错。

这几年学生给我写了有几十万字的听课心得。有一次有个学生课间跟我说：“您征服了我。我刚来的时候，有个学姐跟我说思想政治理论课是最好‘翘’的课，但我感到我最愿意上的课就是您的课。”

何谓实践教学？

2019-01-16

“纸上得来终觉浅，绝知此事要躬行。”从事思想政治理论课教学的教师对这句话再熟悉不过了。简单理解，这句话告诉我们的是：要想认同一种理论，就一定要让实践来检验、来证明，在实践中加深对理论的认识。于是我们很多教师便把这句话当成了思想政治理论课教学的一个原则，甚至把思想政治理论课教学的效果还不是那么令人十分满意的原因归结为实践教学不够。

在这些教师看来，学生们要是都能去井冈山、延安、西柏坡、红岩村等红色景区实践考察，那思想政治理论课教学的效果一定会很好。

怎样理解实践教学？我以为就是把理论和实践结合起来，用事实说话。

这个事实可以是历史上发生过的，也可以是现实世界正在发生的；可以是在国内发生的，也可以是在国外发生的；可以是在教育者身上发生的，也可以是在别人身上发生的，还可以是在受教育者身上发生的……

总之，一切有助于学生加深对所学的马克思主义理论理解的客观活动形式，都可视为实践教学的范畴。

我常想，我们不可能使每个学生都到井冈山、延安、红岩村等红色景点进行实践教学，即便能去，学生们就真的相信我们在思想政治理论课上所告诉他们的那些马克思主义理论是正确的？恐怕不会这么简单吧？

有一次我在重庆一所高校进行学术交流。我说在重庆对学生进行社会主义核心价值观教育格外有难度。为什么？因为红岩村就在重庆，而且重庆还有渣滓洞，学生们离这里太近了，他们溜达着就去了。他们对共产党人是什么样再熟悉不过了。怕是他们去一次回来看看身边一些共产党员太不像共产党员了，再去一次回来看看有些给他们上思想政治理论课的老师也不像是真信马克思主义的样子，显然这样的实践教学难以取得最佳的效果。

这就要求教育者一定要先受教育。要教育学生成为什么样的人，自己首先就要成为这样的人。

我常讲的一个观点是，要想使思想政治理论课教学达到最佳效果，教师就是第一实践人，学校就是第一实践场所。

我在省教育厅工作的时候也是力所能及地资助学生，我和他们都是单线联系，在帮助他们的同时，通过他们，我也更多地掌握了一手资料。我经常问他们对思想政治理论课的看法，结果他们的回答常常是“最满意的课就是思想政治理论课，最不满意的课也是思想政治理论课”。满意的这里就不说了，不满意的是为什么呢？

这里有许多原因，其中一个原因就是有的老师、有的学校没有从自身积极践行课堂上所传授给学生的那些社会主义核心价值观。学生举例说，有的思想政治理论课老师为了评职称和同事互相告状，学生根本不信服他。有的学校跟商场似的，有着不绝于耳的叫卖声，学生的感觉就是学校想让他们把兜里的钱一分不剩地都掏出来。可想而知，学生抱有这样的看法，怎么能不为思想政治理论课教学取得最佳效果增加难度呢？

有一次我给学生上“思想道德修养与法律基础”课的时候，有个班长递给我个假条。他说他们班有个同学发烧39℃不能来上课了，向我请假。我马上从兜里掏了100元钱给这个班长，让他买点牛奶、水果替我看看这个学生，让他告诉这个学生老师实在没有时间去看他，祝他早日康复。同时我还跟这个班长说别忘了替我谢谢他。“为什么要谢谢他？”“你看他发烧39℃还不忘给我这个假条，对我如此尊重，我不应当谢谢他吗？”这个班长明白了我的意思。我在课前把这件事讲给同学们听，他们给了我一阵热烈的掌声。当天晚上11点多，发烧的学生又给我写了一段较长的微信，他说他懂得了一个做人的道理，一定要做一个顶天立地的男子汉。

还有一次课间我跟一个学生交谈。这个学生每次都最早到教室坐在第一排。我问他：“我讲的你信吗？”“信啊！”“为什么？”“我信您啊！”他告诉我他上网查阅了有关我的信息,因为相信我才选了我的课。

思想政治理论课一定要注重实践教学,但是实践教学是多方位的,有条件到红色景区亲身感受一下很有必要。不过要加强指导,盲目的实践是没有意义的。作为教育主体的教师和学校,千万莫忘了自身就是第一实践人、第一实践场所,学生从这里所得到的实践教育会产生更直接、更及时、更深刻的效果。

不要总拿思想政治理论课说事

2019-01-22

这两天思想政治理论课在网上又着实“火”了一把。其原因是近日有媒体报道,北海艺术设计学院“毛泽东思想和中国特色社会主义理论体系概论”课程的期末考卷上出现了多道与课程内容无关,甚至令考生感到被侮辱的试题,如“你与异性有过性交往吗?艾滋病好在什么地方?”“你将来想要小孩子吗?你想断子绝孙吗?”“你要不要借一个好的种?”

《光明日报》将这种试卷称为“魔幻试卷”;有的网友认为出这样的试题就是“变态”;有的说这是在亵渎思想政治理论课。应当说正面的声音还是强有力的。

但是需要我们注意的是,由此有的人又开始拿思想政治理论课说事了。他们对思想政治理论课产生怀疑,总觉得思想政治理论课可有可无。其实,这种联系是大可不必的。

“魔幻试卷”的出现恰恰说明有的高校、有的老师对思想政治理论课还缺乏认识,对这门课的建设还没有引起高度的重视,甚至持消极态度。这也从另一个侧面提醒我们,思想政治理论课建设必须加强,且任重道远。

思想政治理论课在高校的地位、作用无可厚非。当学生离开学校的时候,不应只是得到了知识,更要懂得为什么要得到这些知识,这些知识要用到哪里。这也就是我一直在阐明的一个观点:“知”“识”是统一体,知识不可能天然地形成力量。知识成为力量需要“中介”,这“中介”就是正确的价值追求。而学生的头脑里是不可能天然地存在正确的价值追求的,这就需要从外部灌输进去。思想政治理论课是干什么的呢?简单说来,就是为学生提供正确价值追求服务的。因此思想政治理论课绝不是可有可无的,必须上好。

"学生不喜欢思想政治理论课。"有的同志往往以此作为忽视思想政治理论课的理由。是学生不喜欢吗?恐怕是我们学校没有重视、教师没有上好课。

我对思想政治理论课就情有独钟,也算取得了较好的教学效果。我在大学读的是政史系。毕业的时候政史系分为政治系和历史系。我被分到了历史系做辅导员。我们系主任对我很了解,知道我的专业知识不错,所以他多次建议我给学生上专业课,比如上"中国古代史""中国近代史""中国现代史"等专业课。

我当时既当辅导员,又给学生上"思想道德修养与法律基础"课,那时叫"共产主义思想品德"课。我跟我们系主任讲,我这就是在上专业课。系主任说:"那不是课,你别耽误了自己。"我理解他的好意,但我没有动摇过我的初心。因为工作需要,在历史系工作不到3年,我被调到政治系任党总支副书记,负责学生的思想政治教育工作。一些老师教过我,他们希望我能给本科生上像"青少年法学""思想政治工作学"这样的专业课,我同样没有同意。

我从来没有想过换个学科教学。我评的就是德育教授。我还是硕士生、博士生导师,我的科研成果在许多学科申报硕士点和博士点时都能用上。但是我只在马克思主义理论学科做硕导和博导。简单来说,我在高校里只上过一门课:这门课在本科阶段叫"思想道德修养与法律基础",在硕士阶段叫"思想政治教育理论与实践",在博士阶段叫"思想政治教育前沿问题研究"。

数十年来,我从来没觉得在别的专业教师面前"矮"三分,我充满了学科自信。2018年年底,正是靠着思想政治理论课的教学,我被评上了"万人计划"教学名师,实现了我们学校"零"的突破。

更重要的是,我的学生现在有做省部级领导的,有做厅级干部的,有做大学博导的,还有大量在教学一线做教师的……谈到大学生活的时候,他们一致感谢我做辅导员讲授的思想政治理论课给了他们正确的人生选择和价值追求。有个现任厅级干部的学生给我写过一封近5000字的信,信中说我是他的精神导师。我在从省里回到学校的时候,我还是做辅导员,上"思想道德修养与法律基础"这门课。我经常讲,博导可以不做,辅导员要做,本科生的课要上。每当一学期授课结束的时候,那场面着实让我动容。有时学生们会给我送条幅,有时学生们会给我送卡片,有时学生们会和我合影留念……有个学生在和我交流时说:"您征服了我。我本来对这门课不感兴趣。现在我觉得您这门课是最有价值的课。"还有个学生说:"谢谢老师的认真讲授,您使我懂得了我要成为一个什么样的人。"

实事求是地讲,思想政治理论课教学现在确实还有诸多令人不满意的地方。这说明了两方面的问题:一方面是思想政治理论课建设永远在路上;另一方面说明思想政治理论课"欠账"太多。这些年教育部社科司代表国家层面在思想政治理论课建设上做了大量富有成效的工作,不然不会有今天这样的局面。广大的思想政治理论课教师也付出了辛勤的汗水,他们"吃的是草(现在还没有像重视'双一流'建设那样重视思想政治理论课建设,在有的高校,思想政治理论课还没有得到应有的重视),挤出的是奶"。不然哪来的连续30年的高校稳定?行动受思想的支配,行动上的稳定是因为思想的稳定(当然还有思想政治工作司,这些年大力加强高校党的建设、辅导员队伍的建设。辅导员在大学生人生成长过程中,较好地担负起了指导者和引路人的责任)。我在省里工作的时候跟有的校长讲,一定要重视思想政治理论课建设。

不要动不动就拿思想政治理论课说事,这不是关心、爱护、积极的态度。思想政治理论课在高等教育完成立德树人根本任务中所起的作用必须充分肯定。进入新时代,我们当更加自觉、深刻地认识到思想政治理论课在高等教育发展中所处的战略地位。思想政治理论课建设只能加强,不能忽视,更不容亵渎!

马克思主义是科学，更是信仰

2019-01-25

170多年前，马克思、恩格斯合著的《共产党宣言》发表了，由此标志着马克思主义的诞生。

恩格斯在马克思墓前的讲话中说道：

正像达尔文发现有机界的发展规律一样，马克思发现了人类历史的发展规律，即历来为繁茂芜杂的意识形态所掩盖着的一个简单事实：人们首先必须吃、喝、住、穿，然后才能从事政治、科学、艺术、宗教等等；所以，直接的物质的生活资料的生产，从而一个民族或一个时代的一定的经济发展阶段，便构成基础，人们的国家制度、法的观点、艺术以至宗教观念，就是从这个基础上发展起来的，因而，也必须由这个基础来解释，而不是像过去那样做得相反。

不仅如此，马克思还发现了现代资本主义生产方式和它所产生的资产阶级社会的特殊的运动规律。由于“剩余价值”的发现，这里就豁然开朗了，而先前无论是资产阶级经济学家还是社会主义批评家所做的一切研究都只是在黑暗中摸索。

习近平在纪念马克思诞辰200周年大会上的讲话指出：

马克思主义是科学的理论，创造性地揭示了人类社会发展规律。在马克思提出科学社会主义之前，空想社会主义者早已存在，他们怀着悲天悯人的情感，对理想社会有很多美好的设想，但由于没有揭示社会发展规律，没有找到实现理想的有效途径，因而也就难以真正对社会发展发生作用。马克思创建了“唯物史观”和“剩余价值”学说，揭示了人类社会发展的一般规律，揭示了资本主义运行的特殊规律，为人类指明了从必然王国向自由王国飞跃的途径，为人民指明了实现自由和解放的道路。

人类社会正是因为有了马克思主义的指引，才发生了翻天覆地的变化：先是有了巴黎公社的诞生；紧接着有了十月革命的胜利；再接着有了毛泽东同志在天安门城楼上庄严宣告，“中华人民共和国中央人民政府今天成立了！”对马克思主义的诞生，剥削者惊恐万状。马克思主义还在酝酿之中，他们便开除了马克思的国籍，对马克思进行人身的迫害；马克思主义诞生后，他们诅咒马克思主义是“幽灵”；马克思逝世后，他们欣喜若狂，“祈祷”马克思的学说能够随着这个“红色博士”的逝去而一道“死去”；巴黎公社诞生后，一切反动势力联合起来将其绞杀在“摇篮”当中，五万巴黎公社战士血流成河；十月革命胜利后，当时的十八个帝国主义国家一致联合起来像恶狼般扑向这第一个诞生苏维埃社会主义的国家；中华人民共和国诞生后，以某大国为首的西方国家对我们进行了百般的阻挠、遏制、封锁，在我们七十多年的社会主义发展历程当中，他们从来没有放弃过对我们进行“演变”“西化”“分化”。

回顾历史，苏联解体的原因中，苏联自身的因素无疑是根本的，但是，一切反马克思主义的外部势力又怎能不是苏联解体的一个重要因素呢？“青山遮不住，毕竟东流去。”马克思主义并没有屈服于一切反马克思主义的势力，中国共产党人在马克思主义指导下所取得的成就日益显著，到21世纪中叶我们将成为富强民主文明和谐美丽的社会主义现代化强国，到那时，马克思主义的科学性和真理性将进一步彰显出永恒的光辉！

今天我们站在历史的重要节点上，我们所面临的一项重要使命和责任就是将马克思主义发扬光大。

怎样发扬光大？毫无疑问，只承认马克思主义的科学性是不够的，还必须把马克思主义当成一种信仰，当成我们人生的追求。道理很简单，马克思从创立马克思主义的那天起，就把马克思主义思想融入自己的血脉之中。马克思的学问无与伦比，但是马克思从来没想过要用这些学问来“评职称”、为自己谋利益。马克思的社会关系也是很“厚实”的，他的妻子燕妮出身于贵族家庭，他妻子的哥哥在当时的普鲁士王国具有显耀的地位；马克思的父母也有着算是不错的家庭条件。同样，马克思从来也没有想过借此升官发财。

在马克思看来，之所以要创立马克思主义，那是要为大多数人谋幸福，而绝不是他个人想谋取些什么。马克思在十七岁的时候就说过如此豪言壮语："如果我们选择了最能为人类福利而劳动的职业，那么，重担就不能把我们压倒，因为这是为大家而献身；那时我们所感到的就不是可怜的、有限的、自私的乐趣，我们的幸福将属于千百万人，我们的事业将默默地，但是永恒地发挥作用并存在下去，面对我们的骨灰，高尚的人们将洒下热泪。"马克思为此奋斗了一生，也因此贫困潦倒了一生。

2018 年 5 月，为纪念马克思 200 周年诞辰，中央电视台播放了专题片《马克思是对的》。对照马克思，我们哪些是错的？首先在信仰上我们就是有差距的。我们没有马克思那样的崇高追求。一些同志还只是把马克思主义当成科学来看待，甚至简单地把马克思主义看成一种学问，想通过研究马克思主义来评职称、来致富。事实上我们有些同志也确实靠着马克思主义"发家"了。当然现在时代不同了，我们是在和平的年代里宣传马克思主义的，从事马克思主义教育也不应成为"苦行僧"，不过我们的出发点不能建立在物质富裕的基础上。为什么我们的马克思主义教育引领工作还达不到令我们满意的程度，与马克思在信仰上的差距应当是个重要的原因。从事马克思主义教育的同志必须坚定马克思主义信仰。这也就是我们通常所说的，对马克思主义要真学、真懂、真信，更要真用。绝不能把马克思主义只当成科学工具"攥在手里"炫耀，那会使马克思主义陷入空想主义的误区。

在马克思的墓碑上刻着这样一句话："哲学家们只是用不同的方式解释世界，而问题在于改变世界。"这是在告诫我们，一定不能忘记了实践性这个马克思主义理论的重要品质。而要想体现这一点，就要以对马克思主义的信仰来激励自己、推动自己。从事马克思主义理论教育在一定程度上即意味着奉献、意味着付出，我们有我们个人的利益，但是我们更有党和人民的利益。如果我们的抱怨、牢骚过多，就容易使人们对马克思主义的科学性产生怀疑。因为马克思主义的科学性，从某种程度上讲，也是由现实性来体现的。

思想政治理论课要上出味道

2019-02-23

思想政治理论课要上出味道这本是个原则,可是有些同志却又恰恰在常识上犯了错。

思想政治理论课上得怎么样,只要看上没上出思想政治理论课的味道就知道了。这就像我们要炒一道菜:炒韭菜就要炒出韭菜的味道,炒黄瓜就要炒出黄瓜的味道,炒角瓜就要炒出角瓜的味道……上思想政治理论课就要上出思想政治理论课的味道。

思想政治理论课是什么味道?要着力推动思想政治理论课在改进中加强、在创新中提高,全面贯彻习近平总书记系列重要讲话精神和治国理政新理念、新思想、新战略进教材、进课堂、进头脑,切实引导广大学生正确认识世界和中国发展大势、正确认识中国特色和国际比较、正确认识时代责任和历史使命、正确认识远大抱负和脚踏实地,不断坚定道路自信、理论自信、制度自信、文化自信。我认为,这就是为思想政治理论课定的味道。思想政治理论课上出了这样的味道,自然就是好的思想政治理论课。

可是事实上,我们的思想政治理论课还没有统一有这样的味道。这不是没有标准,而是一些老师各显其能、随意地发挥。以"思想道德修养与法律基础"课为例,教这门课的教师有着不同的学科背景:有学历史的,结果把思想政治理论课上成了历史课;有学法律的,结果把思想政治理论课上成了法律课;有学哲学的,结果把这门课上成了哲学课……

这样怎能讲出味道纯正的思想政治理论课呢？

思想政治理论课的纯正味道是让习近平新时代中国特色社会主义思想进教材、进课堂、进头脑，绝不是让某些教师个人的那些浅见进学生的头脑，更不允许用错误的思想影响学生。

教师只可以结合个人的思想实际，谈谈对习近平新时代中国特色社会主义思想的认识，以帮助青年学生更好地品尝思想政治理论课那纯正的味道。

千万别忘了思想政治理论课是有鲜明的阶级属性的，是中国特色社会主义大学的本质特征。把你讲的思想政治理论课内容用英语翻译一下，看看能不能看出你是在中国大学讲的，若是在西方的大学也能讲，显然你就没讲出思想政治理论课的味道。

信仰——上好思想政治理论课的根本

2019-02-24

经常会有教师同行问："上好思想政治理论课有什么好的方法？"可以说，上好思想政治理论课是同行们的共同愿望。

思想政治理论课怎样才能上好？影响上好思想政治理论课的因素很多，好的方法无疑会有助于增强思想政治理论课的效果。不过，我以为，从思想政治理论课教师这个方面来看，上好思想政治理论课的关键还是思想政治理论课教师的个人信仰问题。

马克思主义是怎样产生的？从某种角度来说，马克思主义就是信仰的产物。这样说来就不难理解了，马克思主义就是一种科学的信仰。这就要求讲信仰的人一定要有信仰。

马克思是怎样创立和传播马克思主义的？那是在资本主义占统治地位的情况下创立、传播的。谁给他科研经费？马克思变卖家当，直至陷入贫困潦倒的地步。他的孩子因疾病、饥饿而在他的怀里离世。凭着马克思的学识，他只要为给占统治地位的阶级说两句好话，就什么都有了。马克思最初是编辑出身，但是他背叛了有产阶级，硬是要为无产阶级说话。马克思主义被视为异端邪说，四处遭到封杀。马克思就像个战士，出现在哪里战斗就在哪里进行。他被开除了国籍，一生受到迫害。

马克思一生为信仰而奋斗，用坚定的信仰创立、传播马克思主义，绝不服输。试想一下，如果没有坚定的信仰，马克思能创立马克思主义吗？没有坚定的信仰，马克思主义能得到如此的传播吗？真理就是真理。真理的光芒是遮挡不住的。十月革命的胜利给马克思主义做了最好的诠释。

马克思主义在中国的传播靠的不也是信仰的力量吗？在白色恐怖的年代，传播马克思主义不仅没有经费，而且一旦被抓住了是要被杀头的。

今天我们传播马克思主义同样需要信仰，我们不用担心被杀头了，但是马克思主义大众化的问题远没有得到根本解决。马克思主义还没有成为更多人内心的自觉需求。从事马克思主义研究的人还常常被有些人误解，甚至被嘲笑。这使得有的思想政治理论课教师讲起马克思主义来理不直、气不壮，更有个别的思想政治理论课教师连自己是思想政治理论课教师的身份都不愿意承认。

我在省教育厅工作的时候，有个朋友问我认不认识××学校一个教经济学的老师。我想了一下说："你说的是不是××啊？""是啊。"我知道这个教师就是教马克思主义原理的。在校内没有办法，他就得"认"他是名思想政治理论课教师；对外他就"不认"了，他觉得做一名教经济学的教师更有面子。

我在省里工作时就知道，当初在建马克思主义学院时为什么有那么多的阻力。其中一个原因是我们有的同志不愿意说自己是马克思主义学院院长，对外觉得还是行政学院院长之类的名字"响"，即便是社会科学基础部主任也比马克思主义学院院长更好听。

今天信仰的问题全解决了吗？恐怕不是这样。我们有的老师上思想政治理论课就是为了评职称、为了课时费，把宣传马克思主义仅仅当成了"饭碗"。

今天我们宣传马克思主义的环境与当年马克思创立马克思主义相比、与我们中国共产党人早期宣传马克思主义的环境相比要好上万倍。可是有的思想政治理论课教师却缺失了坚定的信仰，这是不应当的。

我常想：上思想政治理论课时要是没有信仰，怎么能上得理直气壮？

怎样才能把科学的理论装进学生的头脑？

上课要讲究方法，但是产生好的方法的前提是要有信仰。信仰比方法重要，可以说有了信仰就有了方法。一个有信仰的思想政治理论课教师一定会千方百计地找到上好思想政治理论课的方法。只要想找，又怎么会找不到呢？

思想政治理论课亦需要讲好自己的故事

2019-03-22

教好思想政治理论课,是我们每个思想政治理论课教师的愿望。为此,大家也做了很多的努力。讲好中国的故事无疑会极大地增强思想政治理论课的效果。

看看我们国家,近代以来受了多少欺负,有多个帝国主义国家侵略过我们,清政府被迫同这群强盗签订了多个大大小小的不平等条约。

马克思说过:“资本来到世间,从头到脚,每个毛孔都滴着血和肮脏的东西。”马克思剖析得多深刻啊!

受到如此的压迫,中华民族哪还能喘得过气来！侵华日军南京大屠杀遇难同胞纪念馆、侵华日军第七三一部队遗址我都去参观过,中国人被日本强盗不是残忍地杀害就是被活活地做了医学实验。什么叫惨无人道?什么叫令人发指?站在侵华日军南京大屠杀遇难同胞纪念馆、侵华日军第七三一部队遗址前,那种钻心的痛真是难以形容。是中国共产党改变了这一切,我们站了起来、富了起来、强了起来！中华人民共和国刚成立的时候,毛泽东同志形容说我们是“一穷二白”。中国共产党人不服输,创造了人间奇迹。

中华人民共和国刚成立的时候,我们连质量稳定的钉子都造不好;现在我们的高铁里程数世界第一,我们有了自己的航母。我们的国际地位越来越高,话语权越来越重。这些都是鲜活的实例,思想政治理论课上充满了这样的中国故事,学生们自然就会形成正确的认识,能够理解中国为什么选择了中国共产党、为什么选择了马克思主义、为什么选择了社会主义,从而自觉增强道路自信、理论自信、制度自信、文化自信,增强自身的使命感和责任感,而这也正是思想政治理论课所要达到的目的。

问题是仅仅讲中国的故事,我们的教学效果就能充分达到吗?显然不是。客观地讲,今天的理论课教学并没有达到令人十分满意的程度。

习近平总书记主持召开学校思想政治理论课教师座谈会,既表明了党中央对思想政治理论课的高度重视,同时不也说明思想政治理论课在教学效果上与我们的期望值还有差距吗?这差距是怎样形成的?当然有许多因素,但是关键在教师。思想政治理论课教师在理论上搞懂了是一回事,实践中做不做又是另一回事。要求学生知行合一,自己就应当先做到知行合一。

思想政治理论课教师必须有自己的故事,就是说要求学生做到的自己就要先做到。屠呦呦在获得诺贝尔奖之前,她的那些药学理论首先是在自己身上实验的。不在自己身上实验,一味地强调其理论的重要性,甚至要到别人身上实验,谁会相信你讲的理论的正确性?那还能得到诺贝尔奖吗?自然科学是这样,社会科学更是如此,尤其是思想政治理论课,离开了教师的示范引领,其教学效果是要大打折扣的。

道理很简单,学生会在心里问:"既然你讲的是真理,你为什么不做,却要我们做呢?"我常跟有的同志讲,不要一讲实践教学就要到红色景区。如果你有你的故事,再结合先辈的故事,那故事讲起来会更加生动精彩。反之,先辈的故事很悲壮,而你却没有一点儿你自己的故事,岂不麻烦啦?学生参观一次红色景区,对照一次你的表现,学生越看你越不像共产党员,越看你越不像思想政治理论课教师,那你的课就很难讲了。

我在省里工作的时候,负责过思想政治理论课建设。当我向学生了解他们对思想政治理论课的看法时,很多同学谈的都是我们有的思想政治理论课老师只把思想政治理论课当成了知识传授课,要求学生做的老师自己却做得并不好。

用事实说话：办好思想政治理论课关键在教师

2019-03-24

2019年3月18日，习近平总书记主持召开了学校思想政治理论课教师座谈会，我十分荣幸地参加了这次座谈会，近距离地聆听了习近平总书记关于办好思想政治理论课的重要论述。

习近平总书记一共讲了四个大问题，第二个大问题他强调的就是办好思想政治理论课关键在教师。新华社发布的通稿对习近平总书记强调的这个问题做了这样的报道：

办好思想政治理论课关键在教师，关键在发挥教师的积极性、主动性、创造性。思政课教师，要给学生心灵埋下真善美的种子，引导学生扣好人生第一粒扣子。第一，政治要强，让有信仰的人讲信仰，善于从政治上看问题，在大是大非面前保持政治清醒。第二，情怀要深，保持家国情怀，心里装着国家和民族，在党和人民的伟大实践中关注时代、关注社会，汲取养分、丰富思想。第三，思维要新，学会辩证唯物主义和历史唯物主义，创新课堂教学，给学生深刻的学习体验，引导学生树立正确的理想信念、学会正确的思维方法。第四，视野要广，有知识视野、国际视野、历史视野，通过生动、深入、具体的纵横比较，把一些道理讲明白、讲清楚。第五，自律要严，做到课上课下一致、网上网下一致，自觉弘扬主旋律，积极传递正能量。第六，人格要正，有人格，才有吸引力。亲其师，才能信其道。要有堂堂正正的人格，用高尚的人格感染学生、赢得学生，用真理的力量感召学生，以深厚的理论功底赢得学生，自觉做为学为人的表率，做让学生喜爱的人。

我深深地感受到了习近平总书记对广大思想政治理论课教师的信任和嘱托,我也深刻地认识到了作为一名思想政治理论课教师责任重大、使命光荣。直到今天,我的耳边还在回响着习近平总书记那些亲切的话语。我就喜欢上思想政治理论课。我读大学的时候读的就是师范学院,尽管我的高考分数比有些经济类院校的录取分数要高很多。我觉得做老师很好,可以教学生知识。我读的是政史系,这又使我对政治产生了兴趣。我在大学期间认真地攻读了《毛泽东选集》《共产党宣言》《反杜林论》《哥达纲领批判》《马克思恩格斯选集》(1~4卷)等经典理论书籍,很多篇章我都能流利地背诵下来。

我坚定地相信"两个必然"的结论:"资产阶级的灭亡和无产阶级的胜利是同样不可避免的。"我现在还能想起我趴在床上看着《共产党宣言》写入党申请书的情景,我要入党,并为共产主义事业奋斗终身。

1982年我毕业留校,从政治系分到历史系做了一名辅导员,同时还上"共产主义思想品德"课(就是今天的思想政治理论课),时任党总支书记觉得我的到来对思想政治教育起到加强作用。我们系主任教过我,对我比较了解,想让我教专业课,他说我是把教学好手,教思想政治理论课是浪费人才,他还劝我可千万别耽误了自己。我跟系主任说:"我就是在教专业课,就是在搞学问。"在大学里,对学生最有价值的东西是价值观,最难做的学问是育人。我要给学生的心灵埋下真善美的种子,给学生真理的力量,帮他们点亮理想的灯,照亮前行的路,引导他们走正路。我选择对了,我做对了,我坚持对了。

有个学生在给我写的信中说:

"理想,犹如煤炭:没有煤炭,高炉就不会有炽热的胸膛;没有理想,人们就会失去前进的动力和方向。我在高中写的一篇作文中曾引用过这段话,可是我却再没有想过它,以至于我在黑暗和盲目中徘徊了很久。我感谢您,感谢您真诚的帮助和提醒,并且为我在这半年当中能有您这样的一位良师益友而庆幸。"

他们毕业的时候都送给我一张照片做纪念,感谢四年里我对他们的人生引领。

在我从省里回到学校做辅导员、教思想政治理论课后,我曾经带过的现为厅级干部的学生给我写了一封近5000字的信。信的题目就是"我的精神导师”，其中说道：

“的确，在大学里与学生接触最多的应该是辅导员，彼此之间的距离也应该最近，但实际做起来则要看他的心是否愿意真正贴近学生，是否愿意把时间花在学生身上。我们当然不能期望总是在老师的护佑下生活，我们终要独立地成长起来，然而在这成长过程中，无疑需要一个精神导师的正确指引。于我而言，您恰是成长路上的一位精神导师。”

我是马克思主义理论学科的博士生导师。学校在申报硕士点、博士点的时候，我的材料也用到了教育、管理、社会学等学科，也就是说我也可以带其他专业的硕士、博士，但是我都没有带。我就带了马克思主义理论学科的硕士、博士。我不像有的老师那样，不敢承认自己是教马克思主义理论的，本来是马克思主义理论学科教师，硬说自己是教哲学的、教经济学的，缺乏学科自信。

如果按照我个人的选择，我想做一辈子辅导员，教一辈子思想政治理论课。由于组织的信任，我先后做了校学生处处长、校党委副书记、省委高校工委副书记，即便如此，我也没有放弃马克思主义理论教育。

我调到省里工作的时候，领导本来想让我管理高校班子建设。我跟领导讲，我熟悉学生工作，还是让我负责辅导员、思想政治理论课队伍建设和大学生日常思想政治教育工作吧。这样，我的研究和工作紧密地结合了起来，我继续做马克思主义理论学科的博士生导师，我的学术也就没有中断。

在省里工作期间我从问题出发，承担了国家社科基金项目，撰写了专著，发表了论文，有力地推进了思想政治理论课建设。我对教思想政治理论课一往情深。

2013年，我向省委提出辞呈，要回到学校做一名辅导员，要上思想政治理论课。我跟组织部的一个领导讲：“我的心情就像足球队员想要下场踢球，再不下场比赛就结束了，我就不相信球踢不进对方的门。”有的同志说现在的学生不好教，和教师有代沟。有吗？有也是我们教师“挖”的。我们有的老师把思想政治理论课当成了“饭碗”，不得已而为之；有的老师成名成家，学问上去了，名利都有了，结果把学生落下了；有的思想政治理论课教学只注重形式，而忽视了走进学生的心灵。这样的课程就像油浮在水的上面，吃起来不是一股油腥味，就是腻得慌，这么好的原材料根本没有做出应当做出的味道。我坚信教育的力量，坚信学生一定会跟我们走。五年的教学实践证明我是对的,学生课程结束、毕业的时候给我留下了大量的留言,感谢我对他们的引领。

有个学生在微信中说:

“有些时候,觉得您像我的母亲,时时刻刻关心着我;有时候,又觉得您像我的父亲,指引我前进的方向。真的超级喜欢您,也因您是我的老师而骄傲!真希望能成为像您一样的老师,时刻关心学生并为学生指明方向,希望未来的某一天,我的学生也会因我而骄傲!”

有个学生毕业时说:

“昨天晚上您对我说期望二十年以后我能成为院士,我不敢大言不惭,但是也不会轻言放弃,我郑重地跟您承诺,在将来的岁月里不断拼搏努力,硕士、博士、青年学者,我会勇往直前,一步一个脚印,踏实工作、努力研究,不敢说是‘为中华之崛起而读书’,但愿为中国航空发动机事业贡献自己微薄的力量!我也一定不会辜负您的期望,在将来中国航空发动机的创造史上一定会有您学生的成绩!请您放心!”

下面这段话表现了一个学生刚来大学时的思想状况:

“您说得对,我是一个急于打探这个世界的孩子。孤身一人置身大城市,犹如一叶扁舟漂泊于汪洋大海,偶尔会迷茫,偶尔会迷失方向。曾经来自家庭的压力、学业的压力、生活的压力,让我痛苦到无处倾诉,让我抑郁到无可救药。就像冥冥中注定,和您相遇,您来化解我内心的矛盾,治愈我遭受的创伤。您拯救了我,拯救了我的家庭。我曾经几乎想要放弃我的家庭,逃离那个令我绝望的环境。而您,抚平了我的伤痕,点燃了我的希望。”

下面这段话表现了上面这个学生现在的思想状况:

“我时常想起三年前的自己,无知而幼稚,生命轻薄得如落花流水。三年,只是短短的三年,我能在老师的熏陶和谆谆教诲下走出‘小我’,提高思想境界,植大木以立长天,处江湖以忧国民。能放下尘世繁华,能做个勇敢的人,心之所向,神之所往。能舍‘小我’而成就众我,能有好男儿立志天地间、纵横四海、驰骋边疆的雄心壮志。这都是老师爱的灌溉,学生无以为报。唯有传承这种爱,使之绵绵不绝,以光大之。”

下面是一个来自西藏的学生大学一年级的时候写给我的一封信中的一段话:

“很感谢您对我的关心与照顾,很荣幸在这里能够遇到您。曲导,真

的很感谢您像父亲一样照顾我们、关心我们。身为您的学生，我感到万分荣幸。从小在山沟里长大的我，第一次受到这么多好心人的帮助，在这里，我感受到了家庭的温暖，尤其是您——曲老师，您对我的照顾，我无法用语言来形容。我本以为我到这里后，会很孤单、很无奈，但因为有了您，我摆脱了这些。我真的很感谢您，在这里，您是我最亲的人，就如同我爸爸。您对每一名学生都像对待自己的子女一样，我们在这里真的体验到了家的温暖。您说了很多令我们一辈子都铭记在心的话，您说了：‘我决不会让你们任何人饿着肚子上课。’当时，我流泪了，因为第一次遇到这么好、对我们这么关心、为我们这么付出的老师，我真的很感动，这句话我会一辈子记在心上。”

办好思想政治理论课的关键在教师。思想政治理论课教师的素养如何，决定了思想政治理论课教学的效果。一名思想政治理论课教师怎样才能给学生心灵埋下真善美的种子，引导学生扣好人生第一粒“扣子”呢？

习近平总书记讲了六个方面的要求，我深有体会。

一是政治要强，让有信仰的人讲信仰，善于从政治上看问题，在大是大非面前保持政治清醒。

有信仰的人讲信仰才能帮助学生树立起坚定的信仰。

马克思就是有信仰的人。他的信仰就是解放全人类，实现共产主义。马克思用一生来追求他所创立的马克思主义。马克思知识那么渊博，但从来没有想过“评职称”的事；马克思有着很好的从政条件和背景，但从来没有想过追求高官厚禄。马克思因为创立了马克思主义而被开除国籍，遭到迫害。170 多年前，那是资本主义猖獗的年代，但是马克思在《共产党宣言》中却庄严地宣告：

“现在是共产党人向全世界公开说明自己的观点、自己的目的、自己的意图并且拿党自己的宣言来反驳关于共产主义幽灵的神话的时候了。”

我在从省委高校工委副书记岗位回到学校的时候，组织部的领导关心地说：“正厅级没有了，你将来看病怎么办？”我想得很简单，老百姓怎样看病，我就怎样看病。

我去北京的时候瞻仰过李大钊的墓，给他献过花。我说：“先辈我来了，我一定传承您的事业。”

我还参观过方志敏的墓，也给他献过花。方志敏 36 岁就被杀害了，毫不稀罕美味的“西餐大菜”，留下了《可爱的中国》。

我国的GDP总量已经排名世界第二了,可是有的思想政治理论课老师却信仰模糊了,甚至动摇了,这样是教不好思想政治理论课的。

二是情怀要深,保持家国情怀,心里装着国家和民族,在党和人民的伟大实践中关注时代、关注社会,汲取养分、丰富思想。

我爱我的祖国。我选择了教育就是选择了爱国。我的爱国就是教育学生爱国。爱国是我在课堂教学中的主旋律。我教育学生们,大学就是爱国的产物。大学生就应当把爱国放在第一位,不然不会有大的出息,到头来会后悔的。

有个学生跟我说:

"曲导好!我是××。前几天报名去参加支教,之后面试、体检,今天通知终于下来了,我被录取了,所以想第一时间把这个消息分享给您,也是借此机会感谢您一直以来对我的教导与鼓励。

大学到现在也算是到了尾声,在这个人生的十字路口,我选择了就像您平时对我们所教育的那样,到西部去,到基层去,到祖国最需要的地方去,作为一名大学生党员,真正地为国家做点事,给那里的孩子们送去温暖与微薄的帮助。我愿意也非常渴望用一年的时间去做一件令我一辈子难忘的事。"

还有个学生说:

"感谢曲导这三年对我的照顾和培养,我今天下午签约了中铁十七局,报名的工作地点是西藏。在以后的工作岗位上,我一定会谨记曲导的教诲,到祖国需要的地方去,做人民满意的事。

再次感谢曲导,祝您身体健康、阖家幸福!"

三是思维要新,学会辩证唯物主义和历史唯物主义,创新课堂教学,给学生深刻的学习体验,引导学生树立正确的理想信念、学会正确的思维方法。

我在课堂上教会学生正确地看待中国的今天,不忘中国的昨天,相信中国的明天。告诉学生们我们现在所存在的问题都是发展中的问题,都不是我们的社会制度带来的,慢慢地都会得到根本的解决。

我不断创新教学方法。在正式上课前,我通过联系辅导员、查阅学生登记表、发放调查问卷等方式,对年级学生的情况已经基本了解。对生活困难的学生,我力所能及地及时给予帮助;对极个别思想偏激的学生,我约他们谈话,尽早转变他们的思想。

四是视野要广，有知识视野、国际视野、历史视野，通过生动、深入、具体的纵横比较，把一些道理讲明白、讲清楚。

我考察了世界上1000多所大学，国外排在前一百的大学我去了70多所；国内本科高校我去了800多所；我去过几十个国家；我去过500多位名人的墓地、400多位名人的故居；我收集了6000多幅撰写(镌刻)在名人故居、墓地和著名庙宇里的楹联；我考察了数百个红色景区、博物馆、纪念馆、人文景观……我挖掘其中的文化元素，把它们生动、深入、具体地展现在我的课堂上，增强课堂教学的吸引力和感染力。

五是自律要严，做到课上课下一致、网上网下一致，自觉弘扬主旋律，积极传递正能量。

我做到课上课下一致。我课上教学相当于集体谈话，课下谈话相当于因材施教。我是硕士生、博士生导师，还有一些科研任务，但是我和学生的谈话是常态。个别谈话增强了课堂教学的针对性。我做到网上网下一致。我和学生有近300万字的微信(公众号文章)交流。有时为了将微信及时发出去，我在火车车厢连接处发送，有时还在火车站、地铁站的站口发送；每个学生过生日我都发几百字到上千字的生日祝福；还有节假日，我都会给学生发祝福。

这是一个学生过生日时我发给他的生日祝福：

××，你好！

时间过得太快，尤其对我这样一个已年过60的人啊！我有一种感悟，人生不能叹息，用来奋斗的时间真是不够用！你的大学生活也即将过去，四年的光阴就是眨下眼的工夫。还有一个月的时间你就要毕业了，想必你的感想也很多。今天是你在大连××大学过的最后一个生日，我正在去大连开发区的路上，教育部要求我们到高校听“思想道德修养与法律基础”课，我给你发条微信，祝你生日快乐、幸福满满！

我的脑海里总是会闪现出去重庆家访时你母亲的身影，那和蔼的微笑和温馨的话语。你没有辜负你母亲的期望，即将以优异的成绩结束你的大学生活。你母亲一定以你为骄傲吧！老师也替你高兴。你还年轻，未来的路还很长，一定走好今后的每一步。有些人失败不是在大学，而是在大学之后。这是因为没有持之以恒的结果。无数实例说明，成功往往在坚持之中。老师相信你是一个目标坚定、做事持久的人！

你家里好吧？你毕业前你母亲能来大连吗？若是来大连一定要告诉我，我请你们吃顿饭，以感谢我去重庆时你母亲对我的热情招待。即便你毕业了，大连也是你的第二故乡，我在这里随时欢迎你的到来。

给你母亲问好。我快到大连大学了，就聊到这儿吧。有什么需要我做的，你别客气。

生活如此美好，要珍惜、投入。祝天天都有好心情！

下面这封信是我在五四青年节发给学生的。

小伙伴们好！

今天是你们的节日，也是你们来大学的第三个五四青年节，老师向你们表示节日的祝贺！愿你们青春永驻，谱写人生美丽的华章！

青年，一个多么富有青春活力的群体，在青年的身上承载着祖国的未来和民族的希望。我也有过我的青春，不过与你们相比，我的青春之路就没有你们这么平坦了。我19岁的时候响应毛主席号召，到农村广阔天地，与贫下中农并肩作战。幸运的是两年后恢复了高考制度，我考上了大学，有了学习的机会。但是那时"文化大革命"刚结束，国家正处于百废待兴之际。学校的教学条件很差，使用的教材有的就是老师手写后用油印机印刷的。记得我上课时有间教室就是学校后勤加工木器的地方，我们在隆隆的机器声中，坐在长条板凳上听老师讲课。学校为我们提供的伙食，即便是现在最贫困的学生，比我们那时家庭最富有的学生吃得还要好。可以说我们的青春就是在贫困与艰难中度过的。现在看来，这又算得了什么！不是说困难是最好的学校吗？我非常感谢这段岁月，它使我懂得了责任、懂得了奋斗、懂得了坚强。我现在有个知足的心态与那段岁月的经历有很大的关系。青春就是这样，奋斗的青春才有意义，有坚定信念的青春，前行的脚步才能坚定！

诚然，每代人的青春环境会有所不同，但是青春的本质是一样的：青春不是用来浪费的。无论在什么样的环境里，永不停歇都是青春不变的旋律。老师知道你们也很不容易，我去过你们中一些困难的学生家进行家访，有的同学家庭生活困难的程度超过了你们的想象。我跟这些困难的学生讲，越是这样越是要使自己变得坚强！打开你家幸福大门的钥匙就在你的手里。我多次出国考察，最初的时候我们国家还不富裕，外国人瞧不起我们，现在我们强大了，西方的某些国家又来干扰我们，不断给我们制造麻烦。当然这也从另一方面说明我们还不够强大，在国际事务中还没有更大的话语权。这也正是你们青年一代的使命。修身、齐家、治国、平天下。孝敬父母的事要管，国家兴旺的事更要管。须知国家强大了，你们自己的小家自然就会跟着富裕起来了。

六是人格要正，有人格，才有吸引力。亲其师，才能信其道。我们做人要堂堂正正，用高尚的人格感染学生，用真理的力量感召学生，以深厚的理论功底赢得学生的认可，自觉做为学为人的表率，做让学生喜爱的人。

我在每届学生的第一节课上都要给学生讲这样一段话：

"缘分使我们聚在一起。我们不是一门课的关系，我们是四年的师生，一生的朋友。从自然年龄上讲我是你们的父辈，从社会年龄上讲我不敢说是你们的父辈，但是我会努力地成为你们的父辈。从今天开始我先答应你们两条：一条是谁也不准饿着肚子来上课、饿着肚子来要求进步，吃不上饭找我，有我吃的就有你吃的，老师这一辈子就是靠诚信活着的；另一条是你们来到大连，四年里难免会患有疾病，小病自己看，大病找我，别等你们父母来，那就来不及了。不要怕麻烦我，老师就是不怕麻烦才来到你们身边的。老师答应了你们两条，你们能不能答应老师一条：上课不要玩手机，好好听课。请举一下手（学生们都把他们的手举起来了），手放下。你们都是大小伙子、大姑娘了，可千万别撒谎，一定要诚信做人。"

我到学生家家访，力所能及地帮助学生解决生活中的困难，要求学生做到的我都自觉地先做到。学生说："老师就是积极践行社会主义核心价值观的人。"

下面是学生写给我的一些感谢和祝福的话语：

曲老师，您好！

今天是父亲节，首先祝您节日快乐！昨天的粽子和鸡蛋很好吃，真是谢谢您！两年来，您作为中队的家长，作为每一个中队同学的"代理父亲"，对我们的关心，大家都有目共睹。每逢节日的小礼物虽然并不贵重，但是让大家在远离家的时候能感受到一份亲情。真的很庆幸能遇到您这样的一位长辈，在今天这样的节日里，谢谢您的付出！

曲老师,您好!

感谢您这两年来陪伴我们成长,在学校里,您本色出演了同学们慈父的角色,让大家心里暖暖的。我们在什么时候都知道,有一个父亲般的老师深爱着我们。您每一次的言传身教,同学们虽然嘴上不说,但是心里潜移默化地受着您的影响。今天是您的生日,祝您笑口常开、身体健康。

曲导,祝您生日快乐!

真的很感谢您一直以来对我们的关心、帮助和教诲,我觉得这比学再多的文化知识都宝贵。在您上次教育我作为预备党员要以更加严格的标准要求自己为身边同学树立榜样之后,我一直牢记在心,并努力着,我想我的成长对您来说就是最大的欣慰。您为我、为我们做的,我们说再多感激的话都无法完全表达。我们也是您的孩子,就像您爱我们一样,我们也爱您! 祝您身体健康、工作顺利!

有一次我课间问一个学生:“老师讲的你信吗?”“信啊。”“为什么?”“因为我信您啊!”学生说我是一个什么样的人他们在网上已经了解得清清楚楚。

思想政治理论课教师不能把思想政治理论课的内容只当成知识装进学生的头脑里。这就需要思想政治教育工作者走在学生的前面,给学生做出样子。道理很简单:要想推动别人前进,自己首先就应当是能够推动和鼓舞别人前进的人。要求学生一个样,自己却是另一个样,这怎么能行呢?

将培育学生社会主义核心价值观贯穿教育教学全过程

2019-04-06

青年的价值取向决定了未来整个社会的价值取向。一名思想政治理论课教师必须将培育学生社会主义核心价值观贯穿教育教学全过程。为此应当切实解决好下面两个方面的问题。

一、理论灌输的问题

理论是行动的指南,没有革命的理论就不会有革命的运动。中国共产党就是用马克思主义理论武装起来的政党,中国革命、建设和改革开放之所以能够取得如此伟大的成就,与马克思主义理论的指引分不开。理论对于个人来讲,同样具有重要的作用,理论上清醒,行动上才能自觉和坚定,才能在正确的道路上勇往直前。青年学生正处在价值观形成的关键时期,他们的头脑里不可能天然地存有马克思主义的理论,这种意识只能通过外面灌输进去。我既担负着马克思主义理论的教学任务,又担任辅导员,在培育学生社会主义核心价值观上我首先抓住理论灌输这个关键环节。

党领导下的高校,是中国特色社会主义高校,肩负着培养德、智、体、美、劳全面发展的社会主义事业建设者和接班人的重大任务。这就要求高校一定要注重对学生社会主义核心价值观的培育。思想政治理论课是对学生进行社会主义核心价值观教育,帮助大学生树立正确世界观、人生观、价值观的核心课程,而“思想道德修养与法律基础”课在培育学生社会主义核心价值观方面具有更为突出的地位。因为培育学生社会主义核心价值观是“思想道德修养与法律基础”课的核心内容，从一定视角来看，培育学生社会主义核心价值观的效果如何直接关系这门课教学的成败。基于此，作为“思想道德修养与法律基础”课的任课教师，我将培育学生社会主义核心价值观作为我教学的重中之重。

二、教学成果实现的途径问题

过河就需要架桥，想要达成目的就需要找准实现目的的途径。教学成果实现的途径在哪里？毫无疑问，它一定要从教学过程当中去寻找，因为教学过程是教师根据一定的社会要求和学生身心发展的特点，借助一定的教学条件，指导学生主要通过认识教学内容从而确立价值观，并在此基础之上发展自身的过程。因此，为实现良好的教学效果，我将培育学生社会主义核心价值观贯穿教学全过程，紧紧把握教学过程的关键环节。

（一）教学理念：教育者先受教育

要想推动别人前进，自己首先就应当是一个能够推动和鼓舞别人前进的人。培育学生社会主义核心价值观教学的一个重要特点，就是教师必须成为积极践行社会主义核心价值观的人。践行比说教重要。我爱党、爱国、爱社会主义，努力做到真懂、真信、真用。我将这种情感融入教学过程当中。我告诉学生们，以我几十年的人生经历说明，个人的价值只有和祖国、民族的利益结合起来才能实现。有一次课间我问一个学生：“我讲的你信吗？”“信啊！”“为什么？”这个学生毫不犹豫地说：“我信您啊！”

（二）教学信仰：坚定教育价值

没有不愿意接受教育的学生，只有不会教育的老师。在“教”和“学”这对关系中，教师处于主导地位。在当前的环境下，培育学生社会主义核心价值观面临诸多挑战。一名教师如果动摇了教育信仰，就不可能进行有效的教学。我相信学生是可以转变的。在教学过程中，我理直气壮、信心百倍地给学生灌输社会主义核心价值观。有个学生刚来大学时思想消极，后来在给我的课后感言中说：“您改变了我。”

（三）教学中心：紧紧把握课堂教学关键环节

课堂是培育学生社会主义核心价值观的主渠道。为了取得课堂教学的最佳效果，我在讲课前便通过问卷、谈话、深入学生寝室、询问辅导员等方式，对学生的思想状况进行梳理，有总体的把握。我珍惜课堂讲授时间，结合教学要求，“吃透”教材，认真备课，与时俱进，精准、及时地回答学生在培育社会主义核心价值观方面存在的重点、难点问题。我调动学生课堂学习的积极性,经常让学生举例回答他们对社会主义核心价值观的理解。对诸如大学生为什么要理性爱国、如何实现人生价值这样一些关涉大学生价值观培育的重要问题,我都要求学生认真思考,结合讨论来进行。我参观了国内外1000多所大学、数百个人文景观,我将丰富的培育学生社会主义核心价值观的红色文化元素融入课堂教学。我改变一卷"定乾坤"的考试办法,期末采取开卷考试的方式,满分为50分,鼓励学生平时多读书、多思考,我还先后买了上万元励志的书籍送给学生们阅读。课堂互动满分为5分,鼓励学生聚精会神地听课;课堂纪律满分为5分,要求学生保持课堂教学秩序,从细微之处做起,培养学生遵纪守法的价值观念。

(四)教学方式:牢牢做到"七个结合"

(1)集中教学与个别辅导相结合

每个学生的思想会表现出差异性,因此,我在教学过程中既注重课堂集中教学,也针对个别学生采取因材施教的办法。课堂上,我将课前了解到地对培育学生社会主义核心价值观普遍存在的一些有影响的思想问题讲清楚,同时,我和了解到的个别思想偏激的学生重点谈话。我多次找一个学生谈话,跟他进行微信交流近万字。这个学生说感谢我对他的关心、帮助,不然他就会犯错误。

(2)传统教学手段与现代教学手段相结合

传统教学的一种方式就是老师念讲义,学生记笔记。这种教学的一大不足就是信息量少,信息传递不及时、不便捷。我在教学过程中充分利用现代教学手段弥补这一不足。我的教学大多在多媒体教室进行。我允许学生上课带手机,但是要求学生使用手机必须是为了学习服务。一些重要的教学信息我会提醒学生拍照,一些教学答疑都在网络上进行。我和学生建立了微信群,我将一些我收集和原创的关涉培育学生社会主义核心价值观的信息(如励志照片、对重要人物和重要事件的评述、人生感言)发给学生,思想政治理论课考试成绩中还包含学生平日阅读这些信息的体会,满分为10分。

(3)课上教学与课下教学相结合

课上教学要紧紧围绕教学大纲来进行,其一大教学优势是保证了知识的系统性、完整性,但是其不足在于对一些较重要的理论问题阐述的深度相对不够。为弥补这一不足,我采取了课上"损失"课下"补"的办法。我为学生们开设了“大学—大学生—人生”“出生在什么样的家庭是无法选择的，人生的价值是可以创造的”等关涉培育学生社会主义核心价值观的讲座，阐释大学文化的“至善”性；阐释奋斗的人生才有价值的道理，帮助学生系好人生的第一粒“扣子”，这深受学生的欢迎。

(4)以理服人与以情感人相结合

培育学生社会主义核心价值观，“理”是根本，“情”是“融合剂”。我在课堂教学中首先把道理讲清楚，然后以情来感化学生。有一次我得知有个学生因病不能来上课了，我给了这个学生的班长100元钱，让他代我看望一下这个学生。夜里这个学生给我发了很长一段微信，感谢我对他的关心，说他心里好温暖。一次节日的前夕，我上课的时候将3000元报告费分给了年级生活困难的学生，让他们改善一下生活。有个学生在给我的信中说：“老师用实际行动告诉我们爱就在身边，我也要做个温暖别人的人。”学生生活上有困难，我都力所能及地帮助他们。学生过生日的时候，我都会给学生发少则几百字、多则上千字的生日祝福。

(5)理论与实践相结合

“纸上得来终觉浅，绝知此事要躬行。”价值观培育不能“坐而论道”，要让学生在生活实践中体验价值观的正确性。为此，我要求学生积极参加社会实践活动，注重平日里用社会主义核心价值观引领自己成长。我把这种社会实践纳入教学考试当中，与辅导员联手对学生践行社会主义核心价值观的情况做出评价，根据具体表现打分(学生的社会实践满分为10分)。

(6)学校教育与家庭教育相结合

大学生确立什么样的价值观受家庭的影响很大。培育大学生社会主义核心价值观有必要同学生的家庭教育结合起来。我给学生家长写信并打电话，跟家长交流怎样培养孩子(学生)，提请家长在嘱咐孩子学好文化知识的同时，一定要引导孩子确立起正确的价值观。我还利用各种机会到学生家家访。我把家访时家长对学生的期盼通过微信发给学生，收到了课堂教学所得不到的效果。有个学生说：“我选择的路，跪着也要走完。”我把家访中了解到的有益于教育的元素融进教学里，增强了教学的针对性、吸引力和感染力。

(7)科研与教学相结合

以科研为依托的教学才有宽度、厚度和深度，为此，我将科研与教学结合起来。对在培育学生社会主义核心价值观教学中学生所暴露出的诸多思想问题加以学术审视,为学生提供科学、前沿的思想理论武器。我主持了国家社科基金项目“高校宣传思想工作合力研究”,阐释了思想政治理论课教学如何与培育学生社会主义核心价值观同向同行;我参与了国家社科基金重点项目“创新大学生社会主义核心价值观培育模式研究”;围绕培育学生社会主义核心价值观,我在近四年里公开出版了近 200 万字的著述,这些研究对我的教学起到了很好的帮助作用。

培育学生社会主义核心价值观展现的是一幅立体的教学画面,描绘了我和学生在其中的“色彩”。从根本上讲,展现在我们面前的这幅教学“作品”是为学生“创作”的。学生喜不喜欢、对学生有没有用是评价这幅“作品”最重要的标准。应当说,将社会主义核心价值观贯穿教学全过程,较好地实现了教学目的,在学生中产生了很好的反响,取得了令学生满意的教学效果。

首先,学生的课上课下学习积极性得到了很好的调动。学生课上注意力集中、互动性强,课堂教学秩序好;课下结合课堂教学要求,积极思考问题,完成老师布置的学习任务。在四年的教学过程中,学生给我写了几十万字的学习体会,谈我在价值观培育方面对他们的教育引领。他们感谢我对他们成长的付出。每堂课结束的时候,学生会给我送来掌声;每学期课程结束的时候,学生会举行简短的答谢仪式,有时会送上写满感激、祝福的卡片,有时会和我合影留念,有一次他们送给了我一幅写有“桃李天下,师恩似海”的条幅。

其次,该教学方式较好地实现了教和学的一致性,使学生将理论与实践统一起来,解决了培育学生社会主义核心价值观教学中的难点问题——价值观不只是知识的传授,更是行动的指南。“教”是手段,“做”才是目的。学生们表示要把个人价值的实现同中华民族伟大复兴紧密地结合起来,更有的学生要求到祖国需要的地方去,让理想在实现中国梦的伟大事业中飞扬。学生甲说:“我要植大木以立长天,处江湖以忧国民,到西藏奉献自己的一生。”学生乙说:“祝老师父亲节快乐!在祖国未来的航空发动机史上一定会有您学生的成绩,请您放心。”学生丙说:“将来我要像老师一样,不图名、不图利,做一名名副其实的共产党员。”

最后,该教学成果使学生终生受用。学生不仅把我当成课堂上的老师,更是把我当成生活中的朋友,思想上有了困惑时会主动找我交流。一些学生说，能做曲老师的学生感到很幸运、很自豪。一些学生会约我汇报思想状况，希望我能对他们的人生进行指导。学生和我不只是在课堂上的教与学的关系，一些学生把我当成了一生的引路人。有的学生虽然毕业了，但当有思想困惑的时候，也会跟我联系，征求我的看法。

党的十九大提出到21世纪中叶把我国建成富强民主文明和谐美丽的社会主义现代化强国。这个时间节点意味着当代大学生将全程参与到这一伟大的实践中，这就要求高等教育必须培养一代代积极践行社会主义核心价值观的社会主义事业建设者和接班人。而"思想道德修养与法律基础"课是对学生进行社会主义核心价值观教育，帮助大学生树立正确的世界观、人生观、价值观的核心课程，该门课程在培育学生社会主义核心价值观方面所具有的重要地位不断凸显出来，也越来越受到重视，这为本教学成果的应用提供了无比广阔的前景。

教改的问题主要是教师的问题。培育学生社会主义核心价值观教学的一个突出特点是教师的知识水平只是保证教学效果的一个必要条件，信仰比知识重要。从某种意义讲，教师的师德对教学效果有着重要影响。中共中央、国务院下发《关于全面深化新时代教师队伍建设改革的意见》，其中明确提出，全面提高高等学校教师质量，建设一支高素质创新型的教师队伍。高等学校高层次人才遴选和培育中要突出教书育人；深入推进高等学校教师考核评价制度改革，突出教育教学业绩和师德考核。当前，担负"思想道德修养与法律基础"课教学的教师也越来越认识到，一定要把培育学生社会主义核心价值观的教学，由知识体系向教材体系转化，再由教材体系向信仰体系转化，使培育学生社会主义核心价值观教学入脑、入心，切实完成这门课在培育学生社会主义核心价值观教学中所担负的任务。

在我省学校思想政治理论课教师座谈会上的发言

2019-05-09

昨天上午,我省学校思想政治理论课教师座谈会在辽宁友谊宾馆召开。因为我参加了2019年3月18日在北京召开的学校思想政治理论课教师座谈会,所以,我也参加了我省学校思想政治理论课教师座谈会,并被安排第一个发言。这里把我的发言稿推送给大家。

习近平总书记指出,青少年是祖国的未来、民族的希望。青少年阶段是人生的"拔节孕穗期"。我们办中国特色社会主义教育就是要全面贯彻党的教育方针,解决好培养什么人、怎样培养人、为谁培养人这个根本问题,引导学生增强中国特色社会主义道路自信、理论自信、制度自信、文化自信,厚植爱国主义情怀,把爱国情、强国志、报国行自觉融入坚持和发展中国特色社会主义事业、建设社会主义现代化强国、实现中华民族伟大复兴的奋斗之中。这就要办好思想政治理论课。思想政治理论课是落实立德树人根本任务的关键课程,其作用不可替代。思想政治理论课教师队伍责任重大,办好思想政治理论课关键在教师。

我一边听着习近平总书记的讲话,一边在心里琢磨着:我也算是一名老思想政治理论课教师了。1982年我毕业留校做了辅导员,同时教思想政治理论课。虽然其间我有很多机会教其他专业课,但是我从未动摇。在我看来,大学里最重要的课就是思想政治理论课,它是管学生人生价值观的,一定要把它教好。我在辞去省厅领导职务回到学校的时候,照样坚持给本科生上思想政治理论课。我告诉我自己,中国梦不会轻轻松松、敲锣打鼓地实现,西方社会一定会用尽各种手段来影响和阻挠我们。这就需要我们一定要培养出一批又一批德智体美劳全面发展的社会主义建设者和接班人。

多年来,我坚定理想信念,相信"两个必然",用习近平新时代中国特色社会主义思想武装学生的头脑。我深深地热爱我的祖国,我教育学生到祖国最需要的地方去。为了解决一个要去西藏奉献青春的学生的后顾之忧,我用我受表彰时获得的奖金帮他家盖了房子。我将网上与网下结合起来,先后给学生发了200多万字的微信,为学生解疑释惑。我以人格来影响学生,帮助学生解决生活上的困难。学生说我就是他们人生的引路人。

站在新的历史起点上,作为一名思想政治理论课教师,我深感使命光荣、责任重大。我将牢记习近平总书记的嘱托,不忘初心,切实担负起培养好社会主义建设者和接班人的任务。为学生点亮理想的灯,照亮前行的路,帮助学生走好人生之路,在服务学生中实现我的永生。

要有学科自信

2019-07-05

前些天,在东北师范大学,我为中宣部、教育部主办的高校思想政治理论课教师培训班做了一场主题为“践行新时代高校思想政治理论课教师‘六个方面’素养”的报告。报告结束后,有找我合影留念的,有要我签名的,还有的在我的公众号“仍然在路上”后台留言的……看到有个老师的留言,正好引起我想跟一些思想政治理论课教师说话的想法,于是我便给她回了一封信,在这里我将这位老师的信以及我的回信推送给大家。

曲老师,您好!

我是在东北师范大学参加培训的学员××,来自吉林省××大学,是今天您做完报告后第一个在现场得到您签名的人。您说如果还想要另一本有您签名的书,以后可以寄给我一本,是真的吗?

我是去年刚从社会学专业教师转到马克思主义理论教研部的老师,原来教了十年社会学专业的本科生。许多同事说我从专业教师主动调到马克思主义理论教研部教“毛泽东思想和中国特色社会主义理论体系概论”课是个退步,今天有幸现场听您讲自己的故事,我觉得我的选择是对的,因为我肩负着更加重大的使命。

我觉得自己以前为学生做的那些事是值得的,即便我还只是个讲师。如果您方便,可以寄给我一本您签名的适合我看的书吗?谢谢前辈!从此以后我会关注您的公众号,从中汲取营养,很幸运在这次培训中我遇到了一块瑰宝,愿我以后能过上更有意义的生活。

××,你好!

本想早些给你回复,结果拖到了今天,实在是抱歉,请谅解。我每天都很忙,真是忙到有时连在公众号后台给大家回复“谢谢”的时间都没有,只能恳请大家理解了。

你提出的这个问题我比较感兴趣。今天我们有些思想政治理论课教师看不起自己的学科,总觉得自己教的课程与其他人文哲学社会科学课程相比是低人一等的。

我知道有的思想政治理论课教师印名片的时候,不说自己是思想政治理论课教师,明明是教马克思主义理论课的,却硬说自己是教哲学、经济学的。没有自信,怎能理直气壮地站在讲台上呢?

我 1982 年毕业留校做辅导员的时候就同时上思想政治理论课,我没觉得有什么不好,当时还叫“共产主义思想品德”课呢。我们系主任对我很好,他说我是把教学好手,别耽误了自己。他要安排我教世界史、中国史之类的专业课程。我感谢他,但是我认为我教的就是专业课。在大学里,思想政治理论课是一门很重要的课。“厚德载物”,没有德,即便知识再多、能力再强,又有什么用?

我给本科生、硕士生、博士生上的可以说是同一门课,即思想政治理论课。我被评上了“万人计划”教学名师,靠的就是“思想道德修养与法律基础”这门课。我上完课,学生会主动给我送条幅、送卡片,有的还要合影留念。我十分喜欢思想政治理论课。

我认为你的选择没有什么不对,你还照样是专业教师,只不过你现在做的是马克思主义理论的教学任务罢了。这门课在学生品德培养中所起的作用不可替代。希望你能潜心研究,做到像习近平总书记提出的“六要”那样,给学生心灵埋下真善美的种子,使思想政治理论课真正成为学生真心喜欢、终身受用的一门课。我说给你寄一本书是一定会寄的,这怎能不是真的呢?我在外地,回大连后就再给你邮寄一本我签名的书。谢谢你的认同!

到大连可以联系我。祝好!

“姓马”“言马”只是“纠偏”，“信马”“行马”才是正道

2019-08-04

我没当过马克思主义学院院长，更没进过马克思主义理论研究和建设工程的大门，关于马克思主义学院的建设我本没有什么资格来谈，但是作为一匹“老马”，我仍愿意分享我的见解。

我大学留校做了一名辅导员，同时在教思想政治理论课，当时叫“共产主义思想品德”课。我曾参与教材的编写，执笔“树立正确的劳动观”一章，后来这章不知怎么没有了。现在又提出了“劳”的问题，这样看，我的观点还是有点超前的。

作为在思想政治理论课教学领域耕耘37载的“老马”，我对思想政治理论课教学自然有着独到见解。尽管我的看法不一定对，但我还是愿意跟大家交流一下，以引发大家的进一步思考。我认为我在这里要谈到的这个问题解决得怎样，对马克思主义学院的建设还是十分重要的。

这段时间，我看了很多马克思主义学院院长写的文章，听了一些马克思主义学院院长在高端论坛上的发言。有些马克思主义学院院长在全国有着举足轻重的地位，也就是说有着很大的影响力，有的说他们的马克思主义学院要起到引领全国马克思主义学院发展的作用。

我一点都不怀疑他们所能起到的引领作用，我所担心和怀疑的恰恰是：若真如他们所言，在全国马克思主义学院建设中起到了引领作用，那全国马克思主义学院的建设会是什么样子呢？是在践行建设马克思主义学院的初心吗？建设马克思主义学院的初心在哪里？此前我写过一篇相关的微信公众号文章，在我看来，建设马克思主义学院的初心应当是让马克思主义理论进心灵，真正让思想政治理论课成为学生“内化于心，外化于行”，真心喜爱、终身受用的课。

怎样才能解决进心灵的问题？

2019年3月18日，习近平总书记在学校思想政治理论课教师座谈会上对思想政治理论课教师明确提出了六点要求，即政治要强、情怀要深、思维要新、视野要广、自律要严、人格要正。显然进心灵是一个立体化的教学过程，做到了这些，才会解决进心灵的问题。因此，这就不仅是一个思想政治理论课教师要自觉遵循的问题，也是建设好马克思主义学院应当遵循的原则。

那么现在的马克思主义学院的建设是否遵循了这些要求？

实事求是地讲，我认为离这些要求还是有不小的差距。为什么会有这样的差距？这与马克思主义学院院长们对马克思主义学院建设的定位（当然也与外部对马克思主义学院的评价）有着极为密切的关系。为什么这样说呢？

现在全国的马克思主义学院院长谈到马克思主义学院建设，共识是马克思主义学院“姓马”，马克思主义学院“言马”，并把这个作为马克思主义学院建设的方针。上面提到的一些能够起到引领作用的马克思主义学院院长也是这样对外宣讲的。

马克思主义学院“姓马”，马克思主义学院“言马”有什么不对吗？这没有什么不对的。马克思主义学院就应当“姓马”“言马”。之所以提出这个问题我认为只是为了“纠偏”。有那么一个时期，说起马克思主义，很多同志都不理直气壮，在很多学校中马克思主义理论教育处于被弱化的地位。有的思想政治理论课教师在课堂上太随意，对很多问题不敢旗帜鲜明地“亮剑”。

为了扭转这个局面，这些年党中央下了很大的功夫，应当说这种状况得到了改变。马克思主义学院纷纷成立了，马克思主义学院“姓马”了，马克思主义学院“言马”了。既然马克思主义学院“姓马”了、马克思主义学院“言马”了的问题解决了，建设马克思主义学院的任务是不是就到此为止了呢？

上面谈到的一些马克思主义学院院长也确实就是这样认为的，我却不这样认为。我的看法是，马克思主义学院“姓马”了，马克思主义学院“言马”了，这本是天经地义的事，做到了这一步只是对马克思主义学院建设的“纠偏”，这是针对有那么一段时间马克思主义学院不“姓马”、马克思主义学院不“言马”的问题，而马克思主义学院建设要解决的是“信马”“行马”的问题，这才是马克思主义学院建设的根本。

这就像饭店若是不卖饭，显然是不务正业，也就算不上是饭店了一样。我们说要把饭店办好，显然不是针对饭店要卖饭来说的，关键是要把饭店的饭菜质量搞上去。那么对马克思主义学院建设来说呢？就不是马克思主义学院“姓马”“言马”的问题了，如上所述，这个问题已经解决了，眼下的关键是教学质量（这相当于饭店饭菜的质量）要上去，也就是要解决马克思主义理论走进学生心灵的问题。以这样的建设标准看待马克思主义学院，就不是马克思主义学院“姓马”和“言马”的问题了，马克思主义学院建设的重点恐怕就不在有多少“高大上”的论文、课题了，而应当是“信马”“行马”的问题解决得怎样了。道理大家都懂，任你把马克思主义理论讲得天花乱坠，你若不信、不做，学生会信吗？不信自然就不会做。

所以，当前的马克思主义学院建设一定要乘势而上，在“信马”“行马”上下功夫。马克思主义学院是“信马”“行马”的第一场所；马克思主义学院教师是“信马”“行马”的第一践行人。这才是马克思主义学院建设的正道，做到了这样才不会忘记马克思主义学院建设的初心，才能真正完成使思想政治理论课成为学生真心喜爱、终身受用课程的任务。

事物都是有两面性的

2019-11-17

这些年思想政治理论课教学越来越得到重视,尤其是2019年3月18日习近平总书记主持召开学校思想政治理论课教师座谈会以来,从办好中国特色社会主义大学,培养德智体美劳全面发展社会主义建设者和接班人的政治高度,思想政治理论课更是被提高到了前所未有的地位。这极大地鼓舞了广大思想政治理论课教师。

但是与此同时我们应当看到这样一个问题:一些思想政治理论课教师产生了“依赖性”,甚至需要哄着来上思想政治理论课了。什么意思呢?就是有的思想政治理论课教师过于强调客观的环境,却忽视了主观的努力。

各级党委要从政治高度上来看思想政治理论课的重要性,同样地,思想政治理论课教师也必须以强化政治意识为出发点来上好思想政治理论课。

由此大家应当明白了,思想政治理论课教师只有政治强才能理直气壮、信心百倍地想方设法上好思想政治理论课。我在和思想政治理论课教师交流的时候常强调这一点。

回想一下马克思为什么要创立马克思主义?不就是要为最广大的劳动人民谋幸福吗?马克思主义与以往一切学说的一个重要区别就是这个学说不是为自己说话,不是为了谋取个人的利益。

马克思被评为“千年伟人”。马克思是一百八十多年前的博士,是名副其实的知识渊博,不像我们有的博士就怕“查重”,可是马克思“评职称”了吗?马克思妻子的哥哥是普鲁士王国的高级官员,马克思的妻子出身贵族家庭,马克思想过什么级别吗?马克思恰恰用自己所准备的这些丰厚的资本,把自己推向了“苦难”的深渊:被开除了国籍;三个孩子因疾病、饥饿而死……应当说马克思完全可以一生享有安稳的富裕的物质生活,可是他却偏偏选择了在颠沛流离、贫困潦倒中逝去。

那么,怎样才能上好思想政治理论课?其关键在教师,关键在教师的政治要强,关键在教师要有坚定的马克思主义信仰,关键在思想政治理论课教师追求什么。

眼下党和国家高度重视思想政治理论课,教育部社科司作为具体指导管理部门为思想政治理论课教师创造了诸多做事和发展平台,广大思想政治理论课教师一定要珍惜这前所未有的大好机遇。

但是客观环境条件即便再好,我们主观上不努力,思想政治理论课也是搞不好的。思想政治理论课教师必须信仰坚定,追求崇高,把我们的教学当成伟大的事业来做,这样才会在让思想政治理论课走进学生心灵、管用上下功夫,思想政治理论课才会真正成为学生喜爱、终身受用的课。不然思想政治理论课就会出现形式上热热闹闹,效果上却相差太多的状况。

到中流击水，浪遏飞舟

2019-12-18

教育部高校思政课教学指导委员会 2019 年工作会议在湖南大学召开。教育部翁铁慧副部长出席会议并做重要讲话。

翁副部长介绍了党中央对思想政治理论课的高度重视情况，对 2020 年的工作提出了要求。社科司刘贵芹司长主持会议，并公布了两条好消息：一是 2020 年教育部要拿出 1 亿元资金用于思想政治理论课教师教学研究，二是 2020 年要选派 60 名思想政治理论课教师赴德国、英国学习考察。

应当说，从中央到教育部领导和主管部门，这几年，尤其是今年习近平总书记主持召开学校思想政治理论课教师座谈会以来，都在大力地推进思想政治理论课的建设，为高校思想政治理论课教学创造了前所未有的优越环境和条件。

午间休息的时候，我和中国人民大学党委书记靳诺参观了岳麓书院。晚上，我和东北师范大学杨晓慧书记游览了橘子洲头。我们感受着毛泽东同志当年寻求革命真理、为解救劳苦大众所表现出的那种大无畏的精神。

我想起了 1925 年晚秋，毛泽东同志 32 岁时，离开故乡韶山，去广州农民运动讲习所，途经长沙，重游橘子洲，感慨万千所做的《沁园春 · 长沙》："独立寒秋，湘江北去，橘子洲头。看万山红遍，层林尽染；漫江碧透，百舸争流。鹰击长空，鱼翔浅底，万类霜天竞自由。怅寥廓，问苍茫大地，谁主沉浮？携来百侣曾游。忆往昔峥嵘岁月稠。恰同学少年，风华正茂；书生意气，挥斥方遒。指点江山，激扬文字，粪土当年万户侯。曾记否，到中流击水，浪遏飞舟？”我的脑海还浮现出我多次去韶山的情景。有一次我和现在的首都经贸大学党委书记冯培向矗立在韶山广场的毛泽东塑像敬献了花篮。

2019 年 9 月在北京人民大会堂召开的“最美奋斗者”表彰大会上，我看到了毛新宇少将。我说：“您爷爷是我最敬佩的人。”我们还拍了照片作为纪念。

2019 年 10 月 1 日，我还荣幸地被邀请参加了国庆庆典观礼和焰火晚会。在天安门城楼下，我聆听了习近平总书记的讲话。天安门广场回荡着习近平总书记的庄严宣告：“今天，社会主义中国巍然屹立在世界东方，没有任何力量能够撼动我们伟大祖国的地位，没有任何力量能够阻挡中国人民和中华民族的前进步伐。”

今日之青年怎样，明天的中国就将怎样。从这个意义上可以说，明天的中国如何，关键看我们培养的青年学生是否矢志不渝地跟党走。作为思想政治理论课教师，我们使命光荣、责任重大啊！

尽量挤掉心中的“小我”

2020-01-14

昨天,有个思想政治理论课教师给我写信谈她听我报告后的感想。我觉得她谈到了作为一个思想政治理论课教师需要注意的问题,就是要克服掉心中的“小我”。这也正是“六要”中人格要正的核心要求。思想政治理论课教师率先做到知行合一,才能引领学生自觉践行社会主义核心价值观,坚定“四个自信”。

曲老师,您好!

您的讲座让我们越听越激动!我们此刻还在热烈讨论,我们“皮袍下藏着的小我”正被逐渐挤出!

讲座结束时我想和您打个招呼,但看到等您签名的老师排着长队,我就没上去打扰您。

我把知网上您发表的文章都看完了,感触很深,特别喜欢您务实的研究风格。

××,你好!

谢谢你的点赞!也为你的勇气点赞。

习近平总书记前两天在“不忘初心、牢记使命”总结大会上强调,我们共产党人要勇于“刀刃向内”,就是告诉我们要有勇气自我革命。我也写过多篇公众号文章,阐述思想政治教育工作者必须用自己的“刀”削自己的“把”。不然谁有闲工夫听你“胡扯”？学生也是如此。我在省教育厅工作的时候，经常到高校做调研，开学生座谈会。我个人还在国内高校资助了很多大学生，我和这些学生保持联系，我通过他们及时了解其他学生的思想状况，保证出台的各项政策和制度具有极强的针对性和引导力。直到现在，我和很多高校的学生都还保持着密切的联系。

在谈及愿不愿意上思想政治理论课的时候，许多学生谈到的不是老师的教学水平怎样，而谈论最为集中的是老师的为人怎样。一些师德好的老师的课学生就喜欢，反之学生就不喜欢。思想政治理论课具有鲜明的政治属性，同时，思想政治理论课也充分体现着老师的人格魅力。思想政治理论课教师越纯洁、越高尚，思想政治理论课才会越有味道，学生才越会从中汲取无穷的养分，进而壮大自己，奋勇前行！

实现中国梦需要人才。思想政治理论课使命光荣、责任重大。我们作为思想政治理论课教师，应当切实担负起自己的使命和责任，尽量用“大我”制约“小我”，在“为党育人、为国育才”中对得起思想政治理论课教师的称号。

你可以告诉我你的详细地址，我在我写的书上签名后邮寄给你做纪念。

祝好！

谢谢，曲老师！您给我指明了方向，我一定要对得起思想政治理论课教师的称号。

祝您身体健康！

在大学里很好地丰富自己

2020-01-16

××,你好!

我一直在忙,刚有时间给你回复,见谅。

没有什么特别的事,就是想简单地跟你聊几句。

通过辅导员了解到你申请了家庭生活困难助学金,不知你的家里是什么情况。

虽然我是你们的思想政治理论课教师,但是我都要求学生知行统一,我首先要做到知行统一,就是你们有什么需要我做的我一定会尽力而为。我们这门课不仅要讲道理,更要尽量做实事。你将来做人也要这样,不要总觉得应当怎样,却没有实际的行动,这能做成什么事呢?

我上课告诉过你们,生活上有困难告诉我,我会尽量帮助你们,我可能不能管你吃好,但是我一定会管你吃饱。饿不着了,大事就解决了,那就好好读书。

大学时光非常宝贵,一定要好好珍惜,只有在大学里很好地丰富自己,才能有建设祖国的本领,才能实现人生最大的价值。

你家乡拥有丰富的人文底蕴,一定要好好传承,把它用到你未来的人生当中。

老师祝你的大学生活顺心如意!

××,你好!

首先祝你节日快乐!

在干什么?我午间想请你们几个申请家庭生活困难助学金的同学吃个饭,跟你们聊一聊,你能参加吗?

我多次去过贵州,但是没去过你家那里。以后再去贵州时,看看能不能顺路到你家那里看看?感到有压力吗?不要惧怕生活的困难。老师首先保证你饿不着肚子,吃不上饭一定要跟我说,再就是学习的事了。不要自卑,也不要攀比。很多人年轻的时候都有这样或那样一些困难,但是他们都挺了过来,走向了成功。

把父母放在心上,把祖国放在心上,有责任,就有压力了,再把压力变成动力,成功就会在终点等着你。

老师祝你大学生活圆满成功!

很感谢老师的盛情邀请。但我中午不在大连,下午坐火车到大连。很抱歉无法参加老师的宴请。

好的。奋斗,坚持!有事联系我!祝好!

好的,谢谢老师!

××,你好!

联系你们就是想告诉你们,生活上有困难找我。我一定兑现承诺:不让你们因为家庭生活困难而饿着肚子读大学。

云南大理我去过三次,那里风光无限,是个好地方,等我再到那里就联系你,还可以到你家看看。四年转眼就过去了,要抓紧时间学习,将来没有本领拿什么奉献祖国,又该如何感谢自己的父母。祝好!

××,你好!

还没有休息吧?白天我去看了我的几位老师,还有我的辅导员,就没有联系你。

没有别的什么事,就是想明天请你们年级没有回家的申请家庭生活困难助学金的同学吃个饭,就在学校里,你能参加吗?

云南我去过多次,我一直想到楚雄看看,但是遗憾的是一直没有成行。或许还有机会,若去了我告诉你,有时间还可以到你家看看。

不要被困难吓倒。我知道有些大学生就是有股不服输的精神,最后走向了成功。

晚安!

××,你好!

我了解了一下,你申请了家庭生活困难助学金。从档案里看到你父亲去世了,你母亲抚养你不容易。你是独生子女吗?你母亲是做什么工作的?你还爱好打篮球,这很消耗体力。你生活有保障吗?老师那天不是说了吗?吃不上饭找我,有我吃的,就有你吃的。千万别客气。

我想明天请一下家庭生活困难的学生吃饭,你能参加吗?祝节日快乐!

家庭生活困难的大学生朋友们好!

我在给你们上第一堂课的时候就向你们承诺过:“谁也不准饿着肚子来上课,谁也不准饿着肚子来要求进步。吃不上饭找我,有我吃的,一定就有你吃的。”国庆节期间我请你们没有回家的学生吃饭,为的也是让你们安下心来好好学习。

最近学校结束了家庭生活困难助学金的相关评定工作,有的同学获得了一等助学金,有的同学获得了二等助学金,有的同学获得了三等助学金,还有的同学没有得到。

获得一等的同学自然不用说了,二等的想不想得一等呢?三等的想不想得二等呢?没得到的想不想得三等呢?这是一定的。有的同学会觉得比别的同学困难却没有得到相应的资助。会不会出现这种情况呢?也一定会的。因为谁得助学金,谁应得一等、二等、三等?甚至有的申请家庭生活困难助学金的同学未得到,评定谁应得这个家庭生活困难助学金毕竟不是拿秤称出来的,再加上你们刚来大学不久,辅导员对你们的家庭生活困难程度的了解还不是那么准确,因此这里也就存在不可能绝对公平的问题。你们应当怎样看待家庭生活困难助学金的评定和生活中的困难呢?

首先你们要视野开阔些。无论你得到多少家庭生活困难助学金,你都要想到这都是党和国家对大学生成长的关心和关爱。

我们国家还是发展中国家,大学生要上学,老百姓要吃饭,百姓病了要看病,百姓的居住问题要解决,还要解决发展建设问题……就是说国家哪里都需要用钱。

但是有一点是明确的,为了尽量满足大家上大学的愿望,国家是下了大力气的。在我们这样一个发展中国家,我们即将实现高等教育大众化,这可以说是世界高等教育史上的一个奇迹,是社会主义制度优越性的一个体现。你们一定要把党和国家的关心和关爱转化为强大的精神力量,为实现中国梦而读书。

不要养成依赖心理。有家庭生活困难助学金挺好,若没有家庭生活困难助学金就读不了大学了?就差这笔钱吗?我在读大学的时候家庭条件也很困难,但是我就没有申请困难补助,我照样读完了大学。我带的一个2013级的学生,家庭生活困难,我到他家家访时他母亲告诉我,他买支笔都很节省,但是他从来不申请家庭生活困难助学金。我问他为什么不申请?他说别的同学都很困难,他就不申请了,有了这个钱也不能从根本上解决问题。所以,二等和三等不就是差1000元吗?确实不能从根本上影响你的大学生活,因此不要把得到了几等助学金看得太重,养成勤俭的品德,恐怕什么困难就都能解决了。如果一心盯在家庭生活困难助学金上,盯在自己"吃亏"上了,那就不仅会影响自己奋斗精神的养成,还会影响和同学之间的团结。

不要有"不得白不得"的心理。有的同学的家庭本来不是很困难,却也"积极"申请家庭生活困难助学金。一定要实事求是。困难就是困难,把情况跟辅导员说清楚;如果不困难,千万不要写虚假的材料。你一时骗得了家庭生活困难助学金还不算太大的事,但是养成了总想占便宜的习性,不诚信,则事情就大了。人生的路很漫长,靠伪装怎么能长久呢?靠虚假所得到的最终总会因为不诚信而失去,且你所失去的比你得到的恐怕还要多。

作为辅导员,尽管我们要求学生要正确地看待家庭生活困难助学金,但这并不是说我们想怎样发就怎样发。家庭生活困难助学金对学生来说毕竟是大事。辅导员一定要把工作做得细致些。如果对学生有全面的了解,哪个学生困难,哪个学生困难到什么程度,你就会有个八九不离十的判断。辅导员在主观上一定不能有不平等的想法,搞亲疏远近,这样就使家庭生活困难助学金失去了所应起的作用。评定家庭生活困难助学金人员等级的过程，也是对学生进行友善、励志、诚信教育的过程，要充分地利用好，而不是相反。

还是那句话，吃不上饭找我。同学间不要斤斤计较。祝大家一切都好！

大学生朋友们好！

你们每天都会有人过生日，在大学期间（包括读研期间）有的学生要过六七个生日。生日应当怎样过？我想过法一定也是五花八门，各显其能。生日毕竟是人生的一个重要时间点，认真地过一下也是应当的。你们怎样过生日和我没什么关系，可是我作为一名老思想政治教育工作者，也可能是老了愿意唠叨的原因吧，我还是想把我的一些看法说给你们听，总是希望你们中能有些人认同我的看法，哪怕你们中有一个人受到了我的影响，也算我没有白说。

生日就是人生的一个符号，像树木的年轮一样，在你的人生里刻下了永远抹不掉的印记。从这一点来说，生日来临的时候，纪念一下也不是不可以的，因为过去的岁月就过去了，不可能重来，这也算是给自己的未来留下一个回忆。但是应当怎样纪念你的生日？也就是应当怎样认真地过你的生日呢？

有的同学恐怕会大吃大喝一顿，甚至一醉方休。这就不太合适了。你们现在是大学生了，学业任务很重，今天过生日、明天过节日、后天看电影、大后天逛商场……似乎一切都是合理的，都是应当的，如果时间就这样被理所当然地用掉了，怎样能保证你学业的提高、能力的提升？我想，过生日还是要本着节俭的原则为好，不仅不要讲排场，更要养成惜时如金的习惯。

大家常说："一寸光阴一寸金。"这句话用来形容大学生活最合适不过了。

你们现在正处在人生的黄金期，一定要把握好大学这个阶段，把自己培养得十分强大，以应对未来社会的挑战。而能否使自己强大的一个重要条件就是时间的保障。我常说到这一点："剩余时间"决定个人的"剩余价值"，只有充分地利用碎片化或课余时间才能培养好自己。

过生日的时候可以寝室同学在一起，也可以和合得来的几个人在一起,大家简单地聚个餐也是未尝不可的,但是不能吃顿饭就结束了,关键是让别人帮助你总结一下过去的一年你是怎样走过来的,有哪些得失,明天的路应当怎样走,等等。经验告诉我们,善于总结的人才能少走弯路,更好地走向人生的目标。

我听说有的同学过生日搞友情“绑架”,要随份子,不然就是不够意思。这太不应该,必须改正。怎能强迫别人给自己过生日呢?同学们要清楚一点,友情不是逼迫出来的,这样的交往不会得到别人的认同,在内心里人家是会反感你的,这样的交往不会长久。

同学们还应当想到这样一点:其实,同学间的家庭生活状况还是存在很大差异性的。我去过很多困难的学生家庭,困难的程度你不身临其境是无法想象的。不要因家庭生活条件好,就对花费个百八十元钱满不在乎,就以为别人不这样就是小气,对一些同学来说,这百八十元钱也是很难拿出来的!你们要记住:不只是过生日时,平时也一定不能做让别人为难的事!

你们还特别要记住的是:人生有两个年龄,一个是自然年龄,一个是社会年龄,社会年龄一定要与自然年龄同步增长,不能只增长了自然年龄而落下了社会年龄。

我们常说有的人总也长不大,就是针对他的社会年龄来说的。你们又迎来了你们的生日,你们首先要想的是我的社会年龄又长了多少?只本能地活着是不行的,一定要使自己更具备作为人的社会属性,使自己更像一个人的样子。我昨天在公众号推送了《写给大学生生日的祝福(一)》一文,有个学生留言说:“过生日意味着我们的责任又更重了一些,记得我的18岁生日,正逢高三,我那天和往常一样地刷题,没有一个人记得我的生日,我给自己在店里买了碗面,就当过生日了,那天之后,我就是个大人了。”是这样的,年龄大了,社会责任就增加了。

社会年龄必须与社会要求相符合。因为每代人有每代人的使命和责任。当代大学生必须把自己与中国梦的实现结合起来,成为担当民族复兴大任的时代新人。今年国庆节我非常荣幸地应邀参加了国庆典礼。看到一队队大学生精神饱满地从我的面前走过,我感到十分欣慰。那夜我几乎无法入睡,我的脑海里始终在想:中国梦是欢呼不来的,需要当代青年砥砺前行。所以,当你们过生日的时候,我希望你们不要忽视你们的社会年龄,也就是不要忘了你们的使命和责任。你们只有社会年龄不断增长,自然年龄才有意义、有价值,祖国才能更加强大。

祝从今天开始过生日的大学生朋友们生日快乐!

××,你好!

谢谢你对我的信任。你给我写信的那天,我在课上注意到了你,你目不转睛地听了我的课,我和你的眼神多次交流,你听得很认真。

看了你的信,想找你聊聊,但是我确实没有时间了。我明天又要去北京,然后去河南、武汉,待回来周五又要给你们上课了。所以,我还是先给你写封信,待有时间我们可以再深入聊一聊。

人和人之间是有差异的。别说亲属之间,就连兄弟姐妹之间在对待父母的态度上也常有所不同。你所说的这种情况应当属于一种常见的情况。你家穷,一些亲属就会躲得远远的,瞧不起你家,这是由他们的价值取向和个人观念决定的,你改变不了。你能做的就是做好自己,改变家里的状况。

不要以赌气的心态来学习,你要发挥你最大的能力,你所做的一切不是为了他们。你的心胸要更广阔些,格局要更大些,不仅要想到父母,还要想到祖国。这也就是我国传统文化中所说的:"大学之道,在明明德,在亲民,在止于至善。"就是不仅要过好自己的小日子,还要"治国""平天下"。待有机会的时候我到你家家访,帮你提提气。只要你为祖国服务,我就为你服务。

你说你所在中学的学习氛围不是很好,大家排挤你。这是常有的情况,有的学习好的同学容易招别的同学嫉妒。当出现这种情况的时候,我觉得首先还是要从自己身上找原因。是不是我们有点锋芒毕露、有点目中无人、有点不太关心别人,让人感到你就是为了你自己。事物都是有两面性的,只有多从自己身上找原因,才会看到不足在哪里。不然老是抱怨他人、埋怨环境,你就看不清自身的短处,甚至就会固守自己的缺点,这就不能处理好和他人的关系,也就会影响自身的发展。

你身体怎么啦?在中学就这样,还是来到了这里紧张、压力大造成的?这两天能确诊吗?等我下周回来告诉我。不是跟你们说了吗,小病自己看看,大病找我,我帮你联系医生。你现在这种情况还是以身体为主,没当上干部没有什么了不起。我在大学一年级的时候就什么干部也没当。一年后我才当上了班级生活委员,再没有变动过。当不当干部不重要,重要的是你想成为一个什么样的人。如果身体没事了,再做其他的也不晚;如果身体不适,一定先把身体调整好。你这么年轻,做什么都来得及。现在还不是论成败的时候,怎么能说离梦想越来越远了呢?从你的眼神中我感到你有种不服输的精神,这很好,但是也要避免你在中学时那种情况的出现,不要让同学感到你只考虑自己的事了。

你对评优之类的事很在乎,这我能理解,但是确实不要太往心里去,要不争而得。所谓不争而得,就是把自己该做的事情做好。是你的你自然就会得到,不是你的光急着想得到也没有用,太在乎评优反而会增加自己的烦恼。每天要保持好的心情,快乐地学习,快乐地生活。

你说你对来到这里不是十分满意,但是最好还是"既来之,则安之"。在哪里读大学、读什么样的专业对一个人的发展会有些影响,但是这种影响不是根本的,一个人发展的关键还是取决于你到底选择了什么样的人生追求,想成为一个什么样的人。一个人是否崇高跟学历和所学专业并无直接关联。开学这么长时间了,不要还深陷在对学校和专业不满意的沮丧中,这样会影响你的发展。你可以考研究生,站到更高的学术平台上,拓宽视野、提升能力。正如古语所言,"天生我材必有用"。是金子总是会发光的。

你想得没错,自己优秀了不仅可以帮助家里,也可以帮助更多的人,更可以实现自我价值。不过这些要以平常心来对待。我在大学的时候,也像你这样想过。与你有点不同的是我不会在意别人对我怎样,我只管把对的事情做好,并坚持做到底。后来大家了解了我,认同了我,而那些夸夸其谈的人被大家抛诸脑后了。通过你的描述我感觉你有些外刚内柔,你可以把自己变得外柔内刚,这样大家更容易接受你。

做了事情没有被认可,是难以接受的。要知道,有些事情确实不是拿秤称出来的。要学会平衡,有些事确实需要忍一忍,这也是对自己的一种锤炼。没有养成这样的心性,你将来也难以做成大事。多少人都是这么过来的。况且你现在刚上大学,这么年轻,即便真是做了对班级、对同学有意义的事情又能做多少呢?也就是怨又能怨到哪里去呢?"但行好事,莫问前程",练就如此心态,待时机成熟,荣誉便非你莫属了。

我一早上起来给你写了这封信,不知你能不能理解,供你参考。

我要去北京了,就聊到这里。待我从北京回来,你来我办公室一趟,我把我写的书签名送几本给你,那里有我对许多问题的看法。

天气凉了,注意预防感冒。祝你的大学生活顺心如意!

××,你好!

老师现在在北京给你写信,祝你生日快乐!

来到大学3个月了,一切都适应了吧?感觉大学和中学有什么不同?在老师看来,大学之大主要是大在至善性上,就是知识越多,胸怀应当越宽,视野越广,也就是担当的使命和责任越大。所以,来到大学,不能只想把专业学好,一定要确立更高的人生追求,把自己培养成为一个对祖国更有用的人。

看你们的名册知道你家是内蒙古的。我带的上一届学生中有一个家是内蒙古呼和浩特市的。她长得挺漂亮,还是我们学校金话筒大赛的金奖获得者。我嘱咐她一定别放松了学习,处理好情感问题。她后来读了大连理工大学的硕士研究生,目前已经毕业在北京工作了。她实现了这段时间的人生追求。

你家的条件应当不错。条件好的女孩儿往往容易安于现状。老师觉得你还是应当积极进取,充分利用好家庭条件来提高自身的全面素质。你们现在的专业学习一般不用嘱咐,人文素养上有的学生容易忽视。一定要抓住大学这段时光培养好自己。

和寝室同学相处得怎样?寝室同学是大学生活中离你最近的人。你们要在一起住四年,这是多深的缘分。一定要像姊妹一样相处,别把家里的一些"受宠"的习惯带到寝室。勤快些,寝室哪些地方不整洁了,主动收拾收拾,多做和谐的事,不要怕吃亏,养成好的习惯比什么都重要。

大连的天气开始冷了,不过你从内蒙古过来应该能够适应,但是也要预防感冒。马上进入期末了,要抓紧学习,这是你的本钱。

在校期间有需要我做的事不要客气。祝开心快乐!

××,你好!

你们辅导员告诉我你和其他几名学生是各自班级的临时负责人。你们怎么样本和我关系不大,我就是给你们上思想政治理论课的教师,我可以上完课就走人。当然我不这样看我的课。我觉得思想政治理论课就是要解决实际问题,围绕学生、关照学生、服务学生,为你们的心灵埋下真善美的种子。所以,我就愿意管些"闲事",自找"麻烦"。既然你们是我的学生,我还是想跟你们简单聊一聊。这不是在帮助你们辅导员做工作,而是这门课取得实效性的需要。

你们是班级的临时负责人,责任在肩。俗话说"火车跑得快,全靠车头带",一个班级的班风怎么样,关键在于班长怎么引领。这是被无数个班级的事实证明的。你们是班级临时负责人,也就相当于班长的职务了。

要心中有同学。要时常为同学服务,别总是让同学为你服务,那就颠倒了,也就失去了做干部的意义。为什么要当干部?一是为了更好地为同学服务。二是为了更好地培养自己。以当干部感受到的那种被信任的感觉激励自己把工作做得更好。如果现在就能养成好的习惯,那将来就会做成大的事情,不然就会相反。一些人官至高位,却倒下了,说到根本是根基不厚,就像盖楼一样,没有牢固的地基能盖几层大楼?盖起来还不是照样倒下。老师在大学一年级的时候什么干部都不是。第二年班级改选我当上了生活委员。我大学四年的最高职务就是班级的生活委员。决定你能否有出息的不是你的位置,而是你是否在你的位置上做了你应当做的事。现在如此,将来也是如此。

现在有些学生干部太把自己当回事了,千万不要这样。毛泽东同志早就说过这样一句话:"群众是真正的英雄。"当人民高喊"毛主席万岁"的时候,他说:"人民万岁!"你们一定要养成"群众观点",遇事大家商量,不要小小年纪就搞个人英雄主义,眼里没有群众,很多人也就是在这里栽了跟头。我在学校做党委副书记的时候,有一次看到校学生会主席夹着包进主楼,我把他叫住了:"你怎么像职业革命家似的?"我告诉他:"你也是学校里一个普通的学生。"我当过学生处处长,只要学生到我办公室,我都马上站起来笑迎他们。有时让他们坐下说,有时给他们倒杯水。

工作要认真。毛泽东同志说过:"世界上怕就怕'认真'二字,共产党就最讲'认真'。"没有认真的精神是不行的。前段时间某著名学府将热烈欢迎新同学的"烈"写成了"列";我参加过一个档次很高的会,报到册的"到"字,明晃晃地加黑印成了"道",这都是不认真造成的。这还好办,如果航母上或卫星上哪怕是一颗螺丝钉拧错了那都是不得了的事情。认真也是一种习惯,现在就要好好养成。

我有点事情要处理一下,先聊到这里。好在这学期给你们上课,我还在校园里,待有时间我们再聊。有事可以找我。

祝你们工作顺利、学业有成,圆满度过你们的大学生活!

思想政治理论课是落实立德树人根本任务的关键课程

2020-01-18

2019 年 3 月 18 日,在人民大会堂东大厅,习近平总书记主持召开学校思想政治理论课教师座谈会,我非常荣幸地参加了大会。

我时常想,我们每个思想政治理论课教师把我们的教学搞好,把学生培养好,这不也是在为习近平总书记分忧,也是在为国家和人民造福吗?看起来我们个人的力量微不足道,但是汇合起来,那会形成多么强大的排山倒海之势!

我一边听着习近平总书记的讲话,一边在心里琢磨着:我也算是一名老思政人了。我 1982 年毕业留校做了辅导员,但是我一直坚持上思想政治理论课。在我看来,这门课太重要了,在大学里它是管学生人生方向的,一定要把它上好。我在从省里回到学校的时候,照样坚持给本科生上思想政治理论课。我想,一名思想政治理论课教师,就应当把马克思主义理论教育放在首位。

习近平总书记在学校思想政治理论课教师座谈会上指出:“思想政治理论课是落实立德树人根本任务的关键课程。青少年阶段是人生的‘拔节孕穗期’,最需要精心引导和栽培。我们办中国特色社会主义教育,就是要理直气壮开好思政课,用新时代中国特色社会主义思想铸魂育人,引导学生增强中国特色社会主义道路自信、理论自信、制度自信、文化自信,厚植爱国主义情怀,把爱国情、强国志、报国行自觉融入坚持和发展中国特色社会主义事业、建设社会主义现代化强国、实现中华民族伟大复兴的奋斗之中。思政课作用不可替代，思政课教师队伍责任重大。”

那么一名思想政治理论课教师，怎样才能完成如此重大而光荣的任务呢？

我在这次座谈会上聆听了习近平总书记的教诲，备受鼓舞、备受鞭策。我认为，一名思想政治理论课教师，必须将习近平总书记提出的“六要”作为上好思想政治理论课的遵循，也就是说上好思想政治理论课必须做到“六要”。

去年9月，我在《求是》杂志发表了《践行“六要”，铸魂育人》一文，谈了我对“六要”的认识和体会。

思想政治理论课教师一定要有教育信心。我们有的思想政治理论课教师也有情怀，也想把学生培养好，但总觉得现在的学生和我们有代沟，或者把学生的问题看得过重，没有信心教育学生。这样的教学认识显然是教育不好学生的。我曾在我的“仍然在路上”公众号写过这方面的文章，希望思想政治理论课教师增强教育信心。

我怎么就没觉得现在的学生不行了、和我们有代沟呢？我的主要观点就是要相信我们的学生、相信教育的力量。

客观上，学生的身上是存在着这样或那样的缺点，但这不是主流。我们应当相信的是，学生总是积极向上的。他们身上所存在的诸多不足恰恰是因为他们年轻造成的；这也恰好告诉我们，一定要增强教育信心，加强对青年的引导。我的教育实践一再证明这一点：学生都是好学生，只要我们多关心和多帮助他们，及时地为他们解疑释惑，学生就会跟着我们走。

有一次我给学生做了一场主题为“做新时代爱国的大学生”的报告。报告结束后，许多学生给我留言。有个学生说：“曲老师您好，今天听了您的讲座我受到深深的震撼，受益匪浅。我知道了我作为一名大学生应当做什么了。谢谢您！”还有个学生说：“我是一名大一的学生，很高兴能够在大学伊始得到您的指引，我定不会虚度光阴，做到爱国、励志、求真、力行，知行合一，谢谢老师！”我在报告过程中，发现有个坐在会场前排的女生从始至终都在一边流着眼泪，一边听我的报告，会后她和我合影的时候眼睛都有些红肿。当晚她给我写了一封近3000字的信，谈了她听我报告后的感受。我做了些删减，主要内容如下。

她说:“在这场铿锵有力的讲座中,曲老师身上的光芒,那种爱国情怀、那种兼济天下、那种以书为友、那种刚毅和善良的情怀让我敬佩不已。老师讲自己的经历,我感慨万分又思绪万千,默默流泪又害怕破坏气氛。我是一名思想政治教育专业的学生,未来的我或许从事着和老师一样的工作。我不禁反问自己,未来面对这样一个重要的职位,我该如何扛起这面有分量的旗?

我其实一直思考着什么是我活着的动力和价值?但我一直没有想明白。今天老师给了我堪称完美的答案——追寻生活的意义,从祖国利益出发。现在的我们走得太急了,潜意识中,读书就是为了找个好工作,以后的日子稳定有序或是想成为暴发户。我经常和我母亲说,我不想过这样的生活,平凡而又没有意义,但我貌似又找不到突破口,一直在徘徊。今天老师的话让我感到自己的困惑有了解答,去寻找生命的意义,脚踏实地地做好每一件对我们祖国有意义的事,像老师所说的那样,我们不仅要注重我们的自然生命,更要注重我们自身的社会生命,这样的自己才是拥有无尽财富的、幸福的、完整的个体。

感谢老师今天的报告,让我从困惑中脱身,也感谢您为我日后的人生路指明方向。您朴素的言语让我倍感亲切,您的善良和大爱让我告诉自己,日后的自己也一定要成为像您这么优秀的人。遇到如知己的老师,三生有幸。”

我在给她的回信中说:“你的信字里行间渗透了你的真情、你的刚毅、你的执着、你的追求,我觉得沉甸甸的。作为一名思想政治理论课教师,作为一个过来人,我真是有责任在你们行进在人生道路上的时候,特别是在你们行进在青年这个重要‘路段’的时刻,给你们以正确的引领,给你们加油,给你们助力。

你们现在正处在祖国发展最为重要的时间节点上,实现中国梦是每一个中国人的强烈愿望,你们恰逢其时,你们义不容辞,你们重任在肩。你们必须完成历史赋予你们的神圣使命,向祖国和人民交上满意的答卷。我们应当追求的是爱国,从我做起,从现在做起。

我在当初读大学的时候,首选了师范教育。我当时的成绩达到许多财经类院校录取的分数,不过我觉得做一名教师挺好,可以培养学生懂得很多道理。我爱我的祖国,我的爱国可以通过学生的爱国展现出来。你有志于当一名老师,对此我非常赞同。学生离开学校的时候,最为重要的不是学到了多少知识,而是树立什么样的价值观。思想政治教育正好解决的就是价值观的问题,你如果能够把你人生的追求牢固地建立在帮助学生培养正确的价值观上、建立在教育学生爱国上,那你爱国的愿望就会得以实现。

几十年的思想政治理论课教学,真是教学相长的过程。我也总是被一些学生的爱国情怀激励着。

我相信的是,作为思想政治理论课教师,只要我们高高地举起爱国主义的旗帜,就一定会集合起一群斗志高昂的战士,为中国梦的实现而冲锋陷阵。”

一名思想政治理论课教师亦需要讲好自己的故事。上好思想政治理论课,是我们每个思想政治理论课教师的愿望。为此,大家也是做了很大的努力。讲好中国故事无疑会极大地增强思想政治理论课的效果。

中华人民共和国刚成立的时候,我们连质量稳定的钉子都造不好。现在我国建立了全世界最完整的现代工业体系,科技创新和重大工程捷报频传。我国基础设施建设成就显著:信息畅通,公路成网,铁路密布,高坝矗立,巨轮远航,飞机翱翔,航天飞船飞入太空,高铁里程数世界第一,航母下海巡航……我国是世界第二大经济体、制造业第一大国,中国人民在富裕起来、强大起来的征程上迈出了决定性的步伐!

我们的国际地位越来越高,话语权越来越大。西方社会也不得不由原来的俯视我们变为平视我们,进而仰视我们。

思想政治理论课上充满了这样的故事,学生们自然就会认识到中国共产党为什么能、马克思主义为什么行、中国特色社会主义为什么好。

坚定“四个自信”,正是我们思想政治理论课所要达到的目的。但是仅仅讲中国的故事就能使我们的教学效果充分实现吗?显然不是这样的。思想政治理论课教师理论上搞懂了是一回事,实践中做不做又是另一回事。要求学生知行合一,自己就应当将知行集于一身。思想政治理论课教师必须有自己的故事。道理很简单,如果只讲不做,学生就会在心里画问号:“既然你讲的是真理,你为什么不做呢?”我常跟有的同志讲,不要一讲实践教学就要到红色景区。如果你有你的故事,再结合先辈的故事,那讲起来会更生动精彩。反之先辈的故事很悲壮,而你却没有一点你自己的故事,岂不麻烦啦?学生参观一次红色景区,对照一次你的表现,学生越看你越不像共产党员,越看你越不像思想政治理论课教师,那你的课就很难讲了。

正所谓:“亲其师,信其道。”我在省里工作的时候,负责过思想政治理论课建设。当我向学生了解他们对思想政治理论课的看法时,很多同学谈的都是我们有的思想政治理论课老师只把思想政治理论课当成了知识来传授,要求学生做得自己做得并不是太好。

思想政治理论课教师,一定要在解决进心灵上下功夫。所谓进心灵,就是让学生将学到的马克思主义理论在转化为具体的行动上下功夫。

真正的马克思主义者一定十分清楚:马克思主义不是空洞的说教。改变!改变!改变!这应当是马克思主义的重要特征。

在纪念马克思诞辰200周年(2018年5月4日)大会上,习近平总书记在讲话要结束的时候用了毛泽东同志在1938年说过的一段话:“如果我们党有一百个至二百个系统地而不是零碎地、实际地而不是空洞地学会了马克思列宁主义的同志,就会大大地提高我们党的战斗力量。”

我看了很多理论家阐释习近平新时代中国特色社会主义思想的文章,但这段话很少有人讲,为什么?这是需要有自我革命勇气的。这种自我革命的勇气理论家要有,教育家要有,合二为一者更是不可或缺。而就思想政治理论课教学而言,恐怕更需要教育家,从某种意义上说,他们的理论水平够了,或者退一步说,他们的理论水平稍微差一点,对思想政治理论课教学是没有什么太大影响的。

有的同志说:“教师要有一桶水,学生才能有一杯水。”从教育理论上讲,这句话是成立的;但是从教育实践上看,却未必是这么回事。这取决于教师为什么要有一桶水。毫无疑问,如果为了学生,教师有了一桶水,学生一定会有一杯水,甚至在教师有了大半桶水的时候,也会想办法尽量让学生有一杯水。如果不是为了学生,只是为了自己的利益时,就算教师有了一桶水,学生也得不到一杯水。因为这些教师想的是要有两桶水、三桶水,乃至于一湖水。教育部为什么规定教授要给本科生上课呢?不就是要给学生一杯水吗?马克思主义没有走进学生心灵,学生没有改变,就不能说我们的思想政治理论课教学达到了预期的效果。

如今我们下了那么大的功夫对学生进行马克思主义理论教育,显然我们的目的不是让青年学生掌握了理论知识就完事了,绝不能让学生们只是记住了条条框框的东西,把学习马克思主义理论只当成了考试的需要。学习的目的全在于应用。

正如习近平总书记在北京大学与师生座谈时所指出的那样:“学到的东西,不能停留在书本上,不能只装在脑袋里,而应该落实到行动上,做到知行合一、以知促行、以行求知,正所谓‘知者行之始,行者知之成’。”毫无疑问,这样的马克思主义理论教育才有韵味,才应当成为我们思想政治理论课教师的价值追求,这也是检验我们马克思主义理论教育教学效果的根本标准。

为纪念马克思诞辰200周年,中央电视台播放了专题片《马克思是对的》。

马克思对在哪里呢?

其中一个重要的方面,在马克思看来,一个实际的行动胜过一打纲领。习近平总书记指出:“实践的观点、生活的观点是马克思主义认识论的基本观点,实践性是马克思主义理论区别于其他理论的显著特征。马克思主义不是书斋里的学问,而是为了改变人民历史命运而创立的,是在人民求解放的实践中形成的,也是在人民求解放的实践中丰富和发展的,为人民认识世界、改造世界提供了强大精神力量。”恩格斯说:“马克思首先是一个革命家”“斗争是他的生命要素。很少有人像他那样满腔热情、坚韧不拔和卓有成效地进行斗争。”

思想政治理论课教师一定要清楚这样的关系,在教师和学生之间,教师是践行马克思主义理论的第一人,教师怎么样对学生的影响很大。应当说广大思想政治理论课教师是“可信、可敬、可靠,乐为、敢为、有为”的。一年来,教育部认真贯彻落实习近平总书记重要讲话精神,推动了思想政治理论课的大发展,广大思想政治理论课教师在教学过程中,较好地发挥了主体作用,对学生的成长给予很好的引领。

但是从不足的方面看,我们有的思想政治理论课教师没有处理好这个关系,也可以说对“大学里为什么要开设理论课”没有搞清楚,着力点不对,忘了思想政治理论课是为学生开设的。一些思想政治理论课教师把精力都放在了科研上,思想政治理论课教学存在着过于学术化的倾向,马克思主义“示范院”在这点上也是不同程度地起到了推波助澜的作用,这是需要加以改进的(马克思主义学院,还是叫马克思主义教育学院为好,这里就不做阐述了)。

我不反对在理论层面上不断地加强研究,使马克思主义理论更加得以丰富。但是我认为这样一些高深的马克思主义理论体系性的研究任务,还是由专门的马克思主义理论研究部门研究者或极为少数的思想政治理论课理论大家来完成吧。对于绝大多数思想政治理论课教师来说，精力主要还是应该放在教学上，让学生接受马克思主义理论教育，在马克思主义理论“内化于心，外化于行”上下功夫，只有这样的价值追求，才能使思想政治理论课教学更富有成效。当然我很清楚，这里存在着怎样评价学校、思政教师的教学问题。

担负起一名思政课教师应有的使命和责任

2020-01-31

曲老师，新年好！

刚刚在您的微信公众号里给您拜年了！我能看出这是您写给××父亲的回信，令人感动，深为敬佩！去年上半年邀您去××职业学院做了一场师德教育报告，看到您对高职院校思政教育深感忧虑，主动提出开学时再来给学院新生上一次思政课，本以为您随便说说，谁知开学时您真的如约而至，站在学校体育馆的讲台给4000名大学生上了一堂深刻的思政课，许多师生为之动容。尽管我已经离开了××职业学院，但曲老师的大爱之行和人格精神真的让人钦佩！曲老师，新的一年，祝您幸福安康、平安顺遂！请您保重身体，国家需要您，大学生需要您，我们思政课更需要您！

向您致敬！

××，你好！

你在哪里过年？祝你新春快乐、阖家幸福、万事吉祥！

像你一样，我也是一名思政课教师，对学生有着深深的情怀。这情怀来自对祖国的爱。我多次去过河南，我常说，中华五千年历史文化看河南。我们中华民族为人类做出多么巨大的贡献，可是近代我们落伍了。所以我们要实现中国梦，实现伟大的复兴。

作为一名思政课教师，我深感责任重大，使命光荣。去年3月，在北京，我参加了习近平总书记亲自主持召开的学校思想政治理论课教师座谈会。要实现中国梦,就是要用习近平新时代中国特色社会主义思想武装大学生的头脑,让他们矢志不渝跟党走。这是我终生不渝的追求。

那天到××职业学院做报告,我不是针对这所学院说的。我确实有所忧虑。忧虑什么?我忧虑的是我们民族的精神追求在哪里。大年三十那天我在公众号上推送了关于新冠疫情的一篇文章,讲的就是我的忧虑。身体的疾病需要治疗,思想的疾病不需要治疗吗?如果追根溯源的话,思想上若是没有疾病的话,许多身体上的疾病又怎么会发生呢?人人"像样",社会就必然井然有序,没有违法和缺德的事情发生,社会就会到处充满着和谐,到处充满着欢歌笑语、明媚的阳光!

你很优秀。相信你一定会在思政课教师岗位上做出突出贡献,为党和国家培养更多有用的人才。

待举国上下一举打赢这次新冠疫情战役的时候,我一定安排时间到你那里,我们再详细交流,为培养好学生担负起作为一名思政课教师应有的使命和责任!

大连这边有事联系我,千万不要客气。祝好!

曲老师,您好!

今年回河南过年了。谢谢您的关心和关怀!本不想打扰您,却又让您费心写了这么长的一段话,感动之余有些忐忑!自从被教育部借调结识曲老师以来,您的每一场报告、每一句话都在激励、教育我去思考如何做好人,做好思政教育工作。作为思政人,除了仰慕您的理论修养,更敬重您的思政情怀和人格。

去年我之所以放弃了去××市委党校任副校长,来××机电马克思主义学院,就是因为受了您的影响,不想离开高校思政课,特别是高职学生这一特殊群体更需要优质思政教育和更接地气的思政课。从某种程度上讲,现在高职学生的思想政治素质决定了未来民族的公民素质,因为这个群体占到了高等教育的半壁江山。

本科院校探讨大学生的理想信念是否科学、是否崇高的问题,而对高职学生首先探讨的是要不要有理想的问题,不是理想崇高与错误的问题,而是理想有无的问题,这是层次的差别。所以,我总觉得高职思政课更需要关注,更需要研究。也十分感谢您对高职思政课和辅导员工作的关注和支持。我们就是想通过思政课校正他们的"三观",让高职学生扣好人生的第一粒“扣子”,成为合格的建设者和优秀公民,为国家富强、为民族复兴尽微薄之力!

今年上半年响应党和国家号召,集中抗击新冠疫情。下半年,诚请曲老师给我们的学生和我的团队讲一课,提前谢谢曲老师!

谢谢邀请!我们共勉!为了我们民族这份伟大的事业!

参与未必都是在课堂上

2020-02-01

前两天在和一个思政课教师交流时，这个思政课教师问了我这样一个问题："思政课教学怎样让学生参与其中？"她说为了让学生参与到思政课教学当中，她的一个做法就是尽量压缩她的课堂讲授时间，把更多的时间留给学生，让学生来讲。

我知道我们一些思政课教师为了实现让学生参与其中这样的教学状态，也是下了不少的工夫，普遍的做法就像提出问题的这位老师那样，"自己尽量少讲，学生尽量多讲"。为此，有的学校还做了相应的规定，要求教师上课不能一言堂、满堂灌，要有学生的参与。

记得前两年做"飞行听课"的时候，我到一个学校听课，有个思政课教师就是这样让学生参与的。她课前让几个学生做了"准备"（与她课上要讲的内容没有太多的联系），上课的时候再让这几个学生轮流到台前讲一遍。讲完了这个老师再一一地点评一下，很牵强附会，对教学效果没有什么直接的帮助，唯一的作用恐怕就是满足了参与式教学的要求。

我是主张思政课教学要有学生参与的。问题是怎样参与？是不是必须体现在课堂上？退一步说，课堂参与是不是唯一的形式？依我之言，我倒觉得所谓参与式教学未必都要在课堂上进行，其实它贯穿在思政课教学的全过程。

课堂时间这么有限、这么宝贵，我是舍不得拿出那么多时间让学生讲那么些浅显的，甚至别的同学比他们理解得深刻的道理。我让学生参与思政课教学的一种重要形式就是在这门课开课前通过调查问卷进行思想摸底;在讲每一章或某个重要问题的时候,先让学生提出他们的看法,然后做好筛选,备好课,然后再在课上对他们提出的集中的、具有代表性、与本堂课教学内容密切相关的问题给予解答。我的体会是,作为一名思政课教师,对教材的把握、对每一章要解决的思想理论问题,自然比学生要全面得多、认识深刻得多。因此,思政课教师一定要从问题出发,充分地利用好课堂上宝贵的时间,把问题分析深刻,把更多的知识和道理传授给学生。不然,形式上我们满足了学生课堂参与的要求,实际效果呢?恐怕比所谓的一言堂还要差得多。

培养有格局的学生

2020-02-03

下面这几封信是我与上我思想政治理论课的一个学生之间的交流。我跟他们讲:“我们不只是上一门课的关系,而是四年的师生,一生的朋友。在大学里有什么需要我帮助的事情,尽管开口,我会尽心尽力帮助你们的。”在他们过生日的时候我都会给他们写生日祝福,借此嘱咐他们几句。

××,你好!

今天是你的生日,老师给你写信,祝你生日快乐!

老师做辅导员、上思想政治理论课,就是想帮助你们很好地认识大学,在你们人生的“拔节孕穗期”,帮助你们系好人生的“扣子”。大学对你的未来影响重大。这段时间怎样,从某种意义上讲,决定你的未来。所以在你过生日的时候老师就是想提醒你,在自然年龄增长的同时,一定别忘了社会年龄的增长,今天像个学生样,明天做个好公民,切实担负起属于你们的时代使命和责任。

我多次去过唐山。我还专门参观过李大钊故居和纪念馆,李大钊“铁肩担道义,妙手著文章”的胆识和才华对我有很大的教育作用。我去北京李大钊墓拜谒的时候,我说:“先辈我来了,我一定传承您的遗志。”

你从小就应当知道李大钊的事迹吧?一定学习过李大钊的革命精神。上大学,不只是为自己将来谋个好职业,更要用所学的知识更好地为祖国服务,只有国家强大了,我们个人家的小日子才有根本的保障。

你在大学还有三年多的学习时间,老师在你的身边,有事联系我,我会尽力帮助你。

假期还有些天,抓紧学习,别浪费了时间。

祝好!开学见!

感谢老师的祝福与教诲!我的高中也曾是李大钊先生的母校,我也一直都在学习李大钊先生的精神和品质,我一定会加倍努力,不负老师嘱托!

好的!存志高远,担当使命,有所作为!我建立的“励志基金”的宗旨就是“你为祖国服务,我为你服务”,有困难我帮你!奋斗!加油!

看看眼下举国上下正在全力抗击新冠疫情,多需要当代青年奋发有为,把国家建设好、管理好啊!青年强,国家才能长治久安、和谐发展!

老师您说得对,我一定以国家建设、人民幸福为己任,不断努力,为祖国的发展富强尽自己的一分力!

好!一定要有视野、有格局!静下心来搞学问,不要纠缠眼前的荣辱得失。记住:你是一个什么样的人,取决于你想成为一个什么样的人!开学后到我办公室找我。

好的老师,我一定谨记您的教诲!

纪念“学校思想政治理论课教师座谈会”召开一周年

2020-03-18

2019年3月18日，在人民大会堂东大厅，习近平总书记主持召开学校思想政治理论课教师座谈会，我非常荣幸地参加了大会。

我在这次座谈会上聆听了习近平总书记的教诲，备受鼓舞、备受鞭策。我以为，一名思想政治理论课教师，必须将习近平总书记提出的“六要”作为上好思政课的遵循，也就是说上好思政课必须做到“六要”。

去年9月，我在《求是》杂志上发表了《践行“六要”，铸魂育人》一文，谈了我对“六要”的认识和体会。

一是政治要强。思政课有着极强的政治属性，关涉培养什么人、怎样培养人、为谁培养人这个根本问题。作为思政课教师，只有政治强，才会信仰坚定，才不会把这份职业只当成“饭碗”、视作“名利场”，才会真心实意听党的话，才会想方设法培养学生爱祖国、跟党走。我认真地读过《共产党宣言》，坚定地相信“两个必然”的结论。我也拜谒过李大钊、方志敏等许多革命前辈的墓地，我在心里默默地想：“我一定传承你们的遗志。”我有个学生，在中学就入党了，上大学后受一些思潮影响，曾经有过思想波动。为此，我给她发了几万字的微信，进行了无数次的交谈。我告诉她，党的宗旨从来就没有变、也不会变，只是个别党员忘记了党的宗旨，忘记了自己的初心。毕业时，她放弃了一些“诱人”学校的“诱人”专业，却选择攻读马克思主义理论专业研究生，并立志做一个不图名、不图利的响当当的共产党员。

二是情怀要深。今日之中国正行进在实现中国梦的伟大征途上,但中国梦不是轻轻松松、敲锣打鼓就能实现的。思政课教师一定要有家国情怀,不仅自己要爱国,更重要的是教育学生爱国,教育学生将来报效祖国。我有个学生因为弟弟患病,想弃学回家帮助父母。我跟他说:“你的任务就是‘为中华之崛起而读书’,有困难我帮你。”后来,这个学生考上了哈尔滨工业大学的研究生。入学报到那天我陪他去了,领他参观了侵华日军第七三一部队遗址。我告诉他,当没有学习动力的时候就到这里来,莫忘中国人曾经被欺负到什么程度!他打着胜利的手势立下大志。他在父亲节写给我的微信中说:“曲老师,您好!今天是父亲节,祝您身体健康,工作顺利,父亲节快乐!昨天晚上您对我说二十年以后希望我成为院士,我不敢大言不惭,但是也不会轻言放弃,我郑重跟您承诺,我会在将来的岁月里不断拼搏努力,读硕,读博,读博士后,做青年学者,我会勇往直前在路上,一步一个脚印,踏实工作努力研究,不敢说是‘为中华之崛起而读书’,但愿为中国航天发展贡献自己微薄的力量!我也一定不会辜负您的期望,在将来中国航天发展的创造史上一定会有您学生的成绩!请您放心!”

三是思维要新。思政课教师是给学生心灵埋下真善美种子的人。在学生人生的“拔节孕穗期”,思政课教师一定要给足学生“阳光雨露”,也就是要成为传播知识、传播思想、传播真理,塑造灵魂、塑造生命、塑造新人的灵魂工程师。我要求自己理直气壮上好思政课,多给学生正能量,决不能让学生在思想上出问题。我帮助学生树立辩证思维,历史地、全面地、发展地看待我们党、我们国家在前进道路上存在的问题、遇到的困难,要相信这些问题和困难一定都会得到解决。我在问卷调查中发现有个少数民族学生思想偏激,就经常跟他交谈,给他发信息,给他买很多书,帮他解决生活上的困难,跟他一起过了民族节日,后来这个学生的思想改变了。毕业晚会上他主动发言说:“谢谢老师四年来在我身上的付出,我回去一定为民族团结做贡献。”

四是视野要广。大学与社会的联系从来没有像今天这样紧密,大学生对各种思想的接触从来没有像今天这样直接、便捷。因此,思政课必须紧密结合学生思想实际,提升学生的价值判断能力,凸显教学的育人引领作用。作为思政课教师,只有不断加强学习、扩大自己的视野,才能站位高远、旁征博引,深入浅出地把学生关切的道理讲明白、讲清楚。这些年来,我系统地阅读了大量经典著作，下大工夫学习习近平新时代中国特色社会主义思想，努力以科学的理论视角帮助学生坚定“四个自信”；我参观考察了上百个红色景区、先烈故居和墓地，我将红色文化生动、具体地展现在我的课堂上，增强课堂教学的吸引力和感染力。我的学生说：“是老师的视野决定了我们一定为实现中国梦努力学习，不断奋斗。”

五是自律要严。思想没有真空地带。当今时代的大学生们，无时无刻不在思考着发生在校园里、社会上的一切。思政课教师必须自觉弘扬主旋律，积极传递正能量，做到课上课下、校内校外、网上网下一致。习近平总书记在2016年全国高校思想政治工作会议上强调：“要教育引导学生正确认识世界和中国发展大势，从我们党探索中国特色社会主义历史发展和伟大实践中，认识和把握人类社会发展的历史必然性，认识和把握中国特色社会主义的历史必然性，不断树立为共产主义远大理想和中国特色社会主义共同理想而奋斗的信念和信心；正确认识中国特色和国际比较，全面客观认识当代中国、看待外部世界；正确认识时代责任和历史使命，用中国梦激扬青春梦，为学生点亮理想的灯、照亮前行的路，激励学生自觉把个人的理想追求融入国家和民族的事业中，勇做走在时代前列的奋进者、开拓者；正确认识远大抱负和脚踏实地，珍惜韶华、脚踏实地，把远大抱负落实到实际行动中，让勤奋学习成为青春飞扬的动力，让增长本领成为青春搏击的能量。”为了做好对学生思想的引领，我和学生建立了微信群，给学生累计发了200多万字的微信，一天发几千字是常态。每个学生过生日，我都会给他们发少则百八十字、多则一两千字的生日祝福，嘱咐他们在“自然年龄”增长的同时，一定要增长“社会年龄”；毛泽东同志诞辰纪念日，我给学生发3000多字的微信，让他们学习毛泽东，做担当民族复兴大任的时代新人。有个学生说：“我懂得了，我应当做个热爱祖国、志存高远的人。”

六是人格要正。行动就是无声的“命令”。教育学生爱国，思政课教师必须是走在学生前面、做表率的人。思政课教师不仅要“言马”“信马”，更要自觉“行马”，用高尚的人格吸引学生、感染学生、赢得学生，将“以情感人”与“以理服人”结合起来，做让学生喜爱的人。每逢佳节，我都会给学生买上鸡蛋、粽子、月饼、元宵等，让学生感受到家的温暖；每逢寒暑假，我都会帮助困难学生解决回家的路费，嘱咐学生路上别饿着、注意安全；我还用自己筹集的50万元资金，建立了宗旨为“你为祖国服务，我为你服务”的“励志基金”，专门帮助那些为祖国刻苦学习又生活困难的优秀学生。爱国是具体的，不是空洞的说教。爱国就要爱学生，就要力所能及地帮助他们。有的学生说：“老师是把我们放在心上的人，我们一定要把老师的爱传递下去。”还有个学生说：“我也要像老师那样爱国，当一名教师，培养好学生，希望未来的某一天我的学生也会因我而骄傲。”

思想政治理论课教师一定要有教育信心。我们有的思政课教师也有情怀，也想把学生培养好，但总觉得现在的学生和我们有代沟，或者把学生的问题看得“过重”，没有信心教育好学生。这样的教学认识显然是教育不好学生的。我曾在我的“仍然在路上”公众号写过这方面的文章，希望我们思政课教师增强教育信心。

我怎么就没觉得现在的学生不行了，或者和我们有代沟呢？我的主要观点就是要相信我们的学生，相信教育的力量。

客观上，学生的身上是存在着这样或那样一些缺点，但这不是主流现象。我们应当坚信的是，学生总是积极向上的。他们身上所存在的诸多不足，恰恰是因为他们“年轻”造成的；这也恰好告诉我们，一定要增强教育信心，加强对青年的引导。我的教育实践一再证明这一点：学生都是好学生，只要我们多关心和帮助他们，及时地为他们解疑释惑，学生就会跟着我们走。

不能只想舒心地过自己的小日子

2020-03-23

××，你好！

今天是你的生日，老师给你写封生日祝福信，祝你生日快乐！

这是我给你们年级学生写的第一百二十封信了（包括过生日的同学、家庭生活困难同学、非团员同学和班级主要干部同学），你们年级180人，老师争取给你们每人写一份生日祝福。为什么？老师跟你们说过，我是你们的思政课教师，但我不是上完课就没事了，老师和你们是四年的师生，一生的朋友。

老师做教师，为的就是教你们怎样读好大学。老师看到很多学生，付出许多努力来到了大学，但是并没有很好地坚持下去，结果以前的努力都付诸东流了，实在是可惜。上大学绝不是目的，重要的是在大学里要把自己培养成有追求、有能力的人。追求什么？将来找个工作，舒心地过自己的小日子？我也认识很多这样的学生，毕业了，愿望似乎也实现了，结果并没有感觉很幸福，原因在哪里？就是格局太小。没有格局就没有心胸，就不能体验担当所带来的奋斗的乐趣。最幸福的人应当是为了最广大的人民利益一直不停地奋斗的人，而不是待在小安乐窝里的人。这不是口号，我想钟南山院士应当是最幸福的人，他心怀祖国、情系天下。

有追求，就必须有真才实学，这是你实现人生追求的本钱。这就需要你刻苦学习，增强本领。大学时光是你学习知识、培养能力的最佳时期，一定要充分地利用好。特别是今年突然出现的疫情对你的学习计划或许会带来影响,要尽快适应这种环境。不要等回到学校再学,自我管理是非常重要的,学习过程离不开你的主观能动性。我在公众号推送的文章中谈到,从某种意义上讲,好学生都是学出来的,不是教出来的,说的就是这个意思。

和同学好好相处,这也是大学里你应当带走的东西。没有人会独自成功,要有团队精神。培养这种品格是非常重要的。看长远,不要被眼前的一些"小利益"迷惑住,比如能不能获得奖学金。能不能获得不重要,重要的是你达没达到这个标准,要不争而得。眼前的东西看得"太清楚"了,长远的东西就会"模糊"了。

锻炼身体也是必须坚持的。老师是过来人,对此体会更深。没有好的身体,你就实现不了你人生的追求。养成好的生活习惯,也就是要有规律地生活,你们现在这个时候锻炼身体尤为重要。

我们还算老乡呢。去年国庆节本来想去你家看看,没有安排上,我说今年寒假去,结果遇上了特殊情况。我去了很多学生的家,这也是我了解学生的一个途径,有利于增强讲课和培养学生的针对性。特别是到有困难的学生家,这对我自身也是教育。几十年里,我脑海里总是会不时地浮现出来自一些家庭生活困难学生的奋斗身影,这对我也是一种教育和激励。

有事可以随时联系我。

祝一切都好!

曲老师,您好!

谢谢曲老师,曾经我不太重视爱国的意义,认为可有可无,但是在您的教导下,我逐渐认识到,作为一个中国人的骄傲和自豪,也后悔之前的幼稚和无知。疫情的时候,我和几个同学一起募捐,把上学期攒的钱都捐了出去,制作视频歌曲给武汉应援,在网络平台上科普辟谣,尽自己的绵薄之力为正遭磨难的祖国做一点点贡献,无数次看着医护人员的身影而热泪盈眶。

我有些同学也是学医的,所以我觉得他们不仅是医生,也是没比我大多少的年轻人,我为中国有这样一批人而感到无比自豪,也希望未来自己能在某个领域成为一个平凡的建设者,为祖国尽绵薄之力。

非常感谢老师的教诲,令我受益匪浅。

××,你好!

昨天因为忙,就没有及时回复你。见谅!

看到你的微信,老师十分欣慰。老师做辅导员就是想更多地帮助青年学生成长。老师坚定地相信,中国共产党的领导,是中国人民幸福的保证;中国特色社会主义制度,是人类迄今为止最优秀的制度。检验一种制度的优劣,最根本的是看其是为什么人服务的,是为少数人还是为多数人服务的。马克思之所以创立了科学社会主义理论,中国共产党之所以要领导人民闹革命,搞建设,实现中国梦,就是要最大限度地满足最广大人民群众的利益。看看这次战“疫”,我们的制度优势就充分地显示了出来;再看看西方某些国家的“表演”,社会主义不仅能救中国,社会主义更能发展中国、强大中国,让广大人民群众过上更美好的生活。

世界是你们的,中国的明天看你们的了。所以,老师就一个心愿,教育引导你们爱国,听党的话,跟党走。你的思想有了如此的变化,特别是你还从具体的事情做起,表达你的爱国心愿。此刻,老师的脑海里浮现出一个爱国的身影,那就是你行进在爱国的征途上。

事物都是发展变化的,是由弱变强的。你年轻,把今天你思想的这些变化坚持下去,巩固起来,你就会成为一个坚定的爱国者,再发展下去就会成为共产主义者。你可以朝着这样的方向努力、追求。

老师建立了“励志基金”,宗旨是“你为祖国服务,我为你服务”。开学后你找我,我们再好好聊聊,老师给你一些书看看,思想力的提升是一个人成长的根本。

开学见!

“精准”与“精致”

2020-05-29

我不赞同“先入为主”地把学生都看成“精致的利己主义者”，这种偏见可能导致教育者逃避自身的责任，从而削弱教育的本质意见。我主张教育者要有教育信心，相信学生一定会受教育者的积极影响，并通过“精准”施育来引导学生成长，从而使学生真正接受并追随我们的引领。

下面这名学生是专升本的学生。这个学生在读大专的时候，我就通过我的一个学生知道了他。我的公众号就是我们两个人运作的。他每天都默默地做着，从不抱怨。我每天把文章写出来，然后让他编辑发送。在三年的时间里，他推送了我发给他的 200 多万文字。我们也多次进行了交流。他今年毕业，确立了正确的择业观，主动申请去新疆工作，想“切实地为中国梦的实现出一份力、做一点贡献”。我相信他一定能实现他的人生追求。

曲老师，您好！

我有一个决定，想问问您的看法。本来一开始我就想问问您的看法，我见那段时间公众号的文章发来的时间都是分散的，我猜您一定是挤时间写的。这一拖再拖快要毕业了，正好趁这个时候向您汇报一下。您是我尊重的师长，我还是希望能得到您的肯定。

4 月份我报名了今年的西部计划，服务得是新疆生产建设兵团。我做这个决定是慎重又坚定的。一是我对远方充满了向往；二是我真心希望去祖国最需要的地方做点事。您也一直说青年人不一定非要在大城市里谋发展，去需要人才的地方或许更好。我说服了家人，他们也支持我去新疆锻炼。

我们学校团委组织了一个面试，大家都做了一个自我介绍，说明了一下自身志愿服务的意愿。我觉得自己表达意愿还是很坚定的。只是今年名额少，不一定能被选上。不过这也算是我一个美好的愿望，去边塞看一看，切实地为中国梦的实现出一份力、做一点贡献。

××，你好！

我赞同你的想法。这是因为我从读大学的时候就想过这个问题：读大学到底是为了什么？为了找个好的工作？为了过上富裕的生活？我那时还想，要让父母晚年幸福安康。但是作为接受高等教育的人，还是应当以“天下兴亡为己任”。此前我说过，当年毕业填报志愿的时候，我最想去的地方是西藏，然后就是新疆，再就是西双版纳。因为没有计划，我也就没有去成。我今天也是这样想的，若是当年如愿了，我的人生轨迹就是另一个样子。不过无论在哪里，从事教育工作是我坚定不移的目标，我会无怨无悔地为此奋斗一辈子。我想，若是能培养一批又一批的学生投身到国家建设当中，这一生也是很有价值的。我在省里工作的时候，一个春节前，我到一个家庭生活困难的学生家中家访。这个学生就很努力，在读完硕士学位后，主动申请去新疆工作，她说她的选择值得。

我赞同你的想法还因为我对你比较了解。虽然你不是我带过的学生，但是通过办公众号，我觉得你是一个做事认真、踏实的人，这很重要，这是你未来发展的重要基础。一些学生总是夸夸其谈、品头论足，结果一事无成。尤其你不是心血来潮，你有很好的思想基础。你对党、对祖国、对社会有一种情感，有正确的认识，这尤为重要。思想是行动的基础。所以，你做出这个决定我一点也不觉得意外，并且我还相信，你一旦选上了，一定会踏踏实实地奔波在你热爱的那片热土上，奋斗在你喜欢的那份工作中，你也一定能做出成绩。选不上也没有什么。大学阶段培养的思想基础和知识能力，这是管一辈子的。这两方面“过硬”，做什么都没有问题。

这两天我写的公众号文章都和大学生择业有关。今年的疫情，客观上给你们的择业带来了不便。但是我昨天说了，关键还是要有积极的人生态度。年轻人不要总是抱怨环境。谁的人生一帆风顺？年轻的时候遇到点困难辩证地看也是好事，可以使你更加成熟。我多次说过，只要择业观正确，目标明确，坚持不懈，无论在哪里，无论做什么，人生一定会取得成功。

有事联系我。待你返校的时候到我们学校来一下，我们再好好聊聊。

祝你一切都好！

感谢曲老师！

您的肯定和支持给了我很大的鼓舞。这会儿不早了，您还给我写了这么长的回复，真是感激。这次毕业为了就业，我也想了不少。每年毕业季您都会写不少指导大学生择业的文章。这几年来，我一面在看一面也在问自己，去哪工作，怎么工作？一是不愿意毕业就失业，二是不愿意做一些自己认为没有意义的工作。

我了解了一些新疆的实际情况，我觉得去那里是一件更有意义的事。和父母就报名西部计划这件事商量了很久。我多次表达了内心的意愿，他们最终还是同意了。

去西部的意愿是坚定的，习近平总书记说：“空谈误国，实干兴邦”。哪里都需要有人去建设，即便是在美国，它的高楼大厦也是美国的劳动人民建设起来的。咱们国家的楼也得咱们建。如果没去成，您也不用担心，我会抓紧时间找别的工作，不让自己闲着。

教学过程一定要融入情感

2020-06-14

前段时间在网上交流的时候,有个教师给我留言,问了这样一个问题,因为太忙了,这个问题又不急,所以我今天回复一下。

曲老师,您好!

高校授课教师和学生平时接触相对较少,如何与学生产生“共情”,消除师生之间的代沟呢?

××,你好!

实在抱歉,今天才回复你,请理解。

师生之间有代沟吗?即便有,是天然形成的,还是人为形成的,显然是后者。

道理很简单。谁人不愿意接受教育?教育为什么能够存在?教师是主导者,大家常说,教育过程是师生互动的过程,那原动力在哪里?是相互同时产生的吗?

关键还在于教师。只有教师有了初始力,学生才会跟着动起来。教师给学生的是“正向力”,学生就会向“正向力”的方向发展;反之亦然。只是教师作用在学生身上力的大小不同,学生自身“阻力”(包含客观环境影响)大小各有不同,教师所给予学生的“正向力”产生的效果也有所不同。所谓教育就是心灵的“唤醒”说的就是这个道理。这也是教育能够源远流长的根本原因。所以，教师心中一定要有学生，要充分发挥好主导作用，给学生更大的、正向的初始力。

教师和学生平时接触相对较少。但是作为一个教师，心中若是有学生，恐怕就会创造更多接触学生的机会。

我上课的时候，尽量争取早到教室一会儿；下课了，尽量晚走一会儿，就是找机会和学生聊聊。一次看到有个学生在课前的间隙时间趴在课桌上打盹。我没有打扰他。下课后，我跟他聊了聊天。我说，一个小伙子，现在每天都昏昏欲睡、被动地生活着，将来那么漫长的路怎样走？振奋起来，确立人生的追求，养成好的习惯。我改变了他。他过生日的时候我给他发了生日祝福，他说："老师，谢谢您的教诲。我和您本不'相干'，若不是在大学有幸遇到了您，我恐怕就是另一个样子了。"

一次我上课的时候，有个班长给我带来了一个学生生病的假条，这个学生发烧39℃。我拿出100元钱给了这个班长。我说我没有时间去看他，你替我买点水果、牛奶看看他。老师祝他早日康复。再替我谢谢他。"怎么还谢谢他呢？"这个班长不解地问。"你看，他在发烧39℃的情况下，还不忘给我写假条，对我如此的尊重，我怎么能不谢谢他呢。"我跟全年级的学生讲，我们上的是思想品德课，大家不只是学道德认知，更重要的是要把学到的这些道德认知转化为实际行动，养成崇高的品德。学生们给我鼓掌。晚上11点的时候，这个学生又给我发来微信，说他懂得了怎样做人。

每次我准备给某个年级学生上课时，都要先联系辅导员，让他（她）给我提供年级学生名册，以便对学生的情况进行了解，增强教学的针对性。我还和学生建立了微信群，实现课上课下、网上网下一致。

我给年级中的每个非团员发微信，鼓励他们政治上要求进步；给生活困难学生发微信，让他们勇于面对困难；对有的生活困难学生，我还力所能及地帮助他们。

我上学期授课的年级学生约有180人，他们过生日的时候我都给他们写生日祝福，每封信都不少于几百字。尽管课程结束了，我还继续写，已经写了差不多100多封了。从疫情发生以来，我给学生写了60多封信。我告诉他们，我们不是一门课的关系，我们是四年的师生，一生的朋友。很多学生和我保持着联系，有的真成了好朋友，把我当成了一生的恩师。

你主观上有这种愿望很重要。现在讲课程思政，这不只是一个概念，不然就失去了教育的本质,也就没有了教育的味道。

教育过程,就是育人的过程,育人就不能只知道传授知识,还要让学生知道将知识用到什么地方。所以,辅导员在教学过程中一定要融入情感,心中要有学生。

如果把教师职业当成了“饭碗”“名利场”,像你说的,和学生无法“共情”,那代沟就会越来越深。如果这样的话,力的方向就会产生偏差:教师“往上爬”;学生“往下坠”。结果,或许教师“爬上去”了,学生却“坠下去”了。

今天教育中出现的诸多问题,就教育本身来说,作为一名教师,如何引领学生,给学生什么样的“作用力”,应是一个值得深思的问题。

要相信学生

2020-07-04

前天有个新疆少数民族学生过生日,我给她写了一封信,祝她生日快乐！她也给我回了封信。读后我感到教育一定要相信学生,这是教育的重要出发点。

××,你好！

老师早上起来有两件必做的事:一是看新闻,了解国内外都发生了什么事情;二是看你们新疆学生和我去年下半年授课年级学生的名册,看看谁过生日,每个过生日的学生我都给他们写封信,送上我的生日祝福,再借机嘱咐他们几句。早上看你们新疆学生的名册,知道今天是你的生日,老师送上对你的祝福,祝你生日快乐!

想想时间是不是过得很快！这半学期就这样过去了,大学三年也是一晃而过。我在和学生交流的时候常嘱咐他们惜时如金,大学四年一眨眼的工夫就过去了!

时间不只是用来增长你的自然生命的,更重要的是让你丰富你的社会生命,也就是在你自然年龄增长的同时,一定要增长你的社会生命。越长大,越要有长大的样子。什么是长大的样子！这不是从你学了多少知识、具有多少能力来讲的。这里主要是从你的责任和担当来讲的。在小的时候,往往是你和父母的情感占据了你的全部。有的学生读大学,就是为了报答父母的养育之恩,这是对的。前两天我在参加一个新疆籍辅导员婚礼讲话时就曾说过,不能娶了媳妇忘了娘。没有父母的养育,哪有婚礼这幸福的时刻。我读大学时家庭条件不是很好,我母亲说能不能不读大学了,早点工作贴补家里。我理解我的母亲。改变这些,让父母晚年过上富裕的生活是我读好大学的一个重要动力。当然,随着知识的增多,我更加开阔了视野,有了人生的更高追求。我属于父母,我更属于祖国。祖国不强大,我们个人的小家算什么。我从此坚定了做一名好教师的信念。我爱我的祖国,就要培养学生爱国,这成为我的初心,从未改变过。你也要随着年龄的增长,不断提升你人生的格局。

老师去过三次新疆。伴随着实现中国梦的步伐,新疆也是发生了巨大的变化。但是与人民的新期待还有不小的距离。这就需要你们年轻的一代像参加接力赛一样,把接力棒从前人那里接过来,再传承下去。我们学校有许多毕业了的新疆学生,他们现在将自己奉献在这块生养他们的土地上。你也要向他们学习,学好本领,建设家乡,做一个对民族团结、祖国建设大有作为的人,无愧于这个伟大的时代。

适应现在的学习环境了吧?越是这样,越是要把损失降到最低。马上要放假了,一定要把假期利用好。你们不是“带薪休假”的。每一分每一秒对你们来说都是要“付费”的,都要“物”有所值。不是说一寸光阴一寸金吗?对你们来说,更是如此,莫负光阴啊!

看来只能下学期相见了。这边有事联系我,我会尽力为你们做我能做的一切。

祝你开心每一天!

曲老师,您好!

近来身体好吗?一大早就收到了您的生日祝福,真的非常感动,谢谢您在百忙之中给我写信!想着还有像父亲一样的您心系着我们,我就感觉很暖很暖,我很幸运在大学能有您这样一位老师关心我们、照顾我们、鼓励我们,您是我们最好的榜样。您把自己献给了祖国、献给了学生,您却不要求什么回报,只想着我们能好。您常常跟我们讲您的经历,这也让我们重拾了信心,努力学习。感谢您在大学生活中如父亲般的照顾,每一个节日您都按时给我们送上节日祝福和发放礼品,我想没有哪个大学的新疆少数民族学生会享受到这种待遇,所以我们非常珍惜,也非常感谢。

说到这次在家里的学习生活,我还是比较顺利地结束了大三的课程,刚开始因为新疆有时差,上早课有些吃力,但是后来还是适应了,总体上线上学习的课程都顺利结束了,不过我还是更喜欢在教室上课,在教室能随时跟老师、同学交流,学习效率会更高一些,在家里会多多少少地受外部因素的干扰,学习效率就没有在学校的时候高,现在就是希望疫情能早点结束,我们能按时开学,按时跟老师、同学见面。最后希望老师能保重身体,祝老师一切都好,期待疫情早日结束,期待早日回校。

××,你好!

看到你的回复就像是看到了你的身影。谢谢你对我的点赞!老师很珍惜和你们在一起的日子,总想力所能及地为你们做些什么。这也是应当的。我爱我的祖国就是要爱你们这些学生。以老师这样的年龄,深深知道你们此时的奋斗对于祖国的意义和对你们人生幸福的价值。缘分使我们相知、相识。好好培养自己,实现人生的最大追求。

有需要找我。期待早日相见!

教育要对学生一生负责

2020-07-07

曲老师，您好！

我最近陷入了迷茫期，迫切需要一些提点，如果是您来点拨我，我将倍感荣幸。在考研调剂的时候，由于我自己的判断失误，我放弃了一所211院校，被调剂到了一所不是很理想的院校。我知道既然已成定局就不要纠结，在哪里都要努力，但我就是控制不住自己的焦虑情绪，一是有点后悔自己放弃了好学校的复试机会；二是对未来感到迷茫，不知道上学之后我要做些什么才能像其他学生一样优秀。

××，你好！

谢谢你的信任，对我说出了你的真实想法。

西方有位思想家说过："两利相权取其重，两害相权取其轻。"恐怕这也是人的天性。对你来说，你认为本来能上211院校，结果却上了非211院校，这是损失，没有两利相权取其重。但是你再仔细想想，你不应当有什么后悔的。对你来说当时去211院校读硕士并不是铁板钉钉的事。多少考生追求所谓的211院校，放弃了非211院校，结果失去了读研究生的机会，陷入了后悔当中。辩证地看，相对于没有考上的学生来说，你毕竟考上了，这是幸事。

类似这样后悔的事在生活中可谓层出不穷。马上高考填报志愿了，本来能去的学校，由于一些原因最后去了其他学校的情况会非常多。当初不是未知吗？人不要患得患失，也不能依赖环境。若是我家有钱就好了；若是我爸有权就好了；若是能出国留学就好了；若是能在××行业工作就好了，是这么回事吗？说一千道一万，若是格局太小，在哪里、做什么、条件再好，也是做不成大事的。你毕竟考上了，非211院校怎么啦？首先人的品德不是由学历决定的。你想成为一个什么样的人最重要。

做一个令人尊敬的人、毫无自私自利之心的人，也就是利他的人，这与环境一点关系都没有。大学之道在“止于至善”，学这么多的知识，可是心中没有祖国，那还有何意义呢？你为什么要考研？不就是想要有所作为吗？你认为的优秀是什么？在211院校读研就优秀了？是这么回事吗？优秀是品德上的，不是专业知识上的。前些年复旦大学有个学医学的硕士生，在一些人的眼里够优秀了吧？多令人羡慕。但是他因犯罪被判了死刑。临死的时候，他后悔他的价值观出了问题。所以，我们是要解决为什么而活的问题。眼下对你来说，先要明白为什么考研，不然到了985、211院校，世界一流大学又怎样？我当年读大学的时候因为早早立下了去西藏、新疆这样的地方做教师的志向，便放弃了考研的打算。我的一个老师推荐我考研究生，我也没有动心。我认为不考研同样可以实现我人生的价值。

年纪轻轻的不要迷茫。你已经考上研了，还这么痛苦，就是私心杂念、“小我”的东西太多所致。怎样才能优秀？你们不是学过“思想道德修养与法律基础课”吗？课后的推荐文章中不是有马克思在十七岁时写的《青年在选择职业时的考虑》一文吗？文中不是有这样一句话吗？“如果一个人只为自己劳动，他也许能够成为著名的学者、大哲人、卓越诗人，然而他永远不能成为完美无疵的伟大人物。”想优秀，当下，就带上马克思这句话去学习；明天，就带着这句话去工作！

祝好！

学生回复：

曲老师，十分感谢您的回复，我反复琢磨，终于明白了问题所在，我并没有将大学所学真正应用于生活，通过大学四年思政专业的学习，我以为自己对马克思主义有了真正的信仰，但现在发现只是皮毛。之后，我会继续深入学习，树立正确的价值观，努力扩大自己的格局，不管将来做什么，在什么岗位,都要做一个对国家、对社会、对家人有用的人。这样,人生才会有意义。

最后希望您注意身体!健康幸福!

××,你好!

这样你的学习、工作才会有不懈的动力!才能充分体现学习的效用、工作的意义,展现你人生的风采、成为有大格局的人!

有事联系我。开心!快乐!向上!

大学里最重要的课就是思政课

2020-07-26

曲老师，您好！

非常感谢您在百忙之中同意了我的好友申请。我是××大学马克思主义学院的××，曾多次聆听您的讲座，上午再次聆听，仍觉获益良多。看您似乎比此前做报告的时候又消瘦了一些，请您多保重身体。

谢谢你的点赞！你观察得很仔细，我确实是又瘦了一些。年初我的体重在69公斤左右，现在到了61公斤左右，瘦了8公斤左右。主要是这段时间的生活更有规律了。我每天差不多都要跑上3000米，饮食上也加以注意了。不知你注意锻炼身体没有？年轻人往往不注意这事。身体是最功利的，你对它怎样，它就对你怎样，这个账早晚要和你算的。

作为一名马克思主义学院的教师，一定要带头践行马克思主义。马克思主义学院"姓马""言马"，马克思主义学院更要"信马""行马"。不能把我们的职业只当成"饭碗"、视作"名利场"。作为马克思主义学院的教师，就应当带头彰显马克思主义的魅力。我常讲，如果用"食材"来打比方，大学里的每一门课都可以看成一种"食材"。学生喜欢不喜欢吃，关键在能不能做出味道。思想政治理论课是一种最好的"食材"，要想让学生喜欢，真得下大工夫。

我在留校做辅导员后，同时也上思政课。当时叫"共产主义思想品德"课。教过我的老师常到我办公室动员我上专业课。我感谢他们对我的信任，但是我就愿意上品德课。我始终认为，大学里那么多的课程，最重要的就是现在的思政课。它是管价值观的，也就是管人生方向的。方向都没搞准，学那么多的知识干什么？岂不会成了废品、毒品。我坚持不懈，初心不改，只上这门课。现在有的学生不喜欢思想政治理论课这种“食材”，有多方面的因素。思政课同其他课程有很大的不同。做这种“食材”，需要广阔的场域，社会大环境怎样、学生个体成长的环境怎样，都容易使这种“食材”串味。但是如果我们思政课教师的手艺高强，把思想政治理论课这种“食材”的味道做得浓郁些，那就会把学生完全吸引到这里，就会为学生的成长提供丰富的精神食粮。这就需要我们思政课教师一定要做到“六要”，有为党的事业育人的信仰追求；有对祖国和人民深切之爱的情怀；有教育者先受教育的理念与实践。这样，就一定会把思想政治理论课这种“食材”做得精益求精，成为大学里学生追崇的“老字号”。

您是因为锻炼身体瘦了一些啊，那我就放心了。

认真读您发给我的心得和提示，用心反复读就会有更多的收获。非常感谢您，我会将其珍藏，努力弥补理论水平的不足，愚公移山、见贤思齐，向您学习成为学生追崇的“老字号”。在此前的学习过程中，我也有过自我否定的挫败感，但是今天通过听您的课，我又增强了信心，因为，我再次懂得了，虽然我眼下理论水平还不够高，但是内心爱学生、爱教育事业、爱党、爱国是坚定的。通过不懈地努力，我会有所进步，会对学生有所帮助，也会成为一个对党和国家有用的人。

非常感谢曲老师，我浑身又充满了能量，继续努力，百折不挠。愿敬爱的曲老师吉祥如意。

你把你的详细地址告诉我，我把我写的书签名邮寄给你做纪念。

太好了，谢谢您！

心中一定要有祖国

2020-08-05

今天教的这个年级共180多名学生。去年国庆节后,我给这个年级上“思想道德修养与法律基础”课。到今天,我给过生日的、非团员、家庭生活困难、学生干部等同学写了约160封信了。下面是前天我写给一个学生的生日祝福。

××,你好!

每天什么时候起床?是不是放假了便起床晚啦?前两天看到有篇推文说现在有的大学生每天用闹钟叫醒自己。结果闹钟响了之后,翻过身子又睡了。不想起床的人闹钟能叫醒吗?每天叫醒你的一定是责任、信念、追求。老师从上大学到今天,没有晚起过一天,没有什么节假日之分,也没有什么昨天睡晚了,今天多睡一会儿之说。像除夕夜大家睡得都晚,我初一照样早早就起床了;昨晚因为整理一些材料,老师后半夜两点才睡,早上六点也起来了。今天是你的生日,老师想成为你早上起床后第一个给你送上生日祝福的人。

老师六十三岁了,每天都感到很幸福。大学是我人生幸福的重要源泉。我们这个年龄的人在一起讨论人生,会不约而同地谈到大学生活。大学生活对一个人的影响重大,所以,这一步必须走好。老师愿意来到你们身边,也愿意把老师对大学的感悟、人生的感悟告诉你们,帮助你们系好人生的“扣子”,在你们人生的“拔节孕穗期”,让你们吸足“阳光雨露”

健康地成长。

你在大学阶段一定要确立人生的目标,即你想成为什么样的人,以及如何实现这一目标。毫无疑问,这要从根本上认识大学的本质与意义。一些大学生定位太低,满足于毕业成家,过自己的小日子。目标不远大,就没有持久的动力,就容易满足于现状,也容易后悔人生。有格局的人才会焕发出忘我的奋斗精神。要过好小日子,更要过好国家这个“大日子”,不是有国才有家嘛。古人讲要“明明德”,讲的就是要有大德,要追求“止于至善”。这就是告诉你们,心中一定要有祖国,把个人价值的实现融入为祖国服务的伟大事业中。

河南是老师除了北京之外去过最多的省份,少说也有几十次。河南所有的地级市我都考察过。坊间说中华文化五千年看河南;三千年看西安;一千年看北京;一百年看上海;三十年看深圳,我觉得第一句话说得很对。我去美国的时候考察过美国历史博物馆,那里文物丰厚,但是若是把中国的文物、印度的文物、埃及的文物等除去,美国那点国宝也就二百多年的历史,真是少(短)得可怜。中华博大精深的文化一定要传承下去。

当前中华民族正行进在实现中华民族伟大复兴的征途上,作为当代大学生,作为河南的大学生,在拥有深厚文化底蕴的基础上,更应肩负起时代赋予的使命。以“为中华之崛起而读书”为己任,明确远大目标,行动才能坚定、持久,老师真心希望你能成为这样一个人。

大学生活哪有什么假期呢?四年大学生活包含你的每一个日日夜夜。要珍惜时光,你们现在这个年龄是以几何级的速度增长知识的。只有基础打牢了,才能有大的作为。这就是“空谈误国,实干兴邦”的道理。年轻人一定不要懒惰,要把奋斗作为人生的主旋律;也不要看别人怎样。你是一个什么样的人,关键取决于你想成为什么样的人。千万不能让人瞧不起。有的人知识没少学,但是自私自利,最后众叛亲离,成了孤家寡人,岂不可惜、可叹、可悲?

有事联系我。祝你生日快乐,一切都好!你的自然生命又长了一岁,你的社会生命也应当同步甚至跨越式增长。为什么有的人总长不大呢?就是因为其只增长了自然生命,社会生命却原地不动,被抛在了后面。

就聊到这里吧。老师要忙着写今天的公众号文章了。下学期应当一切正常了,开学见!

感谢曲老师,这么早就发来生日祝福,这是我收到的最让我感到别致的生日祝福！还没有哪个老师会这样为我庆祝生日。能来到大连海事大学,遇到您这样的人生导师,是我的荣幸。我一定谨遵老师的教诲,扣好人生的“扣子”!

祝您身体健康!

好的。好好发展。遇到困难找我。

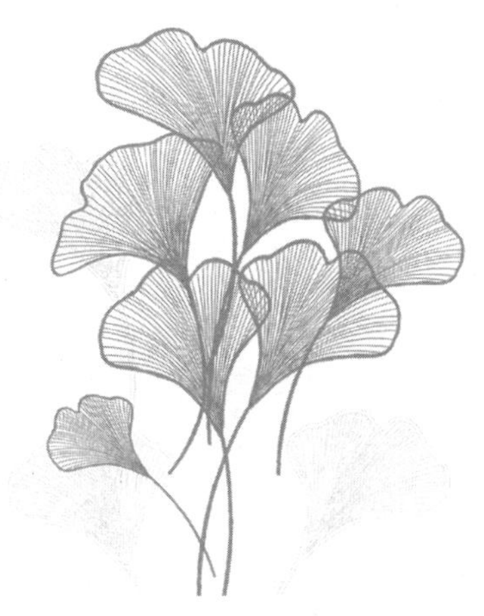

马克思主义理论不是说教

2020-08-19

曲老师,您好!

很高兴认识您。我是今年刚刚考上马克思主义理论专业的研究生,所以才了解到您也是这个专业的老师。对于一个刚考上研究生的新人来说,研究生生活对我来说既兴奋又有些担忧。一种全新的生活就要到来,在学习和生活上难免会有些迷茫和不知所措,希望有幸能得到您的指导,谢谢老师。

××,你好!

首先,祝贺你考上了马克思主义理论专业的研究生。我不知道你本科阶段是学什么专业的,也就是说马克思主义理论的基础知识怎样。现在很多学生愿意报考马克思主义理论专业的研究生,想法很多,有的并没有研究马克思主义理论的基础;有的只是一种兴趣;更有些同学就是为了解决学历问题,进而为就业铺路。因为这些年,马克思主义理论学科越来越被重视,就业方面也比较“热”;当然亦有热爱马克思主义事业的,有志于终身从事马克思主义理论的研究、宣传工作的,我希望你是后者。因为出发点很重要,为谁搞学问是理论研究的前提,为自己是搞不好学问的。我们说马克思主义是科学,一个最为重要的标准,就是马克思主义是为最广大人民幸福创立的学说。出发点若是错了,就不会有为真理而献身的勇气和力量。科学研究本身就需要有“下地狱”般的勇气,尤其是马克思主义理论研究,就更需要这样一种奋不顾身的精神,马克思主义也就是这样创立的。

马克思主义的一个显著特点就是实践性,需要知行合一。从这个意义来说,你选择了马克思主义理论专业,这本身就意味着一种付出、一种奉献。如果你把马克思主义理论当成了“饭碗”,那你就不可能写好马克思主义这篇大文章。所以我觉得从事马克思主义理论的研究,首先要解决好对马克思主义理论的认识问题,也就是为什么学、为谁学的问题。马克思当年为最广大人民的幸福创立了马克思主义,我们今天就要用马克思主义理论指导现实的生活,坚定地走中国特色社会主义道路。

我不知道你本科是学什么专业的,现在很多同学马克思主义理论的学术基础浅薄,只是死记硬背了一些马克思主义的原理考上了这个专业的研究生。有很多读马克思主义理论专业的学生,本科阶段根本就没有系统地看过一本马克思主义的著作,就连《共产党宣言》也是一知半解。所以,从现在开始,你必须认真地读书。做个计划,在研究生阶段起码应当把经典作家的代表性著作读懂;把《毛泽东选集》读深;把习近平新时代中国特色社会主义思想读透。当然还要读大量与马克思主义理论专业相关的书籍。搞学问不能急于求成,要养成扎实的学风。不要祈求在读研期间会取得多大的成果,甚至搞什么理论创新,研究生阶段主要还是培养你解决问题的能力。要勤思考,善于发现问题,带着问题学,有打破砂锅问到底的精神,研究问题不能一知半解。要注意吸收、借鉴别人的成果,切忌囫囵吞枣,不能采取“拿来主义”,要形成自己的见解。处理好学位和学问的关系,不要把研究生的学习就定位在毕业上。现在有些学校没有在研究生期间必须发表文章的要求,这关键看你怎样对待。无论有没有这样的要求,还是建议你把要思考的问题整理出来,按照学术要求写成论文。这既对你写毕业论文有好处,更有益于你学术素养的培养。现在有些研究生为了得奖学金,也写一些论文,甚至花钱买文章,这实在是本末倒置、得不偿失。记住:成功等于勤奋加上坚持。坚持数年,必有好处。

祝你学习进步!一切顺心如意!

传道受业解惑不只是在课堂上

2020-08-25

昨天夜里因为我要整理一些材料，所以就把手机关掉了。早上我打开手机的时候，一眼就看到了一个年轻的教师在微信上给我发的一封信。这封信是昨天凌晨发过来的，我看了几遍，直到眼角不知不觉地流下了泪水。这个年轻教师昨天夜里一定是思绪万千。由此我看到了一个身影、一个立志于做一名能够帮助学生、受学生爱戴的老师的身影。

现在我们的教育总是被各种声音所包围着，甚至总会无端地受到这样或那样的指责。教育也不是独立于社会之外的，教育本身就是社会的组成部分，教育也不可能是百分之百的正确。大家看教育一定要全方位地看、发展地看，相信教育、关心教育、助力教育。无论大中小幼教师队伍，我们都是有一些优秀教师的，他们有着满满的教育情怀，爱岗敬业，辛勤地奔忙在教育的第一线。当然，我们做教师的，一定要对得起这份事业，要把培养好学生当成人生的追求。做到像这个年轻的教师一样，虽然年轻，却深切感受到："传道受业解其惑不仅仅只是课堂中的那点事儿。"要把培养学生融入教育教学全过程。我们做教师的没有理由不做好教育工作，也没有理由不相信教育、不相信我们的学生。未来是青年的。中华民族伟大复兴一定会在他们手上实现。

曲老师，您好！

我是××学院2019级毕业生，现在在东莞当一名中学教师。我记得您来我们学院做过一次讲座，使我印象深刻，我还加了您的微信。今天飞机晚点，抬头时突然看见飞机上在播放微电影，我一眼就看见了屏幕中的您。我连忙拍了拍旁边的同事，我说你还记不记得屏幕里这位老师，他来过咱们学校呢！我赶紧翻了翻手机通信录，找到了您的微信给他看，他眼里带有一些惊讶。

这段视频让我感慨万千，原来教书育人、传道受业解惑不仅仅是课堂中的那点事儿，视频里的您心系学子，对有困难的学生们及时地给予物质上的帮助和精神上的劝勉。在您的眉宇之间我仿佛看到了您在为学生想千百种方法。我从被采访的学生的眼中，看到了温暖、坚定，没有半点迷茫。微信中的字里行间是千叮咛万嘱咐，最难忘您在海边的画面，您伟岸的身影更甚于大海。看到此处，我心中有愧，回想平日的工作，更觉惭愧，我也想为学生解决最后100米的问题，还有为他们做好精神上的引导。“好的大学没有围墙”，正如老师身上优秀的品质，香远益清，让我感慨万千。看见你们浓浓的师生情，我很羡慕，眼角甚至泛出了泪光，可能是因为我喜欢孩子吧。走到这个岗位上，我发现自己像是有使不完的劲儿，从我大四踏上讲台的那一刻起，我就知道这就是我这辈子要做的事业。我也想做一名能够帮助学生、受学生爱戴的老师。

政治上要有进步

2020-08-27

现在讲协同育人,这很必要。怎样协同?一些同志把协同育人简单理解成辅导员讲思政课,或让思政课教师担任辅导员。这是不对的。协同不是等同。如果思政课教师不缺编,怎会用辅导员上课?同样,如果辅导员不缺编,怎么会用思政课教师做辅导员呢?两者一定是互补关系,而不是替代关系。协同,有多种方式方法,应当说,思政课教师在对大学生的思想引领上比辅导员有"天然"的优势,可以尽量发挥自己的长处。我采取了给授课年级学生写微信进行思政教育的方法,也收到了很好的效果。

××,你好!

昨天给你写了生日祝福,结果早上发现没有发过去,再给你发一遍吧。

今天是你的生日,老师在山东滨州给你写了生日祝福,祝你生日快乐!转眼大学生活过去了一学年,想必你一定有了很多收获,不只是知识方面,更是思想方面的。去年国庆节期间,我给你们年级12个非团员同学每人写了一封信,跟你们交流政治上要求进步的事。你后来回复说你不仅想入团,听了我的课还想入党,这是对的。现在怎样了?大学是止于至善的地方。学知识不只是为了自己过好小日子,更要感恩父母,回报祖国。政治上要求进步,体现的也是你人生的态度和追求。你年轻,一切都来得及,朝着正确的目标扎实地走下去。

因为疫情,你们一个学期没有回到学校。现在一切结束了,马上你们就开学了。还有三学年,你们能做很多想做的事情。要珍惜时光,把该做的事情做好。

有事联系我。

祝好!

曲老师,您好!

谢谢曲老师的祝福,因为有您的指导和周围环境的感染,在去年一年的时间里我积极要求入团、入党,虽然最后未能如愿,但我想追求这些的过程也是值得珍惜的。在疫情防控期间,我还帮助家乡社区工作人员统计上报居民健康情况,与这群志愿者接触,我更加明白了您对我们说的人生的态度和追求的意义。明日即将开学,我定不负青春韶华,努力汲取知识和优秀的思想,争取在思想上让自己成为一个合格的党员,为祖国发展建设尽自身之力。曲老师放心,我们这代人一定能成为实现中国梦的中流砥柱。

××,你好!

看到你的微信,老师感到欣慰。政治上要求进步是一辈子的事,即便入党了也还有个"学到老,改造到老"的问题。所以,关键要解决思想上的问题。只要方向正确,就扎扎实实地一步一步走下去。

坚持数年,必有好处!

谢谢曲老师,学生谨遵曲老师教诲。

莫要自扰之

2020-08-28

前两天收到了一名思政课教师写的信，这名思政课教师已是副教授了。他说他在高职院校工作，对现在的工作环境不满意，认为这里影响了他的发展，想换个地方发展，为此陷入苦恼中。我给他回了信，我没有“顺着”他，而是从某种角度批评了他。我认为他现在不是挺好的吗？烦恼都是自找的。他的问题很普遍，这里我把我们的交流推送给大家。

曲老师，您好！

我是一名思政课教师，职称为副教授，现在在一所高职院校任教。我一直觉得我和单位的育人理念不是很相通，想换个单位，最好去本科学校当一名思政课教师。平台高些，学习机会多些，想多花点儿精力在学术和教学上。我很努力。前些天某本科学校招聘思政课教师，我参加了应聘，结果没有聘上。我突然间对自己没有了自信，实在是太难受了。

××，你好！

谢谢你的信任，跟我说出了你的真实想法。我能帮你什么呢？我会像你这样想吗？不会的。我这个人最大的一个优点就是不说假话，敢于“亮剑”。我跟我的学生常讲这样一句话：老师说的每一句话未必都是对的，但是老师说的每一句话都是真心的、含有真情的。你说你现在实在是太难受了。你难受什么呢？你在大学里工作，你已经是副教授了，你在大城市里，你还要什么呢？你现在这个单位和你的育人理念不相符，这不是你内心真实的想法。你的真实想法应当是本科学校层次高、待遇好、学生比高职院校的更好管理。有追求是可以理解的。但是人也应当知足，不要总是这山望着那山高，这样就会陷入无尽的烦恼中。

很多烦恼都是过度纠结带来的。正所谓："天下本无事，庸人自扰之。"想改变一下环境是可以理解的，但是千万不要把这看得太重。你已经是副教授了，本科学校聘任上了，对你来说就是锦上添花的事；没聘任上，也没有什么大不了的，你不是可以照样上你的课、搞你的科研吗？从某种角度看，高职院校马克思主义理论教育的难度更大一些，越是这样，不就越有利于问题的研究吗？所谓科研，不能空对空，要有问题意识，要从问题出发，这是非常重要的。至于搞好教学也是如此。学生越不听我们的，我们越是要研究学生为什么不听我们的，这里不同样有高深的学问可做吗？希望你尽快从烦恼中解脱出来。人生做不了太多的事。高高兴兴地上班，快快乐乐地教学。只要学生认同我们，这就够了。不管在哪里都是如此。作为一名思政课教师，应当常想学生需要之后"雪中送炭"。

××回复：

谢谢您，曲老师！我会扎根教学岗位，干好自己的工作。如我当初同您说的那样：做一名出色的思政课教师。

大学不是歇停的港湾

2020-08-29

××,你好!

今天是你的生日,老师祝你生日快乐!

早上什么时候起床的?生日怎么过?老师可是早早就起床了。老师要给你写生日祝福,希望当你起床的时候,伴着第一缕阳光,打开手机,首先跃入你眼帘的就是老师写给你的这份生日祝福。你们年级约180人,我已经给你们写了140多封信了。老师就是想嘱咐你们,一定要好好读大学,为父母、为祖国服务好,别浪费了一生。

大学是你人生的重要发展阶段。大学过得怎样,从某种意义上讲,对你今后的发展起着决定性的作用。你费了那么大的劲儿考上了大学,不能前功尽弃。大学是你人生的又一个起点,而不是歇停的港湾。在这里需要你再接再厉,攀登你人生道路上的又一座山峰。有没有考研的打算?我主张能考还是考。学习能力是你综合能力的体现。更高的学历学习,会有助于你能力的提高。当然要从实际出发,有的同学想早点工作贴补家里,考研工作后再说,这也可以。如果不是不可克服的困难,最好还是一气呵成。

不过一定要记住:大学更为重要的是学习做人。人做不好,学那么多的知识就没有意义了。做人是多方面的。起码有这样一点,不能把学习当成个人的事,只想着自己是不行的。要和同学相处好,培养团队精神。当你离开大学的时候,不只是孤零零的一个人,还有一批祝福和愿意帮助你的同学,这也是你大学成功的一个标志。所以,不要和同学斤斤计较,能帮助大家做点什么就做点什么,千万别和同学争抢利益上的东西。

你是家庭生活困难的学生。要勇于面对这样的现实。年轻的时候吃点苦根本算不上什么。不是“艰难困苦,玉汝于成”嘛。不要和别人攀比。出生在什么样的家庭是你无法选择的,但人生的价值是可以创造的。要比就比谁的人生追求高远、谁的奋斗精神持久。老师读大学的时候家庭生活也比较困难。我母亲说能不能不读大学了,早点工作帮助家里。我含着泪跟我母亲说:“您放心,我一定会孝敬您的。”我刻苦学习,努力工作,使我母亲得以安享晚年。我资助过的一个学生,家里也是非常困难。他不气馁,顽强拼搏。入了党,学业优秀。工作后也是始终保持着奋斗的状态,得到了组织的信任,前些天被任命为贵州一个地级市的市委常委、副市长。立大志,才能做大事。把目光放长远些,克服困难,扎实前行。困难从来都是最怕不怕困难的人。

疫情基本平稳了,你们马上要开学了。还有三年的时间,一切都来得及。再好好地思考一下自己的大学生活,定好目标,坚定地朝前走。再犹豫彷徨可就要耽误前程了。

有事联系我。祝一切都好!

做一名教师多么幸福！

2020-09-11

对我来说，最大的快乐就是和学生在一起。说心里话，我做了十六年的厅局级干部，岗位本身并没有给我带来什么快乐，给我带来快乐的是和学生在一起的时光。每当过一些节日的时候，我都会收到学生满满的祝福，这种快乐是金钱、权力换不来的。昨天是教师节，许多学生给我送来了节日的祝福。每看一条，我都在想：我的选择是对的、值得的，一定要把学生培养好。这里选几条微信分享给大家。

曲老师，您好！

首先祝您节日快乐！老师您辛苦啦，今天是您的节日，您却还在外出差。如果不是疫情，我早就去看您啦。每次和老师聊天，心灵都仿佛受到洗礼一般，然而今年这份洗礼没有能够享受到几次。但是，疫情阻挡不了浓浓师生情，您一直挂念着我和××，还有我的姐姐、父母，这使我备感温暖，而我也一直在挂念着老师，很想和您分享我每一个阶段的收获与感想。

我现在已经读博二年级啦。在科研方面，我拿到了我们专业领域的国际 Top10 期刊的修改意见，虽然还没有被最终录用，但这也是一个很好的开始，对我是一个莫大的鼓励。从上大学到现在，一路跌跌撞撞，也算找到了自己感兴趣的领域，实属幸运。我会一直踏踏实实努力下去，不断提升自己的能力和素质，而不是仅仅为了发表论文。除了科研，这学年我开始担任团队的大师姐，从指导研究生，到组织、主持例会；从负责基金项目申请到为师弟、师妹答疑解惑，我身上的担子变重了，责任也更大了。我没有抱怨，我认为这是对我的锻炼。我希望博士毕业后，我可以自豪地说，我没有辜负团队对我的培养，我尽自己的能力为团队做出了贡献。而一切的锻炼，一切的努力，一切好的、坏的经历，最终都会内化成为我前进的力量。我要不断历练，要成为像老师一样从容、自信、无所畏惧的人，拥有强大的内心，然后尽自己所能帮助更多人。

谢谢老师，您给了我们太多的正能量，您是我们的精神导师，一路指引我们，即便我们在迷茫时也总能找到航向，因为您的光芒一直在远方为我们闪烁。庆幸成长之路遇见您，我们也将一路追随您的光芒！祝愿恩师节日快乐、身体健康、一切顺利！等有机会我一定去拜访您！

曲老师，您好！

教师节快乐呀！

同学们都在校外实习，××谨代表班级全体同学向您表达最真挚、最发自内心的祝福！还是要再次感谢在大学最重要的时间节点上遇见您，真的是太幸运了！在这个特殊的日子里，我们一定要把最好的祝福送给最重要的人！您的每一次教导，您和我们每一次亲切的交流都让我们感到温暖、有力量！师者若水，润物无声，春风化雨！我们在您的一次又一次的悉心指引下前行，信仰坚定、步伐稳重！阳光、向上、向前！老师天气逐渐变凉了，您一定要照顾好自己，注意保暖，期待下一次和老师的见面。

曲老师，您好！

今天是教师节，首先祝您节日快乐！

最近的工作比较多，没能给老师按时回信，实在是不好意思。毕业这么长时间了还能收到老师关心的问候，每次都很感动，每次看到老师的消息，自己就又会成长许多。今年是比较特殊的一年，冬天的时候一场突如其来的疫情席卷了全国各地。在党中央的领导下，大家团结一致，做好疫情防控工作。7月底，新疆又出现了一些病例，政府及时采取措施进行控制，现在已经全面恢复正常生活秩序了，但是由于疫情影响，我把婚礼延后到10月中旬了，希望到时候可以正常举办。5日收到您的来信，我心里特别感激，没想到老师还记得那个日子。今年的工作强度比较大，也很辛苦，但是想想正是有这么一批人的付出，才能保证全国人民的平安。我们国家有一套完善的机制保证人们的健康，这正是我们制度优越性的体现，充分保证了人民的地位。虽然毕业的时间在慢慢增长，但是老师对我们的教诲我却始终没忘，感谢老师对我们的帮助，才让我们少走弯路。老师平时工作比较忙，又进入了秋冬季节，还望您能注意身体，劳逸结合。

最后再次祝老师节日快乐、万事如意！

要知道学生在想什么

2020-10-03

常有思政课教师问我怎样上好思政课，作为一名思政课教师，我确实应当好好思考这个问题。习近平总书记在学校思想政治理论课教师座谈会上提出了“六要”，这是我们每一位思政课教师上好思政课总的遵循。怎样遵循“六要”？怎样上好思政课？无疑有多个环节，这里我只讲一个环节，一个被我们一些思政课教师忽视的环节，也是非常重要的一个环节，就是要知道学生在想什么。“知己知彼，百战不殆。”上好思政课同样如此。我们有的思政课教师在备课的时候，总是希望把理论吃深、吃透，把教材挖掘得尽善尽美，这都不错，但是这里可能忽视了一个前提：我们为什么要吃深、吃透？为什么要尽善尽美？说到底也是我们为什么要开思政课。不过我以为，大家应当对“三进”的本质内涵有深刻的认识，从某种意义上讲，“三进”并不是我们思政课的根本目的，思政课应当要解决“内化于心，外化于行”的问题。可以说“三进”的问题已经基本解决了，现在还有用自己编写的教材上思政课的吗？还有学校不开思政课的吗？有几个人因为思政课不合格影响毕业了？所以思政课教学的重心是在“内化于心，外化于行”上下功夫。这就要求思政课教师不仅要知道马克思主义理论体系是什么、教材讲什么、自己想什么，也必须要知道学生在想什么，这样才会增强教学的针对性。

我在上课前都要通过多种途径了解学生的所思所想。比如我会通过年级辅导员了解学生们的思想状况；我会深入学生的军训现场、走访学生寝室、和学生一起在食堂吃饭了解学生所思所想;我会找个别学生座谈;我会通过调查问卷(比如你最喜欢的一本书是什么?为什么喜欢读?你最关心的问题是什么?对你影响最大的人是谁?你的人生理想是什么?)和翻阅学生的登记表了解学生;我还会在讲下一章前,了解学生有些什么样的想法。我和学生建立了微信群,对于个别人的思想问题,我会“点对点”地与其交流,有些群体性的问题,我会“点对群”地交流,有些问题在课上交流;有些问题在课下交流。没有正式开课前,我的思政课已经开始上了。这两天我给国庆节后我要授课年级的十多个学生写了信,对他们在调查问卷中谈到的问题谈了我的看法。下面推送的是我昨天写给全年级的一封信。

小伙伴们好!

经过多年的拼搏,你们终于实现了你们人生中一个重要的梦想:考上大学。也许“海大”并不是你们每个人都心仪的地方,一些学生报的第一志愿不是“海大”。这不要紧。一是你们慢慢会喜欢上这里。因为学科和专业的限制,“海大”不是全国最强的那类大学,但是“海大”算得上是对学生最好的一类大学,这很重要。有了人文的熏陶,才会焕发向上的力量。我为什么写了这样一篇公众号文章:选择大学是不是要把辅导员因素也考虑进去?我想提醒大家不要把大学只看成学习知识的地方,读大学更要注重大学的人文环境,因为大学更是陶冶自己情操的地方。懂得人生的追求在哪里,人生的幸福和尊严在哪里,这比学习知识要重要得多。二是大学是分阶段的,还有硕士、博士阶段,尤其今天的大学,已经真正可以称之为“无围墙的大学”,知识的学习可以有多种方式和途径,对这里不满意,可以考硕、考博,想改变还是可以做到的。关键是不能气馁。你们的大学生活不是才刚刚开始吗?

算是有缘,这学期由我来给你们上“思想道德修养与法律基础”这门课。为了上好这门课,我在你们中进行了问卷调查,有些同学的认识比较正确,有些同学的认识还比较模糊。老师会结合课堂教学和利用我的公众号,对一些普遍性的问题跟你们进行交流,对个别人的问题老师会跟个别人进行交流。让你们实名加入我的微信群,就是便于“一对一”地交流。还没有加入的同学这两天加一下,有的同学国庆节期间老师就会同你们交流。老师希望你们可以随时联系我,能为你们解答的思想困惑老师会及时地为你们解答。课上课下一致也是上好思政课的一个要求,一种方式方法。

军训刚结束,今年又特殊,受到疫情的影响,你们要注意两点:一是安全意识,要时时处处保持高度的警惕和自觉;二是学习一定要争分夺秒,惜时如金。大学不是用来放松的。要想成功必须利用好"剩余时间"。

祝你们节日快乐,学业有成!

思政课要课上课下相结合

2020-10-07

前天晚上，因为不便到女生寝室，我便在设在宿舍楼里的党员活动室和我要授课年级的女生进行了交流。她们主动给我写了下面这些感言，我推送给大家。教学相长。读着他们这些感言，我能感受到学生们的渴望，她们多希望我们能陪伴好她们的大学生活，她们对未来充满了向往。思政课教师真应当理直气壮上好思政课，用新时代中国特色社会主义思想铸魂育人，引导学生增强中国特色社会主义道路自信、理论自信、制度自信、文化自信，厚植爱国主义情怀，把爱国情、强国志、报国行自觉融入坚持和发展中国特色社会主义事业、建设社会主义现代化强国、实现中华民族伟大复兴的奋斗之中。也正是学生这样一些渴望，才不断增强着我的使命感和责任感，使我仍然在路上。

曲老师，您好！

今天有幸能参与您特意为女生举办的座谈会，我感到十分激动。我在这次座谈会中收获颇丰。一是明白了大学生在大学里应该好好规划，抓紧时间学习知识，学会做人。“大学之大，在于知识得更为丰富。”您的话简洁直白，一语道破个中玄机，令我醍醐灌顶。二是我更深刻地认识到了我们学习科学技术应有怎样的追求。“学习科学技术最终是要为人文服务的。”我把这句话细细体味，觉得完整的话语应该是：科学技术要以人文精神为向标，最终服务于人类，服务于人文精神。科学技术之所以会不断进步、不断发展，不正是因为人文精神或者说是人类思想的进步吗？三是关于个人生活中的恋爱问题。“没谈恋爱的女孩儿，要耐得住寂寞；谈了恋爱的姑娘，觉得勉强的话就和平地分手。”您如家中长辈般真切地关心着我们的生活，引导我们建立良好、正确的恋爱观。这让我很感动，越发觉得您和蔼可亲。最后座谈会结束时，我仍意犹未尽。我非常期待日后在课上可以再听到您的谆谆教诲，那些如春风般的话语始终让我的心清静明亮。

听过曲老师的思想引导后，我受益匪浅，首先身为一个女孩儿，很重要的是要热爱读书、热爱学习，提升自己个人素质和技能。在提高个人的能力后，我们才会有更高层次的视野。更重要的是要热爱国家、热爱民族，支持中国特色社会主义建设，因为有了强大的国家才有了如今我们快乐、幸福的生活。听过曲老师讲解的抗战时期的事情，我深深感受到了一个强大的国家在为我们遮风挡雨，要热爱国家，为国家而奋斗，让来自五湖四海的我们为共同的目标而努力拼搏。在科技日益强大的发展潮流中，人文的发展尤为重要，科技的进步是为了推动人文的进步，提升个人的人文素养、道德品性是一生的必修课。听曲老师生动描绘出所走过的地方、看过的风景，我充满了向往，在未来的日子中，有机会时，我要多读、多走、多多提升人文精神，感受历史留下来的精神之魂，感受革命先辈传下来的民族之魂，培养个人责任感和使命感，培养个人担当精神，身为女生丰富自己的精神世界，让书成为自己一生的朋友。最后十分感谢曲老师抽出宝贵的时间给我们上了一堂心灵上的课程，为我们未来的发展指引了方向。

曲老师，您好！

谢谢老师今天的教导，使我受益匪浅！今日老师的一番话给我今后的大学生活减少了不少迷茫。因您的见闻识广，我还因此了解到了不少地方的名人、文化。希望今后能从老师这儿学到更多知识、开阔视野、增长见闻，也希望能与老师相处愉快！

今天曲老师和我们进行了亲切友好的交谈，从大家的家乡聊到古今中外，使我受益匪浅。希望能和曲老师有更多接触，谢谢曲老师的水果，更感谢曲老师教授的知识。

今天有幸参加了您的座谈会。本以为会是很严肃的会议,没想到的是,您一进来便给我们带来了水果和水,亲切地同我们打招呼。一瞬间,在学长、师长们口中听过的您的形象便立体和亲切了起来。您一一过问了参加座谈会的每名学生都来自哪里,听同学们介绍自己的家乡,再做补充和展开。听您讲解祖国各地的秀丽风光,介绍各地的名胜古迹,我才知道什么叫"读万卷书,行万里路"。只有亲身经历过、了解过、看过、听过,大概才会有如此的博闻强识。您关心学生们的学习和生活,希望我们能怀揣着热爱,把更多的精力投入到学习中去。感谢您百忙之中为我们开展的这次座谈会,未来我一定会更加努力和严格要求自己。

感谢曲老师慈父般的关怀,让我知道了学习的重要性和未来的发展方向;感谢曲老师面对面亲切的交谈,让我知道了各地的文化内涵和历史底蕴,让我更加热爱我的祖国、我的家乡。

曲老师,您好!

您今天的座谈会让我受益匪浅,让我对未来的思考更深入一步!曲老师博学多识,给我们许多有益的教导,十分感谢。短短几个小时,让我收获良多。曲老师读了万卷书,亦行了万里路。感谢曲老师用您开阔的视野,让我初窥人生意义,您的每句话都映射出了人生经验,细思之下,深感其是。虽是老师,您给我的感觉却更像朋友,没有大道理,而且处处流露出真诚,非常期待与您的下一次见面,到时候我一定要抢到前排座位!感谢您在百忙之中抽出空来为我们传道解惑!

今天我们有幸与亲切和蔼的曲老师进行了面对面的交流。这次谈话,让我真真切切地感受到了学习的重要性。曲老师就像我们的父亲一样反复嘱咐我们要以读书为快乐,为国家做贡献。您还为我们讲述了各个省份的伟大人物与历史故事,引导我们向这些英雄、伟人学习。从中我能感受到曲老师对我们的关心与期望,我定会努力上进,不辜负曲老师的期望。您的讲话使我感触颇深,也使我明白了许多道理,谢谢您!

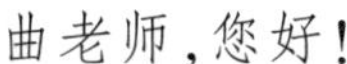

曲老师,您好!

今天和您交流后,我感觉受益良多。本来我对于人生方向和理想与精神追求尚处于迷茫的阶段,但是刚刚参加完会议后我感觉似乎找到了未来发展的方向,虽然仍然没有确切的规划,但是我已经确定了,我想要更优秀,过上更充实的生活,想要真真正正地做到“读万卷书,行万里路”。

今天了解到您是××师范大学毕业的,我不禁有点激动,因为我毕业于××师范大学附属中学,感觉多少和您产生了一点点的联系(结果在会议上因为有点紧张没有提出来)。敬祝:身体健康,万事顺意!

今天和您进行了亲切的交谈,让我对人文有了更深刻的认识。正所谓“读万卷书,行万里路”。通过自身实践去了解一个地方,是最能让人有深切体会的。另外,您在今晚强调女孩子更应该珍视自己,提升自我价值才是王道。我很认同您的话。希望在未来能与您进行更深切的交流。

曲老师,您好!

今天还没见到您的真容,看到您手中提着的水果时,就已对您倍感亲切。虽然是十几个人挤在一间小屋里,却拉近了我们与您的距离。您上来就先问我们“食堂的饭菜好不好”“宿舍住得习不习惯”“大学生活适不适应”,像极了父母在手机另一端细致地询问和叮嘱。一个接一个地了解我们的情况,带我们了解我们这些当地人都不了解的文化故事。叹于您的知识渊博,既能读得万卷书,又能行得万里路,但一字一句,都是对我们的关心、照顾和引导。我们尽管是一批“工科女”,但您仍不忘对我们进行思想觉悟上的提高,让我们有更深远的抱负和追求。在情感问题上,您也孜孜不倦地教导,让书籍成为我们的伴侣,做一个思想独立、自尊自爱的人。和您相遇倍感荣幸,希望在以后的学习生涯中,您的光辉也能照亮我的前行之路。感谢您今日为我们上的这节别开生面的思修课。

牢记教诲,矢志报国。

增强思政课教学的实效性

2020-10-11

曲老师，您好！

我是××职业技术学院的思政课教师××，我关注您已经有4年的时间啦。我记得我在读研究生的时候，当时我的母校正在进行一场学术研讨会，我做的是会务志愿者，主要是负责新闻宣传工作和照片整理收集工作。那是我第一次听您做报告，您讲了您和您学生的故事，给我特别大的震撼，我从来没有想象过辅导员是您这样的，和我想象中的辅导员完全不一样，甚至可以说，那个时候我都已经快要忘记自己的大学辅导员是谁啦，也是从那个时候起，我就想着希望以后能够做一名辅导员，您真真切切地影响了我人生职业的选择。2018年研究生毕业，我很幸运地在一所职业院校做了辅导员，做了一年半的时间。职业院校的学生和大学本科的学生有区别，但是他们也是非常可爱的学生，虽说我现在离开了辅导员岗位，但是我依然深刻地记得，在我从事辅导员工作时期，我的学生带给我的感动。我的一个学生为了当兵，坚持努力了两年，今年教师节当天告诉我，他已经被征兵入伍，9月12日去往云南。有一个学生的父亲因病去世，我听说以后就找到她谈话，给她一个简单的拥抱。我还找到一个朋友的公司让她进行实习和工作，就这样简单的一个事情，学生一直铭记在心里，平时空闲的时候学生都会在QQ上问候我，我真心觉得辅导员的工作简单而不平凡。因思政课教师配备要求，现在我转到思政专任教师岗，不过现在我也在做班主任的工作。之所以今天联系您，是因为我在高校师德、师风网络培训课程上，又听到您的讲座啦！听您的课特别高兴，也特别有收获，2019年您在××学校做讲座的时候，我和我爱人冲上去和您合了一张照，每次看到这张合照，我的内心就充满力量。今天加您微信，也没有特别的事情，只是想一直向您学习。知道您平时工作特别忙，您不用回复我啦！再次感谢遇见您，影响了我的职业选择和人生选择。谢谢您，祝您身体健康、工作顺利、生活如意！

××，你好！

谢谢你对我的认同，你的这份情感是“挤”不出来的，也是装不出来的。字里行间看得出来你对学生的关爱，正是你的关爱，赢得了学生对你的信任。无论辅导员还是思政课教师都是如此，没有爱，就培养不好学生。现在有的辅导员远离学生，这是做不好辅导员工作的；一些思政课教师更是只管课上教学，忽视课下辅导，和学生有距离，这也上不好思政课。你现在是思政课教师，同时做班主任，这对上好思政课、教育引导学生大有裨益。现在有些思政课教师也做兼职辅导员、班主任，但都是因为不得已而为之。主要是学校有规定，不做辅导员、班主任就不允许评职称、不让评先进等。这样被动地做了兼职辅导员、班主任，怎么能把学生培养好呢？现在讲课程思政，其中一点就是要协同育人。思政课教师要有担当意识，发挥好理论引领的作用，不能把当辅导员、班主任看成累赘、麻烦。思政课要为学生解疑释惑，这就要知道学生在想什么。了解学生的渠道很多，做辅导员、班主任是了解学生的有效手段。你可以把两者很好地结合起来，增强思政课教学的实效性。再次感谢你对我的认同！有事联系我。到大连告诉我，我会尽地主之谊的。祝好！

曲老师，您好！

感谢曲老师的建议，今年我是主动提出来做班主任的，我感觉自己责任更大啦！2018年、2019年连续两年，我去了精准帮扶的学生家里去看望学生。到了学生家里，我才真正体会到什么叫知识改变命运，什么叫精准帮扶，真的要感谢这个伟大的时代，感谢伟大的祖国，我作为年轻人虽说自己的能力有限，但我会尽我最大的努力，去影响学生，做学生的知心人。给曲老师分享一下我去年下乡的感受，这是下乡后我写在朋友圈的信息。

藤县、苍梧县下乡日记:

1.谈信仰——走访的6户学生家中,每家每户都在房子中堂挂着毛主席的像,上面写着“红太阳”。祝愿他们以后的日子像红太阳一样过得越来越红火。

2.谈感动——走访的学生中,有一名男同学和姐姐是龙凤胎,两人当年都考上广西艺术学院,但因家中条件有限,弟弟放弃广西艺术学院读了大专,姐姐去读了大学。另一名女同学的妈妈(从乡里到他们村49千米的路,开车2个多小时全是山路,山路是精准帮扶以后才修的),丈夫在2013年因病去世,一直在家中独自拉扯3个上学的孩子和奉养婆婆,大女儿读了玉林师范学院,儿子在家里种植百香果,小女儿今年顶岗实习,妈妈捡八角和打零工支撑着整个家庭。

3.谈交流——在学生翻译的帮助下,我听懂了这位奶奶讲的“多谢”。方言听不懂,真情流露看得明白。

4.谈山车——这几天一直在山路上飞驰人生,真正体会到什么叫坐过山车,从来不晕车的我,已经在干呕啦!

5.谈体会——大山深处走出来的学生,着实不易,希望社会、学校、企业等各方力量,能够给予他们更多的支持和帮助,助他们成长成才!

再次感谢曲老师,以后有机会欢迎您来广西!虽说我是河南人,但我读书、工作已经在广西十年啦!特别喜欢广西,欢迎您来看看!

你很优秀,做出了思政课的味道。习近平总书记说思政课教师人格要正,就是不能把思政课当成“饭碗”、当成“名利场”,要以自身的践行引领学生的成长,给学生的心灵埋下真善美的种子。

再到广西我一定联系你。祝一切都好!

要有担当精神

2020-10-12

我在上课前,通过辅导员在我授课年级学生中做了调查问卷,我还要了一份他们的登记表。我有时间就会翻阅一下,把我的一些看法告诉他们。

××,你好!

今天课多吗?大学学习和中学学习有很大的不同,大学的学习自主性更强一些,研究性的特点更浓一些。你说你关心中美关系,这是对的。我常讲,不能死读书、读死书。大学生要胸怀祖国、放眼世界。中美关系是当今世界关系中最为重要的关系,中美关系如何,会左右世界的局势。老师欣慰的是你还要“进军华为,引领全球”,有骨气。你如此努力向前,需要我做什么我一定竭尽全力。要锻炼好身体,这是你实现梦想的重要保证。

祝好!

曲老师,您好!

您是一位德高望重的教育家,收到您的鼓励我感到特别开心与激动。虽然才听了您的短短几节课,但我已感受到您对国家教育深深的责任感与对学生浓浓的关切之情。能上您的课并与您交流是我的荣幸。我一定尽我最大的努力好好学习,多读书、多思考、多探究,为我的未来打好基础。最后还是要感谢老师对我的关心,我定不辱使命,为实现中国梦贡献我力所能及的力量。

祝老师身体健康!

好的。莫负光阴,奋勇前行,老师为你助力!

××,你好!

老师在火车上,忘了看时间了,现在应当是午休时间,打扰你了没有?老师没什么事,老师在看前段时间你们交给我的调查问卷。你说你最关心的问题就是国和家。家是最小的国,国是千万家。祖国的强大是我们幸福的根本保证。没有国家的强大,我们小家就支离破碎了。大学生一定要有担当精神,担负起时代的使命和责任。你说你要向着命运指引的方向前进,实现人生的价值。命运指引你什么呢?要按照"四个自信"的引领阔步向前,这样脚下才有力量。大学是你人生的重要节点,一定要把自己培养好。你说你最喜欢《荒原狼》这本书,老师没看过,不知你从中看到了什么。人生必须有刚毅的品格,同时必须找准前行的方向。大学四年很短暂,要抓紧时间提升自己。有事联系我。

祝好!

谢谢老师的指导,我一定会坚定信念,用实干为祖国贡献一分力量。

××,你好!

看你交来的问卷,我根本叫不出你的名字。但因为我看过你们的登记表,所以我知道你叫什么名字。以后再填表格,字一定写得工整些。不是说字如其人嘛,自己的名字都写不清楚,容易给人做事不认真的感觉。你说你关心贫富差距问题,说明你不是死读书。虽然你是读理工类的,但是你还是很关心人文方面的问题,这也符合大学文化的本质属性。贫富差距这个问题很大,一句话说不清楚。我想,发展不平衡、不充分是造成这一差距的一个重要原因。相信我们的社会制度会更好地解决这个问题,使之在最合理的范围内。绝对的平等也是不存在的,只有到共产主义社会才会按需分配。你要考研,目标立下得很早,这是对的。高等教育已经普及化了,更高的学历也是丰富专业知识的需要。有了知识、有了本领,有了正确价值观,也就是懂得为什么要有知识,懂得把知识用到什么地方,那就会有更大的作为。相信你一定会称心如意的。有事联系我。祝好!

感谢曲老师!

做一名政治要强的思政课教师

2020-10-13

2020年9月1日,《求是》杂志以“思政课是落实立德树人根本任务的关键课程”为题目,刊发了习近平总书记于2019年3月18日在学校思想政治理论课教师座谈会上讲话的主要内容。我认真地进行了阅读,感到十分亲切。因为在去年3月18日,我非常荣幸地参加了习近平总书记在北京亲自主持召开的这次学校思想政治理论课教师座谈会,近距离地聆听了习近平总书记办好思想政治理论课(以下简称思政课)的重要论述。习近平总书记指出:“思想政治理论课是落实立德树人根本任务的关键课程。青少年阶段是人生的‘拔节孕穗期’,最需要精心引导和栽培。我们办中国特色社会主义教育,就是要理直气壮开好思政课,用新时代中国特色社会主义思想铸魂育人,引导学生增强中国特色社会主义道路自信、理论自信、制度自信、文化自信,厚植爱国主义情怀,把爱国情、强国志、报国行自觉融入坚持和发展中国特色社会主义事业、建设社会主义现代化强国、实现中华民族伟大复兴的奋斗之中。思政课作用不可替代,思政课教师队伍责任重大。”办好思政课关键在教师。思政课教师一定要做到“六要”,即政治要强、情怀要深、思维要新、视野要广、自律要严、人格要正。这里习近平总书记把“政治要强”放在了第一位。对此,我深有体会。

所谓政治要强,就是作为一名思政课教师,对马克思主义、社会主义和共产主义一定要抱有坚定的信念。思政课说到底是要解决学生的理想信念问题,让学生自觉为人民服务,为中国共产党的执政理念服务,为巩固和发展中国特色社会主义制度服务，为改革开放和社会主义现代化建设服务，矢志不渝跟党走，在实现中国梦的伟大事业中建功立业。要想鼓舞别人前进，自己就应当是能够鼓舞和推动别人前进的人。只有拥有坚定信仰的人才能帮助学生树立起坚定的信仰。思政课教师只有自己信仰坚定，才能善于从政治上看问题，自觉用习近平新时代中国特色社会主义思想武装头脑，在大是大非面前保持政治清醒；才能增强思政课教学的自觉性和针对性，及时地为学生解疑释惑，帮助学生正确认识世界和中国发展大势，从我们党探索中国特色社会主义的历史发展和伟大实践中，认识和把握人类社会发展的历史必然性，认识和把握中国特色社会主义的历史必然性，不断树立为共产主义远大理想和中国特色社会主义共同理想而奋斗的信念和信心；才能理直气壮地将思政课讲得有底气，讲深讲透，帮助学生正确认识中国特色和国际比较，全面客观认识当代中国、看待外部世界；才能有效引导学生真学、真懂、真信、真用，帮助学生点亮理想的灯、照亮前行的路，把远大抱负落实到实际行动中，让勤奋学习成为青春飞扬的动力，使思政课成为学生终身受用的课程；才能使思政课教师真正成为教育引领学生学习和实践马克思主义的典范。由此可见，政治要强是思政课教师的根本素养，是新时代思政课教师完成立德树人根本任务的本质要求。

思政课不同于一般的专业课，其鲜明的政治属性是中国特色社会主义大学的重要特征。它直接关系到“培养什么人、怎么培养人、为谁培养人”这个根本问题，关系到马克思主义在当代中国能否得以不断传承，关系到中国梦的实现。

回顾马克思主义的发展历程可以清晰地看到，马克思主义从产生那天起，一切反动势力便想阻挠马克思主义的传播，“这一学说在其生命的途程中每走一步都得经过战斗”。他们把马克思视为最大的政敌，对马克思进行人身迫害。有一则历史资料记载，1883 年 3 月 15 日，就在马克思逝世的第二天，有资产阶级人员在报纸上发表评论，幸灾乐祸地说：“红色博士杜撰的共产主义学说的创始人马克思逝世了。在他逝世后，他的追随者剩下不足 300 人。但愿他幻想的学说本身将会随着马克思的死亡而死亡。”1917 年，俄国十月革命的胜利，开辟了人类历史的新纪元，打破了剥削阶级的一统天下，由此开始了社会主义与资本主义两种制度的较量。对苏联这个世界上第一个社会主义国家的诞生，当时所有的帝国主义国家都对其恨之入骨,他们联合起来欲将社会主义制度消灭在摇篮之中。为此列宁总是提醒人们,不能忘记“我们是被极端仇恨的阶级和政府包围着”“只要世界帝国主义存在,经常威胁我们的危险就不会消除”。列宁还认为,只要存在着资本主义和社会主义,就必然存在着矛盾和斗争。1949年10月1日,毛泽东站到天安门城楼上,向世人宣告中华人民共和国成立了。“今天,社会主义中国巍然屹立在世界东方,没有任何力量能够撼动我们伟大祖国的地位,没有任何力量能够阻挡中国人民和中华民族的前进步伐。”中华民族以昂扬的身姿挺进中国特色社会主义新时代。

中国特色社会主义新时代意味着科学社会主义在21世纪的中国焕发出强大生机活力,在世界上高高举起了中国特色社会主义伟大旗帜,宣示着我们对马克思主义科学真理的坚定信念。习近平总书记指出:“实现中华民族伟大复兴,教育的地位和作用不可忽视。我们对高等教育的需要比以往任何时候都更加迫切,对科学知识和卓越人才的渴求比以往任何时候都更加强烈。”这就要求思政课教师一定要从讲政治的高度认识思政课的重要地位和作用,认识自己担当的神圣责任和光荣使命。

面对世界百年未有之大变局,思政课教师必须站位高、立意远、政治强,增强思政课教学的主动性和自觉性。部分思政课教师虽有把学生教育好的意愿,但因感到与学生之间存在代沟,或者把学生的问题看得过重,没有信心教育好学生。这样的思想认识显然是教育不好学生的。我始终相信,学生总是积极向上的。虽然有些学生在思想上与我们的要求尚存在差距,只要我们坚定对马克思主义的信仰、对党忠诚、对人民的教育事业负责,从“为党育人、为国育才”的政治高度出发,坚持政治性和学理性相统一,以透彻的学理分析回应学生,以彻底的思想理论说服学生,用真理的强大力量引导学生;坚持价值性和知识性相统一,寓价值观引导于知识传授之中,传导主流意识形态,直面各种错误观点和思潮,及时为学生解疑释惑,不断增强思政课的思想性、理论性和针对性,学生就会听从我们的引领、悦纳我们的教育。

在多年的思政课教学中,我要求自己,绝不能让学生在思想上犯错。我认真备课,梳理学生思想状况,努力做到“知己知彼”。我采取了课上、课下,网上、网下立体化的教学模式,收到了较好的效果。每当接手某个年级教学任务的时候,我都先在这个年级做问卷调查。我在问卷调查中发现有个少数民族学生思想偏激,就主动找他交谈,给他发信息,给他买很多书,帮他解决生活上的困难,跟他一起过古尔邦节,后来这个学生的思想改变了。他说:“您对我的帮助最大,无论是从生活上还是精神上对我都给予了很多的关怀,如果没有您,我的大学生活很可能会很迷茫。是您,及时地给我指明了方向,一直关心着我,让我明白了我要干什么。谢谢老师在我身上的付出,我回去一定为民族团结做贡献。”我在翻阅学生档案的时候了解到有个学生,她在中学就入党了。我担心她思想上不成熟,给她发了上千字的微信了解她的思想情况,又和她当面交谈。这个学生说,她的思想有波动。为了帮助她,我先后同她进行了几万字的微信交流,进行了无数次的谈话。我告诉她,党的宗旨从来就没有变、也不会变,只是个别党员忘记了党的宗旨,忘记了自己的初心。毕业时,她放弃了一些“诱人”学校的“诱人”专业,选择攻读马克思主义理论专业研究生,并立志做一个不图名、不图利的响当当的共产党员。我还和学生建立了微信群,每个学生过生日的时候,我都会给他们发送少则上百字、多则上千字的生日祝福,嘱咐他们在增长自然年龄的同时,一定增长自己的社会年龄,担负时代的使命和责任。我了解到我授课年级中有 32 名家庭生活困难的学生和 12 名非团员学生。我在国庆节期间给他们每人写了一封信,让家庭生活困难的学生正确认识我们的国情,“穷且益坚,不坠青云之志”;让非团员学生政治上要求进步,早日解决入团问题,进而再向党组织大门迈进。从 2013 年 9 月到今天,我和学生之间有几百万字的交流。我还将平时参观考察拍摄的国家爱国主义教育基地、名人故居、名人墓地的照片融进教学课件,教育学生向李大钊、夏明翰、赵一曼等先烈学习,坚定学生矢志不渝跟党走的信念。有个学生在给我的课后留言中说道:“今天听了老师的课,受到深深的震撼。我懂得了作为新时代的大学生,一定要把个人的学习与实现中国梦结合起来。我一定不辜负老师的期望,做到爱国、励志、求真、力行,知行合一,谢谢老师!”我喜欢思政课,离不开思政课。这些年我从不放弃给本科生上思政课。三尺讲台成为我宣传马克思主义,用习近平新时代中国特色社会主义思想“塑造灵魂、塑造生命、塑造时代新人”的阵地。学生给我留下了几十万字的课后感言。有个学生说:“老师就是我的人生导师。我知道了我的人生方向在哪里!”

时光荏苒。我今年 63 岁了。今天重温习近平总书记在学校思想政治理论课教师座谈会上的讲话,想起去年参加此次座谈会,聆听总书记教诲的情景,愈发增添了自己上好思政课的激情。我定将当好一名政治强的思政课教师,为上好思政课、教育引导学生成为德智体美劳全面发展的社会主义建设者和接班人而鞠躬尽瘁,死而后已。

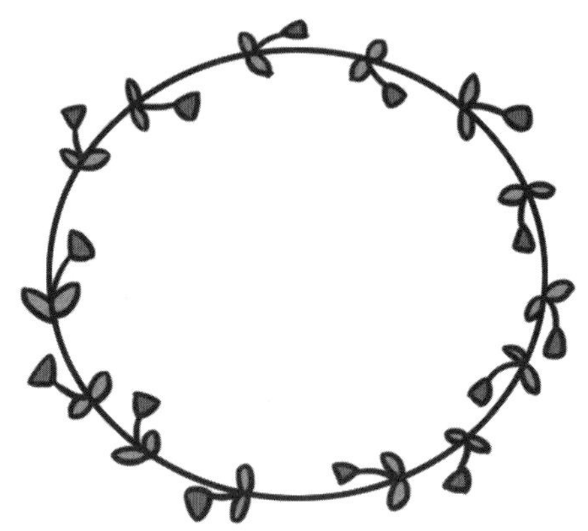

摆好科研和教学的关系

2020-10-14

为加强思政课教师队伍建设,辽宁省委高校工委在省委党校举办了思政课教师培训班,分 13 期对全省思政课教师进行培训。我昨天在第一期培训班上给思政课教师做了“践行‘六要’,铸魂育人”的报告。很多老师加我微信(18990812663)与我交流。这是我与一个思政课教师的交流。

曲老师好,一大早看到您通过了我的微信好友申请好高兴,让刚刚奋战了一夜的我瞬间精神百倍了。

昨天听完您的报告我就深受鼓舞,希望将来能有机会去您学校听听您的思政课,向您学习。

干吗要彻夜不眠?工作、学习、生活要有规律哦。

最近在申请省社科项目,又想抽时间好好备课,时间比较紧张,只能熬夜赶材料了。曲老师您经常出差开会,要注意保养身体。

谢谢!科研和教学要摆好关系,科研要为教学服务,也就是要为思政课走进学生心灵服务。思政课教师还是要以上好思政课为本,这是硬实力。现在对思政课教学重视了,但是怎样科学评价思政课教学还有待完善。

您放心，我一定会平衡好二者之间的关系，前天下午我们在分组讨论的时候我还跟大家分享了我这学期在教学过程中的收获。这学期上思政课的时候，在跟学生互动的过程中，我发现案例的选择特别重要，学生发言都非常积极，而且后面发言的同学听到前面同学的发言突然有了灵感，也陆续积极地发言，在发表自己看法的过程中还碰撞出了思想的火花，两名同学就互动话题进行了一场辩论。我觉得从中体会到了教学相长的快乐，特别有收获，但是也很担忧，有时候恨不得把所有知识都一下子塞进自己脑子里，现在学生获取信息的渠道很多元，在有些方面可能比老师知道的还多，自己也很有压力，深感思政课教师不容易当，特别羡慕像您一样的前辈，知识渊博、阅历丰富，希望自己也能不断提升自己。

看得出来你上课很用心。习近平总书记说，“办好思想政治理论课关键在教师”。为此，习近平总书记提出了“六要”，这就要求我们思政课教师一定要下功夫把思政课上好。只要我们把“六要”作为教学乃至人生的追求，思政课就一定能上好。由于受多方面的影响，今天的大学生思想多元，接受信息的途径多样。但是我们应当相信大学生的主流价值观是积极向上的。这次疫情中，广大青年学生对“马克思主义为什么行、中国共产党为什么能、中国特色社会主义制度为什么好”有了更深刻的认识。特别是党的十八大以来，我们把立德树人作为教育的根本任务，积极构建“大思政”育人格局，这为思政课教学创造了良好的外部环境。作为思政课教师，我们一定要切实担负起使命和责任，帮助学生系好人生的“扣子”。我们的教学大有可为，我们的育人意义深远。

谢谢您，曲老师，跟我说了这么多，我会把您的话放在心里，时刻记住自己的责任和使命，做一名有良心、负责任的好老师。

谢谢！祝好！

做出思政课的味道

2020-10-15

思政课怎样才能让学生愿意主动“品尝”,关键是要做出思政课的味道。这需要高超的“烹饪”技巧,还需要精心地设计与制作。把思政课做出味道需要高超的手艺,需要若干个环节,下面这个思政课教师就在努力地将思政课做出味道。

曲导,您好!

昨天能在省委党校聆听先生的谆谆教诲,幸莫大焉!我是2017年到××学校从事思政课教师工作的,作为一名年轻的思政课教师,有幸结识先生,并下定决心按照您指引的方向前行,是我执教以来的最大收获。我原以为思政课教师把课教好就可以了,但是这样的想法和格局在先生面前是多么渺小,实为愧疚。先生讲道“信仰比知识重要,情感比方法重要,践行比说教重要”,这仿佛给我提供了一座灯塔,照亮了我前进的方向。我也下定决心,不仅在课堂上要弘扬正能量,培养孩子们爱党、爱国的情怀,更多地还要在课下多践行先生的为师理念。亲切地称呼您曲导吧,因为听了您的课,也就是您的学生,这种称呼更亲切、更舒服。昨天上午在听报告时,我就和学校组织部副部长说以后我在党校授课的课酬拿出来帮助品学兼优的贫困生,为需要帮助的学生做些力所能及的贡献,并持续做下去。凡事都有第一步,这就成为我追随您的脚步的开始吧。感恩遇到您,感恩伟大的时代,感恩伟大的党,感恩伟大的祖国。

祝曲导身体健康、吉祥如意！

××,你好！

看了你的信,我十分感动。我38年的党龄了。我是学着《共产党宣言》写下了入党申请书。作为一名共产党员,就应当始终保持对党的忠诚,就不能忘了在党旗下许下的誓言。我这一辈子就做了一件事,教育学生爱党、爱国。思政课是大学生成长的关键课程,只有价值观正确,才知道学到的知识要往哪里用,才能矢志不渝跟党走。我要求自己决不能让学生在思想上犯错,这就要下功夫使思政课走进学生的心灵。而要想使思政课走进学生的心灵,就必须实行立体化的教学模式,就不能满足课堂教学,尤其要给学生做出样子。不然学生就会质疑我们:“你们都不做,为何让我们做?”所以,作为思政课教师,我们一定要成为知行合一第一人,给学生打好样,这正如习近平总书记说的那样,思政课教师一定人格要正,这样思政课才会成为学生真心喜欢、终身受用的课程。你还是一个“新兵”,多在信仰上下功夫,信仰坚定了,就没有任何困难能够阻挡住你前进的步伐。

我们的学校都在大连。方便时可以到我们学校看看。等我有机会到你们学校,我一定看望你。有需要我做的事就联系我。

祝一切顺心如意！

在实践中加深对马克思主义的认识

2020-10-19

曲老师,您好!

我是××学院今天回答您问题的学生××。非常荣幸昨天听了您一场讲座,又非常幸运地回答上了您的提问。曲老师的课在诙谐幽默中让我们懂得了责任与担当。作为时代新人,我们要有内涵,不仅要有广博的知识,还要将知识运用于实践,在实践中锤炼自己!

你们是硕士研究生了,又是马克思主义理论专业的硕士研究生,你们确实应当担负起马克思主义理论的传承任务。马克思主义理论能够在中国大地结出如此丰硕的成果,那是因为中国共产党人以马克思主义理论为指导,带领亿万中国人民开展伟大斗争、进行伟大实践的结果。要想学好这个专业,必须知行合一,从自身做起,在实践中加深对真理的认识。你没有把详细地址告诉我啊!我要把我写的书签名邮寄给你做纪念。

祝一切都好!

谢谢曲老师!我一定从自身做起,在实践中加深对真理的认识,肩负起时代赋予我们的责任。曲老师,我的地址是:××××××××。谢谢您的指导。

我们共勉!

曲老师,您好！昨天有幸听了您的讲座,我发自内心认为这一课会对我的人生产生深远的影响！可能现在的我还做不到像您一样舍己为人,但我想我会把您看成我努力的方向,以后慢慢改变,不管在怎样的位置上都做一个对国家有帮助的人,做一个堂堂正正的人。感谢曲老师！您知道吗？您在讲授过程中,我们寝室好几个女孩儿都落泪了,是真的被感动了！感谢曲老师,感谢在研究生入学第一课您就为我们指明了方向！您讲授的内容,我将一生铭记。

××,你好！谢谢你的认同！也问你们寝室那几个同学好。告诉我你的详细地址,我把我写的书签名邮寄给你们做纪念。你们都是学马克思主义理论的,要带头践行马克思主义理论。毛泽东同志曾经说过:“读书是学习,使用也是学习,而且是更重要的学习。”千万不能把马克思主义理论当成了教条,当成评判别人的尺度。对马克思主义理论要真学、真懂、真信、真用。要养成好的学风,这样马克思主义理论才会终身受用,成为人生强大的精神动力。到大连联系我。

祝好！

曲老师,很感谢您在百忙之中抽空回复我的微信！我一定把曲老师的话传递给我的室友们！我们一定谨记您的教导,刻苦钻研,努力做到真学、真懂、真信、真用！我虽然是黑龙江人,但从小在大连长大,对您也是倍感亲切！希望回家以后能和曲老师多多沟通！祝曲老师身体健康。能得到曲老师的书和签名是我们的荣幸,我们一定认真阅读！再次谢谢曲老师！我的地址是:××××××××。

曲老师,您好！今天下午您给我们做了一场十分精彩的报告,这会影响我的一生。可是您却谦虚地说您就是谈谈对学科的认识、人生的感悟。说实在的,通知我们听讲座的时候,我不是很情愿,觉得又是开学的教育,一通说教完事了。您把学理与人生追求,特别是对党的忠诚、祖国的热爱结合在一起,把理论学习和实践结合在一起,当成了您人生的追求,这是我从来没想到的。我就是您说的那种,觉得马克思主义理论专业相对好考一些,待毕业找个工作就完事了。您让我懂得了为什么要学好马克思主义理论,怎样学好这个理论。我会按照您的指引走下去。真心谢谢您！

××,你好！习近平总书记在学校思想政治理论课教师座谈会上提出，思想政治理论教师要做到“六要”。《求是》杂志今年9月1日第17期发表了习近平总书记在这次座谈会上的讲话，你可以找来认真地读一读。我的理解是，当好思政课教师首先是政治要强，就是要有信仰，对党忠诚；要有马克思主义理论水平；要有人格力量。这对于你学好马克思主义理论专业会有帮助。要想学好马克思主义理论也应当有这样的政治追求、学理认识、知行合一。如果把学马克思主义理论当成了谋生的手段，那是无法学好的。你有了新的认识，那就开启新的航程，一定要把马克思主义理论学深、学透，并把它作为行动的指南，积极践行马克思主义，这样你才能真正品味到“真理的味道就是甜”。到大连联系我。告诉我你的详细地址，我把我新出版的书签名邮寄给你做纪念。到大连联系我。

祝好！

坚定对马克思主义的信仰

2020-10-20

曲老师，您好！

我是马克思主义理论专业新生，昨天听了您的报告深有感触。我参加的是思政课教师专项计划，老师们给推荐了专项必读书目，我想咨询下老师《共产党宣言》如何可以深入到书本，请教老师如何读经典、用经典。

××，你好！

党的十八大以来，以习近平同志为核心的党中央把立德树人作为教育的根本任务，极大地推动了高校思想政治工作的开展，思想政治理论课的地位也得到了很大的提升。特别是去年3月18日，习近平总书记主持召开学校思想政治理论课教师座谈会，对思想政治理论课的作用做了进一步的强调。思想政治理论课是落实立德树人根本任务的关键课程。青少年阶段是人生的“拔节孕穗期”，最需要精心引导和栽培。我们办中国特色社会主义教育，就是要理直气壮开好思想政治理论课，用新时代中国特色社会主义思想铸魂育人，引导学生加强中国特色社会主义道路自信、理论自信、制度自信、文化自信，厚植爱国主义情怀，把爱国情、强国志、报国行自觉融入坚持和发展中国特色社会主义事业、建设社会主义现代化强国、实现中华民族伟大复兴的奋斗之中。思想政治理论课作用不可替代，思想政治理论课教师队伍责任重大。上好思想政治理论课教师是关键。

为此,一定要建设好思想政治理论课教师队伍。现在开始招收思想政治理论课教师专项计划研究生,就是抓好思想政治理论课教师队伍建设的一个举措。你提的问题是有价值的。思想政治理论课教师一定要素质全面,要能够做到"六要"。而"六要"排在第一位的是"政治要强"。所谓政治要强,就是要有坚定的信仰,就是对党的事业要忠诚,要有坚定的理想信念,要理直气壮地对学生进行马克思主义理论教育。怎样才能政治强?这就需要用科学的理论做支撑,这就要知道马克思主义是怎么来的?马克思主义的本质是什么?马克思主义为什么行?这就要学好《共产党宣言》。《共产党宣言》的发表标志着马克思主义的诞生,真正学懂、学深、学透《共产党宣言》,必然会坚定我们对马克思主义的信仰,坚信"两个必然"的结论,成为一名政治强的思政课教师。怎样才能学好《共产党宣言》?我以为有这样几点:一是要学好历史,也就是要了解人类历史的发展过程、发展规律,了解马克思主义产生的历史背景。二是了解人类发展的思想史,尤其要了解500年社会主义思想史,理解为什么说以往的社会主义思想是空想的,马克思主义是科学的。三是要了解政党史,了解政党在社会发展中的地位作用。《共产党宣言》是共产党的纲领,最终要实现共产主义,必须认识到实现共产主义的途径在哪里。四是原原本本学原著。既要对《共产党宣言》的思想体系有深刻的认识,更要把握好"两个必然"结论的逻辑关系,从人类社会发展的必然性上坚定理想信念,坚定对马克思主义的信仰。五是做到知行合一。马克思主义博大精深,在马克思的墓碑上刻着这样一句话:"哲学家们只是用不同的方式解释世界,而问题在于改变世界。"实践性是马克思主义的本质属性。马克思不仅是伟大的思想家,创立了科学社会主义,马克思更是一个战士,他亲自创立了无产阶级政党,并积极投身到推翻资产阶级统治的斗争中。所以邓小平同志说:"不干,半点马克思主义都没有。"不知你是不是共产党员,政治上一定要积极要求进步,特别是要做到在思想上入党。这就需要把《共产党宣言》的思想落实在自己的实际行动当中。大学里没有那么多轰轰烈烈的大事,心中有没有他人,能不能力所能及地帮助别人,这都是能不能践行全心全意为人民服务宗旨的体现。希望你学用结合,不断丰富马克思主义理论水平,践行《共产党宣言》的思想,把自己培养好,将来做一名优秀的思政课教师。

我一入大学就认真地读了《共产党宣言》，写了入党申请书。正是科学的理论，坚定了我的人生追求，使我走到了今天。我们共勉！

祝好！

我们是一生的朋友

2020-10-30

××,你好!

今天你过生日,老师祝你生日快乐!

你来自内蒙古,老师去过那里很多次。那里地域辽阔,培养了内蒙古人的宽广胸怀。人的性格与地理环境有一定的关联性。但是你说你比较内向,缺少和同学的交往,这与你个人的努力有很大的关系。你越是觉得自己内向,越容易疏远和大家的交往,这样不利于你的成长。我在刚留校做辅导员的时候,我年级有个学生就比较内向,寡言少语。我担心他总是封闭自己,这样是无法融入社会的。当时学校给我分配了一间不到10平方米的工作室。我不舍得自己住。我从我带的年级中选了三名学生住在我的房间。一个年龄最小,我怕他管不住自己;一个非团员,我怕他表现不好;再就是这个内向的同学。我总是和这个内向的同学交谈,让他变得积极起来。后来这个学生变化很大,主动与同学交往,性格变得开朗、热情,现在已经是厅级干部了。这说明,性格是可以改变的,当然作为当事者一定要主动、有积极的态度。读大学更应当是这样,不能读死书,成为书呆子。你要主动与同学交往,特别是积极参加班级活动,重在参与,要敢于讲出自己的看法。有了第一次、第二次、第三次……就会习惯成自然。

你说你最崇拜钟南山。在今年的战“疫”中,钟南山堪称我们民族的英雄。崇拜钟南山就是崇拜我们民族的英雄。这也说明你的内心有一股向上的力量。诗人李清照说:“生当作人杰,死亦为鬼雄。”你要把对英雄的崇拜变成前进的动力,把自己变得强大。千万不要总是读别人的故事,总是被别人所感动,应当用心描绘自己的人生,写点感动别人的故事。另外崇拜钟南山还应当悟出这样的道理:必须注重锻炼身体。没有强健的体魄做保证,钟南山也是难以做出如此巨大贡献的。一定要注意锻炼身体,尤其在你们这个年龄。从某种意义上说,身体真不是自己的,只有好的身体才能保证不断攀登科学的高峰;才能为祖国多做工作;才能更好地感恩父母;才能陪伴相爱的人终身;才能少给儿女添麻烦,为儿女的发展创造条件。这些是你们现在这样的年龄还体会不到的。人生就是这样,不能事事都亲身体验,这就要借鉴别人的经验。不要对别人的意见不以为意。什么活在当下?从某种意义上讲,人生就是为老年活的,看老年怎样。

老师给你们上思政课,就是帮助你们系好人生的“扣子”。我跟你们讲过:我们不是一门课的关系,我们是四年的师生,一生的朋友,有困惑、有困难找我,我会力所能及地为你解疑释惑、解决困难,这也是我的一个初心。

要吃早餐了,就聊到这里,有事联系我。

祝好!

××,你好!

今天你过生日,老师给你写下这段生日祝福,希望你能读好大学,回到家乡,为民族团结做出贡献。

新疆地理位置非常重要,新疆的发展稳定对中国梦的实现有极大的作用。“三股势力”总是企图破坏新疆的发展稳定,其用意十分明显,就是要阻挠中国梦的实现,说得直接点,就是不想让你们过幸福的日子。你们当代青年一定要有担当精神,坚决同“三股势力”做斗争。

斗争,需要本领。这就要求你们一定要读好大学,大学为你们的发展提供了平台。本领不是天然地就能具备,需要付出努力。所以,一定要抓紧时间好好培养自己,不要觉得时间用不完。你看你转眼来到大学一年多了,今年上半年因为疫情,从某种意义上讲也影响了你们的学习,要把损失的时间补回来。

还要注意锻炼身体,这是你今天培养本领、明天服务祖国的重要保障。年轻人不能懒惰，要养成锻炼身体的习惯，可终身受用。有事联系我。

祝你生日快乐！一生幸福！

增长自己的社会年龄

2020-11-08

××,你好!

今天是你来大学过的第一个生日,你什么时候起床的?有什么样的安排?想过改善一下生活没有?有的学生比较“讲究”,过生日要大吃大喝一顿,更有极个别的学生还让寝室同学“随份子”(这是要杜绝的,不能养成这样的风气,从某种角度看这也是一种霸凌行为)。其实大吃大喝一顿也不是好的做法。你们现在是成年人了,也就是大人了。大人要有大人的样子。大在哪里?显然不只是大在自然年龄上。人是生活在社会中的,谁离群索居都无法生存下去。因此,大要大在社会年龄上。我们说有的人总长不大,就是说虽然他的自然年龄在一年年地增长,但是他的社会年龄却没有同步增长,甚至还有倒退。有的还极端地反社会,走向社会的对立面。罪大恶极的分子还要依法被结束自然生命和社会生命。这告诉我们,过生日去吃喝不重要,重要的是想一想自己的社会年龄增长了没有?应当改掉哪些不足,怎样使自己更符合社会性。

大学是你人生成长的“拔节孕穗期”,是你走向社会的准备阶段,是你一生中重要的关口,这段时期你的社会性怎样,直接影响你将来会成为一个什么样的人。可以这样来讲,那些从大学走出去的成功的人,大学阶段为他们打下了坚实的基础;那些失败的,又怎能与大学的准备无关呢?老师看了你填写的我在你们刚来大学时的调查问卷,给我的感觉是你想成为有担当、有作为的人。你说你的名字不好认,要成为一个优秀的人,让全国人民都能认识你;你说你的父亲教会了你如何成为一个独立的人,一事无成只能换来白眼。你有这种勇气和追求是可嘉的,但是要注意的是人生不是用来赌气的。任何伟大的目标都是始于足下的。古人曰:“一屋不扫,何以扫天下。”你要想有所作为,就必须从点点滴滴做起,“不积跬步,无以至千里。”没有人会随随便便成功。一定要心中有他人。一个心中没有他人的人,怎么能被他人放在心中?谁又会与他一道前行呢?要养成力所能及地帮助别人的品德,这是你将来培养强大团队力量的基础。“空谈误国,实干兴邦。”夸夸其谈,必将一事无成。解决了价值观的问题后就要解决本领的问题。要把学习当成人生的追求。我常讲的一句话是:当你毕业的时候不仅要看是否正常毕业,还要看毕业证的含金量。只有把自己变得强大,才能实现人生的追求,才能成为对祖国有作为的人。你还要特别注意锻炼身体。毛泽东同志当年在长沙读书的时候就洗冷水浴;钟南山、李兰娟院士都是七八十岁的老人了,他们在疫情防控期间能够做出如此巨大的贡献与他们身体的保障是分不开的。你现在正是身体需要开发的阶段,不能忽视了锻炼身体。这也是我常讲的一句话:身体是最功利的,你对它怎样,它就对你怎样。所以你一定要对它好些。

你说很多人都念错你的名字。可是你在填写登记表的时候你的名字就写得不清楚,为什么不写得清楚些呢?我若不是从文档中知道你叫什么名字,看你的调查问卷是看不清你叫什么名字的。毛泽东同志曾经讲过:“世界上怕就怕‘认真’二字,共产党就最讲‘认真’。”要把认真当成习惯,学习、工作、生活需要你认真,不认真说不定什么时候就露馅儿了,还会闯下大祸。

我上午有事,就聊到这里吧。我多次讲过,我们不是一门课的关系,我们是四年的师生,一生的朋友。帮助你们系好人生的“扣子”是我的初心、使命、担当!有事联系我。

祝你生日快乐!祝你圆满地结束你的大学生活!祝你一生幸福快乐!

曲老师,您好!

首先非常激动和开心,能收到您这封真情流露的信。曲老师,您真的是位善解人意的老师,我变得更加崇拜与尊敬您了。没想到您能关切我这个“小”学生的小故事,真的让我感到受宠若惊,您的话让我有很亲切的感觉,同时又为我敲响了警钟,人生看似是一条永无止境的铁轨,其实也会有不期而遇的惊喜，在路上边走边停，我很怕会被风景迷住双眼，我会记住您的教诲，每当我犹豫不决的时候，我就会再想起您的教导，做出正确的决定，在做人做事上，我也会尽我所能脚踏实地地走好人生的每一步。我知道未来的路可能很长很难，但只要我一刻不停地向前走，我就会走到终点。我是个来自小县城的孩子，十余年的寒窗苦读把我送到这里，我自身寄托着家人的期望，不容懈怠。您开篇对我的关切其实提醒了我，开学以来的学习安排一直很笼统，休息日的时间安排也很随意。我该反思，像您说的，积跬步，至千里，莫空谈，讲实干。锻炼好自己的身体，增长自己的社会年龄。我会牢记于心，给自己一份满意的答卷！

谢谢您的生日祝福，也祝您身体健康、工作顺利，与学生之间的友谊长存！

好的。要不断地反思自己，总结昨天和今天，坚定地走向明天！你说得对，莫空谈，讲实干。只要方向明确，持之以恒，美好的愿望就能实现！

要有教育情怀

2020-11-11

辽宁省委、省政府高度重视思政课教师的培训，由省财政拨专项经费，安排全省的思政课教师在省委党校进行轮训。前天进行了第二期培训。省委书记、主管教育的副省长亲自给学员授课。我是一名授课教师，每次授课后都有思政课教师给我留言，我也尽量与他们进行交流。

曲老师，您好！

刚才我在开车，刚看见您的信息。我是××学院马克思主义学院的××。作为一名极为普通的民办高校教师，特别荣幸能当面聆听您的讲座、加您的微信、关注您的公众号，我想这是任何一位思政课教师都渴盼的事情吧。回来的路上，我特别兴奋，忍不住就给我妈妈发了视频，一路上一直在跟她讲述您下午的这场讲座，对我来说真的是接受了一次精神的洗礼，让一直在犹豫徘徊的我坚定了自己的初心。我小时候就想当教师，我今天就立志，不但要继续在讲台上奋斗下去，而且要努力成为一名好教师！是您坚定了我的信念。感恩！还有，整整一下午的讲座，甚至课间休息您都没有坐一下，让我非常敬佩，但也心疼。还请您一定注意身体，保证健康，因为您是我们的宝贵财富。絮叨了这么多，不打扰您了，以后有机会欢迎您来××学院走走看看。

祝安康！

××,你好!

我已经紧赶慢赶地坐上了火车。本来我该赶上一趟火车,但是看到大家聚精会神的样子,我就又多讲了一些,结果上一趟火车没有赶上。也可能是年龄大了的原因吧,主要还是一份情感,我很愿意与你们思政课教师交流。不是为了教育你们,主要是想把我的人生感受讲给你们听,让你们吸取有用的东西。每次交流完都有一些像你这样的老师加我微信,谈他们的体会,令我很感动。而每当这个时候,我都在想,哪怕我的交流能影响你们中的一个人也是值得的。

我之所以站着讲,一来对你们表示尊重,二来因锻炼身体可以承受。我在大学的时候就很重视锻炼身体,只有好的身体才能为党多做工作。现在我又加了两条:一是好的身体就是为孩子的发展创造条件;二是好的身体才能陪伴爱人终生。你在民办高校做思政课教师,相对来说教学难度要更大一些。越是这样越需要坚定信仰,需要教育情怀,迎难而上,使学生努力地再上一个台阶。

谢谢你的点赞,感谢你的关心。我们共勉!有事联系我,我会为你们做我力所能及的事情。

祝好!

曲老师,您好!

听了您的讲座我感受很深,觉得自己作为思政课教师做得还不够多。作为青年教师,我之前只把精力放在怎么上好一堂课上,却忽略了最根本的东西,其实我能给学生更多的引导,跟他们进行更多的交流,向他们传递爱国情怀,让他们愿意更多地思考社会责任。向您致敬,向您学习。我会努力做好一名思政课教师,很荣幸今天听了您的课。

谢谢你的认同!千万不能把思政课当成“饭碗”。思政课要走进学生心灵,让学生有更高的精神追求。这就不能只是在课堂上讲完课就没事了。思政课教师一定要走进学生中间,做他们人生成长的引领者和知心人,在他们的“拔节孕穗期”,精心栽培好他们。这样学生才会感受到“真理的味道就是甜”,才会把思政课当成终身受用的课。

祝好!

曲老师,您好!

辛苦了!您站着讲了一下午!一定要好好休息!由衷地敬佩您!您的光芒照得我心中更加亮堂!人就活一次,何其有幸,宝贵的人生中,有如您这样品德高尚、信念坚定的楷模!您被世人仰望,但又皆能走近,您走在我们辅导员行列、思政队伍的最前面,更走在为共同梦想努力奋斗的第一线!我是××马克思主义学院一名普通的思政课教师。听您讲课是对我心灵的洗礼,种好责任田、守好一段渠,我会一点一点去行动。在以后的工作中遇到问题时,我恳请您对我进行指教和点拨。向您学习!努力工作,点滴积累,不辜负时代,不辜负人民!

祝您健康!

谢谢你的点赞!我们共勉!思政课太重要了,关系到学生树立什么样的价值观。我们是在学生心灵埋下真善美种子的人,一定要为他们选好种子,给足他们阳光、水分,把他们栽培好。

感谢您第一时间通过我的微信好友申请!非常感动您回复我的留言!铭记您给的点对点、一对一的鼓励!今天在您的课后,我重新思考了关于信仰与忠诚的体现、关于学术自信从哪里来、关于“亮出身份”讲思政、关于让什么离灵魂最近、关于真正负起责任,您的启迪、您的人格、您的无私、您的奉献、您的真诚,让人心头一下子就有了闪闪发光的东西!感谢您!

思政课是大学里关键的课程,思政课教师一定要起到关键的作用。要在走进学生心灵上下功夫。我们共同努力!

教育是心灵的唤醒

2020-11-12

关于教育,我非常欣赏这样两句话:一句是德国著名教育家斯普朗格说的,教育绝非单纯的文化传递,教育之为教育,正是在于它是一种人格心灵的唤醒;另一句是我国著名教育家陶行知先生说的,捧着一颗心来,不带半根草去。这里我把我出版的《我与思政课教师的交流》一书的序言推送给大家。

我一直对思想政治理论课教学情有独钟。我从1982年留校做辅导员时开始,就兼任德育课教学任务,当时叫“共产主义思想品德”课。教过我的好几个老师都劝我上专业课,就是上“社会学”“伦理学”“法学”“党史”等课程,他们认为德育课不是课,搞不出学问。而我却偏偏认为德育课最重要,育人是最大的学问。我跟学生们讲:在大学里,学习知识、培养能力是重要的,但是比此更为重要的是要懂得知识、能力应往哪里用。用今天的话来说就是要有正确的价值观。2013年我辞去教育厅领导职务来到大连海事大学做辅导员的时候,也主动地承担了思想政治理论课的教学任务。我认为,在经济全球化的背景下,青年学生的思想呈现出多元化的特征。大学教育的一项使命和责任,就是要帮助学生进行科学的判断,使他们确立正确的价值追求。

2019年3月18日,我参加了习近平总书记主持召开的学校思想政治理论课教师座谈会,会上习近平总书记指出:“思想政治理论课是落实立德树人根本任务的关键课程。青少年阶段是人生的‘拔节孕穗期’,最需要精心引导和栽培。我们办中国特色社会主义教育,就是要理直气壮开好思政课,用新时代中国特色社会主义思想铸魂育人,引导学生增强中国特色社会主义道路自信、理论自信、制度自信、文化自信,厚植爱国主义情怀,把爱国情、强国志、报国行自觉融入坚持和发展中国特色社会主义事业、建设社会主义现代化强国、实现中华民族伟大复兴的奋斗之中。思政课作用不可替代,思政课教师队伍责任重大。"我感到我选择对了,做了一名使命光荣、责任重大的思想政治理论课教师。我愿在思想政治理论课教学这片沃土上付出我所能做的一切。

应当看到,我们有的思政课教师对思政课的认识还不是很到位,只把思政课当成一门知识课程,把自己的教学工作当成"饭碗",进而把自己当成"教书匠",这就势必会影响思政课教学的效果。思政课教师一定要做到习近平总书记提出的"六要":政治要强,情怀要深,思维要新,视野要广,自律要严,人格要正。我拜谒过马克思的墓。在马克思的墓碑上刻着这样一句话:哲学家们只是用不同的方式解释世界,而问题在于改变世界。实践性是马克思主义的本质属性,思政课教师一定要在走进学生心灵上下功夫。这就要求我们思政课教师一定要有坚定的信仰追求,一定要有正向人格的力量。真正的马克思主义者是无所畏惧的。今天的思政课教学还面临着这样或那样的一些挑战,但是只要我们信仰坚定,这些挑战就算不上什么了;今天的学生思想上还有这样或那样一些困惑,但是只要我们坚持知行合一,给学生做出样子,学生就会跟着我们走。

我也算是一名老思政课教师了。看着一批又一批年轻的思政课教师加入我们的队伍,我感到欣慰,我们的事业后继有人。同时,我也愿意把我对思政课的认识和教学实践与大家分享。我通过公众号平台推送给大家的文章今天结集出版了,我希望这能对大家增进理论课教学的效果有所帮助,哪怕有那么一点点我也知足了。同时也欢迎大家对书中不足的地方提出批评。

值本书出版之际,衷心感谢大连海事大学出版社的同志们为本书出版所付出的辛苦!

祝大家一切都好!

需要全身心地投入

2020-11-17

曲老师,您好!

我是新疆学员××。能聆听您的讲座,真是三生有幸!那天听了您的讲座之后我久久不能平静,对照自己的实际工作,我发现自己需要做的还有很多,欠缺的也很多,需要学习的更多,特别是要向您学习,要把对孩子们的关心和教育当成自己的分内事,我做得还远远不够。我18岁参加工作,在新疆农村及城镇中小学工作了27个年头了。虽然在工作期间我也不断深造提升,但我觉得我欠缺的不仅仅是学识,更重要的是缺少像您一样的爱心,像您一样的责任心和情怀。既然现在我认识了您,我相信一切都不晚,我也要像您一样做青少年孩子的知心人,做思政教育的有心人。回到新疆之后,我受班级委托给辽宁省教育厅写了感谢信,感谢辽宁省教育厅、辽宁大学、辽宁大学马克思主义学院,感谢各位专家、教授,我想,感恩不应只是说教,而应该从我们自己做起。教育是心灵的呼唤,是爱的传播,是热情地帮扶,表达感激才能让我们把爱和帮助传承下去。曲老师,祝您安康幸福!

××,你好!

看到你的信了,谢谢你对我的点赞。你更不容易,在祖国的大西北为祖国培养人才,守护着祖国的西大门。我去过新疆多次,那里条件相对艰苦些,而正是你们的这种执着、坚守才保证了新疆的稳定和发展,我要向你们学习。我们都是思政课教师,帮助学生系好人生的“扣子”是我们共同的使命和责任,我们必须义不容辞地担负起这个使命和责任。我们的工作辛苦些,这项工作不好做,因为做好这项工作意义重大,所以我们必须全身心地投入,必须做好。我常想:很多先辈传播马克思主义献出的是生命,我所做的这些真是微不足道,完全是一名共产党人应尽的义务。新疆与大连相距遥远,但是我们的心是连在一起的。我们是同路人。大连这边有事可以联系我,欢迎您随时到大连来看看。

祝一切都好!

感谢曲老师的鼓励,我会努力的。亲爱的曲老师,天气渐冷,愿您一切安好!从辽宁培训回来后我感觉自己在思政教育上做得还不够,作为毕业班的思政课教师,我应该做些什么呢?我校期中考试刚结束,很多孩子在学习和思想上陷入困境,因此,我觉得对他们进行励志心理教育会更符合他们的心理需求。我为孩子们精心准备了一场心理疏导课,从面对挫折的感受、对现有成绩的看法、对未来的规划几个角度帮助孩子们分析原因、查找问题,并且我也请来了孩子们最喜欢的老师帮助他们规划人生,做好后一阶段的学习计划。在疏导孩子们心理的过程中,我发现孩子们都很有志气,都对自己现在的表现有不满意的地方,刚开始他们还很拘谨,当我谈到他们经历挫折后感到难受、沮丧甚至失去信心,却往往没有得到家长和老师的理解、支持的时候,很多孩子潸然落泪;当我谈到独自承受并战胜挫折也是一种成长时,孩子们很有感触;当我让他们谈谈经历挫折用“再一次”的勇气获胜的方法时,他们都畅所欲言并且记下了适合自己的方法。我感到一周的辛苦是值得的,在孩子们需要帮助的时候,我应该和他们站在一起、想在一起!曲老师,慢慢地我感受到自己越来越被孩子们需要了!被学生需要,就是老师最大的幸福!孩子们在学校有知心人,他们也会感受到学习的幸福,您说对吗?

学生需要真正的教育。什么是真正的教育?一定不是以追求升学为目的、以知识为本位的。要让学生懂得知识、能力是为做人服务的。能考上理想的学校固然很好,考不上理想的学校并不影响学生的做人。无数事例说明,品德与知识和学历一点关系都没有。你是一个什么样的人完全取决于你想成为一个什么样的人。现在一些学生没解开这个心结,把物质追求看得过重。为什么要考上理想的学校？说到根本还是要过富裕的物质生活。如果把追求物质生活作为唯一的目标，把考上理想学校当成实现物质生活的唯一途径，一旦担心自己考不上理想学校、一旦担心将来自己的物质生活会受到影响，就会让自己陷入烦恼、痛苦之中。一次我做完报告后，有个学生给我写下这样一段话：从来没有一个人，包括我的爸爸妈妈告诉过我，要为祖国而学习。您还告诉我无论在北京大学还是在平顶山学院，都可以爱国，心在哪里，祖国就在哪里。您放心，我一定会做个爱国的大学生。这个学生还会有烦恼吗？最好的教育是对心灵的唤醒，就是给学生的心中埋下真善美的种子。价值观正确了，学生们就会快乐地学习、快乐地生活。有事联系我。

祝好！

曲老师，感谢您的回复。我们新疆教育水平和内地有一定差距，就业的前景也不如内地，没有学历和文化水平想从事一些技术性的工作都很困难。我的孩子们是初中生，必须要打下扎实的文化基础，只有这样才能适应社会发展的需求。德育和智育就像一朵并蒂莲，我想我作为思政课老师应该多给学生帮助和指导，这样他们的学习和生活就能够更加轻松和快乐！我们的孩子不论成绩如何，只要尽力去做了，就都是优秀的。当他们遭遇困境时，我更希望做他们的贴心人去听一听，让他们去说一说，然后鼓励他们去做一做。感谢曲老师的点拨，我也明白了自己在教育孩子的过程中要不断调整方向，给他们最需要的帮助。

祝您身体健康！

好的。我们共勉！

谢谢曲老师，祝您身体健康、工作顺利、万事如意！

如果……

2020-11-21

毛泽东同志1938年说过这样一段话："如果我们党有一百个至二百个系统地而不是零碎地、实际地而不是空洞地学会了马克思列宁主义的同志，就会大大地提高我们党的战斗力量。"习近平总书记在纪念马克思诞辰200周年大会上的讲话中，又原原本本地引用了这句话。这里所强调的是，要"把科学思想理论转化为认识世界、改造世界的强大物质力量"。马克思主义事业是干出来的，可以说实践性是马克思主义与空想社会主义的本质区别。

中国特色社会主义事业同样是干出来的。我们从站起来、富起来到强起来，成为世界第二大经济体，是中国共产党领导中国人民干出来的。邓小平同志说，"不干，半点马克思主义都没有"。习近平总书记说："空谈误国，实干兴邦。"我想，我们党由五十多名党员，发展到今天这样有9000多万党员的大党，如果每一个党员都有党员的样子，如果每一个党员哪怕能带动身边一个群众，如果每一个党员再能够带领一个三五人的团队为中国梦的实现而奋斗，那中国将会成为什么样子？现在我们加强了高校的思想政治工作，尤其是加强了辅导员队伍、思政课教师队伍、组织员队伍建设，高校的思想政治工作队伍已经形成了数十万浩浩荡荡的大军，如果我们每一个思想政治工作者都能够带动一个学生、一个寝室、一个班级一同前进，那思想政治工作将会是什么样子？中国现在有1700多万教师，我们现在强调思想政治教育要大中小幼一体化，如果我们每个教师都有教师的样子,如果每个教师都能影响哪怕一两个学生,我们的育人效果又会是什么样子呢?记得艾思奇同志说过这样的观点,“我们不能把马克思主义搞成学术化”。我的理解就是不能把马克思主义当成教条,马克思主义要接地气,成为改造物质世界的思想武器。只在马克思主义的学理性、应然性上下功夫是不够的,这样也搞不好马克思主义教育,也实现不了马克思主义大众化。

现在高校的思想政治工作应该说得到了高度的重视,也取得了很大的成绩。但是从问题的角度出发,与我们期望达到的目标还有很大的差距。原因是多方面的,这里其中一个原因就是我们说得太多了,做得太少了;要求别人太多了,要求自己太少了;“高大上”的太多了,“形而下”的太少了。教育和希望别人成为什么样的人,自己就应当成为什么样的人。教育最有效的方法就是给被教育者“打样”。我们学校从今年开始做了一个规定,要求马克思主义学院的教师做兼职辅导员,要跟学生建立联系,配合辅导员的学生教育。有的思政课教师深入学生寝室,深入学生活动的场所,了解学生的思想,力所能及地帮助学生解决一些实际问题;有的思政课教师给学生过生日。这样使学生们感受到老师们不是为了课酬来到他们身边,也不是为了评职称来到他们身边,而是为了教育引领他们,为了使马克思主义大众化,为了体现马克思主义实践性的属性。

我在省教育厅工作的时候,对思政课教师、辅导员的职称评定做了规定,主要以业绩为主,要有科研成果,更要有述职报告。述职报告主要就是看为学生服务的情况。比如规定思政课教师、辅导员评职称要有一定数量的针对学生思想政治教育的“博文”;辅导员要进行家访;思政课教师必须与所授课年级的学生“结对子”,最少一人,多则不限。述职报告比在“C 刊”发表文章重要得多。全省每年还对“结对子”这项工作进行评比,表彰一批“结对子”先进个人。一些思政课教师通过“结对子”与学生建立了联系。有些思政课教师还同辅导员一道家访。有个思政课教师到学生家家访,看到学生家的困难情况,把本来要带回家过年的 1000 元钱留给了学生。辽宁还成立了德育教师职称评审分委员会,我做主任负责这项工作。自己的孩子是孩子,别人的孩子也是孩子。如果我们每一个共产党员、每一个思想政治教育工作者、每一个教师,都能把自己的工作当成事业来做,为孩子着想、为受教育者着想,那我们的思想政治教育就一定会有根本的起色。如果我们把思想政治教育当成了“饭碗”“名利场”;

如果我们不把思想政治教育当成共产党人的信仰追求;如果我们仍然把功夫下在攀登学术的高峰上……思想政治教育就很难走进学生的心灵。这就像我们常挂在嘴边的一句话:教师有一桶水,学生才能有一杯水。理论上是这么回事。教师都没有水,学生哪能得到水?事实是教师有了一桶水,学生就能得到一杯水吗?如果这个教师想得到两桶水、三桶水、一湖水呢?这样的话,学生连一滴水都不会得到。如果把大学里的课程比喻为"食材",大学里最好的一种"食材"就是马克思主义理论课,除了"食材"我们的烹饪手艺也是关键。如果手艺不佳,就做不出味道,学生便不愿意吃,就更别提"终身受用"了。

昨天写给我授课年级的两个学生的生日祝福

2020-11-26

××,你好!

看你的登记表根本看不出你叫什么名字,写字要认真些。你们不是说细节决定成败吗?有一次电视里播出一档应聘节目。一个人离开应聘室后,几个公司的负责人在评价前来应聘的人,这几个负责人谈到他们评价一个人的一个重要标准就是细节。因为主要的“优点”都摆在那里,有什么“丰功伟绩”应聘者都说得清清楚楚。字如其人嘛。凡事还是认真些好。

今天是你的生日。你们年级还有个学生今天过生日,老师早上分别给你们写了生日祝福。老师祝你生日快乐,希望你一生幸福!当然快乐和幸福不会从天而降,需要通过努力奋斗获得。习近平总书记说:“现在,青春是用来奋斗的;将来,青春是用来回忆的。”我常跟大家说的一句话就是人生不会重来,每天都是现场直播,不容闪失。特别是像你现在这样的年龄,处在人生的“拔节孕穗期”,又在大学时期,这正是你们学习知识、提升能力的重要时期,这段时期还是你们确立人生价值观的关键时期,这就要在解决了人生方向的前提下,全身心地培养好自己。今天怎样,决定你明天怎样,所以每一天都要严谨地度过,每一天都要与奋斗做伴。许多成功的人大学生活就是这样过来的;许多失败的人大学生活却正相反。

你有考研的打算吗?你们专业的学生在我们大连海事大学都是高分的学生。我个人认为还是应当考研的。我从来都是这个观点,能考研还是考研。这不仅可以丰富你的知识，也可以提升你的能力。总之，学习能力是一个人的根本能力。要注意锻炼身体。强健的身体是攀登科学高峰的重要保障。未来的道路漫长，科学研究也很艰辛，需要身体做保障。有事联系我，我会力所能及地为你们服务好。

祝好！

曲老师，您好！

您能在百忙之中给我写生日祝福，我非常感动！您说字如其人，这使我想起了您刚开始给我们上课时的情景。记得当时您让我们填一个调查问卷，而我对这件事的态度很冷淡，于是便写得很随意、很潦草。之前我在高中时也填过类似的问卷，但最终发现只是走个流程，于是便主观臆断了。听了您的课后，我越发觉得羞愧，觉得当时应该再认真、再仔细一些。细节决定成败，您说得很对，如果自己不去努力的话，机遇就不可能出现。对了，我的名字是××，不过这名字总是被人念错、写错，这可能也是我产生不认真的想法的原因。我想以后不管别人是什么态度，我都应该始终坚持本心，做一个认真细致的人，认真写下每一个字。幸福都是奋斗出来的，这句话我非常赞同，不过如何能够保持奋斗的心境，我觉得这是一个很困扰我的问题。步入大学后，我有时候觉得很困惑，觉得没有干劲。我想，可能是我的思想不够坚定，应该向周围的同学学习，在松懈的时候提醒自己要更加努力，保持积极的人生观和价值观。至于锻炼身体，我一直有每天锻炼的想法，不过刚来到大学不太适应，锻炼也断断续续。等更加熟悉大连海事大学后，我会为自己制订一个具体的计划。我打算考研。高中时我的成绩还算不错，但高考失利，我觉得很是遗憾，不过也因此能来到大连海事大学度过四年时光，我还是很满足的。来到大学后，我已经参加了两个比赛，看到实验室里学风那么浓厚，看到每一个人都那么努力，我觉得这就是我心中理想的大学生活。虽然满足，但我还是希望能够达到我之前的目标。希望我能在大连海事大学打下坚实的基础，最终实现自己的理想。对了老师，我有个小小的请求，希望您能在闲暇时再给我们上几节课。我们同学听了您的课后，都很期待与您的再次见面。时间仓促，文笔一般，请您见谅。再次感谢老师送来的生日祝福，祝您身体健康、工作顺利！谢谢老师！

××,你好!

早上何时起床的?今天是你的生日,有过生日的打算吗?老师在沈阳祝你生日快乐!生日就是你人生的一个符号,可以算作你一年中重要的一天,纪念一下也不是不可以,但是要注意方式。有的同学找几个朋友大吃一顿,这意义不大。我觉得逢生日的时候一是可以找几个朋友在一起聊聊,帮助你总结一下你的长处在哪里,不足在哪里,只有不断地总结以往,克服不足,发扬优点,才会较快的进步;当然也可不必相聚在一起,大学时光是宝贵的,也要养成节省时间的习惯。自己在食堂吃也是可以的,关键是不能忘了生日的主题,回望过去,展望未来。你说你怎样才能成为一个受大家喜欢的人。这个不难,真想让大家喜欢,那就喜欢大家。我常说这样一句话:你在乎别人,别人才能在乎你。同学们聚到一起,真是一种缘分,要多看别人的长处,多多地理解和包容别人,能为别人做的事情就不要斤斤计较。我读大学的时候寝室同学经常"忘记"打水,这时我就主动打水,还能累死人吗?我和同学的关系都很好。同学之间有许多事情,只要你用心,你就会帮助到同学。当然,你要是有怕吃亏的想法,一些事就做不成了。

你想成为一个优秀的人,这应当给予肯定。有的同学来到大学,甚至来大学很长时间了,也不清楚要成为一个什么样的人。有明确的目标很重要,同时比目标更重要的是沿着正确的目标走到底。有的同学三分钟热血,还没走几步,便摇摆起来,甚至退回去了,这怎么能实现追求的目标呢?优秀不是写在纸面上,也不是潜藏在脑海里。优秀从实践中来、从拼搏中出。大学时期是你人生的重要发展阶段,这个时期需要你很好地把握自己,在增长知识、培养能力的同时,一定要培养好自己的品德。要以德立学,以德立业,以德立生。你想有幸福的家庭,要尽自己所能帮助需要帮助的人,这都需要实力的,需要你努力地创造。

天气冷了,注意别感冒,要锻炼身体,别懒惰。希望有好的身体,那就要爱惜自己的身体。老师在大学的时候每天都锻炼身体,这为我今天在舟车劳顿的情况下,仍能保持旺盛的精力提供了根本保证。老师会一直陪伴在你们身边。有事联系我。帮助你们系好人生的"扣子"是老师一生的追求。

祝好!

谢谢曲老师能在忙碌中为我写了这么多生日祝福以及对我的叮嘱。人们常说:“经师易遇,人师难遭。”初入大学的我是十分迷茫的,面对一切新鲜事物以及新的人际关系,我感到了不小的压力。这时我遇到了您,您为我们上思政课,您的一言一行,都令我十分敬佩,让我觉得自己十分渺小,因此我立志尽我所能做一个和您一样的人。今天是我的生日,您能抽空给我写信,我真的十分感动,您说成为一个大家都喜欢的人就要先喜欢大家,这点我十分同意,以前的我一直不把别人放在心上,因此总是无法和他人真正地成为交心的朋友,现在我渐渐地学会了去爱他人,换位思考,越来越发现拥有这样的品质是多么难能可贵,尽管很难,但我会尽全力去爱他人的。“路漫漫其修远兮,吾将上下而求索。”我认为我只是一个平凡人,但我觉得只要通过不懈的努力,每个人都可以成为优秀的人,我现在做得还远远不够,您的信也深刻启发了我,大学是人生最重要的时光,要好好珍惜不能荒废,我会尽我所能一直以成为一个优秀的人为目标不断奋斗!再一次谢谢您,亲爱的曲老师。

关键是走进学生心灵

2020-11-27

曲老师,您好!

听过很多次您的报告,感动于您的先进事迹,对您充满敬佩和景仰之情!我叫××,是一名工作于××职业技术学院的辅导员。今年是我从事辅导员工作的第七个年头。今天冒昧打扰您,是想请教您有关我个人发展的问题。先简要说一下我的个人经历。2014年,刚硕士毕业的我加入了辅导员队伍。我是学理工科的,本硕均是211高校,彼时的我并不想长期从事思想政治工作,而是想继续从事自己专业方向的工作。2016年到2018年,也许是幸运,也许是自己也付出了些许努力,我在校级辅导员大赛中连续两次成绩不错,于是被学校推荐参加了2018年的全省高校辅导员素质能力大赛,并获得了高职组个人二等奖。这个成绩是当时我们学校参加省级辅导员大赛的最高成绩。备赛、参赛以及赛后这一大段时间,我对思政类的知识也逐渐产生了兴趣,真真正正开始学着用思政理论去开展学生工作,并打算沿着这条路一直走下去。对于一件事,我的态度是"要么不做,要么做好"。今年,根据学校的岗位需求、我的个人申请和学校的严格考核,我被批准转为思政课教师。现在处于见习期,明年9月之前,我将一边继续从事辅导员工作,一边担任思政课助教。越学,越察觉到自己的无知,深刻感觉到自己还有欠缺的地方。所以,除了日常的学习,我希望在学历上有所提升。我了解到除了普通招考之外,教育部有"高校思想政治工作骨干在职攻读博士学位专项计划",于是打听了辽宁省内这几所有招生名额的高校情况。得知大连海事大学这个项目的博士都是由您来带的,我特别惊喜,也特别忐忑。惊喜的是,竟然是我们敬爱的曲老师亲自带;忐忑的是,面对各路竞争对手,我想报考您的博士研究生是否够资格?另外还想请教您两方面问题:第一,作为未来想继续从事思想政治工作的我,以理工科的背景,报考马克思主义理论类的博士,您觉得是否可行?在联系导师和备考方面您能否给予些许建议?第二,我深知考博是一场艰辛的持久战,哪怕短期内考不上,我也会以其他形式不断提升个人能力素质。您认为我还可以通过哪些方式提升自己?未来应该怎样发展?感谢您在百忙之中为我指点迷津!

祝您身体健康!

××,你好!

我在飞机上看此前的微信,又看到了你的这封信。写得这么长,真应当立刻回复你,可回复迟了,抱歉。我现在就回复,下飞机就发给你。关于辅导员考博我也写了一些文章。我总的观点是有条件可以试一试。不过这里的"条件"不是讲的基本条件,如工作年限、工作成绩、硕士学位等。这里所说的"条件"很重要的一点还是学术水平。你是学理工科的,想考马克思主义理论专业博士生,从你介绍的情况看,还是有难度的。这和导师无关,关键还是你要有充分的准备,做长远打算是可以的。尤其你明年就转到思想政治理论课教师队伍了,身份上也不符了。"高校思想政治工作骨干在职攻读博士学位专项计划",是不面向思政课教师的。你要想考博,那就要看哪些学校招收思想政治理论课教师攻读博士学位。其实你已经定位了,明年就是专职的思想政治理论课教师了。说实话,这又增加了你考博的难度。实事求是地说,你这种情况读博的希望是比较渺茫的,当然这还要看你努力的程度。不读行不行?我看也是可以的。思想政治理论课关键是要走进学生心灵。从这个角度看,思想政治理论课能否走进学生心灵的根本不在思政课教师的学术水平怎样,和是不是博士关系也不大。我在《光明日报》上写过一篇文章,我的观点是信仰比知识重要。一个思政课教师学术水平再高,想的是怎样成名成家,把思政课当成了"名利场",那思政课怎么能走进学生心灵呢?你要是把读博的劲头用到教学上,在走进学生心灵上下功夫,我想同样会取得读博希望取得的效果。怎样才能提高自己?以怎样才能上好思政课为引领,围绕学生、服务学生、关照学生，缺什么，补什么，你的教学能力就一定会大有提高，你的思政课教学就会取得令人满意的效果。

祝好！

收到曲老师的回复，非常激动、非常高兴，也非常感动！感觉好久没有听到这样透彻而真诚地分析了！首先向您表达感谢！您说得非常在理，上好思政课真的是思政课教师最重要的一件事。尤其在我们高职院校，把课讲好，让学生入脑入心，是一门大学问。不管是辅导员还是思政课教师，我都一定会在走进学生心灵上好好下功夫，围绕主题，查缺补漏。像您说的，要做到不以功利为目的去提升自己。再次感谢您在百忙之中对我的回复！希望我未来能用立德树人工作上最真实的成绩向您报喜！您多保重身体！祝安康！

好的。在学生的人生“拔节孕穗期”精心引导和栽培好他们，给他们的心灵埋下真善美的种子。告诉我你的详细地址，我把我写的书签名邮寄给你做纪念。

我居然这么幸运能得到曲老师签名的书！我一定不辜负您的期望！努力工作！我的地址是：××××××××。非常感谢您！

我们共勉！到大连联系我。

不能把思政课当成“饭碗”

2020-11-29

曲老师，您好！

我是××大学马克思主义学院马克思主义中国化研究专业的一年级博士生××。昨天听了您的讲座，我感到非常受益，从讲座结束我就一直在犹豫要不要加您微信，怕打扰您，也怕自己见识浅薄，在您这样的名师面前失了分寸，思忖许久，我还是加了您的微信。在您身上我看到了“为天地立心，为生民立命，为往圣继绝学，为万世开太平”的远大抱负，当今哲学社会科学工作者，就应该像您一样有家国情怀和社会责任感。作为一名博士生，我深感自身有许多不足，也正在努力改变中，抓紧一分一秒的时间学习，以您为榜样，争取不断进步！再次感谢您能来××大学马克思主义学院为我们上这样一堂思政课，感受颇多，希望在以后的日子里还能遇见曲老师，聆听老师的教诲！感谢您！辛苦了！

谢谢你的点赞！那天我不是跟你们讲了吗？现在思想政治理论课越来越被重视，使得思想政治理论课教师处在青黄不接之中，这样马克思主义理论专业的博士生就十分“抢手”。由此带来的一个突出问题是一些读马克思主义理论专业的博士生完全是从择业方面考虑才考取了马克思主义理论专业博士。很显然，如果抱着这样的学习目的读博，将来是当不好思政课教师的。习近平总书记在学校思想政治理论课教师座谈会上对思政课教师提出要做到“六要”，排在第一位的就是政治要强，即要有信仰，不能把思政课当成“饭碗”“名利场”，思政课教师要把知识体系最终转化为信仰体系，在思想政治理论课走进学生心灵上下功夫。现在有些思政课教师与此还有些差距，需要不断提升自己的思想境界，坚定理想信念。当下你正在攻读马克思主义理论专业的博士，这就要求你在丰富马克思主义理论知识的同时，一定要坚定自己的理想信念，立志为马克思主义中国化取得最大成果；使马克思主义在中国大地不断发扬光大；为青年学生坚定“四个自信”，矢志不渝地跟党走而走上讲台，把思政课教学当成终生的事业来追求。看了你的微信，我感到你有这样的愿望，那就朝着这样的方向前进！有事联系我。告诉我你的详细地址，我把我写的书签名邮寄给你做纪念。

祝好！

感谢曲老师的教导，收到您的回复我真是太激动了，我一定会更加努力地学习，将来做好一名思政课教师，将生活热情最大化地融入教学实践中，不求别的，只为能给身边的学生、朋友、亲人等带来好的影响，希望用自己的一言一行感化他人，为社会的进步贡献自己的绵薄之力，再次感谢您！

祝您身体健康、诸事顺遂！我的地址是：××××××××。

要做到知行合一

2020-12-09

曲老师,您好!

我是××大学马克思主义学院的××。早就听闻您的大名,但一直没有机会聆听您的教诲,今天愿望得偿。我是一名"90后"思政课教师,我打心底里热爱我的职业,我的幸福感特别高,我也特别想做好我的工作。所以,我常常思考为什么现在的师生关系远不如从前,现在的师生关系更像是经济关系中的利益交换,教师把上课当成任务,不投入感情;学生上课是为了拿绩点。问题到底出在哪里。我百思不得其解,今天您的课让我找到了答案。那就是部分思政课教师根本就没有投入真感情。我也特别赞同您的一个观点,在课堂中,教师就是主体,有很多文章在论述"双主体",洋洋洒洒几万字,但是教师不投入感情,学生怎么信。我今后会投入更多的感情,尽管现在的评价机制仍然是侧重论文,甚至有"非升即走"的说法,但我认为教师之本就是"良心",要有"良心自觉",要有真感情。再次感谢曲老师!我深受触动!

××,你好!

我在上思政课前,都要利用各种方式与学生接触,了解他们的所思所想。有一次我在问到他们和中学老师关系的时候,有个学生直言:"我把老师'摆平'了。"他说老师给他补课,他给老师钱。一些学生就是带着这样的利益关系来到大学的。大学应当给他们什么?尤其是思政课教师应当给他们什么？这对他们确立正确的价值观十分重要。许多学生就是带着疑问来到大学的。大学的老师会是什么样子？我在第一堂思政课上都要告诉学生们我是一个什么样的人。我会告诉他们我和他们不是一门课的关系,我们是四年的师生,一生的朋友。我说在自然年龄上我是他们的父辈,在社会年龄上我不敢说我是他们的父辈,但是我会努力成为他们的父辈。从现在开始,谁也不准饿着肚子上课,吃不上饭找我,有我吃的就有他们吃的。有个学生后来告诉我,从那一刻起,他就知道他来到了一个对的地方,他要听我的话,跟我走。有一次课间我问一个学生,我讲的内容他信吗？他说信啊。为什么信呢？他说他信我。习近平总书记说人格要正,这是千真万确的。教育学生成为什么样的人,自己就必须成为那样的人。马克思主义理论的本质属性是实践性,这就要做到知行合一。这不只是对学生的要求,这更是对我们思政课教师的要求。我常说,学校是社会主义核心价值观践行的第一场所,思政课教师就是社会主义核心价值观的第一践行人。这样,思政课才能走进学生心灵。诚然现在对思政课教学的评价还过于注重了科研导向,但是这一定会改变的。思政课教学必须从学术导向转向教学导向,从教学导向向学生外化于行方面转化,这是不由我们的主观愿望为转移的,这是思政课教学的性质、目的、要完成的任务决定的。什么“非升即走”,下一步应是“非改即走”。什么叫破除“五唯”？不就是要从实际出发,实事求是吗？马克思主义理论教学怎样最有效？这才是思政课教学的出发点和落脚点。你是对的,不管外界怎样,坚持把对的事情做到底。“待到山花烂漫时,她在丛中笑。”确实不能把思政课只当成知识来传授,只解决学生绩点问题,这样也就失去了思政课教学的价值所在。

飞机着陆了,就谈到这里。

祝好！

曲老师,我太感动了。您这么高级别,这么丰富的人生阅历,这么宽的眼界,能回复我这么一个普通的老师,还回复得这么详细,真心感谢您。此外,我更多的是心疼,您跟我父亲处在同一个年龄段,我父亲早就退休在家享受生活了,您白天讲了一上午课,您是我唯一见到过的全程站着讲课的老师,晚上还要赶飞机。在这里跟您说一声,要注意休息,您的健康是国家的、社会的,更是学生的宝贵财富。

曲老师，您多休息，我会努力成为一名充满真情实感的思政课教师！

谢谢！我们共勉！我到山东大学了，明天参加全国高校思想政治教育工作中青年骨干队伍建设项目评审。到大连联系我。

一定，再次感谢曲老师，您辛苦啦！

把你的详细地址告诉我，我把我写的书签名邮寄给你做纪念。我们共勉！

不为名利，而是为爱

2020-12-10

有一次我做完报告后，有个思政课教师给我留了一段话，其中她说她要当好思政课教师，“不为名利，而是为爱”。这八个字说出了上好思政课的关键。不能把思政课只当成“饭碗”、视作“名利场”，作为思政课教师，要在让思政课走进学生心灵上下功夫。

曲老师，您好！

感谢您通过我的微信好友申请，以后在思政课教师的事业上，要多多向您学习、请教，以您为榜样，以学生为中心，当好一名纯粹的思政课教师。今天上午，您的讲座让我很感动，也激励我要做好一名真正的教师，不为名利，而是为爱。

××，你好！

“不为名利，而是为爱”，这句话我非常欣赏，能够砥砺我前行的应当就是对党、对国家、对人民的爱了。近代社会以来，我们受了多少欺负，遭受了多少白眼。中国共产党不容易，中国人民不容易，我们的前辈不容易，我们顶住了一切压力，中国特色社会主义制度的优越性越来越充分地体现了出来。中国梦不会轻轻松松、敲锣打鼓地实现，实现伟大的梦想需要进行伟大的斗争；进行伟大的斗争需要培养伟大的战士；培养伟大的战士思政课教师责无旁贷！所以说思政课使命光荣，责任重大！你说得对，要做好一名真正的思政课教师，那就要把对党、对祖国、对人民之爱贯穿在教学全过程，这就要在让思政课走进学生心灵上下功夫。千万不能把思政课只当成知识传授给学生，那样就失去了思政课的味道。当然在今天上好思政课还是面临很多现实的问题，这就需要我们发挥主观能动性去克服。要有学科自信，要有正确的学术追求，只要真正做到不为名利，而是为爱，思政课就一定会成为学生十分喜爱、终身受用的课，望大家为此而努力！

您对我的期望，我会牢牢记在心上，收藏了！我明白您的意思，思政课要有灵魂，那就是对国家和学生的爱！这次来学习最大的收获就是亲耳听到了您的讲座。以前都是在电视上，您的那期“平语近人”我从头看到尾，当时我为辽宁省能出您这样的好老师感到骄傲。今天能亲眼看到您、听到您的教诲，我感到特别荣幸，您真的是用人格魅力征服了大家。

把你的详细地址告诉我，我把我写的书签名邮寄给你做纪念！我们共勉！

太感谢了。我正想买您的著作呢。我的地址是：××××××××。我一定好好收藏，认真拜读。我在××大学马克思主义学院工作，如果您有机会来我们学校，请一定给我招待您的机会。

集聚向上的力量

2020-12-13

曲老师,您好!

我是××。今天是立冬日。虽然今天的大连不是很冷,但是您送给我们的温暖仍旧十分令人感动,非常感谢您!苹果十分甜,我和我的室友也分享了这份温暖。室友们都很羡慕我,羡慕我每年的这个时候都能收到老师的关爱。但是我认为老师送给我最好的礼物是教我们如何做好自己的分内之事。您不仅教育我们如何去爱国,更鼓励我们去认真学习科学文化知识。非常幸运能够成为老师的学生,而且我也希望努力体现自己的价值,为祖国和自己的家乡贡献自己的一分力量,希望能够有机会回报国家这些年来的资助,未来能够不负老师的期望,真真正正地成为一个有用的人!

××,你好!

老师读大学的时候家里就比较困难,生活总是捉襟见肘,不敢乱花一分钱。老师知道你们不容易。我现在条件好了,能为你们做些事情,老师十分愿意。给你们买苹果就是告诉你们老师把你们放在心上,希望你们心中充满阳光,集聚向上的力量!就像你说的那样,老师最希望看到的是你们把学校、老师给予你们的关爱转化成为前进的动力,为实现中国梦而刻苦读书。老师陪伴在你的身边,有需要我做的事情就告诉我。困难都是暂时的,克服了它,一切都会好起来。在大美的中国做大美的事情,成为一个对祖国真真正正有用的人。你一定会做到的。要放假了,给你打500元钱,用于给你家里买点大连的特产和你路途的补贴。飞机要着陆了,就这样。马上打给你。

祝好!

曲老师,您好!

非常感谢您能在百忙之中抽出时间关心我们这些农民的孩子。我还记得老师您在课堂上教育我们要勤奋刻苦,要多为同学们做贡献,同时您还鼓励我们多锻炼身体,有一个强健的体魄。学生这些都记在心里,也正在努力着。因为您让我知道了重要的不是结果,而是享受奋斗和拼搏的过程,也正是因为您的教导,我没有在大学中迷失方向。我虽然没有像其他同学那样出类拔萃,但是我有底气在回家面对父母时说,我没有辜负大学的美好时光,因为在大学中不光有自己付出的汗水、同学的陪伴,还有像您一样的老师和导员的关爱和照顾。学生很高兴能够在自己最好的年纪与老师相识,学生日后也会更加自信、更加努力,争取能够学有所成,做一个无愧于父母、无愧于老师和学校、能为祖国分忧、能为百姓做事的人!

最后也希望老师每天快乐、身体健康!

好的!老师看到了一个在向人生高峰奋勇攀登的人,那就是你!

谢谢老师的鼓励!

还是应当把功夫下在教学上

2020-12-24

曲老师,您好!

自省委党校培训学习和您交流后,已经过去快半个月的时间了,回到单位后我一直在尝试备课,但是心很难沉下来,也有很多疑惑解不开,所以特别想听一听您的解答。

其实说是疑惑,更多的是感到很大的压力和挑战。我在2018年研究生毕业,毕业后去了一所初中当政治教师,当时面对的都是十三四岁的孩子,感觉自己的教师角色更明显。现在由于工作的变动学生主体变了,我觉得这对于自己来说很有压力。明年9月份开学我就要面对大学生讲授“思想道德修养与法律基础”课了,虽然这一段时间我在备课过程中感觉“思想道德修养与法律基础”这门课和初中教材内容非常接近,但是我不知道该如何面对大学生授课?初中政治课和高校思政课的侧重点又有什么不同?也恳请您方便的话提供一些好的备课方法和备课资源。上一次和您交流后,您指导我,“一定要把论文写在学生心坎上”。我一直记在心里,也一直在思考论文的方向。但是现在也非常纠结,不知道对于刚刚入职的自己来说,应该把重心放在教学上还是科研上,还是两者可以很好地平衡去做,也恳请您能给我提供一些建议。

曲老师,真不好意思,问了您这么多的问题,这么晚打扰您休息了,您不忙的时候为我解答就好。大连这几日疫情持续,您多注意防护,多注意休息,祝您一切遂意!

××,你好!

看到你的信,我能感受到你是一个有想法,且致力于把思政课上好的老师。那么怎样才能上好思政课,尤其是“思想道德修养与法律基础”这门课?大学的课程和中学课程自然有很大的不同,大学的“思想道德修养与法律基础”课,在学理性上一定比基础教育阶段要深厚得多。这首先在学理性上要把“思想道德修养与法律基础”课中的理论问题搞清楚。当然,“思想道德修养与法律基础”课最主要还是实践的问题,所以上好这门课,更重要的还是要在走进学生心灵上下功夫,也就是让“思想道德修养与法律基础”课成为学生喜爱、终身受用的课。你关注一下教育部社会科学司官网,查询一下关于思政课教学的网站,收集一下教学资料,这些都可以用来作为参考。当然,更重要的还是要加强对教材的理解,结合学生实际做好课件、备好课。

至于是把重心放在教学上还是科研上,这关键要看你追求什么,如果你想成为马克思主义理论家,那你就要在科研方面多下功夫。我还是主张把自己定位在马克思主义教育家上。思想政治理论课说到底是为学生开设的,也就是说要解决学生的思想问题,让马克思主义理论成为他们行动的指南,外化为他们的实际行动,不是为了我们成名成家的。我也举过这样的例子:我们有的思政课教师为了强调科研的重要性,总是说自己要有一桶水,学生才有一杯水。这在理论上是成立的,事实上未必如此。如果为了自己成为理论家,就会不断地丰富自己的理论水平,即便有了一桶水,还想有第二桶水,第三桶水,还想有一湖水,哪能舍得给学生一滴水呢?如果把自己定位在教育家上,恐怕当有半桶水的时候,就会着急怎样能给学生一滴水、半杯水、一杯水呢?我从参加工作就上品德课,我把邓小平同志说的一句话写在我的一本工作手册的扉页上:少说空话,多做工作,扎扎实实,埋头苦干。至今我不敢说我有多么高超的马克思主义理论水平,但是在用马克思主义理论教育青年学生方面,我还是有着丰富的实践经验的。你这么年轻,在从事思想政治理论课教学的时候,定位确实很重要,要考虑好这个问题。当然今天我们一些思政课教师对科研如此的重视,还有一个“五唯”杠杆问题,过于偏颇的评价标准使一些思政课教师把科研当成了重心。虽然我们现在提出了要破“五唯”,但是还没有更为有效的实际措施。不过我想“五唯”一定会破除的。那时对一名思政课教师的评价标准,就不是看他发表了多少论文、主持了什么样的课题,而是学生是否真正接受了他的教育。实事求是是马克思主义最基本的原则，这是放之四海而皆准的真理。

思政课的重心在教学

2020-12-25

昨天我在我的公众号上推送了《应当把功夫下在教学上》一文，有个长期从事思政课教学的教授给我语音留言。她的观点是对此文很好的补充，这里推送给大家。

曲老师，我今天看了您发的文章，真的很有感触，我觉得您说得特别对，现在教学的问题太重要了。如果我们都为了一些虚名，为了评职称天天写论文，根本不管教学和学生培养，最后我们真是罪人。所以我总觉得思想政治教育最重要的是落实到每个人的头上，而不是思想政治教育老师能写多少篇论文。思想政治教育最根本的东西就是使每一个人都有家国情怀，这样我们的民族、我们的国家才能强大。其实我经常想这样的问题，为何我们给学生讲东西，学生却不愿意听，我们讲得怎么样自己有反思过吗？这么多年我们做老师的给学生的并不多，我就觉得做辅导员的不需要写多少文章，思想政治教育做得好坏不是看我们写了多少文章，是否成为什么专家，如果我们真的在努力使每一个学生正向成长，那我们将形成很大的正向力量，这将对我们民族的未来大有裨益。说实话，现在我们学院一考核工作就看你发没发表论文，看你承没承担什么课题，如果你没有，你就相当于没做工作。好像每个学生的日常培养都不太重要，只看你自己有没有拿到这些标签儿。我们最终为了什么呢？大学的教育太重要了，这是一个衔接，或者说是教育的中坚力量啊。怎么将知识传承给下一代,给学生做出榜样?我们都这么唬来唬去的,都这样做一些虚的东西真的不行。所以我觉得教育最终都要落实到每个学生的身上,这是实实在在的。

你没有理由不读书

2021-01-13

大学生朋友们,法国作者费尔南·布罗代尔这个人你们是不是不太熟悉啊?

这个人在学术界地位还是相当高的。在很长一段时期,他成为法国史学的化身和标志性人物,在西欧学术界也享有崇高的地位。不止一位评论家这样断言:如果诺贝尔设史学奖,那么布罗代尔在世时无疑是最具竞争力的一位。中信出版社出版了他的原著《文明史——人类五千年文明的传承与交流》(以下简称《文明史》),在中译本序中有这样一句评价:他去世多年之后,人们谈起他来仍满怀崇敬之情。

中文本序中谈道:就在布罗代尔准备动笔写作其思索已久的博士论文时,第二次世界大战欧洲战场打响了。布罗代尔应征入伍,驻守马其诺防线,结果被德军俘虏。在孤独、沉闷、难以忍受的五年战俘营生活中,身体得不到自由的布罗代尔在精神上却神游波澜壮阔的整个地中海,并把心得体会记在获释难友寄来的练习本上。实在难以想象,这部旁征博引,涉及法文、英文、意大利文、德文、西班牙文和加泰罗尼亚文等多种文字,初版长达1300余页,内容庞杂、卷帙浩繁的巨著,是在监狱中几乎全凭记忆完成初稿的。这不能不说是个奇迹。

《文明史》从文明的角度俯瞰人类社会发展的历程,从黑色非洲到远东,从西欧、美洲再到另一个欧洲(东欧和俄国),一代史学宗师以大历史的视角帮助我们认识人类主要文明。

《文明史》最早于1963年在法国出版。这部巨著被不断再版，并被翻译成十几种语言，英文、意大利文、德文、日文等译本广受好评，至今畅销不衰。在该书出版50周年之际，国内根据法文版出版了这部巨著的中文版。

多么了不起的一个伟大人物，五年的监狱生活练就了他不屈的品格。我们常说人是环境中的人，人要适应环境，但在某种意义上说人亦可以改变和战胜环境。布罗代尔的监狱时光，可以有一万个理由把那“窒息”的时间“荒废”掉。但是他没有，他在“绝望”的时间把书读到了极致。

作者李树德2017年11月28日在网上发表了《“牢监大学”毕业的薛暮桥》一文，这里一并推送给大学生朋友们。

杭州西湖边上的“望湖宾馆”在80多年前是“浙江监狱”，也就是西湖六公园对面的小车桥监狱（原国民党陆军监狱），这里曾关押过一位著名的共产党人——薛暮桥。也就是在这所监狱里，薛暮桥自学了世界语，并取得毕业文凭。

1904年10月25日，薛暮桥生于江苏无锡县礼社镇一个破落的地主家庭里。15岁那年，他正在省立第三师范学校读初中二年级。一天，他听到噩耗：父亲因债主逼债悬梁自尽了。半年后，薛暮桥辍学到杭州铁路车站当练习生，学习会计，20岁的时候，他已经成为当时沪杭铁路车站中最年轻的站长了。

1927年年初，薛暮桥加入中国共产党。不久，蒋介石发动四一二反革命政变，大肆抓捕共产党员和国民党左派人士，随后，薛暮桥担任了中共杭州地委工人部长，为争取工人权益而奋斗。同年6月，薛暮桥不幸被捕；此时，他加入中国共产党只有3个月。他就被关押在西湖畔的小车桥监狱里。

薛暮桥在狱中坚强不屈，经受了敌人各种酷刑，与难友一道和敌人展开了多种方式的斗争。他和时任中共浙江省委书记张秋人关在甲监5号。张秋人视死如归的精神对薛暮桥影响很大。有一天，张秋人把书一扔说：“怎么还不枪毙我？”薛暮桥非常惊讶：“既然知道快死了，为什么每天还要读书？”张秋人答道：“我们活一天就要做一天革命工作，在牢里不能做革命工作，就要天天读书。”

这句话对薛暮桥触动很大。在后来的回忆录里，他写道：“这是终生难忘的教诲，我一生都没有忘记他的教导。”从此，监狱里、禁闭室中，薛暮桥都置若无人、如醉如痴地沉浸在书本里。他把监狱当作学校和课堂,自学了政治经济学、哲学、自然科学、历史等,他还自学了英语。

在监狱里,薛暮桥开始接触到世界语,他被这门人造语言深深地吸引并产生了浓厚的兴趣,为此他刻苦地埋头学习世界语。他根据自己亲身经历和反动派在狱中杀害革命者事实,用世界语创作了纪实文学《牢狱生活中的一夜》。

因为监狱的看守不懂世界语,所以这篇揭露敌人暴行的文学作品被当作学习世界语的毕业论文,通过看守之手寄给了上海世界语函授学校。中国著名的社会活动家、中国世界语运动先驱胡愈之,当时担任上海世界语学会及上海世界语函授学校的负责人。胡愈之又把薛暮桥的文章转交给巴金,当时巴金任上海世界语函授学校的教师并兼任世界语刊物《绿光》的编辑。很快,这篇文章就在上海世界语学会主办的《绿光》杂志上发表了。

这篇文章成为薛暮桥学习世界语的毕业论文。上海世界语函授学校结业证书,也成了薛暮桥一生中的最高学历证书。所以,20 世纪 70 年代末,当一位美国教授问起薛暮桥"毕业于何国的何所大学"时,他坦然而又自豪地回答道:"我毕业于旧中国的牢监大学!"(李树德)

大学生朋友们,读了这些,你们还能找出不读书的理由吗?

政治上理应要求进步

2021-02-06

××,你好!

今天是你的生日,老师祝你生日快乐!

你们来大学后,为了教学的需要,我在你们年级做了调查问卷,我从辅导员那里也要了一份你们的入学登记表。你回答得很好,填写得很认真,做事就应当这样!不是说字如其人吗?人和人交往的第一印象还是很重要的。现在有些学生做事太“随意”,社会是有秩序的,哪能什么事都随个人意愿呢?当然我更欣赏的还是你谈到的人生追求。你谈到了读大学最为重要的两点,一是为什么要读大学;二是读大学一定要学好本领。在第一点上,你说你受你母亲的影响最大,她教会了你善良、无私、奉献、勇敢、担当。你母亲是位公务员,是位共产党员,我想她既是一位合格的母亲,也是一位合格的共产党员。受你母亲的影响,你说你最关心的问题是在校期间,能否成为一名优秀的共产党员,这说明你有着政治上的追求,你要成为一名共产党员。大学教育的本质在于培养具有家国情怀和社会责任感的人才。因此,读大学的意义不仅在于个人成长,更在于为国家和社会担当责任。在新时代背景下,爱国与爱党是高度统一的。所以,老师非常欣赏和赞同你的是,你首先解决了价值追求问题,这对读好大学太重要了,不然知识可能没少学,结果却用错了地方。爱党也好,爱国也罢,这需要本领,就是不能空喊。在第二点上,你要成为本领域的拔尖人才,让我国电子信息领域屹立世界之巅,这需要你有扎实的学识。既然你认识到了这个,我想你一定会为此而努力奋斗的。有些学生什么都没做,却总在抱怨这、抱怨那的,终将一事无成。能不能“走两步”再说看到了什么? 立志是一回事,践行又是另一回事。立志容易践行难。这也成了成功还是失败的“分界线”,空有满腔志,脚下无力量,自然就走不远。你年轻,一定要去掉一些年轻人所犯的通病:只知仰望星空,却忘了脚踏实地。还有一点也非常重要,做大事也是需要强健的体魄的。我去过毛泽东同志在长沙读书的学校,学校的后院有口水井,毛泽东同志当年每天早上都洗“冷水浴”;我去过合肥周瑜的墓园,周瑜的遗书就刻在一面墙上,周瑜悔恨的是怀有满腔的抱负却让疾病阻止了脚步。看看钟南山等院士,不都是七八十岁高龄了吗? 你现在正处在人生的“拔节孕穗期”,需要精心栽培。“栽培”有思想上的,也有物质上的;有外部给予的,也有自动吸收的。锻炼身体就需要你有积极的态度。身体是很功利的,你对它怎样,它就对你怎样,这是普遍的法则,你要遵守的。

大学生活过去了一个学期,你有怎样的收获? 你的思想素质很好,努力地前行吧,你的目标一定会实现。开学后找我,我们当面聊聊。你的微信名不阳光、不大气,建议改一下。

祝假期愉快,一切都好!

谢谢曲老师,谢谢老师的祝福与教诲,我在接下来的日子里一定好好学习,努力践行社会主义核心价值观,争做优秀大学生。我一定会不懈努力,向曲老师看齐。也祝曲老师身体健康、假期愉快、一切安好、万事顺意!

思政课一定要走进学生的心灵

2021-03-09

今天上午在省委党校为我们省委高校工委举办的思政课教师培训班做了“践行‘六要’,铸魂育人”的报告。报告后有些老师和我做了交流。

（一）

曲老师,您好!

我从2008年毕业留校担任辅导员就一直钦佩、仰慕您,我们这一批辅导员也是您担任副厅长时的受益者。现在我作为组织员兼马克思主义学院思政课教师,再次听到您的报告,真是深受鼓舞,谢谢您!

谢谢点赞!我们共勉!思政课一定要在走进学生心灵上下功夫。这样思政才有味道。

是的,紧随老师的步伐!

（二）

曲老师,您好!

我是××大学××,这次又坐在第三排听您的报告。我听了您的几次报告都深受感动！特别是您强调的，思政课不只在课，而且还在于践行。曲老师，听了您这么多次报告，感受到了您这么崇高的人格，今天加您微信就是想跟您说，曲老师，感谢您榜样的作用，您保重，我们要做像您一样的思政课教师！

谢谢点赞！思政课不是以传授知识为目的的，思政课更是一份信仰、一种追求，思政课最终要走进学生的心灵，也就是要使学生用科学的理论指导实践。这就要求思政课教师给学生做榜样，这就要践行，不然思政课就收不到大家期望的效果。

（三）

曲老师，您好！

我是××大学马克思主义学院××，退休后被××大学思政部聘为思政课老师，我感到使命光荣、责任重大！很早就听过您的报告和指示，您的事迹鼓励我讲好思政课。在讲课时，我将您的事迹做成视频，给学生放，学生也深受教育。曲老师，今后我会以您为榜样，尽职尽责为国家培养合格人才！

祝您身体健康！

谢谢点赞！思政课必须走进学生的心灵，这样才有意义、有价值。大家都在积极地探索，做了大量的工作。我们共勉！

谢谢您的鼓励！

（四）

曲老师，您好！

多年未见，今天再次聆听您的教诲，真是百感交集。今天您做了一天的报告，非常辛苦，就不打扰您了！希望我能有机会去大连海事大学拜访您，当面向您请教！

谢谢点赞！你很努力，进行了充分的教学实践，也就有了教学经验，好好利用这些经验把学生培养好。这是一份崇高的事业，值得我们一生追求！

（五）

曲老师，您好！

我是××大学××。今天您的一席话，点亮了我的前行之路，也省去了我的诸多烦恼。我只做了几年的思政课教师，也想把课上好。但是不知怎样能上好。特别是看到有些老师发了文章，拿了课题，更使自己着急。不瞒您说，这个假期我真是足不出户，闷着头写文章，到头来实在写不下去了。您说科研要为教学服务，要在思政课走进学生心灵上着力，对我很有启发。今后我要在走进学生心灵上下功夫，最好的教学、科研就是学生听从我们的教育。

××，你好！

谢谢你的点赞和认同！我算上了一辈子思政课。尽管工作岗位不断变化，但思政课我一直没放弃。我始终认为，大学里最重要的一门课就是思政课。这是管人生方向的一门课；是管所学知识、所具有的能力往哪里用的一门课。这门课学不好，学那么多的知识、有那么强的能力又有什么用呢？看看一些走进监狱的人，要知识有知识，要能力有能力，走到这个地步多令人痛心、令人惋惜！所以，思政课一定不能让学生只当成知识来学，一定要让思政课走进学生的心灵。我们有的思政课教师也是很努力，但是把主要的精力都放到了科研上，认为科研上去了，学生自然就教好了。绝不是这么回事。习近平总书记说："把论文写在祖国大地上。"对思政课来讲，就是要把论文写在学生的心灵上，真正做到在学生的人生"拔节孕穗期"培养好他们。这样思政课才有意义、有价值。不然我们学问上去了，学生落下了，那我们这门课还有什么意义呢？思政课教师不能把思政课当成"饭碗""名利场"，检验思政课教学的水平不是看论文在哪发的、主持了什么级别的课题，关键还是看学生培养得怎样，学生是否认同我们的引领。

相信学生就是相信未来

2021-03-12

未来是青年人的,青年人怎样,未来就怎样。辅导员、思政课教师、思想政治教育工作者一定要坚定教育信心,要有爱的情怀,下大气力把学生培养成社会主义事业建设者和接班人。这是对民族和国家的负责,是对党的事业的负责,是对家长的负责,也是对学生的负责。我们有的同志缺乏这方面的信心,把学生看成“精致的个人主义者”,这不是唯物主义的观点。因为年轻,在学生身上难免有这样一些不足、那样一些问题,而正是因为如此,才突出了我们的价值,才彰显了思想政治教育的意义。昨天在我授过课的一个年级有一个学生过生日,我给他写了生日祝福,从这个学生的回信中,我更加坚定了这一点:当代青年大有可为、大有作为,中国梦一定会在他们的接续奋斗中实现!

曲老师,您好!

感谢您在即将开学之际给我送来的祝福,这让我倍感荣幸,也十分感动。正如您所言,我们这届学生赶上了疫情的特殊时期。在这疫情之中让我明白了我们伟大祖国的强大与无私,也让我作为一名中国人而感到深深的自豪。疫情中,中国共产党总是以人民利益为中心,那些抗“疫”战士们驻扎一线洞察危机,为我们点亮希望的灯塔,照亮前方的路,所以我认为作为大学生的我们也应该心怀祖国,不要总是把个人利益放在首位,应该努力学习,将来好好报效祖国!习近平总书记说过:“不怕困难,勇于开拓，顽强拼搏”。我认为我们每个人都站在属于自己的起跑线上，虽然这条起跑线并非人人相同，但我们所设定的目标都是前方，都是梦想。所以，大学生现在的目标就是努力学习，追逐自己的理想。但也要兼顾最重要的一步，也是立人之本，就是要一直培养自己良好的世界观、人生观、价值观。张载曰：“为天地立心，为生民立命，为往圣继绝学，为万世开太平。”古人尚能够如此，吾辈当何如。我觉得我们当代青年确实有不少人忽略了自我价值观的培养，将自我价值仅仅定位为好好学习，赚钱让自己过上好日子，其中也不乏虚度光阴者，这都是不争的事实。看了您的信，我觉得深有感悟，我们确实应该努力学习，但不能“死学习”，不顾价值观的培养。我们要清醒地认识自我，知道自己的定位、自己的用处、自己的价值。个人与世界宛如叶与树的关系，每一个看似渺小的自我都是万物的凝结，我们在认知自我的过程也是感知大千世界的过程，在这过程之中我们就要学会价值的衡量，系好这粒价值观的“扣子”。最后，再次感谢您给予我的祝福和对我的教诲，我一定会牢记于心，培养良好的价值观，虽然这是一个漫长的过程，但我会继续努力，不忘初心！

祝您身体健康、万事顺意！

××，你好！

谢谢你的祝愿！看了你写的这段话，我很感动，你对大学文化的本质有了正确的认识。这是使知识形成力量的重要前提。老师相信你一定能扎实地走好你今后的路，实现你心中的梦想！加油！别忘了锻炼身体！想成就一番事业，没有强健的体魄也是不行的。给你们上课的时候我说过，我们不是一门课的关系，我们是四年的师生，一生的朋友。老师还有些余热，需要我的帮助就跟我说，别客气。

祝每天都有好心情！

曲老师，您好！

谢谢您的信任与祝福！看到您的回信，我十分开心。我的大学生活已经过去了一学期，您的话使我心中奋斗的火花更加旺盛，在接下来的学习与生活中，我会更加努力，不忘初心，在奋斗中不断充实自己，完善自我人格，提升自我品质。您说得对，我们是四年的师生，一生的朋友，能在茫茫学海中与您结识是我的荣幸，我真的特别开心成为您的学生！

祝您幸福安康、一帆风顺！

好的。我在上海，等我回去的时候请你吃饭。把我写的书签名送你做纪念。

好的，谢谢曲老师。

祝好！

担负起思政课教师的神圣使命

2021-03-19

曲老师，您好！

我是××学院的一名新任思政课教师，××大学研究生毕业。我怀着去高校工作的向往先后在××学院做过辅导员和组织员等工作，今年主动申请转为思政课教师。参加本期培训启迪了我的智慧，聆听您的教诲更是净化了我的心灵。我课间也想跟您合影、找您签名并和您聊上几句，但是一想到您这么忙，给我们讲课这么累，就没忍心前去打扰，索性加您微信向您汇报一下一名普通思政人的听后感，同时盛情邀请您在条件成熟的时候来我们学院做讲座，点燃火种、传播情怀。说实话，工作十余年的我，当初的热情已略有退却，但今天您的讲座一扫我全部的职业倦怠，让我真切地领略了共产党员鲜活的面貌，也让我真正明白了什么才是真正的事业，青年人应该选择什么样的人生道路。语短情长，更多感慨铭记于心化作实践，涓涓细流滋润我和我的学生们！

最后祝您身体健康、工作愉快！晚安！

××，你好！

谢谢你的点赞！每次做完报告后，都有一些像你这样的老师给我点赞、向我表态，我很感动，这不是你们的义务，但这又促使我更加坚定地行走在“为党育人、为国育才”的路上。我始终认为，大学里最重要的课程就是思政课。中华文化五千年积淀了“厚德载物”四个字。人没有德，承载不了知识的重负,会被压垮的,一些走进监狱的人,论知识可谓满腹经纶,就是因为没有德才使他们沦落到这一步。

厚德是怎样形成的?首先是由道德认知开始的,正确的道德认知是厚德的前提。思政课首先要解决的就是学生的道德认知问题。青年学生处于人生的“拔节孕穗期”,最需要价值的引领,所以思政课教师十分关键。上好思政课需要多个方面共同发力,就思政课教师自身来说,一定要立意高远,理想信念坚定,决不能把思政课看成简单的知识传授,要把思政课看成党的事业的重要组成部分。只有青年学生矢志不渝跟党走,中国梦才能实现,党的事业才能不断发扬光大。我常说这样一句话:信仰比知识重要;情感比方法重要;践行比说教重要,强调的就是思政课教师要有理想信念、要对党忠诚,要自觉成为党的事业的捍卫者。习近平总书记指出,对马克思主义的信仰,对社会主义和共产主义的信念,是共产党人的政治灵魂,是共产党人经受住任何考验的精神支柱。理想信念是共产党人精神上的“钙”。没有理想信念,理想信念不坚定,精神上就会“缺钙”,就会得“软骨病”。想到这些,作为一名共产党员,思政课教师在增进教学技能的同时,更要锤炼党性,培养自己为党的事业奋斗终身的信仰、情怀。有了这些,就没有什么倦怠了,就不好意思向党讨价还价了,也就不好意思跟学生斤斤计较了。

现在全党上下正在开展党史学习教育。学党史学什么?对我们思政课教师来说,就是要学习中国共产党人为中国人民的幸福不惧任何艰难险阻的奋斗精神。毛泽东同志说:“成千成万的先烈,为着人民的利益,在我们的前头英勇地牺牲了,让我们高举起他们的旗帜,踏着他们的血迹前进吧!”活着就好;活着就要把学生培养好!唯有如此,我们才能对得起逝去的先烈们,才能对得起党对我们思政课教师的嘱托,才能对得起我们在党旗下立下的誓言!不然就会患得患失,甚至苟且偷安。这多让人瞧不起,多么令人鄙视!我们共勉吧!祝你一切都好!

把握好课程思政的四个环节

2021-03-25

有个专业课教师问我："曲教授您好！我们学校要求我们专业课教师要搞课程思政，课前都要讲一段和思政相关的事，讲新闻也行。您说这是课程思政吗？"

课程思政的问题常被老师问起。不过这种理解是不正确的。关于课程思政许多专家学者都有阐释，大家可以看看他们写的文章。这里我简单地谈一下我的理解，只是一家之言。

习近平总书记在全国高校思想政治工作会议上指出，思想政治工作需贯穿教育教学全过程。全过程自然包括课程教学，由此也就提出了课程思政的问题。我是从这样四个环节理解课程思政的。

一是确立教书育人的理念。有的老师讲，我给学生传授知识不就是在育人吗？给学生传授知识和育人有联系，但不是一回事。学习是有目的性的。我们说教书育人，就是首先要让学生懂得成为一个什么样的人，搞清楚为什么学习的问题。竺可桢先生在做浙江大学校长的时候对学子们说：诸位在校，有两个问题应该自己问问，第一，到浙大来做什么？第二，将来毕来后要做什么样的人？这样两个问题应当贯穿在我们每个教师教学的全过程，不然学生虽然学到了知识，却不懂得把知识用到哪里，甚至走向反面。

二是完善课程。课程是育人主渠道。正确的道德行为源于正确的道德认知，知是前提。不知便无法行，行了也是盲行。所以，必须通过完善课程来解决学生的道德认知问题。这个问题这些年有了很大的好转，思想政治理论课得到了加强，这对帮助学生确立正确的价值观起到了重要作用。但是应当看到，思政课只是人文课程中的核心课程，学生的培养还应有历史、文学、经济、艺术等人文课程的熏陶，而这方面我们还是比较薄弱的。很多高校，重视的还是科技类课程的开设，对人文类的课程就比较忽视。

三是所有的课程都包含着思政的内容，即便科技类课程也是如此。比如讲生态环境中的空气质量问题，教师应当告诉学生的是我们正在发展中，党和国家已经把生态文明建设作为治国理政的重要内容。这就需要大学生们学好专业知识，为生态文明建设做出努力。反之，若是老师在课堂上发牢骚、一味地抱怨，教学效果就绝对不一样。

四是教师一定要有人格的力量。毋庸置疑，教师一定要有渊博的知识，正所谓教师有一桶水，学生才能有一杯水。但是，是不是教师有了知识学生就一定会信、会学？恐怕还真不一定是这么回事。如果一个老师只想自己有多么高深的学问，一心想当学者、当专家；想的是自己能有两桶水、三桶水……那么学生又怎么能有一杯水呢？教学过程不只是知识的传授，更是人格的展现。有了人格，把学生放在心上，为学生搞学问，学生才能悦纳教师所传授的知识，记住教师所讲的道理。“亲其师，信其道”，原因正在于此。

我以为，要想课程思政真正实现其作用，一定要把握好这样四个环节。

朝着正确的目标前行

2021-04-13

××,你好!

今天是你的生日,老师在湖南祝你生日快乐!

大学生活过了快一学期了,你有什么样的认识?明确了怎样的方向?调查问卷中你说你没有理想,不想被理想束缚,现在你还这样认为吗?理想只会激励人,不会束缚人的。人总是要有追求的,没有理想整天就会无所事事。比如,考不考研?这是很现实的问题,早点定下来,你就会早做准备,不能迷迷糊糊地,到大四了才想起来要考研,那就有点晚了。考上研究生就是一个理想,它会督促你抓紧学习。再比如,将来要成为一个什么样的人?你总不能稀里糊涂怎样都行吧?我想你的内心世界还是希望自己成为一个感恩父母、服务社会的人吧?谁不希望自己成为一个好人、有作为的人、让人点赞的人呢?这也是理想。有了这样的理想会使你在平日里注意养成关心他人的品行,同样会有助于增强你的本领。拿什么感恩父母、服务社会?不是在口头上,需要有行动;怎样才能成为令人点赞的人?不能太自私了,心中要有他人。你能考到大连海事大学,说明你有较强的能力,好好培养自己,待走向社会的时候定会有所作为。如果没有理想,得过且过就会耽误自己。老师跟你说这些,在你看来可能就是多余的。可是老师是过来人,看得多了,很多没有理想的学生最终都会一事无成。老师把这些告诉你,是想给你提个醒。人生不能凭着自己的个体经验走到底,那样太不靠谱。人都是要借鉴别人的经验,这样才能走好自己的路。特别是在你们现在这样的时间节点上,还是要明确自己的人生方向,朝着正确的目标一步步前行。这不是束缚,这是激励。老师在你们的身边,有事联系我。

祝好!

曲老师,您好!

十分感谢您的关心,非常抱歉现在才回复您的信息。能在生日这个特殊的日子收到您的来信,我十分开心和激动,没想到您能在百忙之中抽出时间来给我写上这样的一封信。诚然,正如您所说,我当初的想法是非常不成熟的,我曾经认为理想是高远而不切实际的,但读了您的来信,我对于理想有了更深的理解,结合进入大学一学期的所学所感,更理解到您所说的理想对于现实生活中的自己起到的激励和鼓舞作用,也明确了自己的理想,对未来有了规划,生活也便有了条理。一学期的学习和生活,也让我更加清楚地认识到您在思政课上给我们的建议是无比真实而正确的。这些建议让我在面对生活中的抉择时有了明确的方向。最后再次感谢老师对我的关心和帮助,希望您身体健康、工作顺利,引导更多的大学生走上正确的道路!

你回了这么多,一定耽误了不少时间。你明确了目标就抓紧时间学习知识、培养本领。你到我办公室,我把我写的一本书签名送给你做纪念。

为党和人民的事业而奋斗

2021-04-20

××,你好!

今天是你的生日,老师祝你生日快乐!

老师看了很多遍你在开学时填写的调查问卷,你答得很认真,无论是文字的工整程度还是思想的表达程度都说明了这一点。做事就应当这样,认真、仔细、扎实、深思、慎行。要知道你不在乎的事情别人可能很在乎,做事千万不能由着自己的性子来。老师还特别欣赏你对一些问题的看法。在谈到对你人生影响最大的人是谁的时候,你说是你的初三班主任。你不只是说他使你的数学成绩得到了提升,更主要的是你说他经常向你们传授人生经验,他的每句话、每个字你都牢记心中,是你初识大千世界的指路灯。就应当摆正学习知识与做人的关系。知识重要,做人更重要,人都没做好,学那么多的知识有什么用呢?的确要牢牢记住,知识永远都是为做人服务的。你知道这样一句话吧?“当官不为民做主,不如回家卖红薯”。如果与读书联系起来,说的也是这个意思,人生没有正确的目标,无论当官还是学习,都失去了其意义。你说你的理想是努力工作,回报父母,让他们走出农村去到大城市,给他们更好的生活,改变下一代的起点,让孩子从小拥有良好的教育和社会资源。看到这里,我眼圈红了。我想起我上大学时的一个情景。我家在城里算是困难户。我母亲说:“能不能不上大学了,早点工作贴补家里。”我含着泪说:“妈,将来我一定会孝敬您的。”前年年三十晚上,我推送了一篇公众号文章,说的是为了让母亲过年能吃上白面肉馅的饺子,我努力地学习。做人最为基本的是回报父母的养育之恩,没有父母哪有我们。当然,“大学之道在明明德,在亲民,在止于至善”。要感恩父母,也要服务祖国。爱国是从爱父母开始的,这是重要的情感基础,连父母都不爱的人怎么会爱国呢?你要提升你的思想认识,把爱父母作为原动力。把爱国作为永久的精神动力,无数实例说明,有大的格局才能有大的作为,“小家”一定要融入“大家”之中,“小我”的利益要在“大我”之中实现。我也是这样过来的。我后来加入党组织,我不仅要孝敬父母,更要为党和人民的事业而奋斗。我想你也应当确立这样的政治追求,我相信凭着你这样的思想基础,随着大学生活的深入,你一定会对大文化有更全面的认识,对人生有更高的追求。有些同学把全部心思都用到了学习上,只想自己会怎样,最终也不会有什么大出息。你的大学生活很快就过去一个学年了。价值观的问题解决了,就要始终保持刻苦的学习状态。学习能有多苦?带上情感、责任的学习过程应当是快乐的。要惜时如金。知识是学出来的,不是教出来的,只有把自己培养得十分强大,才能实现人生的追求。

就聊到这里吧,我要收拾一下去单位了。有事就联系我。不用回了,你看看就行了。老师年龄大了,就想在你们过生日的时候唠叨几句。

祝好!

努力做到课上课下一致

2021-05-20

曲老师,您好!

我是××学院思政课教师××。今天听了您的讲座,我深受启发,也很感动,尤其是您用爱去关爱学生的举动给我印象最深刻。您平时很忙,您是怎么做到和学生如此深入地交流的呢?我也很喜欢和学生打交道,也会和学生一起吃饭交流,但是也只是局限于部分学生,更做不到给他们建立档案,一一给他们回信。您一般都是利用什么时间去开展这些活动,难以想象您如此忙碌还能和学生有如此深层次的交流。今天我本想在会场就向您请教,奈何比较紧张,而且因时间关系,错失了和您进一步交谈的机会,庆幸记下了您的微信,便迫不及待地申请加您为好友,向您请教,打扰您了。

××,你好!

我在上思政课之前一般都要想尽一切办法了解学生、熟悉学生。我认为这是上好思政课的重要前提。怎样了解学生呢?首先通过辅导员了解。我会让辅导员详细介绍我将授课这个年级学生的情况。我会向辅导员要一份年级学生登记表。我会把这张登记表放在床头,每天睡前、醒后简略地翻看一下。我还会在外出的时候把登记表带在身上,乘飞机、坐火车的时候都可以随时拿出来看看。我还在授课前对将要授课的这个年级的学生搞问卷调查,比如,我会问他们最关心什么问题;对他们人生影响最大的人是谁;他们看过什么书,有什么样的体会;他们的梦想是什么等问题。这些问卷在家放在床头、外出带在身上,以便随时翻阅。我在星期天、节假日会深入他们寝室与之进行交谈;我还会把生活困难的学生请到学校的培训中心一起吃饭,边吃饭,边交流;我还会开座谈会;我也利用军训休息时间与学生交流。总之,我通过各种办法了解我想了解的学生情况。了解了他们的情况以后,个别思想偏激的学生,在授课前我就会找他谈话;有的我会给他发微信进行交流;再就是在课堂教学中有针对性地解答学生的问题;除此之外,就是和学生建立微信群,我会针对一些共性的问题在群里跟学生交流。我还给年级里家庭生活困难的学生每人写一封信,让他们正确看待助学金发放的相关事情;每个班级临时负责人我也会给他们写封信,让他们发挥好干部的带头作用;我还会给年级里每个非团员学生写封信,鼓励他们在政治上要求进步。特别是在每个学生过生日的时候我都会送上少则几百字、多则上千字的生日祝福。即便一个学期的课程结束了,我还是会继续将生日祝福写下去,像今天就有一个我上个学期授过课的学生过生日,我早上起来给他写了近千字的生日祝福。

我哪来的时间?上天的确没有多给我一分钟。我惜时如金。我从来不睡午觉。外出坐车、候机、乘飞机都是我给学生编辑、发送微信的好时机。我每天晚睡、早起,一天和学生交流几千字是常有的事。

何以做到这些?说一千道一万心中要有学生。我要求自己绝不能让学生在思想上犯错,为此我克服了很多困难。到今天我和学生之间的微信、公众号交流已达400多万字。很多事就是这样,不要想能不能做,关键是想不想做!

祝好!晚安!

刚上完课拿到手机,看到曲老师满满的文字,我心头温热、眼眶湿润,从字里行间我能感受到曲老师对教育事业的热爱,做您的学生真的太幸福了!同时我也感受到了您对我们年轻教师的关爱,您半夜还在用心解答我的疑惑!我真的很感动。从您的回复中我也看到了自己的不足,与您相比,我对时间的利用太低效了,对学生的投入也还不够多,您给我树立了榜样!我默默地在心里告诉自己,向曲老师学习,向曲老师致敬,做一名用情、用心、用力的人民教师!

谢谢点赞！我们共勉！学生在哪里，我们就在哪里；学生的需要，就是我们的工作。不能把上思政课只当成知识传授的过程，一定要把思政课看作“培养什么样的人，怎样培养人，为谁培养人”之关键课程。思政课教师要努力做到课上课下一致。

上好思政课不能没有情怀

2021-06-10

曲老师，您好！

我叫××，一名来自××学院的思政课教师，很荣幸参加本次思政课教师的培训，也很幸运能再次当面聆听您的教诲。不夸张地说，前天您的课我真的是含着眼泪听完的，您对家国的情怀、对党的情怀、对学生的情怀，每一个细节都深深打动了我，让我对思政课教师和思政工作有了更深的理解。

记得2012年我刚毕业走向工作岗位的时候，那个时候在××大学学生工作部，我入职的第一天，那时我还没有固定的办公桌，就用学生值班用的桌子，当时桌子上摆了一本《识读大学》。我看完之后印象很深刻，我感受到了您作为辅导员的幸福和满足，那种情怀和大爱深深感染着我。但很遗憾，我没有成为一名真正的辅导员，只是在学生工作部从事学生管理的工作，好在因为工作需要我带了100多名学生干部，就索性做了他们的"第二辅导员"。当看着一届又一届的学生毕业、工作，取得成绩的时候，我很幸福；当他们有困难第一时间想到我、找到我的时候，我很幸福；发生突发事件听到他们说"没事，老师来了"的时候，我很幸福。我幸福是因为在学生眼里，我是他们的底气。我幸福是因为对学生工作的情怀和对学生的爱。而这一切，都离不开您的《识读大学》对我的影响。

现在我是一名思政课教师，同时我还兼做党委教师工作部的工作。我是去年11月份的时候参加我们学校的校内招聘成为一名思政课教师的。

如何上好思政课？是我一直在反复思考的问题。我一直在想该怎样丰富自己的专业知识？怎么提高自己的教学技能？思考是不是我的课件不够吸引学生？是不是我的语调不够慷慨激昂？听完您的课我找到了答案。最简单地说，在回答如何上好思政课这个问题之前，首先要做一名有情怀的思政课教师，政治强、情怀深，只要使“六要”在我们心中生根，如何上好思政课的问题就迎刃而解了，而且远不仅仅是这一个问题，很多问题都有了方向和答案。

虽然我做思政课教师的时间不长，但是我深切地认识到做思政课教师是很幸福的，这种幸福不是因为比其他学科的教师多挣了多少津贴，而是来自职业的自信和“大思政”的责任感，不仅要挺起腰杆，讲出自信，为学生讲好思政课，同时还要协助其他学科做好课程思政的设计和建设，甚至也要给其他学科的教师讲好思政课，这是时代赋予思政课教师的责任感和使命感。

曲老师，谢谢您一直给我指引，一直给我方向，更感谢您为咱们思政队伍做出的贡献，您辛苦了！

××，你好！

谢谢你给了我这么多的赞美！我们共勉！

思政课太重要了，它是人生的“总开关”。我常说，有些领导干部为什么进了监狱，不就是没有学好思政课吗？我们有些同志总是抱怨、发牢骚，说到根本也是因为没有学好思政课。思政课学好了，就会增强“四个自信”，就会真正体味到“真理的味道就是甜”，就会知道真正的共产党人应当是什么样！我们是付出了一些，可是我们只是多流了点汗而已，先烈们流的是血，献出的是生命。先烈们得到了什么？我们得到了什么？没有信仰，精神上就会“缺钙”，就必然患上“软骨病”。看得出来你对思政课还是情有独钟的，你的认识是对的，一定要上好思政课，既改造自己，更帮助学生。怎样上好思政课？多年前我在《光明日报》上写过一篇文章，我的观点是，信仰比知识重要；情感比方法重要；践行比说教重要。思政课要走进学生的心灵。怎样走进？仅仅靠课堂上的灌输是不能解决问题的，那只是知识的传输，学生只会为了考试而学习，难以使学生“内化于心，外化于行”。上好思政课需要“立体化教学模式”，教育学生知行合一，教育者首先就应当是知行合一的人，要给学生“打样”。只要求学生怎样，自己不做是不行的。希望你遵循“六要”,围绕学生、关照学生、服务学生,讲出自信,上好思政课,在学生的“拔节孕穗期”,给学生的心灵埋下真善美的种子,在服务学生中实现人生的价值,得到人生的幸福。

列车到站了,就聊到这里。

祝一切都好!

曲老师,您好!

今天上午本次培训课程全部结束了,从党校会堂走出来的时候,我感觉既轻松,又复杂。轻松是为期四天的培训给了我很多的收获;复杂是因为我觉得自己距离成为一名好的思政课教师还差得很远,抱怨自己原来不够努力,没能成为更好的自己;更怕因为自己不够优秀,愧对学生、愧对我的老师对我的培养、愧对母校“厚德博学,为人师表”的校训、愧对党和国家的信任。刚刚心情复杂了一会儿,现在我想通了,这些复杂正是我前进的动力,我们都是马克思主义的践行者,我们不仅善于改造世界,更应该善于改造自己,我会带着您赋予我的情怀和方向,加倍努力,迅速成长。

曲老师,最近天气多变,雨水较多,多注意身体。很期待有机会您能到我们学院指导工作,等我去大连海事大学的时候,如果您时间方便,希望能再次聆听您的教诲。

祝好!

××,你好!

思政课的关键是坚定信仰,矢志不渝的追求是上好思政课的重要保证。坚持下去,你一定会成为一名走进学生心灵的思政课教师。

关键是用心、用理、用情

2021-06-17

曲老师,您好!

我做一下自我介绍,我叫××,维吾尔族,今年27岁,家在新疆伊犁霍尔果斯,毕业于××大学,2017年毕业就留校担任辅导员,当了3年辅导员之后,今年3月顺利考上××大学学生处辅导员岗位,担任4个学院的新疆少数民族学生辅导员。我特别热爱这份工作,之前就听过您的感人事迹,特别有幸这次有机会参加新疆高校辅导员网络培训,再次聆听您的课程。您的事迹令我感动,您对少数民族学生的奉献精神值得我们学习。在此我作为少数民族学生辅导员,感谢您对少数民族学生的付出。您的有些课程内容我反复地听了3~4遍,对我个人很有启发。您的有些想法就是我未来5年内想达到的目标,我把您的想法当作我个人工作的计划,以您的想法作为指引,在后期的日常工作中我会更加努力做好每一名学生的日常服务和教育工作。

等到您在××大学举办的“励志基金”颁奖大会正式召开时,我想去参加,同时拜访一下您,希望跟您有更多的交流,向您学习。

上次开展讲座时,您说您今年准备去伊犁,我假期就回伊犁,希望在伊犁也有机会见到您,带您转转美丽的伊犁。

祝您身体健康、万事如意! 期待跟您见面。

××,你好！

看到你的信就想给你写回信,因为这段时间事情较多,没能及时回复你,请理解。

看得出来你对做好新疆少数民族学生的教育工作情有独钟。我赞同你的选择。我在我的公众号中多次提到,一定要做好新疆少数民族学生的教育引导工作,说到根本,新疆的发展稳定还是要靠他们。我多年前就比较重视和新疆少数民族学生的交往,力所能及地帮助他们做些事情。我教的年级有个新疆少数民族学生,刚来大学时思想有些困惑,在我的帮助教育下,他现在的思想态度非常端正。我们之间有六七万字的微信交流,他毕业3年了,我们仍然保持微信联系。我说要到伊犁,就是要去看他。本来去年我答应参加他的婚礼,结果因为疫情没有参加上。我想去看他也是想当面送上我的祝福。另外我现在也是我们学校新疆学生的兼职辅导员,我也想到这几个学生家看看。新疆学生也是抱有强烈的民族团结愿望的。在我和他们的接触中,我感到他们积极向上,他们的愿望也是希望我们各民族像石榴籽一样紧紧地抱在一起。我从一个新疆少数民族学生本科时就帮助她,今年她考上了博士,成为我们学校第一个新疆少数民族博士生。她非常努力,很不容易。我们有的辅导员对做好新疆少数民族学生的思想政治教育工作信心不足,觉得他们的工作难做。越是难做,越要做好。其实新疆少数民族学生很真诚,辅导员要深入他们,跟他们打成一片。思想政治教育就是这样,一定要取得情感上的认同,这样才会有思想上的共鸣。

我们打算20日在××大学举办"励志基金"颁奖大会。欢迎你来参加,交通费你先解决,之后等我给你资助。这边的费用我帮你拿。

谢谢你的认同。辅导员工作意义重大,做好新疆少数民族学生的教育引导尤其如此。希望你努力工作,不断取得新成绩。有事联系我。告诉我你的详细地址,我邮寄一本书给你做纪念。

祝好！

曲老师,您好！

因工作有点忙,中午看了您的信息不想回复得仓促,所以这会儿才回复您,不好意思。我有好多想法想实现,来这边工作之后我发现有好多方面的不足需要我们少数民族学生辅导员带领学生一起弥补。对工作我也有跟您一样的想法和思路，我自己也特别喜欢跟学生打交道，把学生当朋友，我觉得辅导员就应该离不开学生，能够做到让学生有任何事就先联系辅导员，这样才能做好思想工作。我特别希望能面对面跟您交流，跟您说说自己的想法，听您的宝贵意见。同时，您最近在公众号里发布的关于做好少数民族学生工作的内容，我都看了，感触很深，我们也需要您这样的老前辈的带领和引导！您确实对我们新疆少数民族学生的生活及思想的帮助很大，解决了同学们很多实际的困难，把学生思想工作做到了极致，真的佩服您！

曲老师，这次您的"励志基金"颁奖大会，能否先给我提供一下会议手册，因为我没有去过辽宁，所以如果有了这个会议手册会比较方便。我也不想太多地麻烦您！这次我参加会议的所有费用自己承担，谢谢您的好意，这是我去跟您学经验，不能让您报销的。

我跟领导请假，我一定争取参加，希望到时候能见到您，有个跟您交流的机会。

路程比较远，如果不方便，你也可以等我到你们那里的时候联系你。

做真正的知识分子

2021-06-21

昨天是父亲节，我收到了很多祝福。这里推送一篇我和一个博士生的交流。

敬爱的曲老师，父亲节快乐！今天您应该在沈阳开会吧，一定忙坏啦。那么多贫困却努力拼搏的学生接受您的这份大爱，他们该受到多大的鼓舞啊！如果说他们是幸运的，可以在人生路上遇见一位良师，那我就更加幸运了。曾有人问过我，我一直这么积极上进，是不是有人在指引？我自豪地说，我遇到了一位"时代楷模"，他一直教育我该如何带着正能量前进，如何做正确的事，如何做一个有格局的人。但是我没有说，我得到的何止是良师，我得到了一位父亲！每次想到曲老师，就像想起了自己的父亲，您带给我的不仅仅是正能量的鼓舞，还有父亲般的疼爱、挂念、关怀，而我又何德何能呢？我只是一个普通的学生。最近没有什么特别要忙的事，我在撰写研究论文。我想，我唯一的价值，就是我的笔杆子了吧。同样一份工作，不同的人却做出完全不同的成绩，有的人做辅导员是为了有份稳定的工作，而像曲老师这样的辅导员则是真心为了学生。有的人做科研仅仅是为了发论文、评职称，而有的人则是为了做出真正有价值的研究。您曾经告诉我，越长大，越从容，越能接受不同的人、不同的生活方式。是的，同样一份工作，每个人都有自己的定位和追求，不是所有的人都要成为英雄，但是总会有人成为英雄，那些人从一开始就有了坚定的理念、正确的方向。都说虎父无犬子，作为您的孩子，我也有远大的理想。我会朝着自己的理想坚定前进！曲老师，您辛苦啦！最近天气炎热，注意避暑哦！最近我周围也发生了一些事情，让我意识到安全的重要性。您经常出差，也一定要注意安全。祝愿您平安健康！

××，你好！

你说对了，今天我是在沈阳参加由××大学举办的我的“励志基金”颁奖大会，又有108名学生得到了资助。从基金设立以来，一共有400多人得到了资助。资助更多的学生，激励他们为中国梦的实现而奋斗是我晚年的一种生活意义，我会一直做到做不动为止。这项工作很有意义，要让学生们懂得：国家在关心和关注着他们；社会上也总有愿意关心和帮助他们的人，只要他们能为祖国服务，就会有人为他们服务。颁奖大会结束的时候，有的学生和我合影留念，借机向我表态，一定要做个像我这样的人，做个对祖国有价值的人；有些学生在我的公众号后台留言，谈他们的感受，说他们明白了为什么要读大学，清楚了今后的奋斗目标在哪里。看到他们，我会想到你，想到你一路走来，就是用奋斗在书写着人生的华章。你也不容易，你家的生活条件算是困难的，但是你没有被困难吓倒，而是勇敢地面对。你今天能够被保送攻读博士研究生，正应了我总结的且常挂在嘴边的这句话：困难最不怕惧怕困难的人；困难最怕不惧怕困难的人。又有多少比你家条件好的学生每天不抓紧时间培养好自己，结果在他的大学这部“字典”里写满了牢骚和抱怨，最终一无所获，耽误了前行的路。当然，我最欣赏你的还不是你被保送攻读了博士研究生。在大学生群体和知识分子队伍中，有才能、有知识的人可谓数量众多。可是他们有些人却未能赢得他人的敬佩。尽管他们学了那么多的知识，有那么大的能耐，心中却只有自己，把自己变成了精致的个人主义者，并没有给同学带来鼓舞的力量，不仅如此，有的还给同学带来了负面影响。什么叫知识分子？为什么要有学问？君子要“为天地立心，为生民立命，为往圣继绝学，为万世开太平”。知识分子就是要有使命和担当，在奉献中实现人生的价值。我会力所能及地关心和帮助你。你也是我建立的“励志基金”要帮助的人。就是希望你能把为祖国学习、奋斗当成一生的追求，矢志不渝跟党走。像你说的，用你的笔，也就是你的科研，为祖国奋斗终身，做一名无愧于伟大时代的真正共产党人。习近平总书记说，把论文写在祖国大地上,你要把论文写在你所终生追求的为祖国服务的事业中。你什么时候放假?我这两天较忙,等你放假前我约你吃个饭,我们再好好聊聊。

要加强身体锻炼,把锻炼身体当成一种生活方式。

向你父母问好!

看到曲老师的回复,我心里又涌过一阵暖流,编辑这么长的信息,又花费了您好多时间。我会好好锻炼身体的,把锻炼身体当成一种生活方式。

好的!有事联系我!

教师确实不能把自己当成“教书匠”

2021-07-15

曲老师,您好!

我很荣幸能听到您的经验传授,感觉正能量满满。我才发现作为一名普通教师可以发挥如此大的能量,受益匪浅;才明白痴于奔波的人生原来可以如此有价值。我很想了解您并关注您的生活日常,向您学习。我知道您的高度是我不可企及的。加您好友,就是想将您作为我的榜样,在我疲于工作以及迷茫的时候,看看您的朋友圈或者有幸向您取经,让我能在正确的道路上坚定前行!希望不会打扰您的生活,感谢您接受我的好友请求!谢谢!

祝您身体健康、生活愉快!

对了,我是××学院体育教师(有兼职辅导员工作的想法才去听您的课),我叫××。

××,你好!

谢谢你的认同!教师是人类灵魂的工程师,担负着教书育人的神圣使命。有的教师只管教学生知识,对学生的做人不闻不问,结果有些学生知识没少学,但是用错了地方,这是教育的失败。你能想到做兼职辅导员,说明你有关爱学生的情怀。能当上就当,当不上也要将爱心融入教学全过程,让学生首先懂得做个大写的“人”,这样的教学才是学生所需要的,才能体现教育的价值。

好的，收到，感谢指引，我会铭记！谢谢您！

曲老师，您好！

我是一名专业课教师，教了近20年书，听了不知多少次报告。不瞒您说，每次听报告我都是带着专业书到会场的，这次也不例外。但是与以往任何一次听报告不同的是，我忘记了看书，全神贯注地听了您的整场报告，我被您打动了。您用您的亲身事例告诉了我一个教师应当怎样做，使我真正明白了教书育人的道理。我向您表态，在今后的教学中，我要把立德树人放在首位，像您说的那样，让学生有格局、有担当，不能只想自己的事，那没有大的出息。太谢谢您了。

××，你好！

读了你这段话，我很感动，你对教书育人有了新的认识，哪怕影响了你一个人，也算我没有白讲。习近平总书记说，思想政治工作需贯穿教育教学全过程。就是说对学生的教育培养一定要全员育人、全过程育人、全方位育人。千万不能把学生的培养教育只看成思想政治教育工作者的事。我常说这样的观点，在学生看来，思政工作者对学生进行的教育，学生会认为这是思政工作者的本分，思政工作者就是干这个的；但是专业课教师若是对学生进行教育，学生就会认为这是教师的人生经验之谈，他们更愿意接受、借鉴。所以，专业课教师一定要将教书育人当成使命和责任，要传道受业解惑，搞好课程思政，使学生在学习专业知识的同时，更懂得为什么学习，解决好为谁服务的问题，这样的教学才真正充满了教育的味道。

定好位很重要

2021-08-03

我前几天在广州给200多位高职高专思政课教师做了“践行‘六要’，铸魂育人”的报告，很多老师加我的微信谈他们的体会。我与一个老师做了交流。

曲老师，您好！

听了您的讲座，我认为我太狭隘了！如果能和您交流思想，此生如获明灯！

我抱着试试的想法加您微信，没想到您的微信真的是面向每一个人的，您这么高的身份却如此平易近人，现如今社会少矣，真正的学者就是毫不吝啬地把所学传授于世人，真正的大家是平易近人的，是可以进行心灵互动的！虽然我与您的地位、身份相差悬殊，但我想在灵魂和思想之海，我们是可以互通的。今天听了您的课，我认识到了我的狭隘，您所做的正是我所向往的，真正的教育是一朵云推动另一朵云，今天我这朵飘浮不定的云的心灵被您唤醒了。听您上课仿佛穿越时空在听王阳明讲学，知行合一。如果我们都能忘却功名利禄，那么我们的青年、我们的国家还有何愁？我身份卑微，想当面向曲老师告别，但言一句后会有期都未能有机会。您好好休息，晚生不打扰啦。

××,你好!

我很忙,其中一个原因就是给大家回微信。我会力所能及地回答大家提出的问题,因为要回复的信息太多,有的微信回复得不是很及时,也不排除忘了回复的,但我主观上没有故意,有的老师写了很多文字,这是对我的信任。一开始我就跟你们讲了,我很愿意跟高职高专的思政课教师交流。为什么呢?因为我觉得我们有些思政课教师很累。为什么很累?就是定位出了问题。我们有些思政课教师总想在学术上不被落下,在发表论文、主持课题上与别人不相上下。这能不累吗?你再努力,你能超越北京大学、清华大学、中国人民大学搞思想政治的老师的学术水平吗?当然极为个别的除外,就大多数高职高专的思政课教师来说这不现实。那我们当思政课教师还有未来吗?当然有。思政课与其他专业课不同,思政课不只是传授知识,更为主要的是帮助学生树立一种正确的价值观,为学生系好人生的"扣子",让学生把学到的知识转化为实际的行动。怎样才能实现这样的目标?这就不只是靠知识、靠学术水平能解决的问题了。无数实例说明,要想推动别人前进,自己一定是能够推动和鼓舞别人前进的人。什么叫一朵云推动另一朵云?这叫有了初始力才能有作用力,才能产生推动力、爆发力。思政课教师力的方向决定了学生运动的方向。而人格和学术一点关系都没有。一些学术水平可以的思政课教师人格并不怎么样;很多学术并不是很好的思政课教师人格却很高尚。所以,不要因为自己学术水平差一些就着急,就要奋起直追,这样往往做的是无用功,到头来意义不大,即便职称评上去了,学生却被落下了,这真是不值得。你的教学水平如何,看的是你把学生培养得怎么样,有学生便有了一切。如果你能这样来看思政课,这样来定位自己,那你的重心就会转移,就会把帮助学生成长放在第一位,那你就有可能超越一切人,想方设法使学生在原有的台阶上再上一个台阶。搞好思政课的定位,端正教学态度,相信教育的力量,好好培养学生,学生一定会听从我们的引领。告诉我你的地址,我邮寄一本我写的书给你做纪念。我要下飞机了,先聊到这里。

非常感谢曲老师的指点,信息内容颇多,我会细细品读!您说的观点与我的想法大多一致,本人也是淡泊名利,凭良知遵循内心做事,德是基础,我不相信那些获得眼前利益的人能走得长远,胸怀和格局决定一切。

祝您一切顺利,我一直在慢慢摸索,灵魂孤独无靠,大多数人都在为功名利禄而忙碌奔波，无空理我。而我只看德行和灵魂是否违和，这次广州不虚此行，是您点醒了我的灵魂，望以后您能有空帮我解惑，我也知您忙于帮更多人答疑解惑，摆渡他们的灵魂。如能收到您的信息，我将万分欣喜，我也会守好您这盏明灯和充电桩，继续前行。我忘记做自我介绍了，我叫××。非常感谢您！

××，你好！

物以类聚，人以群分。把握住自己最为关键。幸福从某种意义上讲就是一种感觉，一种认知。我从参加工作那天起就觉得马克思主义能给我们带来幸福，思想政治理论课魅力无穷。为什么很多人没有感到幸福，甚至有人走进了监狱，说到根本是没有懂得什么是马克思主义，没有学好思政课。当然有人不愿意承认这一点，那也只能各走各的路了。“岁寒，然后知松柏之后凋也。”把你的详细地址告诉我，我把《我与思政课教师的交流》这本书签名邮寄给你做纪念。

祝好！

我会细细品味您的信息。我放假回老家，我的地址是：××××××××。麻烦您快递到付就好，实在不好意思，劳烦您亲自给我寄书。盛情难却，日久见人心，留情后补。

到大连联系我。

最好的教育是“走心”

2021-08-10

曲老师,您好!

非常敬佩您!我是××学院的××老师。昨日相见,真是缘分,以后我多向您请教!也希望您到我们那里传播灵魂之音!我现在还在沈阳呢!

我一直敬佩您,看到您我就不孤独。您是道德的楷模,我以为道德的至高是追求真,您是求真道德的人,故而知行一体,以身作则,用一颗心激活另一颗心。您是有真道德的人,这样的人太少了。我以为教育的真就是教人求真,因此不培育学生的心灵只有知识的教育等于不教育。我是马克思主义理论专业毕业的,我教思政课,多年来也是用马克思主义培育学生的心灵,让学生树立马克思主义世界观,把马克思主义作为人们生命成长的力量,增强人们的思想力量。我就像您那样回答了学生提出的很多思想困惑,以马克思主义思想教育他们,应该也有上百万字了。这些都不如学术论文评职称、评奖耀眼,但学生说这是他们最需要的也是最渴望的,其实这些回信也是我生命意义的体现。每当孤独的时候我会想到您。每个人都有自己的事业,别人无法介入,但隔行不隔理,您给我更多的是精神鼓励,让我不孤独!很感谢能够遇到您!祝您身体健康,社会需要更多像您这样的人!

××,你好!

为什么要有教育?教育要实现什么?看起来这是一个很简单的问题,

但是很多人并没有给予很好的回答。教育一定要“走心”,“走心”才能以文化育人,才能实现教育的目的,不然教育就失去了存在的意义和价值,对于思政课来说更是如此。现在我们一些思政课教师还是把功夫过多地下在“三进”上,但是否走进学生心灵,内化了多少,则没有了下文。怎样才能使思政课“走心”?这个问题很大,一下子回答不完。不过有一点是十分明确的,就是仅靠着课堂上讲授这样单一的教学是不能“走心”的。“走心”的思政课教学一定是立体化的。我把我的教学概括为立体化教学模式对大学生价值观影响研究,追求的就是“走心”教育,也取得了较好的教学效果。什么是立体化?就是途径、方法多样,充分利用网络将课上与课下、校内与校外很好地结合起来就不失为一条好的途径。你和学生有了上百万字的交流,我和学生也有几百万字的交流。思想政治教育没有真空地带,而思政课教师就应当和学生实现“无缝链接”,及时地为学生解疑释惑,网络能做到的,课堂上往往做不了。我赞同你的观点,思政课教师就应当在教育引导学生求真上多下功夫。这就需要思政课教师多方面着力。当然一些思政课教师存在的问题,也不能全怪他们,我们目前对思政课教师的教学评价本身就不是按照“走心”来设计的,思政课教师只要完成教学过程就可以了,有没有水平就看其主持了什么样的课题,发了什么档次的论文,和教学没有什么相干,这就使得许多思政课教师只好把工作的重心放到科研上,教学反倒成了副业。把你的追求坚持下去。实事求是是马克思主义活的灵魂,我想思政课教学的导向一定会发生改变,要由科研导向教学。这样思政课才能“走心”,才能真正实现以文化育人的目的,进而成为学生终身受用的课程。

谢谢曲老师回我短信。世间有纯净心灵的人不多,多被物欲吞噬了,唯有保持赤子之心的人才会学而入心,才会教而入心,也唯有这样的人才会成就人生啊!思政不入心就没有用处。我一直走心灵马克思主义之路,尽管同行者很少,但我不会放弃。现在很幸运认识了您,我更是不孤独了!以后有问题还会向您请教!祝您身体健康!

坚持下去。遵循学生成长规律,遵循教育教学规律。

思政课还真需要实实在在地为学生做些事

2021-08-20

这是很多天以前一个思政课教师给我写的一封信。他提出的问题具有普遍性,这里以公开的方式给他回复,希冀引起大家的思考,谈得不对的地方请批评指正。

曲老师,您好!

我看完这篇文章很有感触。我是一名思政课教师,教了20多年的书了,总感觉对学生影响不大。您到过我们学校,我听了您的故事很受感动,我受您的影响,最近向学校提出转岗做辅导员,想多和学生打交道,多了解学生,实实在在地做点学生思想政治工作,可是校长说国家重视思政课,教师不能随便流动。现在我有点苦恼,请曲老师给我提点建议,非常感谢!

××,你好!

这两天事情较多,今天才回复你,有些迟了,请理解。

你谈到的问题与有些辅导员谈得正相反。现在有些辅导员想转到思政课那边转不过去,像你这样想从思政课教师队伍转到辅导员队伍的还真不多见。你为什么要做辅导员呢?你说要实实在在地为学生做些事,我不怀疑,我相信你真有这份情感,不怕麻烦,切实地要为学生的成长服好务。问题是如果学校不同意你转到辅导员岗位,在思政课教师岗位上就不可以实实在在地为学生做些事了吗？其实是同样可以做到的，这里关键是看你怎样定位思政课，你是只想给学生传授知识还是想让思政课走进学生心灵？毫无疑问，你要是把思政课定位在后者，那还真能实实在在地为学生做些事，也是能做成些事的。因为思政课教学的一个重要特点，就是既要以理服人，也要以情感人，要让学生感受到你真是为他们来上思政课的，而不是把思政课只当成“饭碗”、视作“名利场”，不是为了评职称、取课酬、当“大家”来上思政课的。这就需要改变教学模式，将单纯的课堂讲授，变为立体化的教学模式，简单说来就是要课上、课下一致；要有情怀；要有人格。比如，我对自己的一个要求是绝不能让学生在思想上犯错。这就需要知道学生在想什么。我通过深入学生宿舍、跟学生交谈、从辅导员那里了解学生情况、进行问卷调查等多种方式，掌握一手材料，然后在课堂上为学生解疑释惑。我还和学生建立了微信群，及时地引导非团员同学在政治上要求进步（我上个授课的年级共12名非团员），鼓励家庭经济条件不好的同学不要惧怕生活中的困难（我上次授课的年级共32名家庭经济生活困难学生）。我和学生之间有几百万字的微信交流。特别是为了增加和学生的情感，我授课年级每个学生过生日的时候我都会给他们送上我的生日祝福，少则几百字，多则一两千字；有时我还给他们过集体生日；节日里我会给困难的学生买礼物；冬季给困难的学生每人买一箱苹果；年级里有许多学生穿的衣服，不是我的，就是我爱人的，或者是我孩子的，他们相互间谁也不知道。有一次我“五一”假期前一天上课，我把一笔报告费分给了年级里所有家庭经济生活困难的学生，让他们买个优盘，或改善一下生活。我上课兜里都揣点儿现金，以应对“突发”情况。有一次上课，有个班长说班级里有个学生因为发高烧不能上课了，给我写了一个假条。我立马从兜里掏出100元钱给了这个班长。我说我没有时间去看这个学生，让班长买些食品替我看看他，祝他早日康复。同时我让班长别忘了替我谢谢这个同学。班长有些摸不着头脑，“怎么还谢谢他呢？”“你看，这个同学发烧39℃还不忘给我写假条，对我如此尊重，我怎能不谢谢他呢？”同学们都明白了，给了我热烈的掌声。这个发烧的学生当晚又给我写了一封信，感谢我对他的关心，表示一定会上好思政课，读好大学，将来也做个有爱心的人。思政课还真需要实实在在地为学生做些事。我自我评价一下，我上思政课的效果总的来说还可以，比较受学生的喜欢，其中有一个原因就是和学生的情感比较深。我在上第一堂课的时候,会告诉学生我是一个什么样的人,希望学生成为什么样的人。我对学生们说,从自然年龄上我是他们的父辈,从社会年龄上我不敢说我是他们的父辈,但是我会努力地成为他们的父辈。我向他们保证两条:第一条是谁也不准饿着肚子来上课、饿着肚子要求进步,吃不上饭找我,有我吃的就一定有他们吃的;第二条是哪个同学得了病,小病自己看,大病找我,我领他们看,别等爸妈来,这样就耽误了,我就是不怕麻烦才来到他们身边的。我多次领学生到医院看过病。有一次课间我问一个学生:"老师讲的你信吗?""信啊!""为什么?""我信您啊!"还有个学生说:"您颠覆了我的认知。学姐告诉我思政课最没有意思,可以"翘"课。但我觉得您的课最重要。"

思政课还真需要为学生实实在在地做些事。你有这份心挺好,把它做起来,把它做实。我们国家现在上上下下都很重视思政课,我们要下功夫上好思政课。从问题的角度看,思政课的效果还不是那么令人满意,还没有更好地触动学生的心灵。原因是多方面的,我以为其中一个重要的原因是我们一些思政课教师缺少爱的情怀,人格力量不够。地球为什么会绕着太阳转?那是因为太阳有足够的吸引力,不然地球早不知跑到哪里去了。教学理念上我们是提出了要把教材体系转向教学体系;把知识体系转向信仰体系,可是在实际当中,我们的聚焦点还不是在"吃透"教材上、知识传授上?看看一个接着一个的高端论坛;一波再接一波的云端峰会。思政课需要造势,继续推进马克思主义中国化,大力发展21世纪的马克思主义。但是我们是不是理性的色彩太浓?"高大上"的成分太重?比较而言是不是我们在自身坚定信仰和走进学生心灵上下的功夫还不够?是不是我们在帮别人家"种地"的时候,没有更好地顾上自己家的地?是不是我们在不断攀登马克思主义理论高峰的时候,没有更好地脚踏实地地解决马克思主义的"大众化"?我们的马克思主义之箭是不是都用来射人了?在某种意义上是不是可以说正是因为学生已经知道了什么是马克思主义,于是对我们传授的马克思主义产生了质疑?说得难听点,有的峰会是不是就是"蜂会",聊一阵子完事啦?再看看有些学者发了篇文章、拿了个课题,作者本人倒没怎么样,唱赞歌的却是纷至沓来,真是应当好好想想我们的思政课到底应当怎样上、应当怎样评价了。发不了"C刊"、没有主持课题的就上不好思政课?不是这么回事。我知道许多没有这样一些光环的思政课老师课上得照样很好,成为学生最喜爱的老师。马克思主义大众化是靠马克思主义“示范院”完成的？还不是由剩下的那些广大的不是马克思主义“示范院”的思政课教师完成的。“教师没有一桶水，学生就没有一杯水”。理论上成立，实践上未必是这么回事。教师有了一桶水，学生就会有一杯水吗？我们有的老师恐怕有一湖水了，学生照样口渴，因为他根本就没打造好贯通心灵的渠道。追求什么很重要。马克思主义学院“姓马”，天经地义；马克思主义学院“言马”，无可非议；马克思主义学院“信马”，恰是本意；马克思主义学院“行马”，实属正义。这都是不言而喻的，不然马克思主义学院会是什么样子，思政课老师们会是什么样子？大家都懂的。当年毛泽东同志讲过《改造我们的学习》，现在真应当改造一下我们的教风了。什么是马克思主义？什么是思政课？毛泽东同志1938年10月在《中国共产党在民族战争中的地位》一文中指出：“使马克思主义在中国具体化，使之在其每一表现中带着必须有的中国的特性，即是说，按照中国的特点去应用它，成为全党亟待了解并亟须解决的问题。洋八股必须废止，空洞抽象的调头必须少唱，教条主义必须休息，而代之以新鲜活泼的、为中国老百姓所喜闻乐见的中国作风与中国气派。”什么是中国作风？什么是中国气派？习近平总书记在纪念马克思诞辰200周年大会上的讲话中又引用了1938年毛泽东同志说过的这段话：“如果我们党有一百个至二百个系统地而不是零碎地、实际地而不是空洞地学会了马克思列宁主义的同志，就会大大地提高我们党的战斗力量。”习近平总书记想告诉我们什么呢？这段话会不会有助于我们加深对什么是马克思主义、什么是思政课、什么是中国作风、什么是中国气派的理解呢？思政课真应当上出马克思主义的味道，真应当有中国作风、中国气派，那在当今的现实当中，我们在关注理论的同时，是不是更应当向关注实实在在的事情上倾斜呢？我们在追求理论完整、丰满的同时，是不是更应当向丰富我们的情感、提升我们的人格大踏步地前进呢？本不想说这么多，实在是没有“憋住”。这和我有什么关系呢？当然有关系。我们大家共生在中华人民共和国这片热土上，我们大家共同担负着培养青年学生增强做中国人的“志气、骨气、底气”的使命。

祝你一切都好！祝大家都好！

“倒孔运动”的发起者和策源地，在爱国民主运动中发挥了重要作用，被誉为“民主堡垒”。“西南联大”保存了抗战时期的重要科研力量并培养了一大批优秀学生,为中国乃至人类的文明做出了贡献。不少“西南联大”校友在中华人民共和国成立后成为国家各级领导干部。我几次去云南开会、讲学时,都抽空到“西南联大”旧址(坐落在今日的云南师范大学院内)看看。站在刻着在抗日战争和革命斗争中牺牲了的西南联大学生名字的纪念碑前,我肃然起敬,正是因为有这样一批批爱国学子的努力奋斗,我们的祖国才能从烽火硝烟中走向光明。“纪念碑”成了大学爱国文化的写照。

中国共产党诞生后,扛起了救国救民的大旗。为了推翻“三座大山”的压迫,中国共产党人创办了自己的大学,为民族独立解放培养人才。现今的中国医科大学是中国共产党创办的第一所医科院校,也是中国共产党最早创建的院校,是唯一以学校名义走完红军二万五千里长征全程并在长征中继续办学的院校,其前身为中国工农红军军医学校和中国工农红军卫生学校。该学校 1931 年创建于江西瑞金,后随红军长征到陕北。1940 年 9 月更名为中国医科大学。学校《校章》中规定,学校的性质是:在中国共产党的领导下,从事培养技术人才的学校;学校的办学目标是:培养革命的技术优良的卫生干部,适应抗战建国的需要,为民族解放与共产主义事业奋斗到底;学校的教育方针规定为:培养政治坚定、思想正确、忠于职责、贯彻始终的卫生工作者。中国医科大学在创建和发展过程中,受到党中央和老一辈无产阶级革命家的重视和关怀。建校伊始,毛泽东同志为学校确立了“政治坚定,技术优良”的办学方针。毛泽东、周恩来、朱德等党和国家领导人还多次视察过该学校。毛泽东说,中国医科大学是我党、我军创办的第一所医科大学,多年来,为中国革命培养了大批人才,为抗日战争、解放战争做出了贡献。现在情况变了,全国解放了,今后的任务更加繁重,教育一定要坚持理论和实践的结合,教育要为无产阶级政治服务,一定要把人民的医科大学办好。江泽民同志亦曾为该校题词:发扬红军卫校传统,办好社会主义医科大学。

提到中国共产党建立的大学,自然要谈到中国人民抗日军政大学(简称“抗大”)。“抗大”是在抗日战争时期,由中国共产党创办的培养军事和政治干部的学校。其前身是“中国抗日红军大学”,1937 年年初改为此名,校址在延安。1943 年起,校长徐向前兼任中央处理委员会主任、“抗大”总学习委员会书记;毛泽东任“抗大”教育委员会主席。毛泽东为“抗大”规定了“坚定正确的政治方向,艰苦朴素的工作作风,灵活机动的战略战术”的教育方针和“团结、紧张、严肃、活泼”的校风。1937 年,“抗大”迁入延安。学制从四个月到半年、八个月、一年、三年多不等。“抗大”一期和“抗大”二期的学制都只有半年左右,第八期为三年多。这些毕业生很快就成为新组建的八路军和新四军的骨干。1945 年 8 月,抗日战争取得了伟大胜利,“抗大”也完成了伟大而光荣的历史使命。“抗大”从 1936 年创立到 1945 年结束的 9 年办学期间,总校共培训了八期干部,创办了 12 所分校、5 所陆军中学和 1 所附设中学。在艰苦复杂的战争环境中,“抗大”为中华人民共和国的成立培养了无数优秀的儿女,他们高举的爱国旗帜高高飘扬。今天当我们的耳畔响起“抗大”那首嘹亮《校歌》的时候,也总是让我们这些后来人热血沸腾。

黄河之滨,集合着一群中华民族优秀的子孙。
人类解放,救国的责任,全靠我们自己来担承。
同学们,努力学习!
团结紧张,严肃活泼,我们的作风。
同学们,积极工作!
艰苦奋斗,英勇牺牲,我们的传统。
像黄河之水,汹涌澎湃,把日寇驱逐于国土之东!
向着新社会前进! 前进!
我们是劳动者的先锋!

延安时期,还创办了著名的陕北公学,这是中国共产党创办的一所具有统一战线性质的干部学校,是中国人民大学和西北政法大学等高等院校的前身。1937 年七七事变以后,为造就成千上万的革命干部,满足抗日民族解放战争的需要,中共中央于 1937 年 7 月底决定创办陕北公学,并于 11 月任命成仿吾为陕北公学校长兼党组书记。陕北公学实行党、团领导下的校长负责制,直属于中央组织部、中央宣传部领导,是中国共产党中央直接领导创办的一所革命大学。陕北公学的办学宗旨和目标十分明确:“实施国际教育,培养抗战人才。”陕北公学先后共培养了 6000 多名学生,吸引了 3000 多名青年学子加入中国共产党。中共中央决定将陕北公学、鲁迅艺术学院、延安工人学校和安吴堡战时青年训练班等四校合并成立华北联合大学,开赴华北办学。1941 年,中共中央政治局决定将陕北公学、中国女子大学、泽东青年干部学校合并成立延安大学,吴玉章任校长。延安大学就坐落在革命圣地延安,吸引了大批爱国热血青年。毛泽东同志亲自命名校名,延安大学是中国共产党创办的第一所综合性大学。延安大学为中华人民共和国的成立和建设培养了大批优秀人才,他们有的走上党和国家领导岗位,有的在战场上英勇地牺牲了,还有的成为中华人民共和国建立初期,国家发展建设最为急需、最为重要也是最为宝贵的人才。1949 年 12 月 16 日中央人民政府通过了《关于成立中国人民大学的决定》。1950 年 10 月 3 日,以华北联合大学为基础合并组建的中国人民大学成立,成为中华人民共和国创办的第一所新型正规大学。

注:这里所说的大学,并不是对大学的全面阐释,主要是从辅导员工作的视角,介绍了大学所担负的使命和责任。

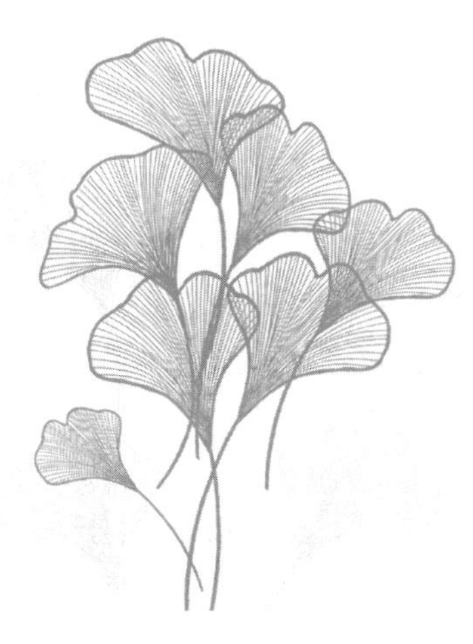

要坚定理想信念

2021-09-26

高尔基说:“信仰是伟大的情感,一种创造力量。”徐特立说:“一个人有了远大的理想,就是在最艰苦困难的时候,也会感到幸福。”理想信念就像人的脊梁,有了它,才能挺得直、站得稳、走得远,才能以大无畏的精神气概,战胜一切艰难险阻。对于共产党人,“形象地说,理想信念就是共产党人精神上的‘钙’,没有理想信念,理想信念不坚定,精神上就会‘缺钙’,就会得‘软骨病’”(2012年11月17日,习近平总书记在十八届中共中央政治局第一次集体学习时的讲话)。“只有理想信念坚定,心中有党、对党忠诚才能有牢固思想基础。理想信念动摇了,那是不可能心中有党的”(2015年1月12日,习近平总书记同中央党校第一期县委书记研修班学员进行座谈时强调)。

1840年鸦片战争以后,中国逐步成为半殖民地半封建社会,国家蒙辱、人民蒙难、文明蒙尘,中华民族遭受了前所未有的劫难。但是中国人民并没有被吓倒。正如鲁迅先生指出的那样:中华民族自古以来就有埋头苦干的人,就有拼命硬干的人,就有舍身求法的人,就有为民请命的人。从那时起,实现中华民族伟大复兴,就成为中国人民和中华民族最伟大的梦想。

林则徐在给道光皇帝的奏折中指出,鸦片泛滥将使“中原几无可以御敌之兵,且无可以充饷之银”。虎门销烟中,共销毁总重量达237万多斤的鸦片,向世人昭示了中华民族坚毅不屈的精神品格。毛泽东将林则徐的禁烟抗英视作中国人民反帝斗争的伟大起点。

“望门投止思张俭,忍死须臾待杜根;我自横刀向天笑,去留肝胆两昆仑。”谭嗣同对梁启超讲:“不有行者,无以图将来,不有死者,无以召后起。”他在给妻子的信中说:“惟念此身虽去,此情不渝,小我虽灭,大我长存。”

自称“鉴湖女侠”的秋瑾女士,面对黑暗的社会,坚定地表示:“这样下去,中国人要成为他们的奴隶了。”“人生处世,当匡济艰危,以吐抱负,宁能米盐琐屑终其身乎?”

邓世昌常对士兵们说:“人谁无死?但愿我们死得其所,死得值!”甲午海战中,他毅然驾舰全速撞向日本主力吉野舰右舷,决意与敌同归于尽。邓世昌坠落海中后,其随从以救生圈相救,被他拒绝,并说:“我立志杀敌报国,今死于海,义也,何求生为!”

孙中山第一个喊出了“振兴中华”的响亮口号,其领导的辛亥革命赶走了皇帝,但是并没有解决中国半殖民地半封建社会的问题。

“十月革命一声炮响,给中国送来了马克思列宁主义。在中国人民和中华民族的伟大觉醒中,在马克思列宁主义同中国工人运动的紧密结合中,中国共产党应运而生。中国产生了共产党,这是开天辟地的大事变,深刻改变了近代以后中华民族发展的方向和进程,深刻改变了中国人民和中华民族的前途和命运,深刻改变了世界发展的趋势和格局。”(2021年7月1日,习近平总书记“七一”讲话)“中国共产党一经诞生,就把为中国人民谋幸福、为中华民族谋复兴确立为自己的初心使命。一百年来,中国共产党团结带领中国人民进行的一切奋斗、一切牺牲、一切创造,归结起来就是一个主题:实现中华民族伟大复兴。”(2021年7月1日,习近平总书记“七一”讲话)

至今我去过最多的城市就是北京。每当我站立在天安门广场,看到矗立在广场中的人民英雄纪念碑的时候,我都会想起镌刻在纪念碑上那段不朽的碑文:“三年以来,在人民解放战争和人民革命中牺牲的人民英雄们永垂不朽!三十年以来,在人民解放战争和人民革命中牺牲的人民英雄们永垂不朽!由此上溯到一千八百四十年,从那时起,为了反对内外敌人,争取民族独立和人民自由幸福,在历次斗争中牺牲的人民英雄们永垂不朽!”大家知道吗?成千上万的先烈,为了中华民族的今天,在我们的前头英勇地牺牲了。从1921年到1949年,牺牲的烈士有名可查的370万。

李大钊,中国共产党的创始人之一。当年李大钊在北京大学做图书馆主任时月薪200大洋,这要是在今天,也算得上富豪了。但是李大钊并没有想个人的荣华富贵。他用这些钱创办革命刊物,传播马克思主义,帮助困难的学生读书。因为传播马克思主义,李大钊被捕了。敌人对他进行了严刑拷打,李大钊宁死不屈。他在《狱中自述》中写道:“惟吾中国,自鸦片战役而后,继之以英法联军之役,太平天国之变,甲午之战,庚子之变,乃至辛亥革命之变,直到于今,中国民族尚困厄于列强不平等条约之下,而未能解脱。此等不平等条约如不废除,则中国将永不能恢复其在国际上自由平等之位置。而长此以往,吾之国计民生,将必陷于绝无挽救之境界矣!”“钊自束发受书,即矢志努力于民族解放之事业,实践其所信,励行其所知,为功为罪,所不暇计。”2013年我要辞去省委高校工委副书记、教育厅副厅长职务的时候,组织部的领导关心地说:“没有了厅级领导职务,你将来看病怎么办?”我说:“老百姓怎样看病我就怎样看。”有一年我借去北京开会的机会,去李大钊烈士陵园,给他的墓献了一束鲜花。我说:“先辈我来了,我一定传承您的遗志。”

恽代英在广州起义失败后,对周围的同志说:“世界上没有一帆风顺的革命,挫折是不可避免的,要经得起挫折。只有不怕失败的人才是能取得胜利的人。”被敌人逮捕后,他说:“对一个革命者来讲,战场固然是考验,而监狱也是一个特殊的战场。一个真正的革命者,在这个特殊战场上,在生死面前,要经受得起严峻的考验。”被敌人杀害前,他还写下了这样一首气吞山河的《狱中诗》:“浪迹江湖忆旧游,故人生死各千秋,已摈忧患寻常事,留得豪情作楚囚。”他还坚定地说道:“我们不能像蚯蚓那样,上食槁壤,下饮黄泉。我们还得在这个社会中生活,要改变这个社会,还得加入这个社会……我走了,这只是暂时分手,你们不久可能先后离开,相信在革命的征程上,我们还会见面的!”

张太雷在五四运动中迸发出坚定的革命信仰,如同他改名的初衷一样,成为惊醒世人、冲破旧世界的春雷。他在领导广州起义战斗中被敌人枪击阵亡,献出了年轻的生命,用自己的热血和青春实现了他年少时立下的“愿化作震碎旧世界的惊雷”的誓言,成为中国共产党历史上第一个牺牲在战斗第一线的中央委员和政治局委员。张太雷牺牲后不久,他的昔日同窗,他曾亲自介绍入党的瞿秋白同志以无比沉痛的心情写下了《悼张太雷同志》,其中写道:“他在党内历次担任负责的工作,他的坚决与耐苦

是一般同志所知道的……”

我两次参观坐落在常州的瞿秋白纪念馆。在纪念馆里有一张瞿秋白临刑前四小时照的照片。照片中的瞿秋白是如此高大。我望着这张照片凝思了许久。瞿秋白也有美丽的妻子,可爱的女儿,可是为了坚定的信仰,他宁死不屈,唱俄文《国际歌》《红军歌》,高呼“中国共产党万岁”“共产主义万岁”等口号到达罗汉岭刑场。瞿秋白说:“伟大的人物,革命的战士,不但用自己的生命去斗争,去从事于伟大的事业,而且往往用自己的死和血,去填平达到胜利之艰难荆棘的道路。”此时我在心里想,我太渺小了。

我参观过赵一曼的故居。赵一曼是四川宜宾人,算得上是大家闺秀,但是赵一曼想的不是相夫教子。她相信了马克思主义,成为一名中国共产党党员。在东北抗日战争十分艰苦的时候,赵一曼被组织派到了东北。在与日军作战中,赵一曼为掩护部队,腿部负伤后在昏迷中被俘。日军使用马鞭狠戳其腿部伤口,对她实施了老虎凳、灌辣椒水、电刑等酷刑,痛得赵一曼几次昏了过去,但她仍坚贞不屈地说:“我的目的,我的主义,我的信念,就是反满抗日。”敌人杀害她的时候,她高呼“打倒日本帝国主义”“中国共产党万岁”的口号。她给自己年仅 7 岁的儿子留下了遗书:“宁儿,母亲对于你没有尽到教育的责任,实在是遗憾的事情,母亲因为坚决地做了反满抗日的斗争,今天已经到了牺牲的前夕了,母亲和你在生前是永久没有再见面的机会了,希望你,宁儿啊,赶快成人,安慰你地下的母亲,我最亲爱的孩子。母亲不用千言万语来教育你,就用实际行动来教育你,在你长大成人之后,希望不要忘记你的母亲是为国而牺牲的。”

夏明翰的故居在湖南衡阳,我也参观过。那是个富裕人家。夏明翰没有贪恋物质生活,因从事革命活动被敌人杀害。牺牲前他给他的母亲、姐姐、夫人写下了遗书,给我们留下了“砍头不要紧,只要主义真。杀了夏明翰,还有后来人”这首壮烈的“就义诗”。夏明翰在给他夫人的信中写道:

亲爱的夫人钧:

同志们常说世上唯有家钧好,今日里我才觉得你是巾帼贤。我一生无愁无泪无私念,你切莫悲悲戚戚泪涟涟。张眼望,这人世,几家夫妻偕老有百年。抛头颅,洒热血,明翰早已视等闲。“各取所需”终有日,革命事业代代传。红珠留作相思念,赤云孤苦望成全。坚持革命继吾志,誓将真理传人寰!

写完后,年仅28岁的他抑制不住对妻子、对女儿的强烈爱恋和思念,用嘴唇和着鲜血,在遗书上留下一个深深的吻印。

"红军不怕远征难,万水千山只等闲。"红军长征途中发生大小战斗380次;牺牲营以上干部430余人;行程约25000里;经过14个省份。陈树湘,是红军三十四师师长,1934年12月,他率其中一部从江永桥头铺马山抢渡牯子江时,突遭江华县保安团伏击,腹部中弹负伤。他强忍伤痛被战士抬至道县驷马桥后,又遭道县反动武装袭击。为了让部队安全转移,他毅然推开抬护的警卫战士,带伤与敌激战。最后,弹尽被俘。在被敌人押往道县保安司令部的途中,他愤然从伤口处掏出肠子扯断,慷慨就义。他实现了"为苏维埃新中国流尽最后一滴血"的誓言,年仅29岁。习近平总书记几次提到陈树湘,让我们每个共产党员都要向他学习。

20世纪60年代,毛泽东发出伟大号召:"向雷锋同志学习!"雷锋说:"人的生命是有限的,可是,为人民服务是无限的,我要把有限的生命,投入到无限的为人民服务之中去。"

毛主席的好工人王进喜说:"牛吃草,马吃料,牛的享受最少,出力最大,所以还是当一头黄牛最好。我甘愿为党、为人民当一辈子老黄牛。""宁可少活20年,拼死拼活也要拿下大油田。"

邓稼先,为了打破帝国主义的核垄断,28岁时隐姓埋名离开了家做原子弹研究。1984年,在一次第二代核武器的试验后(这也是他指挥的最后一次核试验),邓稼先高兴地写道:"红云冲天照九霄,千钧核力动地摇。二十年来勇攀后,二代轻舟已过桥。"在此之前,中国一共进行了32次核试验,有15次是由邓稼先亲临现场指挥的。28年后他身患癌症回到了家里。他对他的爱人说:"我死了不能给组织添麻烦。"

今年表彰的29位"七一勋章"获得者,他们用行动再次证明,"伟大出自平凡,平凡造就伟大。只要有坚定的理想信念、不懈的奋斗精神,脚踏实地把每件平凡的事做好,一切平凡的人都可以获得不平凡的人生,一切平凡的工作都可以创造不平凡的成就"。

百年奋斗,百年辉煌。中国革命、建设、改革的任务多么艰巨,但是正是因为有一代代共产党人坚定理想信念,不忘初心、牢记使命,我们才攻克了一个又一个看似根本不可能攻克的难关,取得了一个又一个令人瞩目的胜利。历史一次又一次地告诉我们:革命理想大于天。

选准目标很重要

2021-09-28

××,你好!

今天是你的生日,老师祝你生日快乐!

本来应当早些给你写生日祝福,但今天太忙了,我正在去沈阳的高铁上。现在才发给你,算是迟来的祝福吧!老师就是想跟你打个招呼,告诉你,你始终在老师的心上,有事找我。你家是广西的,特别是有急事的话一定要联系我,别耽误了。

你来大学一年多了,时间过得很快,转眼几年就过去了,一定要珍惜时光。你的问卷调查写得很认真。看得出来你是个做事严谨的人。现在你对大学彻底认识了吧?你有什么打算?选准目标很重要,对的就要坚定地走下去。人生不能常立志,要立长志。我从大学立下的人生志向至今无怨无悔,从没有改变过。有些人不是没有目标,也不是目标不正确,而是左右摇摆,没有坚持到底。

你想让父母生活得幸福,说明你是懂得感恩、有孝心的人。人,就应当这样,怎么能忘了父母的养育之恩呢?当然,这需要你好好培养自己。你说得对,想什么不重要,重要的是实际行动。感恩父母,服务祖国,为社会做贡献,都需要本领。大学这段时光对你就很重要。还有几年的时间,老师就是太忙了,不能总跟你们见面,但老师会陪伴你们的。

祝你的大学生活美满如意!

曲老师,您好!

收到您的祝福,我十分惊喜、感动。

我只是莘莘学子中普普通通的一员,虽然我看上去平平淡淡,同学们认为我有的时候特别“佛系”,但实际上,在一定程度上来说,我是缺乏自信的,我觉得,我大概就是那种“小透明”,我都忘了是从什么时候开始,我就不过生日了,有的时候,连我自己都会忘记。

生日是什么呢?是我诞生的日子,也是母亲忍受疼痛的日子,我应该记得的,只是有的时候我也觉得自己太冷漠了,仿佛情感缺失了一般,有一种,我明白一切,但我无法感同身受的感觉。仿佛跟风一般,若是突然想起来,我也会在网上发布祝自己生日快乐,今天回想起来,空气中又增添了一分温柔。

我不会经常回忆过去,好像是在逃避着什么,有的时候记忆仿佛两极分化,而我又似乎一回想,就会想起不开心的事。

今天,老师,您的信让我回想起了很多开心的事,我想起了曾经同学们在网上给我的留言,带上给我的昵称,送上生日祝福,我能想象出他们那一张张活泼开朗的笑脸;我想起了老师们的温柔、带着鼓励、期待的目光;想起了和同学们说说笑笑的时光;想起了今天微信群里同学们的祝福……当我接到陈导的来电时,我是惊讶的,当我听到陈导的一句“生日快乐呀”,当我看到曲老师的祝福,我真的特别开心!以至于一时之间也不知该说些什么,只能干巴巴地说一句“谢谢”。

在您的信中,我感受到了浓浓的关爱。

其实,对未来的生活,我是有一点迷茫的,只是平时不会去纠结这个问题,因为未来离我很远,但似乎又近在眼前。世事无常,理想中的生活总是美好的,可是现实似乎又总存在着一丝不确定性。

我对自己没有太多的想法,我就想减轻一点父母的负担,虽然我总是觉得自己淡漠,可我能明白父母的辛苦。虽然小的时候,他们似乎都在关心弟弟,可随着年龄的增长,我发现了他们也在关注着我的成长,只是他们不善于表达。他们在我的身上倾注了很多,他们对我越来越好了,好到我甚至想哭,我想让他们对自己也好一点,我想让他们不要再这么辛苦了,我想让他们每天都能开开心心的,做自己喜欢做的事,不用为各种琐事烦恼,我也想为他们遮风挡雨……

我有的时候也会害怕,感受着那么多的善意,我也会迷茫,我不知道自己能做些什么。我的格局不大，我只想牢牢护住我在乎的。

我也会想，我能为社会、为国家做些什么。我觉得我太渺小了。我很羡慕优秀的学长、学姐们，他们好像什么都会，而我，连基础知识、基本技能都还没学好，我的好奇心让我不断探索，见识到了精彩的世界，我明白了，我太急躁了，光有好奇心是不够的。没有实践、执着追求，我只是在浪费时间。

在学校我能做些什么呢？我觉得最基本的也就是作为一个学生好好学习了吧，一步一步为以后打下基础。

我也想过，会不会在学校学到的知识技能，到了最后，成为可有可无的存在，也许到了最后，我走向了其他的方向。对我的专业，我是很满意的，我不知道现在的喜欢能不能让我真的学好它，毕竟理想和现实不一定对等，但我知道现在只能为学好它而努力。在学有余力的情况下把握好时间，自学新的知识技能。

我了解过，若要从事与我所学专业相关的职业，光是本科四年学校教的内容，还是不够的，还需要我们额外学习，这就得自己把握了。我现在开始接触专业课程了，也许一个学期下来，我可以对未来发展方向再明确一点。信息这一块领域很大，而我们电信专业，似乎又属于什么都学一点的那种，这对于啥都有点好奇的我来说，有一点小小的困难，明确最终发展方向，现在还没能做到。不过踏踏实实学好学校的课程，也是目前的一个小方向吧。

没有人不希望社会和谐，人人幸福。好吧，似乎我还存着一些奇奇怪怪的思想。我想这大概跟我所处的环境、所受的思想教育有关吧，这不是一朝一夕能改变的。我觉得，在一定程度上，人是会相互影响的，只是时间问题。做好自己，心存善意，明辨是非，坚守好的品质，不一定要别人知道，自己心里清楚就好了。当然，有些东西是由内而外散发出来的。

向曲老师学习！

不知不觉，写了一堆，我也不知道我在说些什么。我其实也不是一个善于表达的人，大概就是想到啥写啥了，还请曲老师多多见谅。

原谅不善言辞的我，只能干巴巴地再总结一句：

曲老师，谢谢您！我很高兴能来到“海大”，有幸能成为您的学生。

××,你好!

你说得很好。理想和现实总是有矛盾的,因此需要用奋斗去解决。你现在对父母、对社会的确能做得不多,但是只要你始终怀有感恩父母、服务祖国这份情感,你就有了努力的方向,因而不断地提升自己的能力。珍惜时光,踏踏实实地去做。不要总想能做成什么,多想应当做些什么。有事联系我。要相信自己,相信明天!

祝好!

没有中国共产党,就没有新中国,就没有中华民族伟大复兴。历史和人民选择了中国共产党。中国共产党的领导是中国特色社会主义最本质的特征,是中国特色社会主义制度的最大优势,是党和国家的根本所在、命脉所在,是全国各族人民的利益所系、命运所系。辅导员作为大学生人生成长的指导者和引路人,要理所应当地教育青年学生爱党、爱国。我在做辅导员的过程里,始终将爱党、爱国教育作为工作的主旋律。1983年寒假,我当辅导员后的第一个假期,我自费去北京考察,我站在圆明园的残垣断壁前照了一张照片,我立誓培养学生爱国,他们的爱国就是我的爱国。中国梦不会轻轻松松地实现,需要青年学生矢志不渝跟党走,增强做中国人的志气、骨气、底气,引导学生增强中国特色社会主义道路自信、理论自信、制度自信、文化自信,厚植爱国主义情怀,把爱国情、强国志、报国行自觉融入坚持和发展中国特色社会主义事业、建设社会主义现代化强国、实现中华民族伟大复兴的奋斗之中。有的辅导员"不好意思对学生进行爱党、爱国教育"。这是因为说少了,平时做得不够。青年学生心中都有一团火,需要有人给他们助燃。有一次我做完报告后,有个学生给我留言说:"我从懂事到今天,包括我的爸爸、妈妈,没有一个人告诉过我要为祖国而学习,您告诉了我。您还告诉我,无论在哪里都可以爱国,心在哪里,祖国就在哪里。您放心,我一定做个爱祖国的大学生。"

人的崇高和学历没有必然联系

2021-10-14

曲老师,您好!

听了您的讲座,我受益匪浅,也找到了作为一名教师的初心,一切为了学生,为了学生的一切。作为一名中职教师,我力争对每一名学生不抛弃不放弃,从思想上感染着,从品德上培养着,从行为上引领着他们。我希望潜移默化地去改变人们对中职生的看法,以及中职生对自己人生的看法。

××,你好!

昨天一直很忙,没有回复你,请理解。

不论从事基础教育、中等教育,还是高等教育,教育的根本任务都是立德树人。因此,教师必须把帮助学生确立正确的价值观放在首位,只有价值观正确了,学习知识、培养能力才有意义。从某种意义上讲,知识是用来做事的,价值观是用来做人的。很多人论知识不少、论能力不差,但结果呢,并没有对社会做有意义的事情,甚至走上歧途,就是因为价值观错了,也可以说是“缺德”了。教育一定要给学生向上、向前的力量,不能把学生看“扁”了。每个人都有价值,都有存在的意义,决不能以学历层次高低取人。看看今年获得“七一勋章”的29位共产党员,他们中几人有高学历?他们的一个共同特征就是都有着崇高的理想追求,他们的共同特点,都是在工作岗位上默默无闻地付出着。我经常讲,一个人的崇高和学历没有必然联系,跟人生的信仰、追求有关系。要教育学生懂得做人的道理,没有考上大学也没有什么了不得,不是有这样一句话吗,是金子在哪里都会发光。人的能力有大小,但是只要有追求、有奉献精神,尽力发挥自己的能力就可以了。现在有的老师有这样一点不好,学生还没有怎样,他先沉不住气了,"你怎么考到这样的学校,这还能有出息吗?"考到这里又怎么样?做教师的应当告诉学生,人生有两条起跑线:一条是知识的,一条是品德的,输在知识的起跑线上不是很紧要,关键不能输在品德的起跑线上。前者输了,可以撵回来;后者输了,人生那可就毁掉了。

你还谈到了教育的一个重要原则,就是一切为了学生,为了学生的一切。这方面我们有的老师做得也不是很好。他们不能平等地对待每个学生,他们把目光聚焦在表现好、听话的学生身上,忽视了甚至冷落了一些他们认为有问题的学生。教育应当坚守有教无类,越是有问题的学生,越要格外关注,特别关照,要帮助他们克服自身存在的不足,不然他们养成了不好的习惯,再把这些不好的习惯带到了社会上,那会成为什么样子。教育要为学生的一生负责,不能抱着把学生糊弄毕业就完事了的心态,这样就不配教师的称谓了,更没有党性、人民性。看得出你有诲人不倦的教育情怀,把它保持下去。最美好的事情就是陪伴学生进步,帮助学生成人成才了,功在当代、利在千秋。人生不必好高骛远,培养好了学生,问心无愧,也就值得了。

祝一切顺心如意!

您说得太好了!

您是榜样,向您学习,以期更好地服务同学、服务社会和报效国家。再次感谢老师的教诲。愿老师您身体健康、工作顺利!

好的!努力前行!把你的地址给我,我把我写的书签名邮寄给你做纪念。

好的,我会努力的!我的地址是:××××××××。希望有机会再见到您,谢谢老师。

要学以致用

2021-10-21

曲老师，您好！

我是××大学马克思主义学院的××。前两天我听了您的报告，深有感触，我立志要像您一样把爱国这件事真真正正落到实处，利用自己所学，去做一些哪怕很小但是真正有益于社会的事。有个问题想问您一下，就是您读了《共产党宣言》最大的感触是什么呢？

××，你好！

谢谢你的认同。大学生一定要爱国。大学本身就是爱国的产物，所以，蔡元培先生在做北京大学校长的时候告诫学子们，莫把大学当成个人使用的地方，不然的话就不会有大的出息。爱国体现在实实在在的行动中，不必想怎样轰轰烈烈，只要求扎扎实实，从自身做起，从身边的事做起。

我高考的时候选择了师范院校，在师范院校里我最愿意读的就是政史专业，那时政治和历史在一起。政治专业有一门课程是“马恩经典著作选读”，这门课还没有开，我就买了《马克思恩格斯选集》（1～4卷），比较早地接触了马克思、恩格斯合著的《共产党宣言》一书。这本书曾经是我的床头书，我读过不知多少遍。我在大学的时候曾打算到西藏、新疆等偏远地区做老师，那里需要人才，而本科毕业就是人才，没有必要考研究生。这样我就没有做考研准备，于是就有了更充分的自由读书时间。我每天早上在操场跑完步后，都要读上一段马克思、恩格斯的著作或《毛泽东选集》，很多篇章和段落我能倒背如流，至今有些段落我还能背诵下来。而《共产党宣言》是我最喜欢的一本著作。这本书给我最大的感受有这样几点：

一是使我对社会发展规律有了科学认识。人类社会就是由低级向高级发展的，这是不以个人的意志为转移的。我坚定地相信，共产主义必然实现，资本主义必然灭亡。虽然我看不到，大家也未必能看到，但规律不可改变。

二是使我相信马克思主义的科学性。以往一切学说都是为少数人说话。为少数人说话怎么会说出真理呢？马克思为最广大人民说话，自然会说出真理。

三是坚定了我的理想信念。我是看着《共产党宣言》写下了入党申请书，我要成为一名共产党员。马克思创立了马克思主义，因此被开除国籍，遭到迫害。但是马克思无所畏惧，他说："面对我们的骨灰，高尚的人们将洒下热泪。"

四是养成了我扎实的工作作风。马克思主义的一个显著特点是实践性。马克思不仅建立了共产国际，创立了科学社会主义，他更是一名战士，作为党的创始人、科学社会主义的创始人，他亲自去实践党的纲领，实践他的学说，为此他奋斗了一生。我是一名共产党员，要为党的事业勤勤恳恳，少说空话，多做实事。我入党39年就是这样过来的。

你是学习马克思主义理论的，千万不能把马克思主义只当成知识来学，一定要在坚定理想信念上下功夫，用马克思主义考量自身，知行合一。对马克思主义做到真学、真懂、真信、真用。不能养成夸夸其谈、教条主义、形式主义等毛病。

祝好！

感谢老师的详细解答！我一定谨记老师的嘱托，做一个爱国的学生！因为我现在是读研一，老师让我们读《共产党宣言》并分享感受，我想经历丰富和初而为学的人读此书的感受一定是不同的，所以向老师询问了一下，很受启发！尤其是您所说的第四点，勤勤恳恳工作，少说空话，多做实事很是触动我的内心！带着您的启发再去读《共产党宣言》，我想一定会另有一番不同的感受，也能帮我更好地把马克思主义"内化于心，外化于行”。除此之外我也特别期待能收到老师亲笔签名的书，更多地学习老师的思想，感受老师不凡事迹的激励，引领自己在最好的年纪做最该做的事。期待拜读老师的作品！

做人、做事一定要从内心的信念出发

2021-10-22

曲老师，您好！

我是您曾经在××大学资助过的学生××，现在是大连市第××中学的一名初中思政课老师，今天下午我们单位组织党员去看了电影《守望青春》，我在观看时几次感动落泪，看到最后才发现电影是以您为原型拍摄的，看完这部电影，我的感触很深。我作为曾经受您资助的学生，真的很感激您，作为一名刚刚上岗的人民教师，也真的很敬佩您。因为在群里怕影响到大家，所以就加了您的微信，想再一次向您表示感谢。

××，你好！

我早都忘了资助过你。你是哪年毕业的？辅导员是谁？我离开××大学17年了，不过我经常回去，一走进××大学的校园顿时会产生一种亲切感。我在那里读了4年书，工作了22年，我今年64岁，我的人生到目前为止有超过三分之一多的时间是在××大学度过的，××大学教育了我、培养了我！这份情我永远难以割舍。我们是校友，××大学给了我们共同的理想和追求。

现在讲大中小德育一体化。你在中学上思政课，这个环节很重要。大学生一出问题，一股脑地全怪罪到大学身上，这是不公允的。其实大学生中出现的很多问题都不是在大学养成的，都与中学、小学的教育有关，当然与家庭教育也有关。学生来大学之前的教育基础好，在大学阶段教育起来就比较顺,这样的学生就容易成才,反之教育起来就费劲。看得出来你有教育的情怀,那就再上点心,下功夫解决好学生思想政治教育方面出现的问题。我们共同“为党育人、为国育才”。

电影有艺术加工的地方。辅导员工作必须扎扎实实,只有走进学生心灵的思想政治教育,学生才会买账,因而才会改变。我们以此共勉!

有时间到我们学校看看,我请你吃烤鱼。

谢谢曲老师!

我今年刚刚从马克思主义学院研究生毕业,您在××大学资助了我们几个学生每人一台计算机,还带着我们在××大学大国际交流中心吃了一顿饭。

之前跟您接触的时间很短,了解您也是通过事迹介绍、百度百科等途径。虽然电影肯定有艺术加工的地方,但是今天看完电影,我突然更近距离地感受到了您对学生发自内心的关怀,对思想政治教育的深厚情怀。

其实,我选择成为初中思政课老师有部分原因在于:读书时了解到之前校园暴力多发生于初中阶段,初中的孩子正是自我意识强烈的时期,更需要正确的引导。而且,相对于高中,初中思政学科的升学压力较小,因此更有必要、也更容易在这一阶段从思想上影响孩子。虽然我个人的力量微不足道,可能不足以彻底改变一个孩子,但我还是想通过自己影响到一些孩子,为社会、为国家的思想政治教育尽绵薄之力。

虽然我刚参加工作,但我真心希望能以您为榜样,扎扎实实走进孩子内心,不求人人成才,只希望每个孩子都能真正成为道德品质好、遵纪守法的人。

诚挚地感谢您的邀请,祝您天天开心,很抱歉这么晚打扰您,老师,您早点休息。

我想起来了。我用我的公众号的打赏费和一些书费、报告费等费用,建立了宗旨为“你为祖国服务,我为你服务”的“励志基金”,承诺凡是“海大”的孤儿学生、新疆少数民族学生考上研究生每人资助一台计算机,××大学是我的母校,也一样享受这个基金。你要秉承该基金的宗旨,做一名优秀的思政课教师。习近平总书记在学校思想政治理论课教师座谈会上对思政课教师提出要做到“六要”和“八个统一”,这是上好思政课的关键。你要好好学习，把上好思政课作为人生的信仰追求。思政课多重要啊！思政课是学生人生的"总开关"，它能把握学生的前进方向。很多孩子很有才华，但是"总开关"出毛病了，多可惜呀！要在青少年时期下功夫，给足他们"阳光雨露"，让他们茁壮成长。

难能可贵的是，你愿意在初中做思政课教师，你想的是对的。学生的很多问题等到了大学再解决就晚了。一些老师不愿意在中学做老师，总觉得大学更舒服、更体面、收入更多，这本身就没有大的格局。当年李大钊月薪200大洋，他用这些钱创办《每周评论》；帮助生活困难的同事；资助困难学生读书。这是信仰的问题，在哪里都一样，主要看你想成为一个什么样的人。在你走上工作岗位的时候，这个问题必须想明白、想彻底，做人、做事一定要从内心的信念出发，而不是为了应景、赶时髦。

等我找时间请你吃饭，你再找两个同事，我们一起聊聊中学的思政课、中学生的思想政治教育情况，这对我做好大学生思想政治教育会有帮助。

我会支持你的，有事联系我。

祝好！

你不必回了。我今天把我们的交流内容在我的公众号上推送一下。

让学生有存在感

2021-10-28

曲老师，您好！

这么晚给您发微信，希望没有打扰您的休息。您有时间可以回复一下，不需要今晚就回我。我是大连市普兰店区××中心小学老师，有幸10月11日在大连教育学院思政培训班聆听了您的讲座“践行‘六要’，铸魂育人”。在听的过程中，我数次被您的事迹感动，几度热泪盈眶，我能感到您的疲惫，但我也能感受到您一旦站着给大家讲座时，就有使不完的气力。在短暂休息的时候，我们学员都去倒水喝了，而您却没有去喝水，于是我拿了纸杯端到您跟前，后来有班主任老师拿了茶杯正好和我相撞，我便拿回了纸杯。当晚，我和同事就加了您的微信。当时我俩特别兴奋，那种高兴劲儿也许就像现在有的年轻人见到自己的偶像那样激动。在听您讲教育学生的事迹时我就在想：当老师可以做到这种境界，真不是一般人能做到的。回去后，我也要好好工作，使劲干！加油干！现在想起那天您的讲话，我也依旧特别受鼓舞。我回来后，跟我们区教研员汇报工作时，我谈得最多的就是从您那里受到的教诲。我跟教研员主动申请想给全区的道德与法治教师做个讲座，就是关于您的事迹的。我觉得学习思政课、教好思政课，最重要的还是要从思想上改变一些老师的想法，然后教师才能真正有底气、有自信上好思政课。而我，在看您留给我们的课件，我真担心自己讲得不够准确，所以，我想冒昧问一下老师，您有有关您事迹的文章吗？可以给我阅读一下吗？我再结合您上次留给我们学员的课件，来给全区的小学道德与法治课老师做这个讲座，让他们看到榜样的力量，知道如何做小学道德与法治课老师。

打扰了老师！现在回忆您的样子，依旧觉得亲切。您的和蔼让人感到如沐春风，但我也能感到老师您的辛苦，从而感到心疼。

祝您健康长寿！

××，你好！

你写了这么多，让我感动。你真是用心、用情了，谢谢你！

我是一名思政课教师，这是管学生人生方向的，这多神圣、多重要啊！我从站在讲台那天起，就要求自己决不能让学生在思想上犯错。这就要有对学生负责的精神，就要与时俱进，不断提升自身的理论水平。为此，我从来没有，也不敢懈怠，可以说我每天都在思考、学习，我从大学毕业到今天没有睡过午觉。当然上好思政课还不完全取决于教师具有的理论水平，还需要情感的滋润。思政课教师心中要有学生，要让学生感受到他们在你的心中，这样学生才能认为你是在为他们上课，而不是为了评职称、拿课酬，学生才会悦纳你的教育。

我站着讲课一是尊重大家，二是为了锻炼身体。我从年轻的时候就这样。这也是我对自己教学的一个要求。一般说来坐着讲可以“依赖”讲稿，很多观点知道了就可以，不必背下来。站着讲则需要烂熟于心，运用自如。站着讲气势上就优于坐着讲，特别对思政课来说，往往需要以身体语言来助力。

从我被作为“时代楷模”宣传以来，国内的主流媒体都采访过我。但是我个人没有收藏一点关于这方面的文字、音像资料，大家都是在网上查找关于我的一些情况，你到百度里搜索一下就可。关于我对思政课的一些看法，等我找一下《我与思政课教师的交流》这本书签名邮寄给你做纪念，告诉我你的详细地址。

特别感谢你对我的祝福！好人一生平安。我2005年10月患了癌症，颅外皮下长了一个恶性肿瘤，做了两次手术。我放弃化疗、放疗，缠着绷带没有拆线就出院工作了，我要把最后的时光留给学生们。16年过去了，托大家的福，现在平安无事。

到大连联系我。

你也多保重！祝一切顺心如意！

好的！您的话我谨记在心！您的真诚总是会感染每一个跟您接触的人。也许这就叫伟大的人格魅力吧！我知道您太忙了，所以不敢跟您交流太多，怕自己打扰了您。我要以您为学习的榜样，怀揣对教育的情怀努力前行！谢谢您对每一个老师和学生的爱！真的很感恩！

谁都没有来生，把自己该做的事情做好就可以了。我们共勉！

要淡泊名利

2021-11-03

诸葛亮说："静以修身，俭以养德，非淡泊无以明志，非宁静无以致远。"诺贝尔说："金钱这种东西，只要能解决个人的生活就行，若是过多了，它会成为遏制人类才能的祸害。"爱因斯坦说："一个人的价值，应该看他贡献什么，而不应当看他取得什么。"这些话都是有道理的。

《中庸》云："君子素其位而行，不愿乎其外。素富贵，行乎富贵；素贫贱，行乎贫贱；素夷狄，行乎夷狄；素患难，行乎患难。君子无入而不自得焉。"这段话的意思是："君子安于现在所处的地位，去做应该做的事，不对地位以外的名利存非分之想。处于富贵的地位，就做富贵人应该做的事；处于贫贱的状况，就做贫贱人应该做的事；处于边远地区，就做在边远地区应该做的事；处于患难之中，就做在患难之中应该做的事。君子没有什么情况是不能安然自得的。"

庄子是我们都熟悉的一位中国历史上的名人，是我国战国时期伟大的思想家、哲学家、文学家，是道家学说的主要创始人。大家知道下面这个故事吗？庄子做过宋国地方的漆园吏。他家境贫困，住在狭窄的小巷里，靠编草鞋度日，饿得面黄肌瘦，有时不得不向人家借米救急，穿着打补丁的粗布衣服，用麻绳绑着的破鞋子。庄子学识渊博，他对当时的很多学派都有研究，进行过分析批判，楚威王听说他的才学很高，派使者带着厚礼请他去做相国。庄子笑着对楚国的使者说："千金，重利；卿相，尊位也。可你就没有看见祭祀用的牛马吗？喂养它们好几年，然后给它们披上有花纹的锦绣,牵到祭祀祖先的太庙去充当祭品。到了这个时候,它们就想当个小猪,免受宰割,但也办不到了。你赶快给我走开。不要侮辱我。我宁愿像乌龟一样在泥塘自寻快乐,也不受一国之君的约束,我一辈子不做官,让我永远自由快乐。"庄子要死了,弟子们想要厚葬他。庄子制止他们说:"吾以天地为棺椁,以日月为连璧,星辰为珠玑,万物为殉物,难道我的葬品还不齐备吗?还有比这更好的吗?"弟子说:"我怕乌鸦、老鹰啄食您哪。"庄子说:"在地面上被乌鸦、老鹰吃,埋在地下给蝼蚁吃,夺了那个的食给这个吃?你们为什么这样偏心呢?"

我去过坐落在贵州的王阳明文化园,这是为纪念王阳明在此讲学而建的。可以说正是在这里,王阳明晚年的学术思想达到了最高峰,他的智慧和才能被最大限度地开发了出来。为什么是这里?王阳明在此修身养性,终于在不着一物的心境中,大彻大悟,明白了古人所说的"格物致知"是怎么一回事,领会了圣人之道,从此,世上的名利是非、荣辱得失,甚至生死问题都不能束缚他了,他成了一个心灵自由的人。

真正的共产党人更是淡泊名利的人。我2013年春向省委组织部递出辞呈,要回学校做一名辅导员。领导关心地说:"你正厅级的职务、级别,不要了?将来看病怎么办?"我说:"老百姓怎样看病,我就怎样看。"我拜谒过李大钊的墓,在墓前我默默地承诺:"我来了,我一定继承您的遗志。"李大钊当年是北京大学图书馆主任,月薪200大洋,不次于今天的千万元户。但是李大钊将这些钱用来办《每周评论》;帮助同事;资助生活困难学生学习。李大钊若是像今天有的贪官那样,只图个人的享受,马克思主义在中国怎么样还是未知数呢?李大钊得到了什么?被逮捕了;被严刑拷打;被杀害了。李大钊在《狱中自述》中说:"惟吾中国,自鸦片战役而后,继之以英法联军之役,太平天国之变,甲午之战,庚子之变,乃至辛亥革命之变,直到于今,中国民族尚困轭于列强不平等条约之下,而未能解脱。此等不平等条约如不废除,则中国将永不能恢复其在国际上自由平等之位置。""钊自束发受书,即矢志努力于民族解放之事业,实践其所信,励行其所知,为功为罪,所不暇计。今既被逮,惟有直言。"

我两次拜谒过方志敏的墓。方志敏是江西党组织的创始人之一,闽、浙、皖、赣革命根据地的创建者。他历任县委书记、特委书记、省委书记、军区司令员、红十军政委、闽浙赣省苏维埃政府主席、中华苏维埃共和国中央主席团委员、党中央委员。被俘后敌人企图劝降他,方志敏坚贞不屈,写下《可爱的中国》《清贫》等名著。方志敏在《死——共产主义的殉道者的记述》中有这样一段话:“为着阶级和民族的解放,为着党的事业的成功,我毫不稀罕那华丽的大厦,却宁愿居住在卑陋潮湿的茅棚;不稀罕美味的西餐大菜,宁愿吞嚼刺口的苞粟和菜根;不稀罕舒服柔软的钢丝床,宁愿睡在猪栏狗窠似的住所!……一切难以忍受的生活,我都能忍受!这些都丝毫不能动摇我的决心,相反地,是更加磨炼我的意志!我能舍弃一切,但不能舍弃党、舍弃阶级、舍弃革命事业。”这种坚定的革命信念,缘于艰苦奋斗、淡泊名利的情操。1935 年 8 月 6 日,方志敏在南昌英勇就义,时年 36 岁。

为隆重庆祝中华人民共和国成立 70 周年,经党中央批准,中央宣传部等部门决定在全国范围广泛开展“最美奋斗者”学习宣传活动,热情讴歌中华人民共和国成立以来各地区、各行业、各领域涌现出来的先进人物,激励广大干部群众以“最美奋斗者”为榜样,自觉把自身的前途命运同国家和民族的前途命运紧密联系在一起。这次评选活动共评选出 278 名“最美奋斗者”,我也非常荣幸地被评为“最美奋斗者”。我参加了颁奖大会。在会上就宣读了一个人的名字:授予张富清等 278 人“最美奋斗者”荣誉称号。2018 年 11 月湖北来凤县退役军人事务局采集信息,一位退役老兵的物品震惊了现场所有人,红布包裹被一层层打开,人们发现 94 岁的退役军人张富清,竟然是一位战功显赫的人民功臣。张富清在解放战争的枪林弹雨中九死一生,先后荣立一等功 3 次、二等功 1 次,被西北野战军记“特等功”,两次获得“战斗英雄”荣誉称号。中华人民共和国成立后,他响应国家号召主动到偏僻的湖北来凤县工作,为贫困山区奉献一生。张富清刻意尘封功绩 60 余载。颁奖大会上我见到了张富清的儿子,我问他以前有没有见过这些奖章?他说他父亲从未跟儿女提起过。记者问张富清老人:“您有这么多的奖章,怎么不拿给领导看呢?那还会安排您到艰苦的地方去吗?”老人流着泪说:“我显摆什么,战友们都牺牲了。”“您不怕苦吗?”记者接着问。“怕苦?我死都没怕过。”老人坚决地说。

知识分子的榜样黄大年,热爱祖国,品德高尚,始终把祖国富强、民族振兴作为矢志不移的追求目标,2009 年毅然放弃国外优越条件回到祖国,成为东北地区第一批国家专家。他不求名利,甘于奉献,长年不休,带病工作,把生命最绚丽的部分献给他钟情的教育科研事业。黄大年对个人名誉头衔毫不在意,对国家利益却看得很重。他掌握着数以亿计的项目经费，从来不搞拉关系、请托说情那一套。他不仅自己以身作则，还耐心教导学生要“耐得住寂寞、坐得住冷板凳”。对祖国的热爱、对理想的执着、对科研的专注，让黄大年摆脱名缰利锁，自由驰骋在科技报国的广阔天地。黄大年用毕生努力实现了爱国之情、强国之志、报国之行的统一，是新时期归国留学人员和高校教育工作者的杰出代表。习近平总书记号召以黄大年同志为榜样，“学习他淡泊名利、甘于奉献的高尚情操”。这既是对黄大年崇高精神的高度评价，也是对我们的勉励和要求，激励着我们见贤思齐、崇德向善，为推动国家发展、社会进步贡献智慧和力量。

您好，曲老师，我是一名今年考上××大学马克思主义学院研究生的学生，因为很仰慕您，上次看您在××大学马克思主义学院做报告，留了微信联系方式，所以我就加您微信，冒昧打扰，请见谅。

曲老师，今天晚上辛苦了，很荣幸能够在现场听到您的演讲，我受益匪浅，在今后的研究生学习生活中我一定会去按照您提出的“十个要求”对标自己，始终做到爱党、爱国、爱社会主义，胸怀报国之心、感恩之意。很开心今晚能与您度过两个小时，有您的这些对于我们的新生寄语，相信在今后的学习、生活中我们一定能够实现自己的人生价值，谢谢曲老师！祝曲老师工作顺利、身体健康！

谢谢你的认同！你是学习马克思主义理论专业的，一定要搞清楚马克思主义是什么。但只知道马克思主义理论是什么是不够的，必须在实践中践行马克思主义理论，做到知行合一。老师相信你一定会努力前行，成为担当民族复兴大任的时代新人。谢谢你对我的祝福，也祝你一切都好！

好的，老师，我一定铭记于心，今后在学习生活中把学到的知识努力去应用于实践，做到知行合一，我以后有机会去大连一定找您多取经。

您忙一晚上了，一定要早点休息呀！

晚安！

我是××，老师您好，今天听了您的讲座我十分震撼，我也想变成像您那样的人，我一定会努力读书，早日成为一个对党和国家有用的人。听了您的讲座,我想我知道我的方向在哪里了,谢谢您。

谢谢你的认同!读大学,首先要选准方向,要清楚自己想成为一个什么样的人,不然走得越匆忙离危险越近。有了目标,就要扎扎实实地准备,只有把自己变得强大,才能为党和国家做出大的贡献。相信你一定会实现你的愿望。

请您放心,请党和国家放心,我一定谨遵教诲。日后肯定还会有很多问题要劳烦老师解答,麻烦老师了。志存当高远,俯首为人民。

曲老师,今天的讲座中我是正对着您那位戴口罩的同学,希望能和老师深入交流。我真的非常荣幸能够认识您,听完您的讲座,更加坚定了我努力为群众办实事,为人民服务的信念。我真的觉得您十分了不起。以后我会更加努力学习专业知识,完成党和组织交给我的任务,争取早日成长起来,投入国家建设和服务大众的队伍之中去!

老师,时间不早了,请老师赶紧休息,我就不打扰您了。

我没有什么了不起,就是这份工作做的时间长,有些积累。你这么年轻,一定会青出于蓝而胜于蓝。你是一名共产党员,一定不能忘了初心,要始终和人民群众在一起。做有格局、有视野的人,也就是做名副其实的共产党人。让党放心,让人民满意。

晚安!

着力点应放在马克思主义理论教育上

2022-01-30

很多思政课教师和辅导员都在讲,假期很忙,不是写论文,就是申报科研项目,被弄得晕头转向。我十分理解大家。现在的考核机制不是很科学,评职称往往实行科研一票否决制,这客观上催生了大家往科研上使劲。会永远这样下去吗?现在一再强调"破五唯",我以为这都是早晚的事。凡事都有个发展过程。恩格斯在《反杜林论》中讲过这样一个观点:人们只能提出这样的问题,当问题提出的时候,说明解决问题的条件已经成熟或正在成熟之中。有的同志总是愿意站在"原点"看问题,甚至"倒着"看问题,你说"破五唯",他就说你看我们学校怎样怎样。大学是国家的大学,不是个人的。就像刚开始要求上思政课一样,那时有的学校就不上思政课;要求用统编教材,有的学校偏偏自编教材;"中央 16 号文件"要求高校按照 1∶200 的师生比建立辅导员队伍,那时有几个学校做到了?很多民办高校没有"正规"的辅导员队伍,别说 1∶200,更有的学校根本不建辅导员队伍。给辅导员评职称不也是如此?有些学校就是不给辅导员评职称,并且振振有词,有的领导在大会上就公开讲自己的观点。现在还这样讲能当上校领导吗?现在还有不上思政课的学校吗?还有拿自编教材上思政课的吗?实事求是是马克思主义活的灵魂,"新生事物是不可战胜的"。事物的发展有其内在的规律性,这是不以个人的意志为转移的。当然这都是外部环境的问题,无论思政课教师还是辅导员,还是应当把着力点放在马克思主义理论教育上,也就是要在走进学生心灵上下功夫。这是你们的真功夫、真本钱,明天一定会这样:评价一个思政课教师和辅导员的水平,科研仍然会是一个尺度,但绝不会是唯一、根本的尺度,并且科研的指向也应当是放在怎样对青年学生进行马克思主义教育上。现在我们这方面的引导还不够,包括马克思主义学院的建设,其示范作用往往在马克思主义理论的研究上,而不是在教育上。我此前讲过我的观点。一些高校(一些学者)可以承担马克思主义理论的研究任务,而对绝大多数高校(学者),主要的任务还是在马克思主义理论的教育上,从这个意义上讲,我们应当着力建设马克思主义教育学院,而不是像现在这样侧重建设马克思主义理论研究的马克思主义学院。目前的客观环境是这样,未来的愿景会怎样?这就看我们思政课教师、辅导员怎样选择、把握了。我自己就是个案例,在马克思主义理论研究上比我水平高的人不知有多少,但是在马克思主义理论教育上恐怕就不是这样了。我也经常跟有的思政课教师、辅导员讲,何必把自己弄得那么累呢?有写一篇“C 刊”的工夫能和多少学生谈话?能解决学生多少思想问题?对这些做总结,由经验上升到理论,就是思想政治教育最好、最需要的论文,这样的科研才会不断促进教学、思想政治教育的效果,才会形成良性循环,才有生命力、才有价值、才值得追求。

教师最大的幸福莫过于为学生成长服务

2022-01-31

习近平总书记在2022年春节团拜会上说道:“世界上最大的幸福莫过于为人民幸福而奋斗。”对我们教师来说,最大的幸福就是为学生的成长服务。就在今天早上,我还收到前几年毕业的一个本科生(现在正在读博士)的家长写给我的一封感谢信。

曲老师,您好!

首先祝您和家人新年快乐!

日子过得真快,转眼又是一年,我们老了一岁,孩子长大一岁。感谢您过去一年对她们(注:这个学生是双胞胎之一)的照顾,特别是还给她们申请了10000多元的奖学金,减轻了我们家里的负担。您能时时想着她们,惦记着她们,我们对此十分感动。

今年1月份××出国了,这在我们家也算是比较大的事情了,从她俩一开始申请出国,我们就挺担心的,因为国外疫情严重,她们又都是女孩子。说实话××最后没能出国,我和她妈还是有点开心的,这样就少担心一个。最近××和我们视频,看她自己在异国他乡学着做饭,学着自己处理事情,我们很是感慨。上大学之前她们都没出过××市,如今越走越远,虽然我们也还是免不了要担心,但也打心眼里开心,她们在变得越来越优秀,作为父母,我们感到很自豪。

这几年您一直在陪伴和见证她们的成长,在很多时候都给了她们引导和帮助,再次向您表示感谢!眼看着她们就要毕业了,我们之前说过,等她们毕业我和她妈去学校看一看,特别是要去大连拜访您,当面感谢您这些年来对我们家的照顾!我还经常跟她们说等以后工作了也要时常去看望您!您待她们如父亲一般,她们也会像女儿一般待您!

再次祝您及家人新的一年一切都好,身体健康、万事胜意!

看到这封信,我的脑海里回忆着这个学生读大学时的场景。我在翻阅学生档案时发现这个学生姐妹3个同时在读书,父母又都是农民,长年在外打工,这个学生会有勇气读下去吗?我找到这个学生,我告诉她:“有我吃的就有你吃的,我管不了你吃好,但是我一定会管你吃饱。”我对我带的年级所有家庭生活困难的学生,还有我上思政课年级家庭生活困难的学生都做过这样的许诺。我力所能及地帮助了她和她妹妹,特别是我帮助她们树立了“不坠青云之志”的精神品格。这个学生和她的妹妹双双被保送到“双一流”大学攻读博士学位,明年毕业。她们俩都成了共产党员,要为党和人民的事业不懈奋斗。她们也确实像女儿一样,总是给我发微信祝福我,嘱咐我保重身体,还来大连看我。我和她们之间有10多万字的微信交流。这个学生的家长每年春节的时候都要给我送上感谢和祝福。作为一名教师,就应当从服务学生中得到幸福。我做辅导员时,经常到学生家家访,我和有的学生家长现在还保持着联系。我在省教育厅工作的时候,有个家在沈阳的学生,我还经常去看望他的父母,给他们拜年。这个学生的母亲说:“孩子,你可以忘了父母,但千万不能忘了曲老师。我们家的幸福是曲老师给的。”这个学生现在已经是厅级干部了,再忙,也是经常问候我,到大连的时候,也是会联系我、看我。我在想,我的幸福是谁给的呢?不就是这些学生,还有他们的家长给的吗?

今天又是除夕夜。自从有了手机短信,每年春晚我都看不完一个完整的节目。来自四面八方的祝福像雪片一样纷纷飘来,我真是回复不过来。我今年65岁,40年的教育经历如果凝练成一句话就是:老师心里一定要装着学生,你关心了学生,学生就会关心你;你给予了学生幸福,学生还有他们的家长就会把幸福送给你。

借此机会,给所有关心和帮助过我的人拜年:祝大家一切都好!一生幸福!

思政课不是“哄”出来的

2022-02-08

有个思政课教师高兴地说，年前他们学校兑现了给思政课教师月补贴1000元的承诺。这是值得高兴的事情，因为它壮大了思政课教师的经济基础，而经济基础决定上层建筑嘛。一些思政课教师不安心思政课教学的一个重要原因，就是认为“经济基础”薄弱，无法支撑“上层建筑”这个意识形态大厦。他们还引经据典地论述这两者的关系。马克思去世的时候，恩格斯在马克思墓前发表了讲话，他说：“正像达尔文发现有机界的发展规律一样，马克思发现了人类历史的发展规律，即历来为繁茂芜杂的意识形态所掩盖着的一个简单事实：人们首先必须吃、喝、住、穿，然后才能从事政治、科学、艺术、宗教等等；所以，直接的物质的生活资料的生产，从而一个民族或一个时代的一定的经济发展阶段，便构成基础，人们的国家制度、法的观点、艺术以至宗教观念，就是从这个基础上发展起来的，因而，也必须由这个基础来解释，而不是像过去那样做得相反。”恩格斯这里强调了“首先必须吃、喝、住、穿”的问题，然后才能……这是对的，由此突出强调了存在决定意识这个唯物主义的基本观点。人都要饿死了，还能想“政治、科学、艺术、宗教”的事吗？这是连傻瓜都懂的道理。问题是“吃、喝、住、穿”的标准是什么？换句话说，达到了怎样的“吃、喝、住、穿”的标准，才能从事“政治、科学、艺术、宗教”等。恩格斯没有制定这个标准，他也更想象不到在今日之中国从事思政课教学应当有什么样的“吃、喝、住、穿”标准，这只能由我们这些当代人、我们思政课教师来“制定”

了。我从来不反对给思政课教师提供教学条件保障。大家应当注意我的提法。现在给思政课教师每个月多少钱的做法,被看成了一种生活补贴,算成了一笔工资收入,这是不对的,这是应当创设的教学条件(辅导员的月补贴也是如此)。思政课教学需要大量的实践教学,这里只举一例。比如,一个思政课教师,需要考察红色景区,以增强教学的实效性,这是非常必要的。只从书本到书本是上不好思政课的。考察费用由工资出?会有这样的老师,但是这只是个体的行为。这就像美术教师野外指导学生写生的教学费用不会由美术教师的工资出一样。所以,重视思政课,作为学校的有关部门,一定要加强思政课的投入,此前我们“欠账”太多。但是,作为思政课教师,就不应当这样想了。思政课不是“哄”出来的。保证怎样的“吃、喝、住、穿”,我们才能安心教学呢?住到别墅里?吃山珍海味?穿高档名牌衣服?事实上我们很多优秀的思政课教师离高档的“吃、喝、住、穿”标准差得很远,他们的思政课上得很好;而有些思政课教师离高档的“吃、喝、住、穿”标准很近甚至已经实现,但他们的思政课上得并不是很好。这里的关键还是信仰问题。习近平总书记在学校思想政治理论课教师座谈会上提出思政课教师要做到“六要”,排在第一位的就是政治要强。思政课是关键课程,是党的事业的重要组成部分,上好思政课关系到党的事业后继有人的问题。不要管别人重视不重视,你重不重视?这是你的选择、你的事业、你的追求。马克思主义从产生那天起就被一切反动势力不择手段地围堵、封锁;马克思主义在中国的发展过程也是一路腥风血雨、充满艰辛。李大钊把自己每月200大洋的收入拿出来办《每周评论》,培养党的骨干力量。被逮捕后,敌人对他进行了残酷的折磨。李大钊宁死不屈,相信未来的世界必是“赤旗的世界”。李大钊牺牲后,鲁迅等人筹钱将他安葬了。我拜谒过安葬在北京市万安公墓的李大钊烈士墓,我凝思了许久。我想的不是他多么伟大,而是我多么渺小!上好思政课一定要增强信仰的力量!应当说现在是思政课所处的最好的时期,作为思政课教师要发挥好我们的主观能动性。任何时候都不会有尽善尽美的经济基础,我们的使命和担当就是要通过我们的努力来弥补这个差距,实现意识形态的最大价值。

知足乃浮躁之克星

2022-02-23

昨天我与山东一些思政课教师在网上以“教师的思想政治修养与思政课建设”为主题进行了交流。有个老师给我写了下面这段话：

曲老师，您好！

我是山东省一名普通的乡村教师，上午听了您的课真的印象特别深刻，特别震撼，在您的面前感觉自己特别渺小。我研究生就读于东北财经大学，对大连这座城市我真的有特殊的感情。我上午看到是来自大连海事大学的您给我们上课，心里特别地期待，果然收获满满，不知道怎么表达我的感受。听您的课，我仿佛又回到了学生时代的校园。真的很荣幸我在从教第七年的时候遇到了您，让平凡的自己有了深深地反思。我离开大连回到家，信息社会化让我不知道什么时候丢掉了初心和本质，忘掉了平静与淡泊，感谢您及时给我浮躁的心更多的安抚。我庆幸您通过了我的微信好友申请，我关注了您的公众号，希望能通过这种方式继续向您学习，“陪您路过这个世界”。谢谢您！

读了这段话，我想到浮躁、欲望的问题。东北财经大学的硕士生，到乡村做了一名教师，在当今这样一个物欲横流的社会里，有所浮躁本是正常的。可是现实社会告诉我们，恰恰是这种浮躁导致了许多人欲壑难填，使有些人陷入了不能自拔的境地。我前两天请几位老领导吃饭，给他们拜年。闲谈中谈到原来的一个副省级干部，为了谋取更大的私利，大肆行贿、受贿，结果现在被抓起来了，儿子也进了监狱。我今年65周岁了，这一路走来，感悟太多了，我在与学生、辅导员、思政课教师交流的时候，总是喜欢告诉大家一定要抱有知足的心态，你改变不了社会，但是可以把握自己。我能有机会读大学就很知足了；我能在大学里工作就很知足了；我当上了教授就很知足了；我活到了65岁就很知足了；我没躺在病床上就很知足了；我还活着就很知足了……哪来的浮躁，就是不知足造成的。这个老师想的是对的，一定要安抚住浮躁的心，特别在年轻的时候。不要看别人追求什么、怎样生活，自己的人生自己做主。多少人没有条件上大学？多少人想当教师没有机会？做思政课教师怎么了？教数学的、教语文的、教外语的老师，就比你幸福？要我看，教体育的老师挺幸福，给学生积极进取的精神、培养学生刚毅的品格，自己也把身体练就得棒棒的。人到了老年，比的就是身体。思政课教师最幸福，给学生知识，给学生以价值引领，使学生有人该有的样子，"止于至善"，这多有价值！"死去元知万事空"，人生真用不着浮躁，有多大的能力把它发挥出来就可以了，尤其不能欲壑难填，走旁门左道。

思想政治教育必须用心做

2022-06-23

上个周日，中国高等教育学会主办、山东师范大学承办了“做大先生，育时代新人——加快新时代教师队伍建设”网上论坛，我在论坛上做了主题为“当好培育时代新人的大先生”的报告。会后许多老师加我微信与我交流。这是我与其中一位老师的交流。

曲老师，您好！

父亲节能听到您的讲座对我来说是莫大的幸福！在此向您致敬，我也会努力向您学习：心怀学生，争做大先生！

1992 年在父亲的鼓励下，我报考了××大学，选择了教师职业，从 1996 年 8 月起满腔热情地工作到现在！不幸的是父亲因病于今年 4 月 16 日突然离世，他离去的这段日子我非常难过，甚至影响了工作。今天听到您的讲座又如听到父亲对我的谆谆教诲，让我充满了继续前行的力量！谢谢您曲爸爸，您的讲座充满了父爱，有机会我一定去大连看望您，再聆听您的教诲！也欢迎您有机会来连云港！

祝您平安健康，父亲节快乐！

××，你好！

这两天没有及时回复你，一是因为忙，二是没考虑好跟你说什么。每次做完报告后，都有学生、老师、社会其他人员给我点赞，我从心里感谢他们对我的认同,这使我更加充满了沿着"为党育人、为国育才"这条路前行的力量。但是除了学生,像这样直呼我"曲爸爸"的,你还是第一人,这让我不知如何是好。

我选择了思想政治教育工作,当辅导员、上思政课,就是要尽自己的能力把学生教育引领好,点亮学生理想之灯,照亮学生前行之路。我所做的都是我应当做的。去年是建党百年,我把我的入党志愿书借了出来,重温了多遍。我在回顾我是否对得起在党旗下发下的誓言,是否对得起我走向工作岗位时许下的承诺。我经常跟有些思政课教师、辅导员交流。我说怎么没工作几天、入党没有几年,便倦怠了?"党章"里有这些词吗?应聘时都怎样说的?说到底是我们有的同志忘记了在党旗下发下的誓言,把应聘时说了什么丢到了脑后。

我们是思政人。思政育人最显著的一个特点是理论与实际相统一,也就是要知行合一。这既是对学生的要求,更是对我们自身的要求。我们要求学生什么样,我们自己就要成为这个样。正如习近平总书记在中国人民大学考察调研时指出的那样:"对教师来说,想把学生培养成什么样的人,自己首先就应该成为什么样的人。"思政教育说得简单些,就是给学生"打样",这就要走在学生的前面。我常举这样的例子:看看电影里描写国民党军队打仗的时候,都是指挥员弯着身,用枪顶着士兵的腰,让士兵"给我上",可是士兵不仅不上,还往后退;描写共产党军队打仗的时候,都是指挥员挺身站在战士的前面,挥舞手臂让战士"跟我上"。这一"给"一"跟"是截然不同的。"我为什么要给你上?这要死人的,你为什么不上?""我为什么要上?指挥员都冲在了前面,我们怎么能落下?"

现在我们的思想政治教育还没有取得完全令人满意的效果,其中一个重要的原因就是说得太多,做得太少;高大上太多,形而下太少;要求学生太多,要求自己太少。我们一些思政课老师在科研上下了很大的功夫,这不错,但是必须处理好科研和育人的关系。习近平总书记说,把论文写在祖国大地上,对我们来说,就是要把论文写在学生心灵上。科研不围绕学生、服务学生、关照学生,那还有意义吗?我也常说这个观点:不是老师有一桶水,学生就会有一杯水的,关键在于老师为谁准备了一桶水。为自己,为了当大家、当学者,老师有再多的水,学生也不会有一杯水的。为什么有些老师都是博导、教授了,还占有学生的成果,让学生帮他打工,其中就有这个问题。这是不行的,不改变这些,思政课就不会走进学生心灵,学生就不会喜欢,自然也就不会终身受用。当然这也有客观的原因,有个外部评价问题。但是主观和客观总是处在统一体中,如果总抱怨客观环境,那我们的主观能动性干什么去了?

看得出来你有教育的情怀。你毕业于师范院校,又在师范院校工作。你已经做了26年教师了,一定有很多的体会。不管怎样,作为教师,一定要在教书育人上下功夫,首先解决好帮助学生成为一个什么样的人,也就是解决好为谁学、为谁服务的问题,这是教育的出发点和落脚点,这个问题解决了,教育的根本任务才能得以顺利完成。

我前年去过连云港,那是一座美丽的城市。我还去了花果山,感受孙悟空身上那种不屈的拼搏精神,回味四大名著带给我们的中华优秀文化。你来过大连吗?这里随时欢迎你的到来。有需要我做的事情就联系我。告诉我你的详细地址,我把我的书签名邮寄给你做纪念。

祝一切都好!

为学生的一生负责

2022-06-28

曲老师,您好!

我是××学院的××。时间过得真快,一转眼画面从2018年东体的开学典礼转到了新大活的毕业典礼。时光荏苒,但再次读您给我的那封“和一位要求入党同学的交流”的回信,我的内心依旧充满热血,依旧能还原当时的激动、开心。如今我毕业了并顺利通过了黑龙江省的定向选调生考试;向您学习,和老师一样追寻自己的本心,我选择去建设家乡、去基层、去做黑龙江发展的压舱石。现在来看,当初的拳拳之心得以初步实现。

在这四年大学的学习和生活中,我所获颇丰,顺利成长。对于成长过程中的自我反思和存在问题:看待问题的角度不够宏观,全局意识的广度不够广,政治站位还不够高,对待工作缺乏严谨性,理论知识基础薄弱等,针对这些缺点和不足我都有在改正,在提升自己。在工作和学习中查缺补漏的同时我也做了很多有意义的事:在学习中丰富提升自己、不遗余力帮助同学解决难题、在志愿活动中勤勤恳恳、在担任学生干部期间为同学们服务、在社团中收获友谊等。

这次写信的感觉也不一样,对比以前有疑惑需要老师点拨,这次像是向您做一次自己的汇报,与亲切的师长放松地聊天。您一直工作繁忙,再加上其他一些因素的影响,我毕业前未能去办公室与您面对面地交流,也没能留下一张合影,好遗憾。希望下次有机会与您再见面,可以将学生这个小愿望实现。

行文最后,老师,我认为自己持续地进步、适应工作需要、向新的身份转变,这些都需要大量的知识储备和积累,想让您列一个书单给我,以保证我今后的持续进步,更好地实现自我价值,更好地为人民服务。

最后的最后,祝老师身体健康、工作顺利!

××,你好!

不知不觉地忙了一个星期,今天早上才抽空回复你,实在是抱歉。

看了你的信,我的脑海中闪现出和你们在一起的情景。上课时我跟你们讲过,我们不是一门课的关系,我们是四年的师生,一生的朋友。老师之所以跟你们这样讲,就是因为在我看来,作为老师应当为学生的一生负责,特别是思政课教师,一定要给学生正能量,及时为学生解疑释惑,让学生离开学校的时候养成正确的价值观。

老师曾做过学院党总支副书记、学校党委副书记,也长期做过辅导员,对大学生党建比较熟悉。我知道很多学生急三火四地入了党,对党的宗旨并没有深刻认识,理想信念也不是很坚定,结果成了徒有其名的党员,并没有发挥出党员的作用,更有的因为思想不成熟,还犯了错。所以,在你们要求入党的时候,老师虽然是思政课教师,但是我觉得我应当嘱咐你们,一定要在思想上入党,这样对党的事业、对你们的发展才有意义。入党不在早晚,关键是要真正认同党的纲领,且践之以行。

转眼四年过去了,你即将开始新的征程。可以看出,你在思想上对党的认识有一定的深刻性,不能满足,要不断学习,与时俱进。周恩来讲过,活到老、学到老、改造到老。这个嘱托要时刻牢记。入党不是一时一事,而是一生一世。一些党员,有的已身居高位,却晚节不保,就是因为没有不断地教育自己、改造自己,也没有做到终身学习。习近平总书记讲,把学习作为一种追求,道理就在这里。

当然学习不只是向书本学习。毛泽东说:“读书是学习,使用也是学习,而且是更重要的学习。”特别是像你们刚从学校走出来的大学生,缺乏社会实践,更需要向实践学习。看看那些“七一勋章”获得者们,在他们身上充分体现了党的全心全意为人民服务的宗旨,在党和人民需要的时候,他们能够看得出来、站得出来、豁得出来。你应当以他们为榜样,在投身实现中国梦的伟大实践中体现一名共产党员的追求,实现你人生的价值。

你选择了回到家乡、回到基层开启你的新征程,我很赞同。我参加工作的时候,把邓小平同志的一句话写在一本工作手册的扉页上。这句话是:少说空话,多做工作,扎扎实实,埋头苦干。你也要牢记在心。党的事业是干出来的。不干,半点马克思主义都没有。这也是邓小平同志的一个观点。形式主义、教条主义、假大空的东西坚决要不得。你的水平、你的业绩,人民群众心中有杆秤。千万不要急。总想几年几年会怎样、应当怎样。这样心就会长草、发毛。我写过多期公众号文章,结合我的人生,谈到不争而得,你要做的、能做的,就是每一步都要迈得扎实。

确实有些遗憾,在你毕业的时候我们没有见上面,不然给你送上一份礼物做纪念。老师感谢你还记得我;感谢你使我更加坚信作为一名思政课教师,一定要课上、课下一致,一定要启智润心、激昂斗志。你告诉我你的详细地址,我给你准备一些书邮寄给你,也算作一种纪念吧。我今天在省里开党代会,明天去新疆参加省里的一个对口活动,接着我进行家访,中旬回来给你邮寄。“海大”、大连,随时欢迎你的到来。有需要我做的事联系我。

祝一切都好!

上好思政课(一)

2022-08-16

思政课对处在“拔节孕穗期”的学生们至关重要。现在讲大中小德育一体化,从某种意义上讲,基础教育阶段思政课效果如何,对大学阶段的思政课教学有着极为重要的影响。基础教育阶段的地基打好了,大学阶段就会“顺势而进”,不然就要“补课”“重修”,有的已经很难再“修复”了。辽宁省从这个月开始,对全省的中小学教师进行培训,这项工作很有意义。每次做完报告后,都会有思政课教师加我微信,与我交流。

曲老师,您好!

我是××初中的思政课老师××,今天听了您的讲座,我感到受益匪浅,希望还能继续向您学习、请教。我太荣幸了能加上您的微信。作为青年教师,我会努力向您学习,真正做到爱学生、爱教育,奉献自己,报效国家。

谢谢!我们共勉!有的思政课教师总是看不起思政课,这也就上不好思政课。思政课学问大着呢,把思想装进学生的脑子里需要“真功夫”,这是最高深的学问。你年轻,扎扎实实地做,一点一滴地积累,相信功夫不负有心人,坚持下去一定会大有收获。

太激动了,曲老师您那么忙还能回复我的微信,我一定谨记您的教诲,踏实教书,把思想装进学生的脑子里。

之前我曾想报考您的博士研究生,您给我回复了很长一段话,一直鼓励着我,我真的特别感动。今天您的微信再一次鼓励、激励了我,我一定会积极努力,向您学习,为党、为国家、为教育事业奉献自己的力量。

毛泽东讲过这样一句话:“读书是学习,使用也是学习,而且是更重要的学习。”我认为你的知识水平应当可以,再注意结合实际就会上好思政课。我们共勉!

说得太对了,曲老师,我曾经一度很纠结要不要继续深造,但是直到做了一线老师,我才发现学到的知识可以帮助到更多人,特别是我们的孩子们,我觉得这才是真正实现了知识的价值,同时也找到了我自己的价值。

曲老师,您好!

我是今天在雷锋学院听您讲课的一位思政课教师,我叫××,请您通过一下我的好友申请。去年我刚刚加入思政课教师队伍,特别庆幸在我初入职场,还没有明确自己的人生价值和目标的时候就听到了您的课,受益终身,让我有了努力的方向,可能我的能力有限,不会成为像您那样优秀的人,有那么大的成就,但我会努力,教育好孩子们的思想,照顾好孩子们的生活,希望若干年后,也会听到许许多多的学生说当××的学生,是一件很幸运又特别幸福的事儿!向您致敬!

××,你好!

人生选择什么样的路固然重要,能否在正确的道路上坚定地走下去更重要。不要祈求轰轰烈烈,但愿能够尽己所能。对得起党性、人民性,对得起良心就行了。相信你一定会成为一名受学生喜爱,让学生感到幸运的好老师。心存希望,便有希望,有希望才能实现希望!

我会向着目标努力的,讲学生喜欢听的思政课,当学生喜欢的小班主任,同时也希望您能保重好自己的身体,不要太过操劳,您健健康康,才是“小家”的福气,更是“大家”的福气!

谢谢你！

您太客气啦，在听您的课之前，我真的从来没有这么心潮澎湃过，其实想说的话还有好多，但是我觉得说太多，会耽误您宝贵的休息时间，不过我会把没说的话，都转化到工作当中的！您要早些休息呀，晚安啦曲老师。

曲老师，您好！

我今天非常荣幸能在现场听到您的课，很受感动。能有幸成为您的校友，我很自豪！我是1999年从××大学思想政治教育专业毕业的，当时我的辅导员是××老师，曲老师能加我的微信我太荣幸了！

我们还是系友呢。我就是这个专业毕业的。当好思政课教师，实现人生的价值，引领学生健康成长。

曲老师，您在这么忙的情况下还能回复我的微信，我非常感动。听了您的课，我学到了很多东西，也很受鼓舞，从这一点上来讲我也算是您的学生了。您对学生的爱，对教育事业的爱，您的人格魅力也指引着我们这些思政课教师前进的方向。能跟您成为校友、系友是我的荣幸。也祝福曲老师身体健康，培育万千桃李。

曲老师，您好！

在大学的时候我就喜欢您和仰慕您的为人！今天，在××学院再一次听您的讲座，我的心灵再一次受到了洗礼！目前我在沈阳工作，是一名高中的政治教师，听了您的讲座，真正体会到基层政治教师的重要，我要向您学习，多读书，把政治课上得有温度、有力度、有深度！祝福老师身体健康，永远充满幸福感。

谢谢认同！现在讲大中小德育一体化，基础教育阶段非常重要，尤其是思政课。我常讲，基础教育撒下什么样的种子，大学教育只是接着栽培。一定要把思政课上好，要看到思政课的价值，看到自身的重要性。别人越不重视，我们越要重视。告诉我你的详细地址，我把我写的书签名邮寄给你做纪念。

谢谢曲老师，以后如果需要基层思政课提供什么信息和素材，我愿意帮您提供和分享。我的地址是：××××××××。

上好思政课(二)

2022-08-17

思政课对处在“拔节孕穗期”的学生们至关重要。现在讲大中小德育一体化,从某种意义上讲,基础教育阶段思政课效果如何,对大学阶段的思政课教学有着极为重要的影响。基础教育阶段的地基打好了,大学阶段就会“顺势而进”,不然就要“补课”“重修”,有的已经很难再“修复”了。辽宁省从这个月开始,对全省的中小学教师进行培训,这项工作很有意义。每次做完报告后,都会有思政课教师加我微信,与我交流。

曲老师,您好!

非常感谢您通过我的微信好友申请。我是上午听您讲座的学员,您讲得真好,我深受鼓舞。今天您这节课,是我任教 25 年来听到的最有意义的,最受感动的一节课,我从中学习到很多,也重新思考了一下自己从事教育工作的意义。我是一名农村小学教师,以后我要脚踏实地,真正地关心、爱护每一个孩子,从小事做起,做好自己的教育工作!课堂上没有一个学员在下面随便摆弄手机,我们都被您讲的课深深吸引、感动了。吃饭休息时我们都在讨论您讲授的知识、道理。谢谢您,曲老师,希望以后有机会和您学到更多的知识。

××,你好!

这两天很忙,没有及时回复你,抱歉!我现在在火车上,跟你聊几句。

一些老师很不情愿地做了思政课教师，没有把心思放在思政课上。尤其像你这样在农村小学做思政课教师的，成天想的是怎样离开，离不开就想“混”，把人生只当成了自然生命的过程，这不是明智之举。人生想开了，在哪都一样，干啥都可以，关键是自身要看破“红尘”。

什么是幸福呢？把物质追求放在第一位，恐怕很难保证幸福，道理很简单，多少是多呢？人生还是应当有人生的样子，追求精神生活。尤其像我们现在，饿不着、冻不着的，有工作做，把学生培养好不就很幸福了吗？农村有什么不好？远离了城市的喧闹，欣赏着田园风光，真是悠然自得啊！说起来这像大道理，实际就是这么回事，这取决于我们内心世界的纯净。

每个生命都应当得到应有的尊重，尤其是处在“拔节孕穗期”的学生们，更需要我们精心地栽培。我们是人民教师，一定要充分体现“人民性”。自己的孩子是孩子，别人的孩子也是孩子，学生的事无小事，特别在价值观塑造上，一定要帮他们把好关。这就要下功夫上好思政课，这是我们思政课教师义不容辞的责任、担当。你也是老教师了，不容易。很多事情就是这样，“会当凌绝顶，一览众山小”。走过来了，便觉得这一切很值得拥有、追求！

祝好！

非常感谢曲老师的教诲与开导。我一定认真努力干好自己的本职工作，不忘初心，也祝曲老师身体健康。能认识曲老师，能听到曲老师的教导，我非常荣幸！

告诉我你的详细地址，我把我写的书签名邮寄给你做纪念。

曲老师，您好！

上周刚在网上进行暑期教师研修培训，在师德典型这门课上，有幸有缘看到您的事迹，当时我的内心很激动，钦佩大学里有您这样的好辅导员、好思政课教师。今天更是有幸在现场听您做报告。您爱国、爱党、爱学生的境界，洗涤了我的心灵。您淡泊名利，朴素、求真、务实的高尚情操让我几度落泪。您今天用邓小平的话教育我们，少说空话，多做工作，扎扎实实、埋头苦干。您做到了。作为一个平凡的小学老师，我发自内心想要做一个像您一样的人。之前我是语文老师，从教22年，从没教过思政课。2021年，我确诊癌症，治疗结束，重返校园，有幸从教思政课。我很庆幸教授这门课，帮助学生播下真善美的种子，教他们系好人生的第一粒“扣子”，我很幸福。愿您平安、健康、幸福！

××，你好！

你写了这么多，我必须给你回复几句。这两天事比较多，没有及时回复你，抱歉。

“不识庐山真面目，只缘身在此山中。”有些人没有真心地投入，便张口就是思政课如何如何。在中学里，能教中文、教历史、教外语的老师，是不会教思政课的。我一直都觉得思政课最重要，因为这门课是解决学生人生方向问题的。方向错了，越努力，离危险越近。我们给学生的是精神力量，精神力量强大了，才能有驾驭物质的力量。不管别人怎样看，我们一定要有这种学科自信、教育自信。给予别人幸福的人才是最幸福的人。

我深知您特别忙，打扰您了！谢谢您给我的回复。我会像您一样朝着正确的方向前进的。愿您及家人永远快乐、安康！

谢谢！我们共勉！我在火车上，现在有点时间，我正在一一回复大家的微信。

您在忙碌的同时，注意休息！不用回复。

上好思政课(三)

2022-08-18

思政课对处在“拔节孕穗期”的学生们至关重要。现在讲大中小德育一体化,从某种意义上讲,基础教育阶段思政课效果如何,对大学阶段的思政课教学有着极为重要的影响。基础教育阶段的地基打好了,大学阶段就会“顺势而进”,不然就要“补课”“重修”,有的已经很难再“修复”了。辽宁省从这个月开始,对全省的中小学教师进行培训,这项工作很有意义。每次做完报告后,都会有思政课教师加我微信,与我交流。

曲老师,您好!

我是学员××。曲老师,您辛苦啦!我们刚下课!听了您的报告,我特别嫉妒您的学生,能常聆听您的教诲,人生方向能得您的指引。虽然我只是做了您一上午的学生,但是对我影响特别大,和您比,我们做得太少太少了。您的授课使我们入脑入心,将思想精髓转化为服务学生的实践。定不负韶华,我会努力成为我的孩子希望遇到的那种好老师!

谢谢认同!

每个人所处的环境条件不一样,凡事尽力就可以了。就像我跟你们说的,我今天有条件为学生花点钱,是因为我有这个能力,也心甘情愿。但是如果以为没钱就做不了事,这就不对了。谁也没有要求老师必须请学生吃饭,但是作为老师一定不能让学生请自己吃饭。所以,这不是钱的问题，关键是要有爱生如子的情怀。你年轻，只要把心放在学生身上，力所能及地为学生服务就好了，学生心中有杆秤，他们会秤准你在他们心中的重量。

感谢曲老师百忙之中的回信！我惊讶又惊喜！我一定会牢记您的教诲，践行教育情怀，真真正正地做为学生服务的老师，常思常醒，让服务学生的秤杆高高抬起！

是的，“不干，半点马克思主义都没有”，这是邓小平同志说过的一句话。

曲老师，您好！

我是党校二期培训班的学员××，喜欢听您的讲座、看您的书，您的很多观点我都十分认同，请通过我的微信好友申请。

今天有幸听您的课我特别激动，我是一个小学道德与法治教师，以前做班主任时我就发现孩子们的思想教育和心理教育真的是应该放在第一位的，现在也这么认为，但是学校对我们这个学科真的不是很重视，我也很无奈！您今天说得太对了，基础教育中的思想教育对孩子们多重要啊！我特别赞同！听到您讲到要用心、用情、用胸怀教育学生时，我多次不自觉地感动落泪，看您的书我也有很深的触动和共鸣，您的讲座真的很振奋人心，我又能燃起自己为人师的热情了。电视里的人物就在我身边，您太让我敬佩了。确实如您所说，我也是农村孩子，通过自己努力学习离开农村上了大学。上了大学后，我确实也像一只无头苍蝇一样，多希望那时我能遇到您这样的引路人。工作后，我也是自己慢慢梳理一切关系和培养专业素养。今天有幸成为您的学员，我希望以后能够多向您学习，您是我们的引路人。

××，你好！

爱自己的孩子是人，爱别人的孩子是神。我们成不了神，也不能让学生责怪我们啊！有一次有个学生和家长给我留言说：“孩子怎么这么倒霉，遇上这么个老师，这个人根本不配做老师。”学生和家长或许有言过其实的地方，不过话说回来了，学生和家长一般也不会没事找事的。尤其是思政课，一定要有党性、人民性，要有对党和人民的事业负责的精神。大家常说教师是蜡烛，我们思政人最应当体现出蜡烛精神。看看现在的学生，思想多复杂，一些学生在幼小的心灵里便埋下了错误的种子。这能都怨学生们吗？我们的教育、我们思政课教师做什么了呢？所以我常讲，不要总说我们的学生如何如何，要看我们给予了他们什么，是否给予了学生真正的教育。思政课要走进学生心灵，应付了事，只为了完成教学任务是不行的。谢谢你的点赞！我们共勉！在大连有事联系我。

谢谢老师！我真是找到在思想上引起共鸣的人了，真的很激动，感谢！

上好思政课(四)

2022-08-19

思政课对处在“拔节孕穗期”的学生们至关重要。现在讲大中小德育一体化,从某种意义上讲,基础教育阶段思政课效果如何,对大学阶段的思政课教学有着极为重要的影响。基础教育阶段的地基打好了,大学阶段就会“顺势而进”,不然就要“补课”“重修”,有的已经很难再“修复”了。辽宁省从这个月开始,对全省的中小学教师进行培训,这项工作很有意义。每次做完报告后,都会有思政课教师加我微信,与我交流。

曲老师,您好!

我是××市高级中学××老师,今天上午听了您的讲座,我太感动了,所以我想加您的微信。

太幸运今天能聆听您的课了,我以前都是在电视上或网络上才能看到像您这样的我所崇敬的人,今天终于面对面看到了、感受到了、接触到了我所尊敬的人。我真的受到了洗礼!我忍不住想要加您的微信,打扰您了。您看到了我的信息也不用回复,我只要看到您的微信,看到您在朋友圈发的信息,我就很知足了。您的精神我会传递给我的学生,我的学生也会传承下去的,这真的太幸福了,能够认识您是我一生的幸运。

你写了这么多,我还是要回你几句。思政课教师一定要有政治信仰,要坚定地相信马克思主义的科学性。以往的学说不是空说,就是为少数人的利益说话,而马克思主义是在为最广大人民的利益说话,特别是马克思不仅创立了他的学说,而且他还亲自去实践了他的学说。他得到了什么?发家致富、荣华富贵?马克思被开除了国籍,一辈子遭受迫害。凭着马克思的学识至于吗?这就是马克思,这就是信仰的力量!所以马克思说,如果一个人只为自己劳动,他也许能够成为著名的学者、大哲人、卓越诗人,然而他永远不能成为完美无瑕的伟大人物。

思政课老师还要有教育自信。“只要功夫深,铁杵磨成针。”电影《守望青春》中有这样一句台词:是锁,就有打开的钥匙。如果思政课教师都没有教育信心,那学生怎么会相信我们的教育呢?

谢谢认同!我们共勉!在学生的心灵上耕耘其乐陶陶。

谢谢老师您在百忙之中回我信息,我好感动,虽然我是一名普普通通的高中老师,但是我也非常自信,我要用我所看到、所听到、所学到的知识,把我所有的能量传递给每一名学生。不管他们走到哪里,都要为有我们这样的祖国而骄傲,要为人民的利益去服务,要为中华民族伟大复兴而努力!只是我的知识能力还很薄弱,所以现在我要看更多的书去充实自己,静待花开。

曲老师,您好!

我是××市的一名教师,感谢您坚定了我从事德法学科工作的信心!

今天能够见到您本人,我无比兴奋。能够聆听您的故事,是我本次在大连学习的最大收获。很遗憾,没能和您一起合影留念。幸好您的头像是本人照片,让我看清楚了您的容貌。感谢您同意加我为微信好友,不想过多打扰您,只要您在我的朋友圈,我就觉得我未来的工作有了前进的动力。

刚刚看完《守望青春》时,我曾一度质疑:现实中真会有这样的老师吗?今天,亲耳听到您的讲述,让我倍感惭愧:自己做不到一心为学生,自己不能甘于奉献,竟然认为大家都做不到,惭愧呀!虽然我还没有您那么高尚的情怀,也不曾为教育事业做出多大的贡献,但是您的事迹让我坚定了做思政工作的信心。未来还需努力,向着您的方向努力!

谢谢你的关注!你的点赞!我们共勉!我从事了一辈子大学生思想

政治教育工作，当了辅导员，上了思政课。我从来没有觉得思政课没有学术性。把自己的思想装进别人的脑子里是最难的事情。难，就是挑战。只要给予了学生真正的教育，学生就会在原有的台阶上再上一个台阶。思政课老师一定要带上情怀、带上责任。我要求我自己：决不能让学生在思想上犯错。这就要下功夫熟悉、了解学生，把握学生成长规律，增强教学的针对性。我们有的思政课教师的教学只是从教材到教材，这就很难打动学生，很难沟通心灵、启智润心、激扬斗志。思政课教师不能把思政课只当成“饭碗”，要想方设法走进学生心灵。

看到您的回复，我很激动！感谢您能在百忙之中与我交流！我一直认为育人比教书更重要，您的事迹和观点更加坚定了我内心的想法。我会如您所说，带着情怀与责任，努力做好今后的教育、教学工作。向您学习，祝您健康！是您的精神鼓舞了我，给自己加油！

老师，我是刚刚问您考在职研究生相关问题的学生。今天听了您的分享，我想人真的要为别人着想，做一个好老师。我家在××县，欢迎您随时过来游玩。遇见您是我的幸运，我虽然在××县，但我没有放弃学习，听了您的分享，我更加坚定要做好自己认为正确的事。老师，您多休息，今天您一直站着为大家讲课，辛苦了。

谢谢你的点赞！

心有梦想才能实现梦想！人生就是不断追求的过程，同时，理想和现实总会存在着差距，这是一个主观和客观相统一的问题。理想能否实现，取决于很多因素，有没有理想，是否为之奋斗，则完全取决于我们个人，这跟环境没有关系。不管考不考得上研究生，心都要放在学生身上。这样，考上了，会为思政课教学助力；没考上，对自己也是积累，对思政课教学也会起到促进作用。不断努力，不要把思政课只当成“饭碗”，要把其当成事业来追求，当成幸福的源泉。××县我去过几次，再去我联系你。在大连有事联系我。

祝好！

好的老师，我会努力学习，把心思放在学生身上，感恩遇见您，欢迎您来××县！

曲老师，您好！

我是您的学生××，2001年大学毕业，读的就是思想政治教育专业。为了能更好地培养学生，提升自身的素养，2005年我又读了××大学的教育硕士。现在我有一些困扰，可能是因为自己人生阅历不够，或是视野局限，想请曲老师在有空的时候能够为我指点一二！

我在××市一所省重点高中工作，近年来随着教学的不断深入，高考的改革，我越来越感到自身的局限。我虽然也在不断地读书学习，但总感觉在迷雾中行走！我需要老师的指导，现在我有一个不成熟的想法，想征求您的意见：我是否应该考博？现在困扰我的是：我已经40多岁了，很多人可能会考虑这个年龄还折腾什么！我也在问自己为什么要考？这么大岁数了！考完了能做什么？我想我应该不会离开基础教育，继续奋战在党的教育事业第一线，把更好的教育资源带到××这个五线城市，更好地为学生传道受业解惑！不知道曲老师有什么建议？您那么忙，一定要多注意身体！今天再一次被您的精神所感染！两个多小时的课，您全程站立讲课，没喝一口水，您对党、对国家、对人民、对学生的爱溢于言表！感恩生命中遇到您这样的好老师！

××，你好！

你的问题很简单，如果你有主导权，想考就能考，一考就能考上，那就去考。不过即便如此，你也要考虑你到底想实现什么？如果就是为了一个博士学位那没有意义。今年你40多岁了，考博是需要准备的，你什么都不做了，一心考博？等你读完了博士，快接近50岁了，哪个单位会聘用你？你还想从事基础教育，那已经很不现实了。教育是一份情感、一份责任，这是教育的前提，离开了这些，再有水平也教不好学生。我经常说这样一个观点：从根本上讲，教师有一桶水，学生才能有一杯水。事实是很多教师已经不止有一桶水了，可是学生并没有得到一杯水。为什么会这样？因为这样的老师从来也没有想过给学生一杯水，甚至一滴水，他想的是自己怎样成为专家，心思没有用到教学上。考博不是你现在这个年龄要考虑的事。你是硕士毕业，从知识水平来说，从事基础教育已经足够了，我觉得重点还是人生追求的问题，心中有没有学生的问题。学习，有书本的学习，也有实践的学习，要将两者统一起来，这需要用情感和责任来贯通。我认为，你如果真有读博那个劲，把这股劲用到现在的教学上，那你一定会把学生培养得很好。

谢谢曲老师，抱歉回复晚了，老人生病，我昨天照顾老人了！

首先我们自己要重视起来

2022-08-22

谈到思政课，谈到思想政治教育，总会听到这样的声音：思政课、思想政治教育不被重视。让谁重视？马克思创立马克思主义的时候被谁重视过？敌对势力把马克思主义诅咒为“幽灵”；马克思遭到了迫害、被开除国籍；无数中国共产党人为传播马克思主义被杀害。我们思政人首先要重视起来，我们自己的学科自己都不重视，别人怎么会重视呢？

曲老师，您好！

再一次聆听您的教诲，再一次感受您的真诚，又一次反思自己的教育教学工作。从您的讲座中我汲取了精神力量！虽然听到您吃完午饭后会在报告厅待一会儿，给大家签名、与大家合影，但我知道您每天的日程都排得满满的。所以我没好意思去打扰老师！愿老师身体健康、万事如意！我会努力践行一个思政老师的职责。您放心！

××，你好！

谢谢你的点赞！我们共勉！

省里很重视思政课，开展全省大中小思政课教师轮训，这对整体提升思政课教师的教学水平会有很大的促进作用。不过作为思政课教师应当把握的一点是，一定要把握好大环境和小环境的关系，马克思主义不是因为受重视才创立起来的，可以说恰恰相反。思政课教师需要自身重视起来,发挥好主观能动性,这样才能使思政课取得最佳效果。正所谓,有为才有位。相信你一定会上好思政课。有事联系我。

早上好!谢谢您老师!您的教诲我会谨记于心!这几天我和同住的另一个老师也一直在讨论这个问题:国家重视思政课,习近平总书记重视思政课,我们作为一线的老师也看到了思政课的重要性。但一些学校的领导对其的重视度还远远不够。这么多年来,思政课一直都是学校的边缘课。谁年龄大或者快退休了谁上思政课。我们学校还能好一些。因为我是中青年骨干教师。我在10多年前一个偶然的机会教了这个学科,后来就不曾离开过。但我不是这方面的专职教师。我一直担任小学的班主任,有25年了,教语文、数学、道德与法治。我一直喜欢这个学科,是因为它改变了我很多的认识,它的魅力是语文和数学学科无法媲美的。现在国家花大力气去做这种培训,我和同住的老师都觉得老师的个人成长还是太慢。五天一个培训,能改变多少?提升多少?我感觉到的是心痛。我们都在讨论:如果要提升思政课的思想认识,提高业务水平,不能仅仅只有这样的培训,最重要的是需要给中小学校注入新的血液。与其花大力气培训,不如从马克思主义学院招收优秀的毕业生。让每所学校都保证有一个这样的专业毕业的学生当老师,引领和带动全校思政课教师。教育比较发达的大城市可能已经达到这个要求。而我所知道的我的周围的一些学校都没有这样的老师。当然,我们的教育可能还有这样或那样的问题。作为一名小学思政课教师,我做到了从小就培养孩子爱我们的祖国,爱中国共产党。我是班主任,我有时间就跟孩子讲这方面的话题。而且像老师您说的,要讲得有底气、有自信。我也一直向您学习,在给学生讲爱国故事时,慷慨激昂,因为我要先感动我自己。我跟您聊的就是我的真心话。

你说得有道理。现在你也正在这样做,并且有了很大的改变。这些都是外部环境,思政课教师还是要做好自己的事情,在努力中等待,而不是泄劲。

曲老师,您好!

我是听您讲座的初中老师××。今天我在党校南区分会场听您的讲座，很遗憾没能在现场聆听。我的本科和研究生都是在××大学读的，现在是一名初中思政课老师，也是一名班主任。您讲的话我都听进去了，我也会努力去做。

祝曲老师一切安好，影响更多的人为国家奋斗！

谢谢认同！我们还是校友呢！我在省厅工作的时候，我跟某个领导讲，辽宁大学生的思想政治教育搞不好，我负两个责任。领导问我："为什么？"我说，一是我具体负责大学生思想政治教育工作；二是我在学校工作了22年，我的学生在各级各类学校做思政课教师的最多。我每次做完报告都有像你这样的学生联系我。思政课确实很重要，尤其在基础教育阶段。这个时期种下什么种子，到了大学也就顺着发展了。大学只是做着"补课"的事。要相信自己，相信教育的力量。"只要功夫深，铁杵磨成针""是锁，就有打开的钥匙"。一定下大的气力把思政课上好，把学生培养好，这是十分重要的，也是最有意义、最有价值的。

谢谢曲老师的教诲，我一定努力。我要好好工作，对得起国家对我的培养。

我是××区第一中学的××。您的讲座让我震撼，思政课是您的幸福源泉，当老师也是我的幸福所在，我小时候的理想就是当老师，但是我肢体残疾，报考师范院校受到了限制，1993年我考取了××大学法律系，1998年考取了律师资格证书。命运跟我开了一个玩笑，正当我着手准备从事律师职业的时候，人事局把我安排到了学校从教，于是我实现了我的教师梦。您今天的讲座让我感动，与您相比，我做得太少太少了，今后我要把您当我的榜样，加个好友，以便我更好地向您学习！不忘初心，铸魂育人！

哦，你不容易，也难得你有当教师这份情怀。教师要有知识水平，更要有境界，有仁爱之心。只有把学生放在心上，才能感染学生、激励学生，学生才会悦纳我们的教育。我们共勉！

向老师学习，把学生放在心上，我觉得会更有幸福感，正如您所说，努力工作是为国、为家，也是为自己。我们正在向您学习，好好锻炼身体！

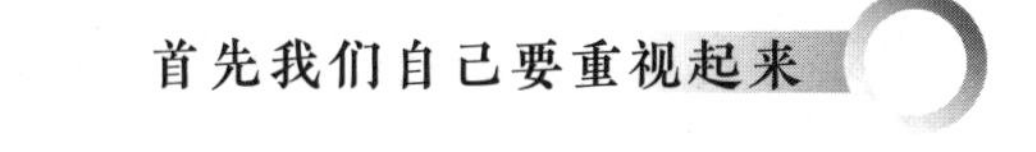

运动走步中!

曲老师,您好!

听了您的讲座,我受益匪浅。您让我领略到名师的风采,感受到您对学生、对教育事业深切的爱。经过这次学习,我找到了前进的方向,我会以您为榜样,在以后的教育教学工作中做一个有心人,努力为社会、为国家培养有用之才。

谢谢你的认同!我们共勉!思政课非常重要,关乎在学生心灵埋下什么样的种子。所以,思政课教师要有“党办的教育让党放心,人民的教育让人民满意”的责任、担当,用心上好思政课,使思政课达到“沟通心灵、启智润心、激扬斗志”的效果。思政课教师一定要有学科自信:马克思主义是科学,帮助学生树立正确的价值观是最高深的学问,也是最有价值的事情。如果自己都不相信自己,看不起自己,不重视自己,那怎么能让学生相信真理的力量呢?只要我们用心了,学生就会听从我们的引领。有事联系我。

祝好!

将“经师”与“人师”统一起来

2022-08-25

曲老师,您好!

我是××学校的××,是一名数学老师,参加了东软的培训。这样冒昧地给您发微信,不知道有没有打扰到您,还请您谅解!

我从教26年,今年51岁了。我一直奋战在教学一线,教学中时时刻刻都在进行着课程思政,但是以前没太关注这些,只是近几年正式提出来课程思政了,我反倒不知道该怎样进行了。平时课堂上的点点滴滴感觉都是微不足道的,虽然在有意无意中渗透着思致,但真要提升高度,把课程思政要素提炼出来,我对此还是感到有些困惑和迷茫的。如果我自己都做不好,就更没有办法带领团队去做了。所以想烦请曲老师在百忙之中给我指点一下迷津。我深知舞台是属于年轻人的,但是我有不服输的干劲,我有吃苦耐劳的精神,我要尽自己的最大努力去做好,争取给自己的职教生涯一个完满收官!给您添麻烦了,曲老师。千言万语汇成一句话,诚挚感谢您的不吝赐教和指导,向您致以最崇高的敬意!

××,你好!

谢谢你的认同!你今年51岁了,还有这样的教育思考、教育追求,令人尊敬!

我常讲,广大的教师是有情怀的,都想把学生培养好,这是我们教育力量之所在。关于课程思政,有两方面的问题:一是来自教育管理者的,也就是作为教育部门,一定要科学合理地设置课程,一些本应开设的思政课程必须开足;二是来自我们教育者自身的,也就是不能只把自己当作“经师”,必须把自己当成“人师”,在传授知识的同时,一定帮助学生解决学习目的问题,让学生懂得为实现中国梦而学习的道理。

要实现这样的教育效果,除了挖掘、讲授教材内容外,还要增进和学生的情感,也就是习近平总书记说的,做到人格要正。正所谓:“亲其师,信其道。”要关心学生、爱学生,把学生放在心上。比如我上课前,都要力所能及地了解学生的情况,有的学生家庭生活困难,我还要想怎样帮助他们;有的学生思想有困惑,我就在想怎样为他们解疑释惑。我上课的时候都和学生讲,自然年龄上我是他们的父辈,社会年龄上我不敢说我是他们的父辈,但是我会努力地成为他们的父辈。我的学生中有的穿的衣服不是我的,就是我爱人、我孩子的,他们说我是把他们放在心上的人。学生认同你这个人,才会认同你传授的知识。所以,课程思政,一定要把课上与课下统一起来。再到大连可以联系我。

祝好!

曲老师,您好!

不好意思,这么晚了还打扰您。收到您这么发自内心的朴实的回复,我非常感动,没想到您这么高层次的教授还能抽空给我回信。反复看了几遍您的这段话,我品味出了其实您这就是给我上了一堂生动的思政课啊。我原本认为课程思政就是在课堂上做的,经过了您的指点,我明白了,其实我的认识程度还有欠缺,还没有把课上与课下统一起来,有时候还会不自觉埋怨学生。课下时间在我作为班主任时会关注学生多一些,而作为任课老师时了解学生就少多了,好在这两年我校的党员教师和贫困学生结对子活动、关心关爱抗“疫”一线人员的子女活动我都积极报名参加了,但也仅限于这几个学生,所以感觉还是为了做而做,并不是像讲课那样得心应手。听了您的指点,我一定会在今后的工作中加以改进,真正用心关注学生的生活和学习,以教育教学活动中的点点滴滴渗透课程思政,真正将其融入自己的教学中,不负您的谆谆教诲,感谢曲老师!以后有机会到大连,如果您方便的话,我一定去拜访您。打扰您了,曲老师晚安!

课程思政要挖掘教材的内容,也要挖掘自身的潜能,更要找到学生需要帮助的地方,将“经师”与“人师”统一起来。

让学生带走最有价值的东西

2022-08-31

习近平总书记在学校思想政治理论课教师座谈会上指出:“用新时代中国特色社会主义思想铸魂育人,引导学生增强中国特色社会主义道路自信、理论自信、制度自信、文化自信,厚植爱国主义情怀,把爱国情、强国志、报国行自觉融入坚持和发展中国特色社会主义事业、建设社会主义现代化强国、实现中华民族伟大复兴的奋斗之中。”这是办好中国特色社会主义大学的根本要求。大学不能将就业率作为价值追求,必须解决培养什么人、怎样培养人、为谁培养人的问题,对学生来说,就是帮助学生树立正确的人生观,这是学生离开学校时所应带走的最有价值的东西。下面这个学生是我带过的一个本科生,她在国内一所著名高校读完了硕士,回到西北家乡做了一名公务员。前两天她去井冈山进行学习考察结束时,给我写了一封信。阅后我的第一感想就是:读书读到这个份上,所学到的知识、才能才会派上用场。

曲老师,您好!

这次来到井冈山,我感到信仰不再是抽象的概念,它是具体的,支配着我们的行动,我也深刻理解了为什么说理想信念是精神之“钙”。来之前,我对这片红色土地感到很新奇、向往。经过5天的学习考察,我感到的是历史的厚重感和沉甸甸的责任。老一辈革命家不顾个人安危,在当时红旗到底能插多久的争论中,依然坚持理想。历史总会筛选人才、淘汰一批人,只有意志坚定的人才能走到最后。革命先烈的选择是关乎生死的,而我现在面临的选择无非就是辛苦与不辛苦,作为一名共产党员,我做得还远远不够,要向老师学习,多做公益事业,多做好事。

祝愿老师身体健康、事事顺心!

××,你好!

我去过井冈山3次,每次都获得了精神的洗礼。现在罗霄山脉风光无限,当年却是“敌军围困万千重”,生活十分艰苦,还要与敌人周旋。因此,一些革命意志薄弱的人,便离开了革命队伍。毛泽东写下了《星星之火,可以燎原》一文,激励全党同志。他说中国革命“是站在海岸遥望海中已经看得见桅杆尖头了的一只航船,它是立于高山之颠远看东方已见光芒四射喷薄欲出的一轮朝日,它是躁动于母腹中的快要成熟了的一个婴儿。”没有坚定的理想信念真是无法应对任何艰难险阻。2019年国庆前夕,我在北京参加“最美奋斗者”颁奖大会,见到了毛泽东的孙子毛新宇少将,我对他说:“您爷爷是我最敬佩的人。”

习近平总书记说,理想信念就是共产党人精神上的“钙”,理想信念坚定才能挺直身板,才能走向远方。确实是这样,为什么我们有些人患得患失、这难那难的,说到底,就是理想信念不坚定。我去过许多烈士的墓地,烈士们真是太伟大了,他们用血肉之躯铸就了中华人民共和国,我们就是流点汗、少睡点觉而已。

你们在大学的时候,为什么我常跟你们讲要从思想上解决入党的问题,就是让你们坚定理想信念,不然即便加入党的组织中来,也经不起惊涛骇浪的考验。你年轻,确实应当加强党性修养。要不忘初心、牢记使命,始终用共产党员的标准要求自己,踏踏实实做事,坦坦荡荡做人,淡泊名利,不争而得。有了这种境界、这样的格局,就一定会成为一名名副其实、顶天立地的共产党人。我们共勉!有事联系我。

谢谢你的祝福!也祝你一切都好!

思政课一定要用心教

2022-09-01

曲老师,您好!

我是上午听课的学员。首先非常感谢您能通过我的微信好友请求,加您的微信我也是做了很多的心理建设。我是一名青年思政课教师,刚刚工作两年,觉得自己资历尚浅,所以没有勇气,但着实是被您的教育精神所感动与折服。不瞒您说,我之前听的讲座都是被约束,并没有多大兴趣,可今天我热泪盈眶,收获良多,觉得自己不配做一名思政课教师。您的讲座让我获得了一次全新的体验,我对思政课有了更深刻的认识。作为一名青年教师,我更要有强烈的使命感、责任意识和国家认同感,我会一步一步让学生有所长、有所用,希望能用自己高尚的人格影响学生、感化学生。安贫乐教,甘于奉献!最后,愿您在工作之余保重身体!

祝好!

××,你好!

抱歉才回复你,我这两天比较忙,确实忙忘了。谢谢你的认同!作为思政课教师,一定要理直气壮地加强马克思主义理论教育,帮助学生坚定“四个自信”。我经常讲,思政课为什么还没有达到我们希望的效果,除了客观上的一些原因外,还有一个重要的原因,就是有的思政课教师还没有用心教,没有把思政课当成一份事业来追求,结果就陷入恶性循环,老师没有教的热情,学生没有学的兴趣。

“会当凌绝顶，一览众山小。”思政课教师一定要有坚定的政治信仰、理论自信、教育自信，只有我们用心教，学生才会用心学，思政课才会实现其应有的价值。你年轻，理应为此而不懈地努力，相信你一定会实现你的追求。有机会到学校找我，我请你吃我们学校食堂的烤鱼。

感恩自己能在这个阶段遇见您，何其幸运！希望还有机会能够听到您的讲座！曲老师保重身体！

您太平易近人啦！我还以为您不会加我呢！您“谈笑有鸿儒，往来无白丁”！我只是小学教师，白丁一枚！我参加过多次培训，唯独您的课我没困，也不敢困，怕错过精彩的讲授！

××，你好！

你怎么是白丁呢？白丁是不学之徒。思政课教师是帮助学生系好人生“扣子”的人，对学生的成长起着十分重要的作用，不能小看了自己。这就是我们的价值所在。谢谢你的认同！我们共勉！

曲老师，您好！

您这一上午的课程一直都是站着讲，您辛苦啦。

我今天有幸得到您的亲笔签名，很荣幸、很幸福。更是在思想上有了提升，您讲的都是亲身经历，让我感受到，您是真的想拯救中国的思政教育。我也从您帮助学生，让孩子们有成功的未来，感受到，作为老师我们责任重大，我们定会努力前行，不一定会做得多么优秀，但一定会用尽自己的全部力量！

××，你好！

我从走上讲台那天起就一直站着讲，上课也是这样。我认为这是一种对他人的尊重，是应当的。教育的力量是巨大的，在我 40 年的思政生涯里，可以说我确实改变了很多学生，我以此为荣。当然，这也是一名思政人应当做的。谢谢你的点赞！我们共勉！

曲老师,您好!

我上午听您的课,数次落泪。我在农村学校任教,俗话说农民是最朴实无华的,但在实际教学中我们依然面临很多困难。上午您给我打了一针强心剂,给了我力量和信念。对,是信念,是引领我的信念!感谢学校,感谢党委让我有机会来参加培训,才有机会听到您的教导!谢谢您。太晚了,您不用回复,曲老师,保重身体。

××,你好!

谢谢你的点赞!教育的根本就是育人,没有什么大学、小学之分,也没有农村学校与城市学校之别。教育的过程就是爱,没有爱就没有教育。只要始终怀有爱的情感,把学生培养好,尽到一个人民教师应尽的职责,问心无愧就可以了。

陪伴学生的成长

2022-09-14

在对本科生的教学中，我只讲“思想道德与法治”课。每当接手新年级，在第一节课上，我都要给学生讲下面这段话。这些年，有许多学生私下找过我，有的是交流思想，探讨人生；有的是生活遇到了困难，希望我给予帮助。有的学生患病了，我得知后，也会让班长替我去看他。有一次课间我问一个学生：“我讲的你都信吗？”他立刻说：“我信啊！”思政课一定要课上、课下一致，人格要正。因为疫情，今年的思政课采取了线上授课的方式。我和学生建立了微信群，我把这段话发给了学生。

同学们好！

从今天开始我们就可以交流了。我很高兴能成为你们的“思想道德与法治”课教师。我希望你们学好这门课，点亮理想之灯，照亮前行之路。你们站立的方向，就是中国未来的方向，你们要加油啊！

我也希望我们能够成为四年的师生，一生的朋友。非常遗憾，因为疫情，我们还没有进行过线下交流，待你们来到学校的时候，我会去看望你们，我要陪伴你们成长。在自然年龄上我是你们的父辈，社会年龄上我不敢说我是你们的父辈，但是我会努力地成为你们的父辈。从今天开始我答应你们两条：第一条是谁也不准饿着肚子要求进步，饿着肚子上课，生活有困难就找我，我会力所能及地帮助你们，吃不上饭了，我管不了你吃好，但我一定会管你吃饱；第二条是注意身体健康，小病自己看，大病别耽误了,我帮助你们联系医院。我答应你们两条,你们要答应我一条:好好学习,增强本领,感恩父母,服务祖国!“得天下英才而教育之”是人生一大幸事!我感谢你们来到我的身边,给我带来了快乐。我们相向而行啊!

祝你们的大学生活圆满如意!

学生回复说:

“好温暖啊!”“一定上好思政课!”“谢谢老师的关心关爱!”“我以前想的就是考上大学,再读研究生,找个好工作。老师的话让我想到要有理想,读大学首先是把人做好。”

教育就是爱

2022-09-21

习近平总书记在北京师范大学考察调研时指出："教师重要，就在于教师的工作是塑造灵魂、塑造生命、塑造人的工作。一个人遇到好老师是人生的幸运，一个学校拥有好老师是学校的光荣，一个民族源源不断涌现出一批又一批好老师则是民族的希望。国家繁荣、民族振兴、教育发展，需要我们大力培养造就一支师德高尚、业务精湛、结构合理、充满活力的高素质专业化教师队伍，需要涌现一大批好老师。"

作为教师，就应当"捧着一颗心来，不带半根草去"。在和老师们交流的时候，我常说这句话："即便我们达不到让学生感到幸运，也绝不能让学生感到倒霉透了，怎么遇上了这么一位教师。"人生有很多事是无法弥补的，过去了也就过去了。为了给自己锦上添花，置学生于不顾，值吗？只要有点党性、人民性、人性，老年的时候一定会后悔的。自己的孩子是孩子，别人的孩子也是孩子。既然选择了做教师，就应当努力成为让学生感到幸运、学校感到光荣、民族感到希望的好老师。今年教师节的时候，学校让我谈一下我对教师职业的感受，我写了下面这段话。

我天生就喜欢教师职业。高考报志愿的时候本来我可以去大家趋之若鹜的经济类院校，可我却偏偏选择了师范院校。我还特别愿意学很多人都回避的政教专业。这使我在大学读书时就比较系统地学习了马克思、恩格斯、列宁、毛泽东的著作，也读了西方一些学者的著作，我在比较中相信了马克思主义。我坚信“两个必然”的结论，我看着《共产党宣言》写下了入党申请书。毕业选择去向的时候，我向学校申请去西藏、新疆这样落后的地区当老师，那里太需要人才了。可是因为没有计划，我留校做了辅导员，上“共产主义思想品德”课。

我想当一辈子辅导员，上一辈子思政课。一辈子辅导员没有当上，自夸一句，是因为我的工作比较出色，总被组织提拔，我从一名辅导员一直做到了省委高校工委副书记一职；上一辈子思政课我做到了。我到省里工作的时候，分工上我可以管干部，我想，那样就不能上思政课了。于是我负责了大学生思想政治教育，这样和我带的博士教育方向就一致了，我可以继续上思政课，适当的时候我还可以回到学校做辅导员、上思政课。2013 年 7 月，我创造机会，辞去了厅级职务，没有保留级别，真的回来了。

我又做了辅导员、上了思政课，我要在学生工作岗位画上我职业生涯的句号。学校领导很关心我，让我把编制放到马克思主义学院，不用当辅导员、上思政课，做点科研就行了。我说：“我就是为了当辅导员、上思政课回来的。”许多记者采访我的时候都问到这个问题：“为什么能够放弃厅级领导职务回学校当辅导员、上思政课？”我说：“就是爱，爱党、爱祖国、爱人民，具体体现在爱学生。”

“中国共产党一经诞生，就把为中国人民谋幸福、为中华民族谋复兴确立为自己的初心使命。一百年来，中国共产党团结带领中国人民进行的一切奋斗、一切牺牲、一切创造，归结起来就是一个主题：实现中华民族伟大复兴。”中国梦不会轻轻松松地实现，我们必须教育引导学生矢志不渝跟党走。

中华民族是伟大的民族，我们为人类文明贡献了四大发明，落伍只是近代的事。落后就要挨打。我们必须教育引导学生肩负使命和责任。“中国人民从来没有欺负、压迫、奴役过其他国家人民，过去没有，现在没有，将来也不会有。同时，中国人民也绝不允许任何外来势力欺负、压迫、奴役我们，谁妄想这样干，必将在 14 亿多中国人民用血肉筑成的钢铁长城面前碰得头破血流！”“江山就是人民、人民就是江山。中国共产党领导人民打江山、守江山，守的是人民的心。”“中国共产党根基在人民、血脉在人民、力量在人民。”“中国共产党始终代表最广大人民根本利益，与人民休戚与共、生死相依。”没有人民就没有今天的成就，没有人民我们什么也不是。邓小平说：“我是中国人民的儿子，我深情地爱着我的祖国和人民。”我们作为教师，也是中国人民的儿子，也必须深情地爱人民。教育是人民幸福的源泉。我们必须教育培养好学生，让他们感恩父母，用知识改变家庭的命运，这也是我们对人民的回报。

从1982年毕业留校工作到今天，我正好从事了40年的教育工作，我始终把对党、对祖国、对人民的热爱之情带在心间。为了教育引导好学生，我开创了高等教育家访的先河，我家访的足迹横跨全国20多个省份，去过150多个学生家庭；我确立了“每逢佳节倍思‘贫’”（生活困难学生）的工作理念，和学生在一起度过了无数个节假日，我应当是中国教师中请学生吃饭次数最多的人；我用我的报告费、稿费、公众号打赏费和得到的奖金，建立了“励志基金”，宗旨是“你为祖国服务，我为你服务”。该基金于2019年教师节建立至今，已经表奖和资助了600余名优秀的大学生；我要求自己绝不能让学生在思想上犯错。我和学生建立了微信群，及时回答学生的问题，为学生解疑释惑，我和学生之间的交流达300多万字；围绕学生、关照学生、服务学生，我不断探索学生的成长规律，先后主持完成9项国家社会科学基金项目（3项重点）；独立出版专著30余部，共计1300余万字；我曾经患过癌症，我放弃了化疗、放疗，头上缠着绷带、没有拆线就出院了，我要把最后的时光留给学生们……

我是一个园丁，春天播下了种子，秋天有了收获。我的学生可谓桃李满天下，他们在祖国的四面八方、各条战线为祖国服务。我带的一个学生，来大学的时候，犹豫彷徨，要离家出走。我改变了他。他说：“就像冥冥中注定，和您相遇，您来化解我内心的矛盾，治愈我遭受的伤痛。您拯救了我，拯救了我的家庭。我曾经几乎想要放弃我的家庭，逃离那个令我绝望的环境。而您，抚平我的伤痛，点燃我的希望。”毕业时他选择了去西藏工作。他要“植大木以立长天，处江湖以忧国民”，放下尘世繁华，做个勇敢的人。为了解除他的后顾之忧，我们俩达成了协议：“祖国的事你来管，你家的事我来管。”我帮他家盖了房子，资助他母亲做了股骨头坏死手术。有个任厅级干部的学生给我写了一封近5000字的信，信中说：“于我而言，您是我人生成长道路上的一位精神导师。”上个月我到新疆家访、考察、看望毕业生，有个家在石河子的学生和她父亲赶到乌鲁木齐，为了给我献上一束鲜花，在××大学门口等了我一个多小时。学生们不忘我对他们的教育引领、感谢我的陪伴。学生说：“不是每一朵鲜花都代表爱情，玫瑰做到了；不是每一棵树木都能耐得住饥渴，柏杨做到了；不是每个人都这么想您啊老师，我做到了。”“我能舍小我而成就众我，能有好男儿立志天地间，纵横四海，驰骋边疆的雄心壮志，都是老师爱的灌溉，学生无以为报。唯有传承这种爱，使之绵绵不绝，以光大之。”

教师，多么美好的职业！功在当代、利在千秋。这是在积德，积“止于至善”之德，值得一生追求、一生拥有。教师，就应当充满对党、对祖国、对人民的满腔热爱；教师，就应当像蜡烛，燃烧自己，照亮学生；教师，就应当“面对我们的骨灰，让高尚的人们洒下热泪”。

青春是用来奋斗的

2022-10-08

同学们好！

为什么给你们写这封信？因为我知道很多大学生惧怕生活困难，失去了前行的勇气，倒了下来，实在是可惜。我希望你们不要这样，希望你们每个人都能够圆满地度过大学生活。

谁都希望自己的成长环境一帆风顺，事实上这是不能强求的。出生在什么样的家庭是无法选择的，但人生的价值是可以创造的。提到家庭生活困难，我总想到当年我去过的一个学生家。这个学生的家是个供水房，屋子里布满了水管子。她的父亲丧失了劳动能力，全家的生活来源就是母亲看管供水房和到早市上卖点货物的收入。但是这个学生阳光向上。从我进她家到离开，这个学生的脸上始终带着微笑。她说："我非常感谢我的父母，是他们让我更早地懂得了什么是责任和坚强。"这个学生没有气馁，努力拼搏，被保研了。毕业后，她主动到新疆工作。上个月我到新疆家访，还看望了这个学生。她还是那个样子，笑呵呵的。她成家了，有了孩子，现在生活得很幸福。困难从来都是两面的，你强它就弱；你弱它就强。习近平总书记说："现在，青春是用来奋斗的；将来，青春是用来回忆的。"其实，困难也是一笔财富，正确地面对它，困难就会成为强大的精神力量。

有的大学生抱怨自己的父母，这就更不应当了。越是来自贫困的家庭，越是应当担负一种责任，用知识改变命运，让父母晚年过上幸福地生活，千万不能让父母伤心。我读大学时家庭条件也不好。我母亲希望我不读大学了，早点工作，贴补家里。我理解我的母亲。我说："我一定好好读书，将来孝敬您！"我做到了。作家柳青说："人生的道路虽然漫长，但紧要处常常只有几步，特别是当人年轻的时候。"大学是你们走向社会化的最后准备阶段。任何牢骚、抱怨、犹豫、彷徨都毫无意义。成功总是等在奋斗者的前面。

同学们要珍惜时光，在人生的"拔节孕穗期"充分吸收阳光水分，茁壮成长。打倒你的只能是你自己。"会当凌绝顶，一览众山小。"奋斗的人生才有意义。希望你们能像海燕，虽然乌云密布，仍能高傲地飞翔。请相信：只要奋斗，都会在原有的台阶再上一个台阶！

有我能帮助到你们的地方，尽管找我。我向你们承诺过，我们不是一门课的关系，我们是四年的师生，一生的朋友！有我吃的，就有你们吃的。你们要强身健体，饿不死就读书。

祝你们一切都好！

要成为“大先生”

2022-10-09

前天晚上在线上，我以“当好培育时代新人的‘大先生’”为主题，与××大学新入职的教师做了交流，很多老师加我的微信，谈他们的体会。让我感动的是，这些专业老师们，心中都有着美好的愿望：把学生培养成时代新人。我们说青年是祖国的未来，我们的年轻老师们不正是民族的希望吗？

交流(一)

曲老师好，昨晚听了您的课，我感到很震撼，受到了教育！感谢！

谢谢认同！我们共勉！我年老了，所以总想告诉你们年轻人，你们付出了那么多读了博士，又当上了大学的老师，一定要有君子的样子，不然读那么多的书干什么，就是为了个人的物质生活？那样的话，很多没读书的人恐怕要比你们富裕得多，那是你们输啦？你们怎么能认输呢？所以，古人把“得天下英才而教育之”当成人生一大幸事是有道理的。当老师，就应当像陶行知先生说的那样，“捧着一颗心来，不带半根草去”，培养无数为民族、为国家敢于担当的人，这多有价值！不值得一生追求？这样才对得起夜灯下的苦读，炎热日子里的付出。在大连有事联系我。

祝好！

我刚当老师,在学习和领悟怎么才能当好一名老师,曲老师昨晚的宝贵分享,让我找到了方向。在以后的任教过程中,我肯定还会遇到这样或那样的问题,到时候再向曲老师请教!再次感谢曲老师!

交流(二)

曲老师好!您的课使我受益匪浅,我对职业的选择有了新的思考,希望能成为跟曲老师一样心中有学生的老师。

谢谢!我们共勉!你说得非常对。现在我们很多老师当上了老师,只是应急的需要,这就不会把学生放在心上,也就难能成为“大先生”。教师一定要努力做到像陶行知先生说的那样,“捧着一颗心来,不带半根草去”。习近平总书记指出:教师重要,就在于教师的工作是塑造灵魂、塑造生命、塑造人的工作。一个人遇到好老师是人生的幸运,一个学校拥有好老师是学校的光荣,一个民族源源不断涌现出一批又一批好老师则是民族的希望。国家繁荣、民族振兴、教育发展,需要我们大力培养造就一支师德高尚、业务精湛、结构合理、充满活力的高素质专业化教师队伍,需要涌现一大批好老师。作为教师,就应当成为让学生感到幸运、学校感到光荣、民族感到希望的好老师。中华民族伟大复兴正处在关键期,我们一定要下功夫把青年学生培养好。青年兴则国家兴,青年强则国家强。国家好了,我们一切就都好了。

谢谢曲老师!我觉得看到学生们受老师的影响,有正确的三观,愿意到祖国最需要的地方去是件特别有意义的事情!希望自己能在工作岗位上发光、发热,给学生带来正能量。

只要用心教,就会取得希望的教学效果。

好的!期待下次跟曲老师进行交流以取得更大的进步。向曲老师看齐!

交流(三)

曲老师,您讲得太好了,您是我们的榜样和楷模!听了您的讲座,我有了更强的责任感和使命感,我一定会做好教师这个职业,立德树人,从脚下的每一步做起。

好的。小伙子,你微信头像有那么一股精气神。未来属于青年,也属于你们。你们多年轻啊!陪伴学生多么值得、多么崇高、多么有价值!古往今来,真正的知识分子都是把“得天下英才而教育之”当成一大乐事,希望你也能这样。要成为“经师”,给学生知识、能力;更要成为“人师”,给学生指引前行的方向。到大连联系我。

谢谢曲老师的鼓励和指引,我会砥砺前行、加倍努力,不辜负您的期望和教诲。

交流(四)

曲老师好!我是××师大的思政课博士,也是××书记的学生,我一直特别崇拜您,在学校就经常听您的讲座,终于加上您的微信啦!

谢谢!昨天我还和××书记通电话了,我们是几十年的好朋友,到大连联系我。

我去年入职××大学,今年刚开始讲思政课,讲授“思想道德与法治”课。今天听了您的讲座,我感觉您对学生是真好,是我辈远远不及的,不过我也是把学生看得很重,经常鼓励、肯定他们,希望他们有朝一日成为国之栋梁!我觉得自身资质愚钝,不会像您那么优秀,但是还是要争做“大先生”,“为党育人、为国育才”,就是我此生最重要的追求啦!谢谢曲老师!感觉朋友圈里有了您的微信,自己也会不自觉地受到熏陶和感染。曲老师刚刚讲了那么久,一定很累啦,快休息吧!免回啦,曲老师,希望以后有机会能再与您见面。

有这份情怀很重要，慢慢来，扎扎实实地做。只要心中有学生，就一定会成为学生喜欢的“大先生”。

谢谢曲老师的鼓励！我会坚守初心的，我认为自己的工作也算是对李大钊等无数革命先烈的祭奠和缅怀啦，一定要培养出更多延续红色江山的人才！不能让先辈们白白牺牲和奉献！曲老师快休息吧，免回啦！

我们共勉！

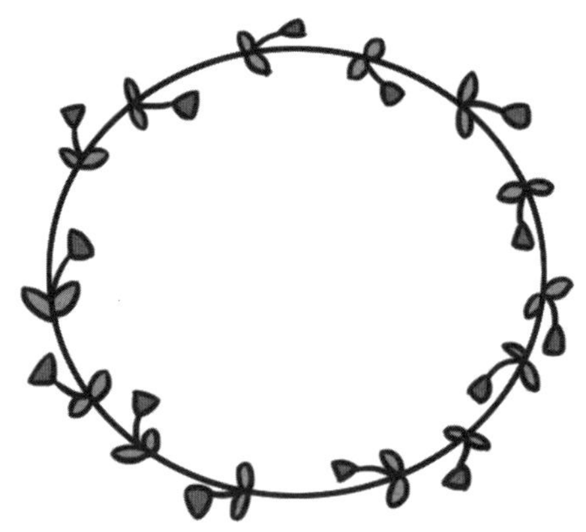

不负时代的召唤

2022-10-15

同学们好！

现在是夜里 11 点 30 分，你们是不是已经进入梦乡啦？会不会有打游戏的？现在在军训期，有的学生恐怕还不太敢，怕是军训结束后就放松了。千万不要这样。前两天我不是提醒你们了吗？一定要把军训期间养成的好习惯保持下去。做事要靠内心的信念来支撑，而不是外在的约束。就像每天叫醒你的一定是责任和追求而不是闹钟。每天让闹钟叫醒的人是不会有大出息的。

我刚看完两段视频，怕打扰你们休息，就没有转发给你们，待明天与我写的这段话一并发给你们。一段视频讲的是战士们为国戍边；一段视频讲的是一位父亲为家操劳。他们很苦、很累，但是苦和累从来没有挂在嘴边。我很受感动，流泪了，没有了睡意。我又想到了你们，想到了你们为什么要上大学，应当怎样读好大学。不正是战士们的付出，才使你们有了如此安静的学习环境？要知道，他们本和你们一样，都处在读书的年龄啊！不正是父辈的付出，才使你们有了生活的保障，要知道他们也有自己的需求，可是他们总把自己的需求排在你们之后。我们一些同学总是抱怨这个条件不好，那个条件不好。要知道有多少人为了你们的今天，在拼搏、在努力，在支持着你们、在爱护着你们。你们也长大了，应当明白这些道理了。

不要总放大自己的痛处，要知道总有比你们更不容易的人。你们千万不能让父母再为你们操心了，一定不能心中只想着自己，这样没有出息，会让人瞧不起。

明天党的第二十次全国代表大会就将召开了，这是多么令人鼓舞、令人奋进的大会！你们恰逢其时，生活在多么令人羡慕的美好时代！算一算中国梦实现的时候，你们可能才40多岁，那时中国人民一定是世界上最幸福的人民，你们今天所面临的由于发展不平衡、不充分所产生的一系列问题定将得以统筹解决。看看党的十八大以来，以习近平同志为核心的党中央，在世界百年未有之大变局下，带领全党和全国各族人民，攻克了许多长期没有解决的难题，办成了许多事关长远的大事、要事，中国人民已将发展的主动权牢牢地掌握在自己的手里。对中国的明天我们应当充满期待。当然，中国梦不会轻轻松松、敲锣打鼓地实现。青年兴则民族兴，青年强则民族强。你们应当不负父母的期望，不负时代的召唤，不负党和人民的希望，这是你们应有的责任，应有的担当。

一定养成好的习惯，该睡觉睡觉，该起床起床，不能懒惰。我原来跟你们说过，很多同学不是人生的目标不明确，而是懒惰，不能把对的事情坚持做下去，结果一事无成。大学时光如此宝贵，真是金子都换不来，希望你们能够珍惜。没有“剩余时间”就不会创造“剩余价值”。要知道，那些成功的人不是因为他们有多聪明，而是因为他们很努力！

知识就是力量？

2022-10-19

培根喊出了“知识就是力量”的口号。这在当时，如闪电划破夜空，猛烈地抨击了神学家、信仰占星术和炼金术的人们。培根也因此被冠上传播异端邪说的罪名。培根入狱 14 年，释放出狱两年后去世。

时代在变。今天我们应当给这个口号赋予新的释义：知识不会天然地形成力量。“知”“识”是统一体，不“识”之所“知”，知识不仅不会成为力量，或许还会成为魔鬼。知识成为力量需要有“中介”，这就是价值观，也就是要知其所学之所用。一些干部进了监狱，不是没有知识、缺乏能力，而是德不配位，“识”上出了问题所致。

习近平总书记在党的二十大报告中提出，要“着力培养担当民族复兴大任的时代新人”，就是要求我们把学生学习知识、增强本领与“让青春在全面建设社会主义现代化国家的火热实践中绽放绚丽之花”统一起来，在实现中华民族伟大复兴事业中建功立业。

这就需要我们思政人，在关心学生就业的同时，更要关心学生的择业观。人生的方向错了，再多的知识、才能，带来的不仅不是福音，或许还是灾难。

一代更比一代强

2022-11-21

党的二十大开启了全面建设中国式现代化新征程。当前，全党上下都在认真学习党的二十大报告，我们思想政治教育工作者同样如此。实现美好的蓝图需要当代青年赓续奋斗。因此，我们在明白了的时候，一定要下功夫让学生们明白，这是根本！

曲老师，今天听您的演讲我流泪了，您的演讲给了我极大的启发，当时我就让爸爸妈妈也扫码听了，下载后我听了6次您的演讲录音，现在仍心潮澎湃。您崇高的品格、您的精气神、您的事迹深深感染了我，让我第一次在内心审视自己，并坚定了我要成为一个什么样的人。要是能早点听到您今天这番话就好了。在今后的日子里，我立志向您学习，怀着爱国之心，认真踏实地求知、做人、做事！十分期待老师您再次莅临我校！

××，你好！

看到你这些诚挚的话语，我也很感动，多么美好的心灵才能发出这么优美的声音！古人曰："后生可畏，焉知来者之不如今也？"一代更比一代强！你这么年轻，还在准社会化阶段，正是为未来打基础的时候，怎么能说晚了呢？习近平总书记在党的二十大报告中指出："当代中国青年生逢其时，施展才干的舞台无比广阔，实现梦想的前景无比光明。""广大青年要坚定不移听党话、跟党走，怀抱梦想又脚踏实地，敢想敢为又善作善成，立志做有理想、敢担当、能吃苦、肯奋斗的新时代好青年，让青春在全面建设社会主义现代化国家的火热实践中绽放绚丽之花。”你正处在人生的“拔节孕穗期”，一定要把自己锻炼好，不负时代，不负光阴，在实现中国梦的伟大事业中做出应有的贡献。

告诉我你的详细地址，我把我写的书邮寄给你做纪念。你有机会来大连可以找我。

祝好！

能收到曲老师您的鼓励与祝福，我感慨激昂，喜悦万分！老师您说得对，我们青年生逢其时，施展才干的舞台无比广阔，实现梦想的前景无比光明，我们是幸运的一代人，是生在红旗下、长在春风里的一代人，感谢祖国的强大，让我能在和平的环境里上大学。我定不负曲老师所嘱，努力沉淀丰满自己，不负光阴、不负时代，以爱国的初心自觉担当起社会责任，成为祖国的创新人才！我的地址是：××××××××。我衷心感谢曲老师的关心，也衷心祝愿曲老师：身体健康，桃李八方！

好的！谢谢你的祝福！扎扎实实走好人生的每一步！

和一个马克思主义理论专业研究生的交流

2022-11-23

曲老师,您好!

我是马克思主义学院研究生二年级的××。您的苹果我已收到,在这寒冷的冬天里,您的关心和照顾让我感到十分温暖。您最让我敬佩的一点就在于虽然您平时工作繁忙,但您却还能记着我们这些同学,您是真正为学生着想的好老师。您一直是我前进道路上的榜样和动力,我会好好努力,以后争取成为像您一样优秀的老师!

××,你好!

不用客气,就是一点心意。老师做得还不够。我们在做着同样的事情,传承马克思主义,发扬光大21世纪的马克思主义,中国化、时代化的马克思主义。当年李大钊在做北京大学图书馆主任的时候,每个月有200大洋的薪水,他没有用于个人。他“得天下英才而教育之”,办《每周评论》,为创建中国共产党培养了骨干力量。你选择了马克思主义理论专业,一定要在信仰上下功夫。

马克思主义理论具有知识属性,同时亦体现了信仰属性。所以习近平总书记在谈到思政课教师要做到“六要”的时候,排在第一位的就是政治要强。政治要强的基本内涵是信仰坚定,而信仰只能建立在科学理论的基础上。对马克思主义理论要真学、真懂、真信、真用。既要向上攀登,也要向下深入。学习马克思主义理论,就要践行马克思主义,不然就是空洞的说教，就不是真学、真信。所以，学习、传播马克思主义理论，只“姓马”“言马”是不够的。教育者若是不给受教育者“打样”，受教育者会是什么样子呢？

现在一些学马克思主义理论专业的研究生，把学习马克思主义理论当成了“饭碗”，只是为了就业选择了马克思主义理论专业，这是需要加以注意的。从事马克思主义理论教育一定要成为“人师”，现在就要做充分的准备。你还处在起始阶段，一切都来得及。好好地思考一下到底怎样对待马克思主义理论专业。当年我在大学时读的政教专业，系统地学习了马克思主义理论。我在与以往一切学说的比较中相信了马克思主义。我学习了《共产党宣言》，思考了一个月，写下了《入党申请书》，从此便没有动摇过。共产主义一定能实现，人类社会发展的规律不可改变。

我有些忙，跟你们交流得比较少。老师也是通过这样一种方式，传递一点心意，你们一定要下功夫学好马克思主义理论，在全面建设社会主义现代化火热实践中，体现你应有的担当。

生活有困难可以找我。我建立的“励志基金”宗旨就是“你为祖国服务，我为你服务”。养成锻炼身体的习惯。天气冷了，注意防寒。

祝好！

谢谢老师的谆谆教诲，我一定会努力学懂、弄通、悟透马克思主义理论，做一名肩负起践行马克思主义责任的青年！

追求精神生活的人烦恼最少

2022-11-29

曲老师，您好！

这是我第二次听您的讲座了！上一次是在××线下的报告厅，每一次聆听您的讲座，作为党员我都觉得内心澎湃，本来工作上的疲惫甚至懈怠都会一扫而光。向您看齐、向您学习！

人的成长一方面要不断接受外部教育，成年后更要自己教育自己。一些人犯了错，受到的外部教育并不少，关键是从来不自己教育自己。接收到正确的东西就要坚持和保持下去，读别人的故事是为了写自己的故事。

我大学毕业参加工作的第一个假期，自费去了北京考察，坐了差不多一天一夜的硬座火车。因为家里穷，我在火车上不舍得买一口吃的，饿着到了北京。我现在给学生花钱“大手大脚”，给自己花钱还是掂量着的，尤其是坐火车，我从不买水喝，嫌贵。我也不是差钱，就是穷的时候落下了“病根”。我站在圆明园的断壁残垣前，脑海里想象我们中华民族耻辱的历史，眼前仿佛闪过无数仁人志士抛头颅、洒热血的身影。我就在想：我拿什么爱自己的祖国？我应当为祖国做什么？我暗下决心，把学生培养好，学生的爱国就是我的爱国，从此我再也没有动摇过。

到今天，我已经坚持了40年，不离不弃，无怨无悔。2006年，教育部在上海召开了全国高校辅导员队伍建设工作会议，时任国务委员陈至立出席了这次会议。我当时任省委高校工委副书记一职。为配合这次会议的召开,《光明日报》有位记者采访了我这位曾经的辅导员。他问我的最后一个问题是:“如果从头再来,您还会做辅导员吗?”我毫不犹豫地回答:“我一定会。”

2013年7月,我辞去了领导职务,回到学校做了一名辅导员、上思政课,我要在辅导员、思政课教师工作岗位画上我人生的句号。“没有了级别看病怎么办?”领导关心地劝我不要放弃正厅级职务。我很感谢。我想的是李大钊38岁就被杀害了,我多活一天就为党多工作一天。去年在北京参加党的百年庆祝活动,我参观了党的百年历史展览馆,馆里有一张红军第三十四师师长陈树湘的油画。陈树湘在红军长征时,率领第三十四师掩护主力部队转移,经过浴血奋战不幸被俘。押送途中,陈树湘趁着敌人不注意,从伤口处把肠子掏出来扯断,最后壮烈牺牲。习近平总书记几次提到要学习陈树湘。我能活着,已经很幸福了。

现在也有记者问我“如果有来生还会做辅导员、上思政课吗?”这类问题,我的回答是:“真有来生,我会一天不离地做辅导员、上思政课,‘打死’都不做什么学生处处长、党委副书记、省委高校工委副书记,一辈子和学生在一起,培养一批又一批学生,岂不快哉?这样的人生值得拥有。”我从无数实例中得到了一种教育:追求物质生活的人永远得不到幸福,追求精神生活的人烦恼最少。我们共勉!到大连联系我,我请你吃我们学校食堂做的烤鱼,味道很不错。

祝好!

老师用心教,学生才会用心悟

2022-11-30

思政课“老师用心教”是前提。老师要用心教,学生才会用心悟,思政课才会达到沟通心灵、启智润心、激扬斗志的目的。“用心教”其中就要求老师把学生放在心上,怀有仁爱之心。习近平总书记指出,“教育是一门‘仁而爱人’的事业,有爱才有责任”。“广大教师要严爱相济、润己泽人,以人格魅力呵护学生心灵,以学术造诣开启学生智慧,把自己的温暖和情感倾注到每一个学生身上,让每一个学生都健康成长,让每一个孩子都有人生出彩的机会。”

曲老师,今年我一如既往地收到了您发的苹果!为什么说“一如既往”呢,因为自我们来××大学后,老师您一直在默默做着这一切:大一入学,您前前后后将我们贫困生召集在一起许多次,了解我们每个人的实际情况,然后对我们的提问一一解答。紧接着就是中秋节了,收到了您的月饼。12月份又收到了您的大苹果。冬天在大连冰冷的大风中大家再次感受到了您送的温暖……这一份温暖持续了4年!这不仅仅是一份坚持,更是一个教育者对学生们真挚的爱。自新冠疫情发生以来,已经好久没见到您了,然而今年也是我留在××大学的最后一年了,细细想来,时间过得也太快了,还没有和老师您单独交流过就要毕业了。所以我还有个小愿望,如果有机会,希望能和老师您单独交流一下,然后合一张影。最后,老师您一定要多注意休息,别让自己太累了,我们也会好好照顾自己的。

祝老师身体安康！

××，你好！

你的微信前几天我就看到了，因为比较忙就没有及时回复你。我现在在飞机上，等我下飞机就回复你。时间就是这样无情，转眼就消逝不见。你来大连海事大学快4年了，我来大连海事大学快10年了。老师跟你们说过，我之所以来到你们身边，也是为了能更多地帮助你们。老师老了，希望你们能够担负起时代责任，懂得感恩父母，感恩祖国。

老师只是在做着作为一名教师应当做的事情。当老师的一定心中要有学生，不然不配做老师。我刚留校做辅导员的时候，总的来说还是能够把学生放在心上，力所能及地帮助学生。但是那时我家经济条件也不好，能帮助的有限。现在条件好了，能够为你们多做些事情，老师十分愿意。给你们的礼物是微不足道的，老师只是希望你们懂得一个道理，社会是个大家庭，一方有难，八方支援，人千万不能只为自己活着，那不会有大的出息。

因为疫情，我到学校的次数少了，与你们见面的机会更少了。我经常外出，回来又担心带上病毒，一旦传给你们，那麻烦就大了。现在看，管理方式会有些变化。你在学校还有段时间，见个面没有问题。我经常请学生在五食堂吃烤鱼，味道很不错。等哪天你有时间我们见个面，然后一起吃烤鱼。我们一起照张相，这不是问题，我也很愿意，这也是你们送给我的美好回忆。越是临近毕业，你越要抓紧时间学习。待参加工作了，学习的时间就更少了。

谢谢你的祝愿！你也要注意锻炼身体，这很重要。从某种意义上讲，你们的人生还没有开始，未来有多少事情等着你去做，没有好的身体是不行的。我今年65岁了，还能不停地奔波，这与健康的身体分不开。飞机要着陆了，就聊到这里。有事联系我。

祝好！

给学生向上的力量

2022-12-15

青少年正处在人生的“拔节孕穗期”，怎样教育引导非常重要。作为思想政治教育工作者，一定要相信教育的力量，无论在什么样的环境（个人和社会的环境）下都要坚守教育不变的信条：唤醒美好的心灵、止于至善。

××，你好！

老师在讲学的时候常提到你，我说你是学经济学的，是共产党员，将来要为人民讲话。这的确是老师的期望。只有为人民讲话才能讲出真理。马克思主义是科学，一个重要的特征就是马克思为最广大人民的利益说话，并且亲自去实践这一学说。由此也告诉我们，真正的知识分子不只是要有知识，更要把知识运用到社会发展进步事业当中。一些知识分子，总讲对自己有利的话，这也就算不上真正的知识分子，其可以哗众取宠一时，绝不可能“得宠”一世。你现在有点真正知识分子的样子了，继续努力，把自己的发展融入实现中国梦的伟大事业中才会有更大的担当、更大的作为，也才能彰显一名真正知识分子的本色。

现在有些大学生，成天夸夸其谈、评头论足，缺乏脚踏实地的精神，这是不行的。爱国要从自己做起，从身边做起，爱国是不能讲条件的。我还记得你父母来大连时，我和你父亲的对话。你父亲说：“老哥，××从今天起就是你的儿子。”我说：“××是党和祖国的儿子。国家强大了，我们晚年才能幸福安康。”邓小平说:“我是中国人民的儿子。”你也要做祖国和人民的儿子。

在家好好调整一下,学习不能放松,这不用嘱咐你也知道,重要的还是别忘了锻炼身体。从一定意义上讲,成功拼的是身体。所谓看谁笑到最后,身体素养亦应当是重要的因素之一。家里有什么事联系我,欢迎你父母再到大连。冬天来了,春天还会远吗?我们见面的脚步声越来越近了。

曲老师,您好!

学生一定听从您的教诲,做一个顶天立地的人。自进入大学以来,在您的言传身教之下,一粒为共产主义事业而奋斗的种子已在我心中生根发芽,做一名真正的马克思主义者也成为我的追求。我要像您一样,做一个心怀祖国、孜孜以求的知识分子,做一个脚踏实地、知行合一的马克思主义者。

正如您说的那样,真正的知识分子不仅要有知识,更要把知识运用到社会发展进步事业当中。一个人的学识只能是其认知这个世界的工具,他的道德品质和价值追求才最终决定其人生高度。17 岁时的马克思就曾指出要选择最能为人类谋福利而劳动的职业,并且说:“我们的事业并不显赫一时,但将永远存在;而面对我们的骨灰,高尚的人们将洒下热泪。”马克思是伟大的,因为他选择把“为人类服务”作为自己的人生理想,他是一个真正的知识分子,是一名真正的马克思主义者。但马克思的伟大更在于他的伟大实践,他为人类的解放不懈奋斗了一生。学生一定牢记空谈误国、实干兴邦的道理,只有脚踏实地、艰苦奋斗,才能练就真本领,才能真正将自己的所学融入祖国的建设当中。学生一定学习您那种“一万年太久,只争朝夕”的奋进精神,抱有“苟利社稷,死生以之”的家国情怀,做一个顶天立地的知识分子!

中华民族伟大复兴进入了不可逆转的历史进程当中,每一个真正的知识分子都应踔厉奋发、勇毅前行,我们共勉!

高校思政课“沟通心灵、启智润心、激扬斗志”的三重维度(一)

2023-01-09

党的二十大报告明确提出:“中国共产党的中心任务就是团结带领全国各族人民全面建成社会主义现代化强国、实现第二个百年奋斗目标,以中国式现代化全面推进中华民族伟大复兴。”这就必须培养一代又一代“坚定不移听党话、跟党走,怀抱梦想又脚踏实地,敢想敢为又善作善成,立志做有理想、敢担当、能吃苦、肯奋斗的新时代好青年”。高校担负着“为党育人、为国育才”的使命和责任,这就要求必须办好思政课这门立德树人的关键课程。为此,高校思政课建设应从以下三重维度出发,切实保证思政课教学任务的完成,以达到“沟通心灵、启智润心、激扬斗志”的效果。

一、学校党委应尽职尽责

我们的高校是党领导下的高校,毋庸置疑,办好高校思政课,关键在学校党委,党委认识怎样、行动是否自觉、举措是否到位,对高校思政课所担负任务的完成起着重要的作用。

1.高校党委必须提高政治站位

高校的首要任务是立德树人,办好思想政治理论课是立德树人的首要任务。中华民族正行进在实现中国梦的征途上,在前进的道路上我们面临的风险考验只会越来越复杂,面临的各种挑战只会越来越多。怎么办?只要风险考验来了,我们就必须接受挑战,迎难而上。迎接挑战需要人才,由此更加凸显了教育尤其是高等教育的地位和作用。“我们对高等教育的需要比以往任何时候都更加迫切,对科学知识和卓越人才的渴求比以往任何时候都更加强烈。”何谓“卓越人才”？他们不仅要有知识水平,更要有坚定的理想信念,能从我们党探索中国特色社会主义历史发展和伟大实践中,认识和把握人类社会发展的历史必然性,认识和把握中国特色社会主义的历史必然性,正确认识时代责任和历史使命,自觉把个人的理想追求融入国家和民族的事业中,脚踏实地把远大抱负落实到实际行动中。这就要求高校必须为中国梦的实现培养一批又一批的卓越人才。高校的工作千头万绪,抓“双一流”建设、抓规模建设、抓学科建设、抓专业建设,这些都没错,这也是保证人才培养质量的一个重要方面,但是根本还是要解决培养什么人、怎样培养人、为谁培养人的问题。“双一流”建设的内涵必须是马克思主义理论教育这个人文教育的核心一流,这就需要走出一条具有中国特色、达到世界一流大学的新路。规模建设、学科建设、专业建设,一定是在解决了为谁服务这个人才质量核心要素之后才有意义。高校要自觉承担管党治党、办学治校的主体责任,明确办学方向,坚持马克思主义指导地位,确保在政治立场、政治方向、政治原则、政治道路上同党中央保持高度一致,把办好思政课摆在学校工作重要议程,理直气壮、旗帜鲜明、大张旗鼓地抓,思政课办不好就是失职失责,切实保证高校始终成为培养社会主义事业建设者和接班人的坚强阵地。

2.配齐建强思政课教师队伍

毛泽东说:“世间一切事物中,人是第一个可宝贵的。”没有人,什么事也不能干;人不强,什么事也干不成。青少年阶段是人生的“拔节孕穗期”,最需要精心引导和栽培。高校思政工作“宏观上是回答为谁培养人、培养什么人、怎样培养人的问题,微观上是为学生解答人生应该在哪用力、对谁用情、如何用心、做什么样的人的过程,要及时回应学生在学习生活社会实践乃至影视剧作品、社会舆论热议中所遇到的真实困惑”,归结到一点,是管青年学生人生“总开关”的。我们说做这个学问难、那个学问难,最难的学问应当是转变人的思想。当今青年学生无时无刻不在受到来自方方面面错误信息的误导,思政课不好上,思政课不是谁都能上好的。高校党委必须下大气力配齐建强思政课教师队伍,使这支队伍源源不断。应当看到,党的十八大以来,特别是习近平总书记亲自主持召开学校思想政治理论课教师座谈会以来,高校党委对思政课教师队伍建设的重视程度达到了前所未有的高度,思政课教师队伍状况有了很大的改变。然而,从问题的角度看,还存在着短板:有的学校按照不低于 1∶350 的师生比配齐了思政课教师,但是一些思政课教师并没有思想政治教育学科及其相关专业学术素养,有凑数之嫌;有的学校思政课教师兼职得太多,把辅导员当成了“多面手”,根据学校需要一会儿统计在辅导员队伍里,一会儿摇身一变又成了一名思政课教师,实有应付之疑;还有些思政课教师的编制没有得到很好的解决,他们“身在曹营心在汉”。高校党委要统筹兼顾,采取切实可行的措施,按照中央关于高校思想政治理论课教师配备的各项指标,把符合思政课教师条件的教师吸引到思政课教师队伍中来;要积极动员政治素质过硬的相关学科专家学者转任思政课教师;要严格按照合理的比例配强思政课教师队伍;要彻底解决好思政课教师编制、职称评审等关涉他们发展的“瓶颈”问题,使思政课教师心无旁骛地坚守在自己的教学岗位上。须知一支数量足、质量高的思政课教师队伍是思政课沟通心灵、启智润心、激扬斗志的重要保证。

3.创设办好思政课的氛围和条件

高校党委不只是把办好思政课写进文件中,更要落实在行动上,要抓住制约思政课建设的突出问题,建立党委统一领导、党政齐抓共管、有关部门各负其责的工作局,加大政策支持和制度供给力度,为办好思政课创造氛围和条件。高校党委书记、校长作为思政课建设第一责任人,要结合自身学科背景和工作经历,带头走进课堂听课、讲课,带头推动思政课建设,带头联系思政课教师,定期研究分析,解决办好思政课存在的现实问题,为思政课“站台”。高校党委要大张旗鼓地强调思政课在落实“党办的大学让党放心,人民的大学让人民满意”的教学实践中的地位和作用,为思政课“造势”,下大气力办好思政课这门学校里最大的课、最重要的课,努力把思政课打造成“金牌课”,形成人人关心、关注思政课的良好氛围。思政课的性质和特点决定了思政课教师要进行学术交流和实践研修、学生要开展社会实践等,高校要按照本科院校在校生总数每生每年不低于 40 元,专科院校每生每年不低于 30 元的标准提取专项经费,用于这些工作的开展,经费再紧张,也不能缺了思政课的,要优先保证思政课教育经费的投入,并逐步加大支持力度。对思政课教师个人来说,要有做一名思政课教师的使命感、责任感,要讲觉悟、讲奉献,与组织、学校不能“讨价还价”。学校党委还要统筹有关部门,做出制度性安排,要保证思政课教师的岗位津贴,思政课教师的待遇应高于或相当于从事其他专业教学的教师。在当今时代,学生的思想瞬息万变,思政课要紧紧围绕学生、关照学生、服务学生,要不断把握教学规律和学生成长规律,高校要把思政课所依托的马克思主义理论学科当成重点学科建设,为思政课教师提供科研条件,学校有关部门应设立思政课教师研究专项,开展思政课教学重点、难点问题和教学方法改革创新等研究,逐步加大对相关课题研究的支持力度。

（转下页）

高校思政课“沟通心灵、启智润心、激扬斗志”的三重维度(二)

2023-01-10

(接上页)

二、思政课教师要用心教

“教改的问题主要是教员的问题。”上好思政课需要客观条件的保证,但是作为思政课教师,其主观能动性发挥得如何至关重要。思政课教师一定要认识到自身的使命和责任,用心教好思政课,只有老师用心教,学生才会用心悟,思政课才会收到预期的效果。

1.教好思政课要坚定理想信念

思政课与其他专业课不同,它不是简单的知识传授。思政课讲授的是马克思主义发展的过程,是马克思主义中国化伟大成果在中国大地生根、发芽、壮大的过程。回望马克思主义的发展历程,马克思主义从诞生那天起就遭到了“封杀”。这是因为,马克思主义不是书斋里的学问,而是为了改变人类历史命运而创立的,是要消灭剥削者的。于是当《共产党宣言》这一标志马克思主义创立的学说发表的时候,欧洲的一切反动势力都联合起来了,为的是对共产主义这个“幽灵”进行围剿。列宁继承了马克思的遗志,建立了人类历史上第一个社会主义国家。“十月革命一声炮响,给我们送来了马克思主义。”随着中国共产党的诞生,我们的一切奋斗、一切创造等都归结到实现中华民族伟大复兴这一主题。我们为此进行了艰苦卓绝的斗争,无数革命先烈献出了宝贵的生命。据统计,从1921年中国共产党诞生到1949年中华人民共和国成立,能够查出姓名的烈士有370万。今日之中国,已经大踏步走进新时代,站到了离实现中国梦最近的地方。可是回望一下从中华人民共和国成立以来的70多年里,我们始终高举马克思主义大旗,坚定不移走中国特色社会主义道路,遇到了多少阻挠、遏制!中国梦绝不会轻轻松松地实现,需要当代青年学生矢志不渝跟党走。作为一名思政课教师,体现的是一名共产党员、人民教师对党的事业的忠诚。“心中有理想,脚下有力量。”有理想的人讲理想,学生才会有理想。思政课教师只有理想信念坚定,才不会患得患失,才会将“经师”与“人师”统一起来,理直气壮地教好思政课,引导学生把爱国情、强国志、报国行自觉融入坚持和发展中国特色社会主义事业、建设社会主义现代化强国、实现中华民族伟大复兴的奋斗之中,在青春的赛道上跑出当代青年的最好成绩。

2.教好思政课要增强理论素养

“师者,所以传道受业解惑也。”思政课的本质是讲道理,就是为学生解疑释惑。由此需要思政课必须以透彻的学理分析回应学生,以彻底的思想理论说服学生,用真理的强大力量引导学生。怎样才能做到这一点,这就需要思政课教师增强理论素养。其主要表现在三个方面:其一,传道者自己首先要信道。思政课教师对马克思主义理论要深信不疑。当今世界正处在百年未有之大变局当中,随着全球化时代的到来,社会文化表现出多元的态势,尽管如此,思政课教师一定要“咬定青山不放松,任尔东西南北风”,就是要占领课堂主渠道,旗帜鲜明地传导主流意识形态,直面各种错误观点和思潮,用习近平新时代中国特色社会主义思想铸魂育人,这样必会增强青年学生的理论自信。其二,传道者要明道。“贤者以其昭昭,使人昭昭。”思政课讲的不是一般的道理,而是马克思主义关于真理性与价值性相统一的道理,这需要真功夫。思政课教师必须不断与时俱进,把学习当成人生追求,增强自身马克思主义理论根基的深度、专业水平的厚度、思维视野的广度,把马克思主义理论和党的历史讲清楚、讲明白、讲透彻、讲深刻,要相信“理论只要彻底,就能说服人”,就必能回答好学生所关切的现实问题,经得起学生的时代追问,就会为学生一生成长奠定科学的思想基础。其三,传道者要行道。马克思主义理论不是教条,而是行动的指南。思政课说到底不只是为了让学生“学”,而是为了更好地“用”。作为思政课教师,“想把学生培养成什么样的人,自己首先就应该成为什么样的人”。要求学生知行合一,首先是教育者要知行合一。思政课教师不仅要积极传授马克思主义理论知识,更要成为践行马克思主义理论的典范,这样思政课就会激励学生把远大抱负落实到实际行动中,让增长本领成为青春搏击的能量。

3.教好思政课要创新教学方法

方法犹如过河的桥梁,是实现目的的手段。思政课教学要想取得最佳效果,无疑需要正确的教学方法。思政课担负着青年学生价值引领的作用,要想给予学生正确的引领,前提是要知道学生在想什么。正所谓:“知己知彼,百战不殆。”思政课教师必须吃透教材,对教材的内容要融会贯通,但是这还不够,思政课教学更要“吃透”学生。思政课教师不能只是上课来、下课走,和学生形成“隔层”。要主动深入学生生活中,跟学生交朋友,了解学生的思想实际,让他们讲出“掏心窝”的话。这样课上讲授的时候,才会增强针对性、接地气,“我们所给的,就是学生想要的”,学生听起来才会解渴、鼓劲。随着智媒时代的到来,今天的教学,已经跳出了传统课堂教学单一、狭窄而有限的空间,面对每个学生都被“网在中央”这样一种现实,可以说谁掌握了互联网,谁就掌握了教学主导权。思政课教师一定要打好主动仗,建立微信群,把学生联系在自己的身边,做到课上、课下一致,网上、网下一致,结合教学内容,结合学生特点,充分利用互联网及时、便捷的特点,“点”对“点”“点”对“群”地对学生进行价值引领,弘扬主旋律,传递正能量,以拓展课堂教学内容,深化课堂教学效果。思政课课程内容是马克思主义中国化伟大成果的凝结,体现的是对人民幸福的关切。思政课要以理服人,亦要以情感人。没有爱就没有教育,爱是教育的灵魂,“情感法”是学生接受理论教育最好的“润滑剂”,正所谓:“亲其师,信其道。”思政课教师一定要把对学生的爱贯穿于思政课教学的全过程。由于多方面的原因,有些学生的生活比较困难,作为思政课教师做不到负责他们的学费,但当他们在生活上遇到困难的时候,能够力所能及地给予他们帮助,让学生感受到丝丝暖意,学生就会把这种力量转化成为实现中国梦而刻苦学习的精神动力。爱是可以放大的。思政课教师关爱了应该关爱的学生,这种爱就会传播开来,进而为思政课增添高度、深度、温度、力度。

(转下页)

高校思政课"沟通心灵、启智润心、激扬斗志"的三重维度(三)

2023-01-11

(接上页)

三、构建"大思政课"格局

习近平总书记强调,"'大思政课'我们要善用之,一定要跟现实结合起来"。"大思政课"内涵丰富,包罗万象,从高校现实出发,应建好"大课程""大队伍""大课堂",打好"组合拳",使之相互联系、相映生辉,为思政课"沟通心灵、启智润心、激扬斗志"助力。

1.建好"大课程"

课程是育人的资源平台和内容载体。任何课程都不是单纯地传授知识,都带有明确的价值导向。习近平总书记在学校思想政治教育理论课教师座谈会上明确指出:"挖掘其他课程和教学方式中蕴含的思想政治教育资源,实现全员全程全方位育人。"2020 年 5 月 28 日,教育部印发的《高等学校课程思政建设指导纲要》也明确指出:"让所有高校、所有教师、所有课程都承担好育人责任,守好一段渠、种好责任田",推进各类专业课程与思想政治理论课同向同行。为此,高校应引导教师深入梳理和挖掘原有开设的课程中所蕴含的思政元素,并将其有机融入课程教学里,使所有课程所蕴含的政治认同、国家认同、文化认同以及道德修养、人格教养等思政元素和知识培养有机融通,形成专业知识与思想文化耦合共生的育人目标。高校在"大课程"育人体系建设中应该根据自己涵盖的学科和

专业特点,分门别类、有的放矢地开设相应的育人核心课程,着力建设和打造一批提高大学生理想信念、道德观念、大历史观、人文素养、科学精神、劳动精神、工匠精神等内容的课程。与此同时,要避免出现“大水漫灌”式的重复堆积和叠加,把专业课上成思政课;也不能出现“蜻蜓点水”式的泛化,将“课程思政”变成“泛思政化”形式,而是应该结合专业课的教学特点和教育规律,形成课程与思政的“无缝衔接”与融合。此外,日前教育部又明确要求,高校要加强以习近平新时代中国特色社会主义思想为核心内容的课程群建设,形成必修课加选修课的课程体系。高校要结合自身实际,重点围绕习近平新时代中国特色社会主义思想,党史、新中国史、改革开放史、社会主义发展史、宪法、法律、中华优秀传统文化等设定课程模块,开设系列选择性必修课程,激励学生为坚持和发展中国特色社会主义、建设社会主义现代化强国、实现中华民族伟大复兴贡献自己的力量。高校应积极响应,把思政课课程群建设落到实处,不搞形式主义和“短斤缺两”。

2.建好“大队伍”

学校无闲人,人人都育人。“大思政课”需要有“大队伍”。除了上面谈到的专兼职思政课教师通过课堂主渠道、专业课教师通过课程思政育人之外,高校还应当充分调动学校内外有关人员加入“大思政课”的队伍中来。首先是辅导员教师队伍。辅导员是开展大学生思想政治教育的骨干力量,是高校学生日常思想政治教育和管理工作的组织者、实施者,辅导员工作的九项职责中,排在第一位的就是思想理论教育和价值引领,帮助学生坚定理想信念,坚定“四个自信”,牢固树立正确的世界观、人生观、价值观,把“小我”融入实现中国梦这个“大我”当中。这与思政课所要完成的教学目标具有高度的契合性。不同的是思政课教学以课堂为主,辅导员以日常思想政治教育为主。应当使两者有机地结合起来,思政课教师可以通过与辅导员的沟通交流,将学生的日常表现纳入课程考试环节,使思政课更好地实现“知行统一”的教学要求;辅导员在对学生进行理论教育的时候,有些专题可以让思政课教师讲授,以弥补自身理论的不足。可以选聘一些机关干部、党员专业教师,做学生的班主任、导师、联系人,用他们对党的事业的忠诚、对人民教育的热爱之情,结合自己的人生经历,与学生交朋友,及时地为学生解疑释惑,为思政课教学拾遗补缺。

高校应建立健全思政课特聘教授制度,选聘优秀地方党政领导干部、企事业单位管理专家、社科理论界专家、各行业先进模范等加入思政课教师队伍,讲授思政课;形成英雄人物、劳动模范、大国工匠等先进代表,以及革命博物馆、纪念馆、党史馆、烈士陵园等红色基地讲解员、志愿者经常性进高校参与思政课教学的长效机制。从这些思政课教师身上所表现出的对党的事业忘我负责的精神、理论视野和见解以及他们的先进事迹等,就是深刻、生动、鲜活的教科书,势必会增强青年学生对党的热爱,激发青年学生向先进学习、向榜样看齐,激励学生“立大志、明大德、成大才、担大任”“在激扬青春、开拓人生、奉献社会的进程中书写无愧于时代的壮丽篇章”。

3.建好“大课堂”

“纸上得来终觉浅,绝知此事要躬行。”实践是认识的来源,实践才会加深对真理的认识。马克思主义中国化的过程,就是马克思主义在中国革命、建设、改革开放各个时期的实践过程,展现的是“一百年来,中国共产党团结带领中国人民,以‘为有牺牲多壮志,敢教日月换新天’的大无畏气概,书写了中华民族几千年历史上最恢宏的史诗”。波澜壮阔的伟大实践,生动、深刻地回答了共产党为什么“能”,马克思主义为什么“行”,中国特色社会主义为什么“好”这样一些萦绕在学生头脑中的问题。习近平总书记指出,“要把课堂教学和实践教学有机结合起来”“思政课不仅应该在课堂上讲,也应该在社会生活中来讲”。思政课的这些重要要求,应当成为新时代办好“大思政课”的基本遵循。思政课一定要开门来办,教师千万不能照本宣科、“一言以蔽之”。实践性也是思政课教学的一个属性,社会就是思政课的“大课堂”,思政课必须把小课堂同社会大课堂结合起来,比如利用好志愿者服务、理论宣讲、社会调研等实践活动,紧扣教学目标和要求,教育引导学生正确认识时代责任和历史使命,用中国梦激扬青春梦,使学生勇做走在时代前列的奋进者、开拓者。

利用好革命博物馆、纪念馆、党史馆、烈士陵园等党和国家红色基因库,引导当代大学生深切感悟中国共产党百年来为实现中华民族伟大复兴的伟大实践,从而坚定理想信念、珍惜韶华、脚踏实地,让勤奋学习成为青春飞扬的动力,让增长本领成为青春搏击的能量,自觉成为堪当民族复兴大任的时代新人。高校要加强顶层设计,善用社会大课堂,主动与社会联系,建立一批实践教学“大课堂”,将思政课的部分内容搬到生产劳动和社会实践第一线,让学生走出教室、走出学校、走进社会大课堂,“用脚步丈量祖国大地，用眼睛发现中国精神，用耳朵倾听人民呼声，用内心感应时代脉搏，把对祖国血浓于水、与人民同呼吸共命运的情感贯穿学业全过程、融汇在事业追求中”。

（此文发表在《中国大学教学》2022 年第 12 期）

读大学的意义在哪里?

2023-02-20

曲老师,新年快乐!

您的新春祝福红包我们已经收到啦,真的很惊喜,也很感动。冬天的袜子、苹果,中秋节的月饼……您无时无刻不在关心我,我都记在心里,之前我也跟您倾诉过,您跟我们的关系,已经超越了师生关系,您是我们一生的挚友。平时跟朋友们提起您,他们都无比的震惊,因为您为学生做的一切、您的奉献,已经超出了他们对一位老师的认知……我也为有您这样一位老师、一位朋友而倍感骄傲。您一直致力于学生的思想教育工作,让我对这个世界有了新的认知。从一个肤浅的男孩,到现如今能够站在更高、更有意义的角度去看待问题,我由衷地感谢您。

三言两语道不尽我的心声,一生挚友,未来漫漫长路,我们互诉衷肠。感谢您!曲老师。

祝:新春吉祥、万事如意、阖家欢乐!

××,你好!

谢谢你的祝福!“每逢佳节倍思‘贫’”是我坚持了40年的教育理念,把幸福建立在帮助别人幸福的基础上更是我做人的一个原则。我是共产党员、人民的教师,一定要对得起这样的称谓。

我刚留校参加工作的时候,家里生活条件不好,学生病了,只能买份面条送给学生;到医院看望学生,只能买上几个苹果,有时还让我母亲包一份水饺,仅此而已。现在我的条件好了,在保证自己生活富裕的情况下,可以更多地帮助学生。我所做的都是应当的,你也用不着感谢。教师的“教”最重要的一点就是体现在怎样帮助学生上。我有个学生现在是厅级干部,当年我买黄瓜分给他们吃,他吃了半根。他说:“老师,我怎样报答你?”我说把工作做好就是最好的回报。老师希望的就是你们能够担负起时代赋予你们的使命和责任。

读大学的意义在哪里?千万不能把大学当成个人发家致富的地方。因此,读大学读的是一种文化,陶冶的是情操,培养的是品格。所谓厚德载物道理就在这里。四年的大学生活很快就要过去,我翻阅了一下此前我们的交流,你真的成熟了,有了知识和能力,更有了胸怀和格局。读了这么多的书,就应当以“天下兴亡,匹夫有责”为己任。老师相信你一定会像你说的那样,站在更高、更有意义的角度去认识和把握你面对的这个世界。努力前行,老师与你做伴。我们的确不是一门课的师生关系,我们是四年的师生,一生的朋友,这也是老师向你们许下的承诺。告诉我你研究生考到了哪里,老师会关注你的发展,有事联系我。

祝新春快乐、万事如意!

谢谢曲老师的关心!等有消息了我一定第一时间告诉您!

把身体锻炼好,能读博士再继续攻读。老师建立了“励志基金”,宗旨是“你为祖国服务,我为你服务”,老师会力所能及地帮助你。考上硕士老师给你买一台计算机,资助你为实现中国梦而刻苦学习。

曲老师您也是,东奔西走也要注意身体。感谢曲老师!

和两个我授课年级学生的交流

2023-02-21

交流(一)

曲老师,您好!

金虎归山去,玉兔迎春来!

时间过得真快,又是一年过去了,兔年真是惊喜连连。第一个惊喜就是收到老师的挂念和红包,同时老师您也在用自己的实际行动告诉我们:做一件事不能光喊口号,更要付诸行动,并且还要能坚持做下去!不求能为我们这个社会做出多么伟大的贡献,我们只需力所能及地做好每一件事。或许我永远都达不到曲老师您这样的高度,但我可以培养高尚的品德,弘扬正气,关心身边的每一个人,努力发光。新的一年我也会努力学习,迎接新的挑战!

谢谢您的关心。新的一年,祝老师身体健康、万事如意!

××,你好!

转眼四年的大学生活快要结束了,你是我授课学生中与我交流较多的学生。从你给我的微信中我能感受到你已经确立了正确的人生方向:要弘扬正气、关心身边的人、努力发光。这很重要,这也是读大学最应当带走的东西。有些学生能力不差,但是价值观扭曲,结果毁掉了自己。中华文化五千年告诉了我们“厚德载物”这样一个道理,没有德,承载不了知识和能力的重负。读大学,读的是一种文化,追寻大学之道,止于至善,不然大学就白读了。这都不是什么大道理,这是被无数实例证明的事实。你年轻,一定要把握好自己,成为全面发展的人,这样才能在未来的征途上走得更远,才能发挥自己最大的潜能,实现自己最大的价值。我跟你们说过,我们不是一门课的关系,我们是四年的师生,一生的朋友,无论你在哪里,都在老师的心里。你为祖国服务,我为你服务。好好努力,有需要我做的事情联系我。

祝新春快乐、万事如意!

交流(二)

曲老师,您好!

正值新春,祝您新年快乐、身体健康、万事如意、阖家欢乐!大学4年来您每一年都对我们关爱有加,时常关心我的生活和学习,送给我们香甜的苹果、温暖的袜子,那袜子真的很厚实呢!感谢您对我们的关照,让我在外地也感受到家的温暖。我时常想起您对我们的教导,让我们到祖国最需要的地方去,尽力做好自己的工作,建设祖国,在哪都可以贡献自己的一分力量。您还告诉我们不要在意金钱,不要被物质利益蒙蔽双眼,要做实事,踏踏实实做事。曲老师,希望您在工作之余也要注意保护自己的身体,身体健康才是革命的本钱。您也要求我们要经常锻炼身体,少熬夜,多读书,多吃蔬菜,我会谨遵您的教导。最后祝您兔年行大运,大吉大利!

××,你好!

算起来我们也相识快4年了。老师非常珍惜和你们在一起度过的那些美好的时光。上课时,你们一双双渴求知识的眼睛给了我激情澎湃的力量,同时这眼神也告诉了我应当怎样引导你们、陪伴你们。老师尽量地做好自己,只是老师太忙了,这使得老师有些地方做得不够,比如没有经常深入你们之中,及时帮助你们解决遇到的急难愁盼的问题。“每逢佳节倍思‘贫’”是老师坚持了40年的工作理念。作为思想政治教育工作者,我们不能只想自己怎样过节,对学生不闻不问。老师就是想通过这样一些力所能及的事情,告诉你们人间自有真情在,要相信生活的美好,认真地投入生活。大学是你们人生成长的重要阶段,一定要圆满度过大学生活。读了大学,就要有视野、有格局,不能只想个人的未来怎样,要胸怀祖国、放眼世界,发挥自己最大的潜能,实现人生最大的价值。老师陪伴在你们的身边,有需要我做的事情联系我。

谢谢你的祝福!也祝你新春快乐!万事吉祥!

曲老师,没有想到您还关注着我们,还发红包给我,我感到不好意思,我都没有跟您拜年。曲老师,新的一年祝您顺顺利利、健健康康。

不用谢!你们始终在老师的心里。只是因为我太忙了,加上受疫情的影响,我们见面的机会少了。老师就是传递给你们一个信息,要相信生活的美好,圆满度过大学生活。人生只有一次,不要抱怨、不要气馁,成功永远属于在对的路上勇往直前的人。有需要我做的事情联系我。

祝新春快乐、万事如意!

奋斗的人生最有意义

2023-02-22

曲老师,您好!

作为您的学生,我有个消息想和您分享。我报名参加了今年辽宁省教育厅的组团援疆计划赴塔城职业技术学院,学校已经通过我的申请,现在就等省里的通知了。

援疆是我人生中的一件大事,我也因此感到特别自豪。学校领导在问我为什么会报名的时候,我想到了“爱”。这爱来源于您的影响,上学时读您的著作,听您分享和学生的故事,聆听专场报告,让我深知一名辅导员的责任;毕业后我做了7年辅导员,也在一线中不断践行辅导员的初心和使命,始终牢记每个学生是每个家庭的全部,尽可能地为他们的成长助力;现在我是一名思政教师,虽然身份发生了转变,但是对于思政工作的热情和那份炽爱始终没有变,您之前分享过和少数民族学生的故事,包括现在还在担任他们的辅导员。习近平总书记说过各民族应该“像石榴籽一样紧紧抱在一起”。我想这都是我去援疆的原因。

很感谢我有幸做过您的学生。之前您给学生讲过文化对人的影响是潜移默化、深远持久的,现在我也终于理解了这句话,谢谢曲老师对我的教导。我将带着对思政工作的爱去到新疆,也会谨记立德树人的使命担当。

××，你好！

昨天因为有事没有及时回复你，抱歉！青年人应当有格局、有追求，这样才能有出息、有作为。一些学生读书就是为了找工作，过自己的小日子，这有点目光短浅。

我非常赞同你的选择。去年7月我还到塔城职业技术学院给学生们上了一堂公开课。本来答应学校去年9月新生开学的时候我再去给新生上开学第一课，因为疫情没有成行，今年9月我会去的，届时我们可以在新疆塔城见面了。

人这一生很快就过去了，应尽其所能多做有益于民族、祖国、社会的事。青年强，则国家强。教育引导学生树立正确的价值观，永远听党话、跟党走，成为社会主义建设者和接班人，可谓功在当代、利在千秋。

去了以后联系我，看看我能为学生们做些什么。

谢谢曲老师！一代人有一代人的使命，一代人有一代人的担当。我一定会谨记您的教导，站好思政教师这班岗。

曲老师，今天教育厅下了正式通知，下周二我即将启程前往塔城职业技术学院。

××，你好！

你即将踏上新的征程，老师祝你旅途愉快！一切顺利！

新疆是我十分向往的地方。大学毕业的时候我还写了申请，想去西藏、新疆地区当老师，因为没有计划便没能成行。我去新疆四次了。等开学了，我再联系我们辽宁援藏办，商定今年9月去塔城职业技术学院上开学第一课、设立励志奖学金等事宜，我想我们会在塔城见面的。奋斗的人生最有意义，尤其是思政课老师，给学生的心灵埋下真善美的种子，老师就像一个园丁，等待着秋天的收获，这是多幸福、多快乐的事情啊！看不到这一点，怎么能上好思政课呢？把思政课只当成“饭碗”，怎么能体味人生的快乐呢？有事联系我。

祝好！

与我授过课年级学生的交流

2023-03-01

交流(一)

曲老师,您好!

非常感谢您对我们的关心与惦念。我时刻记得您对我们的教导,“系好人生的第一粒‘扣子’”,也励志做一个对国家和社会有贡献的青年人。

××,你好!

谢谢你的祝福!

你们正处在人生的“拔节孕穗期”,一定要培养好自己,系好人生的“扣子”。大学生活是你们人生的重要一步,走得好,等待你的必然是成功;走得不好,人生必然失败。所以,老师来到你们身边,就是想陪伴好你们,希望你们每个人都能走向成功。老师给你们送礼物、发红包,这点物质上的东西是微不足道的。老师就是想给你们提个醒,希望你们能够肩负起时代的使命和责任,成为一个对祖国有作为的人,成为一个感恩父母的人。老师在你们身边,有需要我做的事联系我。

交流(二)

曲老师,您好!

今日收到了您送的一箱苹果,我很是感激。我即将毕业,回想起老师这四年来对我的教育与帮助,万分感激!

近来降温幅度很大,而且全国各地疫情形势严峻,望您在工作之余能多注意身体。

××,你好!

一年接着一年,转眼你的本科学习就要结束了。你对大学生活满意吗?不管以往如何,人生的道路漫长,跑到终点的人都是品德不输的人。年轻的时候一定要打好人生的基础,这包括思想品德和知识能力两个方面,要缺什么补什么。基础打得越牢固,人生大厦才能盖得越高。老师就是希望你们时时不忘应当担负的使命和责任,做一个崇高的人!望为此而努力奋斗!有需要我做的事联系我。

交流(三)

曲老师,您好!

大一您教我们思修,教会我们人生道理,认清前景道路。在我们刚入大学时您给我们指明方向,之后还总是帮助我们,中秋节的苹果、冬日元旦的袜子、五食堂的烤鱼、一次次的补助、一次次对我们的关心,都让我感到很温暖,让在异地求学的我更加坚定信念。如今大学生活已然步入尾声,我诚挚地感谢曲老师对我的帮助,我将用之后的实践来回报社会、回报祖国,谢谢曲老师新春之际对我们的关心,给我们压岁钱。您寄予了我们希望与期盼,我定不负社会!努力奉献自己的青春!

××,你好!

大学四年很快就过去了。我跟你们说过,我们不是一门课的关系,我们是四年的师生,一生的朋友。老师通过知识改变了命运,为国家、为自己的家庭、家族做了很多有益的事情。老师当年读大学的时候家庭条件也不好,但是我没有惧怕。虽然我的课堂教学早结束了,但是我们的情感、交流不能结束。我有个工作理念:每逢佳节倍思“贫”。越是逢年过节,老师越会想到你们。老师在做着应当做的事情,就是希望你们能够感受到老师对你们的一份嘱托:不能忘了父母的养育之恩,一定要懂得“国是千万家”的道理。不要惜力,全力拼搏,好好强大自己,努力实现人生最大的价值。有事联系我。

交流(四)

曲老师,您好!

收到老师的红包,我非常感激,我会更努力地学习,争取以后为祖国建设贡献力量,给老师争光。

××,你好!

不用感谢,这是老师十分愿意做的事情。古人曰:“得天下英才而教育之”是人生三大乐事之一。足见教师职业多么值得追求。我能够乐此不疲地做了四十年大学生思想政治教育工作,这是一个重要的原因。

每代人有每代人的使命和责任。历史的接力棒即将交到你们手中。你们一定莫负光阴,肩负起应当肩负的责任。国家好了,我们一切就都好了。人生能有几回搏?锻炼好身体,勇往直前,实现人生最大的价值。

爱是可以传递的

2023-03-06

2月13日,我在公众号上推送了《只要人人都献出一点爱》一文,介绍了我们学校李××同学用他自己获得的奖学金在他读书的小学设立奖学金的善举,前两天我们学校官网做了报道,接着《人民日报》《中国青年报》等国内主流媒体又把李××推向全国,引起极大反响。李××用实际行动践行社会主义核心价值观,展现了当代青年向雷锋学习的风采。在《纪念白求恩》一文中毛泽东说了这样一段话:“一个人能力有大小,但只要有这点精神,就是一个高尚的人,一个纯粹的人,一个有道德的人,一个脱离了低级趣味的人,一个有益于人民的人。”大学生应当培养自己热爱党、热爱祖国、热爱人民的情怀,这是个人成长的强大精神动力。

李××成为“网红”后,我们又做了交流。

曲老师,您好!

丁香李小学的奖学金已经发放完毕,再次感谢您能在线上和丁香李小学的孩子们交流。前些天我与孩子们视频,他们说在您的演讲中学到了很多,希望自己以后也能考到我们学校来,聆听您的教诲!

这段时间以来,随着《中国青年报》《人民日报》的相继转载,这件事传播得越来越广。真诚地讲,我本来只是想做一件力所能及的好事,没有想到会被这么大范围的传播。开始的时候我感到很开心,这件事的最大意义应该是让更多的人得到启发,也能够想到去回报家乡、回馈母校。不过,随着越来越多的媒体来采访报道,我开始担心会耽误一些学习时间吧,但是我觉得如果这样能够让更多的人看到,行动起来传递这份爱,我是愿意付出这些时间去配合我们的媒体做宣传的。我们学校、学院的领导、老师都很关心我的生活,怕我会有压力,会感到焦虑,跟我谈话让我放轻松,我感到非常温暖,因为我知道他们是真心关心、爱护我的。学生的第一要务是学习,在以后的学习生活中,我一定会以更高的标准要求自己,成为更好的自己!

最近流感比较严重,您一定要注意防护,保重身体。

再次感谢您!

××,你好!

开学初我到学校学工部介绍你把奖学金拿出来资助你读书的小学的事,让他们做个宣传,学习你这种践行雷锋精神的实际行动,这件事引起了媒体的关注。

我前段时间在我的公众号上发文提到你的善举,我认为当代青年就应当有这种达济天下的情怀,读书不能只为自己,要力所能及地帮助他人。只要人人都献出一点爱,这个世界就会是美好的人间。

要把媒体的宣传当成一种动力。我们不图名利、坚守我们的本心,做新时代的新人,为中国梦的实现发光、发热,实现人生的最大价值。

我很遗憾上次没能参加你们学校的颁奖会,只是在线上跟学生们做了交流。有机会我一定去你的母校看望这些学生。你可以先转告他们,让他们把考我们学校作为一个目标,届时我会力所能及地在思想、生活上帮助他们。

我下周一在学校,午间有时间吗?我请你吃烤鱼,我们见面聊。有事联系我。

祝好!

曲老师,您好!

我一定把您对孩子们、对学校的关心转达,也欢迎您有机会到现场跟孩子们交流。很期待能向老师面对面请教,我下课直接过去找您。

思想政治教育不能夸夸其谈

2023-04-03

习近平总书记在中央党校建校90周年庆祝大会暨2023年春季学期开学典礼上的讲话中指出:“各级党校要为宣传阐释党的创新理论尽职尽责。现在理论宣传上有一种现象值得注意,那就是照本宣科、不求甚解、浮在面上的多,以理服人、以情动人、入脑入心的少。”我认为,我们对高校思想政治教育亦应深刻反思。

这些年高校思想政治教育不断加强,取得了较大的成绩,但是与我们的愿望还有一定的差距,原因何在?一说原因我们就归结到社会教育、家庭教育、基础教育上面,我们高校思想政治教育就完美无缺?显然不是这样。我们说得太多了,做得太少了;高大上太多了,“形而下”太少了;要求学生太多了,要求自己太少了。思想政治教育是什么?思想政治教育就是给学生“打样”,希望学生什么样,我们就首先应当成为这个样。现在无论是辅导员还是思政课教师,各种论坛、大赛太多,很多辅导员、思政课教师把精力都投入到论坛和大赛中,把思想政治教育当成了“赛场”,把自己当成了“演员”,一些学校为了有声音、有名次,甚至举全院、全校之力包装、打造“选手”,若是有了声音、有了名次,俨然一副胜利者的样子。我并不反对参加论坛、大赛,我只是想说思想政治教育的重心不能偏移,辅导员、思政课教师要处理好能力和工作的关系,有没有水平不是体现在论坛上、大赛中,而是由学生的表现证明的。思想政治教育必须围绕学生、服务学生、关照学生,要接地气。无论是辅导员还是思政课教师,一定要解决好“向上”还是“向下”的问题。何谓“向上”“向下”？简单说来，所谓“向上”，就是一味追求成为理论家；所谓“向下”，就是执意成为教育家。毫无疑问，追求前者，就会使理论浮在上面；执意后者，才会使理论入脑入心。我又想起习近平总书记在纪念马克思诞辰200周年大会上的讲话中引用的毛泽东同志1938年讲过的那段话：“如果我们党有一百个至二百个系统地而不是零碎地、实际地而不是空洞地学会了马克思列宁主义的同志，就会大大地提高我们党的战斗力量。”1937年年底，我们党有四万多党员，习近平总书记引用毛泽东同志这段话的时候，我们党已经有九千多万党员，这段话告诉了我们什么？实践性是马克思主义的根本属性。党的事业是干出来的，不是喊出来的。全党一定要牢记空谈误国、实干兴邦的道理。大学生思想政治教育亦是如此。辅导员、思政课教师千万不能把自己培养成空头马克思主义理论家，这样思想政治教育就不会走进学生心灵，我们的教育效果也难以达到。

就是要把学生放在心上

2023-04-17

曲老师,您好!

现在是晚上11点32分,我刚拿起手机,就看到您的信息,非常开心哪,我的内心真的是非常地激动又感动。激动的是,对我这么一个思政路上的小小兵,您却这么细致、认真地回复,而且回复了这么多您的肺腑之言。感动的是,您还没见过我,我也实在算不上是您的学生,您却用您的经历鼓励我、支持我、指点我,让我感觉到您就是一直都在我身边的人生导师,您就是我前行道路上的最大的指引力量。哪怕未来我可能会遇到其他各种各样的困难,包括职场上的、生活上的,或者是一些不公平的待遇,我都能很勇敢地走下去。更让我感动的是,您没有嘲笑我过往的人生,甚至您能体会我小时候的不易。说真的,读到您的信,我哭了。谢谢您,曲老师,我感觉您经历过百态,对我们所有学生都有一种深切的同理心。我们所有人的遭遇,您都理解、接纳,并宽厚地包容,指引我们往更好的地方走。曲老师,您就是我敬仰的榜样。未来,我也想成为像您这样的人。

在昨天的思政课堂上,我观察到一个学生的眼神没有光彩。他的眼神几乎就没有波动,我讲到大家讨论很激烈的话题的时候,他也是面无表情地坐着。我觉得很奇怪,课后把他留下来。经过交流,他把心扉敞开了一点点,对我有了一点信任,和我讲了很多很多他的过往,让我看了他的手臂——左手手臂上,有新鲜的自残的痕迹。看到这个,我好心疼,又好心痛,心想这个学生到底经历了什么。后来我了解到他的父母离异,给他带来很大的伤害。直到今晚,我都在利用课间、中午休息的时间,和班长、这个学生的室友(这个学生是刚刚转专业到我授课班级的),进一步咨询他的情况。今日下午,班长和这个学生的室友立马把最新的情况告诉了班主任和辅导员。后来我也在一直和他的班主任沟通这个事情。他的母亲今晚来了学校,觉得我们多事。她的母亲觉得我不应该在课堂上发现这个事情,发现了也不应该告诉班主任,甚至扬言:这个孩子出了事,就是学校的责任,就是学校把小事当作大事闹的。对此我不怕,我问心无愧。我想,这个学生的痛,一定比我当年经历得更痛。只不过,我很幸运,遇到了好老师。今天的我,虽然帮不了他什么,但是,我绝不做一个袖手旁观者。曲老师,我这样的选择,您支持吗?

谢谢我的老师——曲老师。

(此信有删节,原信3000多字。)

××,你好!

你的信我看到了,只是因为太忙了,没有及时回复你,抱歉。

读了你的信后,就想给你写封信。“来而不往非礼也。”你写了这么长的信,我是必须回复你的,也谢谢你对我的信任,说了这么多心里话。

习近平总书记在中国人民大学考察时强调:思政课老师要用心教。怎样叫用心?这里有着丰富的内涵,其中就包括思政课教师一定要有情感,有“仁爱之心”。自己的孩子是孩子,别人的孩子也是孩子。作为思政课教师不能只传授知识,成为“经师”,更要成为“人师”。你是对的,就要把学生放在心上,要想方设法解决学生的思想问题,不能上完课就走人。人间自有公道在。家长也不能无理取闹。这个例子有些个别,大多数家长还是会感谢你这样的老师,帮助学生树立正确的价值观,矫正学生一些不好的行为习惯。

谢谢你对我的认同,有什么想法可以跟我说,只是我不一定能及时回复你,请你谅解。

谢谢曲老师,谢谢您!感谢您这么晚还回复我的信息,估计在您海量的微信联系人里面,每一个人您都不愿辜负,每一颗心您都认真对待。谢谢老师!

每次能得到老师的回复和指点，真的觉得好感动和幸运。茫茫人海中，何其有幸，感恩老师。老师，您这么忙，有这么多事情要做，真的不用特意回复，您所说的“抱歉”让我觉得很汗颜，是学生耽误您时间了。

也谢谢老师您的认可，我会努力地、一点点地往好老师的方向行走，用心去当好一名思政老师，用心去当好一名班主任，用心去做好每一件和学生有关的事情，主动去走近学生、理解学生、融入学生；自己也要不断上进，不断学习，不断钻研，不怕累，不怕苦，不断在坚强中成长，内心强大，眼里有光，心里有温暖，您就是我的榜样！

希望老师在繁忙之际，也多注意休息，多注意身体。祝愿老师一切都好！

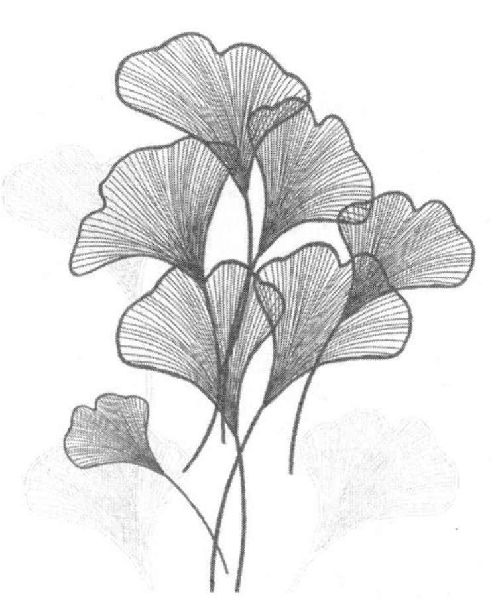

大学生一定要强化人文精神养成

2023-04-19

前天在一所高校与大学生交流。在讲到早年毛泽东离开韶山时,我问他们谁知道毛泽东给他父亲留下的那首诗。有个学生站起来做了回答。我让她加我的微信,我要邮寄一本我写的书给她做纪念。这是会后我和这个学生的交流。

太感谢您啦!我感觉荣幸至极。我觉得自己那么渺小,您却那么平易近人、和蔼可亲。您还送我书。等收到书,我一定认真研读。您辛苦啦!

老师,我的地址是:××××××××。我们家那里群山环绕,夏天特别凉爽,您有时间了带家人来玩,联系我。我带您爬山,吃我们那里的特产。

××,你好!

一直忙到现在才有时间给你写信,抱歉。现在是晚上11点半,我写完明天早上发给你,不知你休息没有,怕打扰你。

今天在与你们的交流过程中,只有你回答出了毛泽东离开韶山时给他父亲留下的那首诗,你给我留下了深刻的印象。巧的是在交流结束我到学校门口等车来接我的时候又碰到了你。你告诉我你喜欢看《毛泽东诗词》,所以记住了毛泽东给他父亲留下的那首诗。这说明你比较注意用人文精神陶冶自己。这是对的,读大学不能只学自己的专业知识,要有价值追求,懂得为什么上大学,所学的知识应当用到哪里。

我写的书都是围绕学生、服务学生的。我说的话未必都对，但是每一句话都是含有真情的。我愿意与你们交流，就是希望我的分享对你们能有启发，哪怕有一点点，我也知足了。

谢谢你的邀请，有机会到了你那里一定联系你，我们共同欣赏你家乡那优美的风光。你没有去过大连吧？有事联系我，我在大连随时欢迎你，陪同你观赏大连的景色。

祝你一切都好！

抱歉，老师，原谅我现在才回复您。我上午没拿手机就去上课了，现在才看到。

您的书一定会给我巨大启发的。我一定认真学习。您的真诚教诲，让我感觉自己还是读书太少了。我有千言万语想和您说，但又不知道怎么表达。读书真是太重要了！老师，您方便了一定要来我的家乡玩！

曲老师，能认识您，是我的荣幸。我简直不敢相信这样的缘分。未来我一定向您学习，心系祖国，以自己的微薄之力投身于祖国的建设中。

××，你好！

这也算是一种缘分吧！居里夫人讲过，机遇不会光顾那些没有准备的头脑。有的大学生一心只想把专业知识学好，以为这样就可立足社会了。其实这是一种表象，人的社会必须具备人文精神，懂得人和人之间的交往，科学一定要和人文统一起来。知识再多、能力再强，不知怎样用、用错了地方，知识就不是力量了。

大学生就应当心系祖国，为实现中国梦而读书，把个人价值的实现融入建设强大祖国的事业中。我建立了“励志基金”，宗旨是“你为祖国服务，我为你服务”，你好好努力，有需要我做的事情联系我。你是学什么专业的？有考研的打算吗？每天几点起床？要强身健体，养成好的生活习惯。

祝好！

当好学生成长成才的引路人

2023-04-26

思想政治理论课是落实立德树人根本任务的关键课程。2013 年,我重新回到大学辅导员的岗位,全身心投入思想政治理论课教学。大学是影响人生方向的一个重要阶段,是树立正确人生价值观的重要时期。老师有责任当好学生成长成才的引路人,在学生心中埋下真善美的种子,引导学生"扣好人生第一粒'扣子'"。

高校辅导员处在思想政治教育最前沿,是落实立德树人根本任务的重要力量。担任辅导员期间,为了及时掌握学生的思想动态、了解学生的诉求建议、解决学生的成长困惑,我开通了微信公众号和博客,4 年时间里给学生发的各类信息足有 200 多万字,努力引导学生树立正确的理想信念、学会正确的思维方法。

思想政治教育是一项立体系统的工作,需要把思政小课堂同社会大课堂结合起来,不断增强思想政治理论课的思想性、理论性和亲和力、针对性。每年 10 月,我会给大一新生讲授"思想道德修养与法治"课程。开课前 1 个月,我会为每名学生建立电子档案、发放调查问卷,并与每个人完成一次交流谈话,为的就是了解学生成长发展需求和期待,把道理讲深、讲透、讲活。我希望学生收获的不仅是课本上的知识,还有正确的人生态度。用高尚的人格感染学生,用真理的力量感召学生,才能更好地发挥思想政治理论课的作用。

教育是"仁而爱人"的事业。教学风格可以因人而异,但爱的主题是一以贯之的。思想政治教育润物无声,除了给学生讲书本上的道理,老师更要有爱心,重视人格的力量。在学校的这些年,我一直有随身携带现金的习惯,一旦听说哪个同学遇到困难了,随时能应急。我还用自己的奖金、报告费等设立了"励志基金",先后资助少数民族、困难家庭学生150余万元。只有把学生放在心上,才能走进他们的心中,才能真正铸魂育人。

党的二十大报告提出,"坚持为党育人、为国育才"。这些年,看着我的学生们纷纷把个人发展融入实现中华民族伟大复兴中国梦的时代洪流中,还有不少人加入思想政治教育工作队伍,我备感欣慰,也满怀动力。思想政治教育工作,是一项富有意义、大有可为的事业。我一直在努力,期待能把更多学生培养成为德智体美劳全面发展的社会主义建设者和接班人。

(此文发表在《人民日报》公众号上,2023年4月26日推送)

关键在于怎样定位

2023-04-28

交流(一)

曲老师,您好!

我是“马克思主义中国化”专业2021级硕士,之前听辅导员推荐过您的公众号。我去××大学找同学的过程中偶然的机会看见有您的讲座,就和同学一起参加了,我俩是最后上台和您合影的学生。我看见介绍上写您是博导,心里有些困惑想咨询下老师。

我就读马克思主义理论专业,感觉马克思主义理论专业可以给予自己精神支撑,也就有了读博的想法。我会在寒暑假参与社会实践,但日常参与较少,认为现在志愿活动不能解决我个人思想问题。但是不明确当下读博是否是合适的选择,就业的话考虑在东北地区当思政老师或者辅导员,能够把马克思主义理论知识传播。现在我对自己人生的考虑就是考博和就业,对于更深远的理想或者抱负还没有考虑,也不太能预见,不知道老师在学习生活中是否能给予学生一个长远的发展建议?学生是否可以做一个长期研究马克思主义理论并且传播马克思主义理论的人?我需要做哪些努力呢?

××,你好!

这关键还在于你的定位。我在大学读书的时候,本打算去西藏、新疆等地当老师，也就没有准备考研，我觉得本科生到了西藏、新疆就是人才，现在也是如此。只是毕业时没有计划，我就没有去西藏。你如果想到边远地区当老师，现在用不着读博士，当然读完博士再做思政课教师更好。如果你想做马克思主义理论的传播者，那还是应当读博士。如果想做辅导员，想到边远地区做辅导员，不读博士也是可以的。

交流（二）

曲老师，您好！

我是××大学马克思主义学院的一名研二的学生，今天听您的讲座后内心受到了很大触动，很佩服您，也很向往您无私奉献的教师生涯。学生也有志于毕业从事教师职业，但现在在一些人生道路选择上有些困惑，想请教老师关于考博和就业的问题。

看到您提到有学生立志报效祖国，扎根偏远地区，很佩服这些前辈。我也是从小受家庭影响立志到祖国最需要的地方去工作，现在在××上学，我发现这里人才流失挺严重的，经济也没发展起来，去年暑假去农村做社会调研，觉得这里就是祖国需要人才的地方，但是感觉自己现在很渺小，以一人之力似乎改变不了什么，现在毕业在这里工作也就是多了一个外省的人而已，发挥不了什么作用。但是看到您的一些学生在您的指导下凭借理想抱负和毅力考上了博士，就想着要继续考博深造，在理论上突破，发挥更大作用。我想请问老师作为马克思主义学院的学生如何能发挥更大作用呢？是建议考博，从理论上入手，还是毕业后扎根基层，从基层一点点做起？想听听老师您的建议。

××，你好！

这要看你怎么定位，追求什么。我在大学读的是政治教育专业。我系统地学习了马克思主义理论，也学习了西方一些思想家的学说，在比较中相信了马克思主义。马克思主义在为最广大人民的利益说话；马克思主义的本质属性是实践性；马克思亲自去实践他的学说。我学着《共产党宣言》写下了入党申请书。我想去西藏当老师，便没打算考研究生，我觉得本科毕业就够了。毕业时因为没有计划，我就没有去西藏。我留校做辅导员后，也面临着选择，是从事马克思主义理论教育，还是从事马克思主义理论研究？两者的侧重点是不同的。虽然我的理论功底还可以，我却选择了前者。今天也是一样，我们很多学马克思主义理论的研究生，能读博的基本都读博了，选择到基层的很少。若是我处在你们今天这样的环境，我还是会选择到基层建功立业。这也源于我对马克思主义理论的认识。实践性是马克思主义理论的本质属性。邓小平说过："不干，半点马克思主义都没有。"干比说还是要辛苦些，正因为如此，我宁愿吃苦也不想夸夸其谈。明白我的意思了吧？自己的人生只能由自己做主。

上好思政课

2023-05-05

交流(一)

曲老师,您好!

向您汇报一下,我昨天参加完学院的教学比赛了,七位老师选五位,我排第六,还有很大的进步空间。第一次参加比赛,选的是新课,确实准备得有些仓促,我会继续努力的。烦请曲老师批评指正。

昨天有位评委前辈点评,提到"思想道德与法治"课的几点建议,她说:"这门课很容易讲成案例课、'鸡汤课',要回归教材,区别于其他近代史马原课程。"

我不甚理解,我认为思政课的本质是讲道理,要把道理讲深、讲透、讲活,讲入学生的心灵,为什么不能讲弘扬正能量的案例呢?

请曲老师指点迷津。

××,你好!

她说得有道理,但是我也不是完全赞同。思政课不能上成"鸡汤课"是对的,不过怎样才能让学生喜欢?走进学生的心灵?要有思政课的话语,干巴巴地讲道理学生不会喜欢的。思政课要遵循教学大纲,深入浅出地娓娓道来,这其中就离不开生动的案例。现在的问题是评价的话语权不在年轻的教师手里,一些专家理论功底深厚,因此,对思政课的评价,理论的成分就多些。这里就有一个大赛和教学关系的处理问题。大赛,是讲给专家听的;上课,是讲给学生听的。我前些天推送的那篇《思想政治教育不能夸夸其谈》一文就谈到了这个问题,思想政治教育不是演出,水平不是体现在舞台上,而是体现在课堂上,就是希望思政课教师把功夫下到课堂上,而不是大赛上,要处理好上课和比赛的关系。

谢谢曲老师指点迷津。曲老师,您认为如何才可以把思政课上得深入浅出呢?如何把案例讲得有深度呢?我这两天一直在反思。

一是要熟知理论,二是要精选案例,三是要亲自实践。

好的,谢谢曲老师答疑解惑。我会好好努力的。

交流(二)

曲老师,您好!

我是××学院年轻思政教师××,刚刚听完您的讲座,真的是受益匪浅,多次满含热泪。我听完您的分享再次感受到了自己的不足,也进一步明晰了未来自己应该努力的方向,太谢谢您了。

××,你好!

谢谢你的认同!因为不急,就没有及时回复你,抱歉。

习近平总书记指出,思政课老师要用心教,这说出了教好思政课的真谛。思政课不只是传授知识的课程,更是信仰课。所谓"用心教",最为重要的就是要有信仰,也就是政治要强。我们有的思政课教师把上思政课当成了评职称的需要,这就上不好思政课。你年轻,要在让思政课走进学生心灵上下功夫,这样思政课才能启智润心、沟通心灵、激扬斗志。

我们共勉!到大连联系我。

谢谢曲老师!我会认真思考您告诉我的这些,努力朝着这个方向发展。谢谢您!

交流(三)

曲老师,您好!您的演讲让我很感动。作为一名中学思政教师,我会以您为榜样,坚守岗位,传播马克思主义真理,让学生们树立正确的人生理想信念!

谢谢认同!

真理需要传播,思政课教师必须成为传播真理的人。马克思创立马克思主义的时候,遭到了迫害。今天我们坚定走中国特色社会主义道路,同样有人企图阻挡我们。只有使我们的青年学生矢志不渝跟党走,马克思主义中国化才会不断取得丰硕成果。

和思政课教师的交流

2023-05-08

交流(一)

曲老师,下午好!

我是××学院今年刚入职的青年思政课教师××。我硕士期间也做了本科生的兼职辅导员。昨天听了老师的分享,很有收获。曲老师讲的每一个点我都有认真听讲,也会积极实践。

我也会用公众号记录一些自己的想法和随笔,希望能和老师交流,谢谢老师。

祝老师身体健康、工作顺利,期待和老师下次相见。

谢谢你的认同!

思政课教师一定要用心教,要以学生为中心,实行立体化教学模式,课上和课下一致,改变单纯的课堂教学模式,这样思政课才能沟通心灵、启智润心、激扬斗志,这样才能体现思政课的味道。

好的,谢谢曲老师。

交流(二)

曲老师好。我是××大学××。上午我有幸听了您的讲座,几度想要流泪,感触颇深。您是我们的榜样,以后一定向您学习,争取做一位好老师。期待有机会继续向您学习。

谢谢你的认同!

思政课对学生成长至关重要,一定要用心教,这就要定好位。有的老师着急搞科研,把功夫都放到了写论文、申请课题上,应付课堂教学,这样学生怎么能喜欢思政课呢?科研一定要围绕上好思政课,从问题出发,注重积累,有自己的研究领域,不能急于求成。我们共勉!

谨记教诲,谢谢曲老师。

交流(三)

曲老师,您好!

久仰您的大名,近两个小时的讲座,感动于您的敬业精神,更为您的情怀和您对学生的爱所震撼、所感染。作为思政课教师,我心中存在的多年疑惑,在您的讲座中找到了答案,希望日后有机会能再次聆听您的教诲。

谢谢你的认同!

一定要定好位。追求“让思政课走进学生心灵”,这个一定要做到;如果非要在理论上攀登,恐怕就难能有所作为。为学生搞科研,向下深入,把学生培养好最值得。

您的一席话,醍醐灌顶,竟让我瞬间感动不已。不忘初心,努力做学生成长道路的耕耘者和奉献者。再次感谢您,您辛苦了,多保重身体。

交流（四）

感谢曲老师的精彩报告！期待有机会邀请您给我们学生讲“开学第一课”。曲老师辛苦了！我也是一名兼职思政课教师，今后多向您请教！

谢谢！大家听得那么认真，给我点了那么多的赞，我也很感动。老师们有这份关爱学子的情怀，只是需要我们把它激发出来，运用到教学当中。我们以此共勉吧！

感谢曲老师百忙之中的回信，今天的报告会教师们反响热烈，大家收获的是满满的感动和思想的升华，相信有您的引领，未来的路我们会走得更加坚定，更有力量。

交流（五）

曲老师，您好！

我是学校的思政课老师，真的很羡慕您的学生能有您这样像父亲一般的老师，这也让我相信了世界上依然有这么纯粹的人，以后我要努力向您学习、靠拢。

谢谢你的认同！

我跟我的学生们讲，自然年龄上我是他们的父辈，社会年龄上我不敢说我是他们的父辈，但是我会努力成为他们的父辈。我们是四年的师生，一生的朋友。上思政课情怀要深，要把对学生的爱贯穿于教学的全过程。

受教了。

想清楚到底追求什么

2023-05-10

交流(一)

自1993年踏上讲台,为师30载,做班主任工作23年,以为自己也是个好老师。昨天聆听教授的讲座,我深受震撼,一夜辗转反思。教育是爱的事业,从爱国的角度去诠释师爱,从民族振兴的高度去看待教师职业,从没有像昨天这样让我有醍醐灌顶的感觉。您站在讲台上的句句诘问,都敲打得我心灵震颤,我所谓的爱学生,掺杂了多少个人的欲望啊!近几年根据学院工作需要,我负责公共基础课程教学管理工作,常常苦于思政教学团队建设任重道远,思政课没有吸引力,昨天开始明白,师资队伍建设的根本在于激发教师的教育热情和向上、向善的内在动力。有了爱的课堂才会生动。

做减法,人生才会幸福,生命才会充盈。苦恼源于给生命附加了太多的无意义的东西。名利、金钱、声望,都不如一个纯粹有爱有趣的灵魂。

××,你好!

这两天太忙了,没有及时回复你,抱歉。

你理解得对。我始终认为,我们做教育工作,就是要教育学生爱国,不然教育还有什么意义呢?当然这不是说我们没有个人的利益,而是说要把个人利益统一到国家利益当中。国家不强大,我们个人也就失去了幸福的保证。

现在我们一些教师总是被烦恼困扰着，一个重要的原因是不清楚到底自己应当追求什么。我们不是“苦行僧”，但是我们也确实不能把名和利看得过重，这样就会陷入自我的漩涡里，睡不着觉，也就失去了幸福的本源。最幸福的人应当是睡觉最安稳的人。怎样才能安稳？对于我们思政课教师来说，那就是要对得起学生，做一个像你说的那样的人：一个纯粹有爱的人！这就要用心上好思政课。

交流（二）

曲老师，您好！

聆听了您的报告，我感动得一塌糊涂，您的人格魅力、学识素养、能力水平，深深地打动了我，向您学习，坚定理想信念，增强理论素养，创新教学方法，怀有仁爱之心。感谢您给××学院带来的这场精彩的报告，我本人受益良多，以后也将在您的精神指引下继续努力，谢谢您！

××，你好！

谢谢你的认同！思政课是关键课程，关系到培养什么人、怎样培养人、为谁培养人这个立德树人的根本问题。思政课必须上好。怎样上好？习近平总书记指出，思政课“老师要用心教，学生要用心悟，达到沟通心灵、启智润心、激扬斗志”。事实说明，不是学生不喜欢思政课，而是我们没有使思政课散发出“芳香”的味道。思政课教师一定要有信仰，要有理论自信，要不断创新教学方法，要怀有仁爱之心，这样思政课才会“内化于心，外化于行”，使学生终身受用。

思政课教师要特别提升政治素养

2023-05-10

将学生培养成担当民族复兴大任的时代新人,从根本上来看,是知行统一的过程。而品德的形成规律表明,人的行为主要是由思想支配的,正确的行为来源于正确的价值引领,反之亦然。因此,教育培养学生成为什么样的人,前提是要让学生清楚他们为什么要成为这样的人,这就更加凸显了思想政治理论课教师的重要地位。习近平总书记指出:思想政治理论课是落实立德树人根本任务的关键课程。青少年阶段是人生的“拔节孕穗期”,最需要精心引导和栽培。我们办中国特色社会主义教育,就是要理直气壮开好思政课,用新时代中国特色社会主义思想铸魂育人。思政课作用不可替代,思政课教师队伍责任重大。思政课不仅仅向学生传授知识,更有信仰的传递。思政课教师不仅业务要强,政治更要强。只有拥有信仰的人讲信仰,才能保持坚强的政治定力,时刻在大是大非面前保持政治清醒的状态,从而教育引导学生厚植爱国主义情怀,在实现中国式现代化火热实践中放飞梦想。需要指出,我们有的思政课教师还没有将思政课当成“信仰课”,还不能旗帜鲜明、理直气壮地让思政课走进学生心灵,一些学生缺乏将思政课传递的党的价值观当作自身行动的价值引领。

在知行合一上下功夫

2023-06-05

曲老师,您好!

很不好意思,我这两天要回家了,您来我校开讲座的时候我可能不能去接待您了。我要去接受一个任务,去捐献造血干细胞。去年2月的时候我将自己的造血干细胞样本加入了中华骨髓库,今年4月省里通知我配型成功了,问我是否愿意捐献造血干细胞,我义无反顾地同意了。随着体检和高配等准备工作逐步完成,我这个月底要回安徽进行最后的捐献工作,这是救人性命的事情,我不能耽误时间。您的高尚品德和言传身教使我终身受益,您对学生的无私奉献的事迹和大连海事大学对我的教育一直是我学习的宝贵财富,我也一直希望能以自己的方式服务他人,奉献社会。因此在遇到这件事情的时候我必须要上,我特别爱听《祖国不会忘记》这首歌,也一直秉持着“不需要你认识我;不渴望你知道我;我把青春融进;融进祖国的江河”的这样一种默默奉献的精神。

在此跟您解释说明一下,请您谅解。也祝您旅途顺利,身体健康,工作愉快!

××,你好!

因为要到北京参加一个会议,我在西安只待了大半天。前天晚上10点到的西安,第二天上午10点就离开了,没有时间到你们学校,所以就没有打招呼。7月中旬前后,我要到延安做考察,到时候再联系。

确立什么样的人生价值观非常重要。习近平总书记指出:“我为什么要对青年讲讲社会主义核心价值观这个问题?是因为青年的价值取向决定了未来整个社会的价值取向,而青年又处在价值观形成和确立的时期,抓好这一时期的价值观养成十分重要。这就像穿衣服扣扣子一样,如果第一粒扣子扣错了,剩余的扣子都会扣错。人生的扣子从一开始就要扣好。‘凿井者,起于三寸之坎,以就万仞之深。’青年要从现在做起、从自己做起,使社会主义核心价值观成为自己的基本遵循,并身体力行大力将其推广到全社会去。”怎样才能确立起社会主义核心价值观?就是“要笃实,扎扎实实干事,踏踏实实做人。道不可坐论,德不能空谈。于实处用力,从知行合一上下功夫,核心价值观才能内化为人们的精神追求,外化为人们的自觉行动”。你在学校读书的时候就给我留下了这样的印象:话语不多、热爱集体、关心他人、踏踏实实做事,这是你确立社会主义核心价值观的实践基础。虽然你现在还在读书,却积极参加有益的社会活动,主动捐献造血干细胞,这是多么有意义的事情!老师支持你!为你点赞!

大学是什么?为什么要读大学?大学是一种文化品格,要“止于至善”。作为知识分子,必须要有担当精神,要引领社会风尚。其中就要表现出“天下兴亡,匹夫有责”的精神追求。不爱国还读书干什么?爱国还要讲条件吗?从某种意义上讲,正是因为有人不爱国,我们才要爱国,才要唤醒他们的爱国意识。爱国的确如《祖国不会忘记》中唱道的:不需要你认识我;不渴望你知道我;我把青春融进;融进祖国的江河。你一定要把这种文化品格传承下去,发扬光大。

你现在在读马克思主义理论专业的博士生,这个专业现在很火,很多人是从择业考虑的,这是可以理解的。但是要想学好这个专业,必须有理论的自信,相信马克思主义的真理性,要有勇于捍卫马克思主义真理的精神力量。同时,还必须有勇于实践的精神品格。马克思主义的最本质特征就是实践性。作为马克思主义理论专业的博士生,要切实做到真学、真懂、真信、真用,要将马克思主义理论与自身的实践表现相对应,要记住:学习马克思主义理论首先是要教育自己,然后才是教育别人。希望你在理论上不断攀登,在实践上不断深入,做一名将理论与自身实践相联系的人。

我们好长时间没有见面了,期待早日见面。在大连有事联系我。

祝一切都好!

四年的师生,一生的朋友

2023-06-25

曲老师,您好!

您的端午节心意我已经收到啦!真的十分感谢您!我本来有好多话想跟您说,但是一直抽不出空来,今天是端午节,祝您端午安康、阖家幸福!

这一晃4年过去了,回想起当初第一次在心海湖畔见到您,仿佛很近很近的事。我的大学生活结束了,但我的人生才刚刚开始。这学期的诸多事情也让我成长了许多,从考研出成绩的那一刻起我就在迷茫。4月份参加了调剂,当时摆在我面前有很多选择,我很想调剂去一些“双非”院校,同时我也收到了某985大学核能工程的调剂通知,我内心只有一个想法:我要读研,有书念就行,专业不对口也行。我甚至有一点走火入魔的感觉,整天焦头烂额。但是,在我去参加调剂复试的路上,我静静地望着窗外,思考了许久。难道我的人生要这么急功近利吗?当时父母、朋友一直在给我强调一个观点:有学上就行了。加之“现在考上了研究生,曲老师还给买5000块的计算机,多好啊,要不随便找一个学上算了”……但是,我最后还是战胜了自己,我决定坚持初心,失败并不可怕,可怕的是失败后的麻木。您曾经跟我们讲过,要系好人生的每一粒“扣子”,我没有忘,所以我打算回家“二战”,不在乎别人的眼光。或许这也是人生旅途的魅力……

我现在在回家的路上,深夜打扰,还望曲老师海涵。我相信大学生活的结束，是我人生新篇章的开始，匆匆的离别只是为了下一次更美好的相遇，我们之间的师生情、朋友情永不终结！

祝好！

××，你好！

我觉得你想的是对的，人生一定要想长远，不能只看眼前的得失。你年轻、有资本，好好规划自己，用奋斗成就自己的人生！

我们之间算交流比较多的，我回看了我们之间此前的交流，仿佛看到你一步一步前进的身影，老师相信你一定会实现你的梦想。我答应过你考上研究生就赠送一台计算机给你，虽然你本科毕业时没有考上，但待你"二战"考上时，老师还照样赠送你计算机，届时告诉我一声。

考研不单纯是学历问题，也是人生的追求问题。这就像要攀登一座山峰，要竭尽全力看看自己到底能攀多高。我常说，人生不会重来，一定要精彩地活着。

我建立了"励志基金"，宗旨是"你为祖国服务，我为你服务"。学习生活有什么困难告诉我，我会力所能及地给予你帮助。

祝一切都好！

曲老师好，祝您端午安康！在毕业之时还能收到您的节日礼物，十分感动。感谢您一直以来的照顾，从第一次上您的课到大学毕业，您的关爱从没间断，您的祝福和礼物，为大家带来了很多温暖。一直以来，您都以身作则，为我们树立了一个十分优秀的榜样，学生在未来也必定向您学习，做一个对社会有用的人。再次感谢您的关爱，祝您身体健康、万事如意！

××，你好！

从大一给你们上思政课到今天，转眼四年过去了，你们长成了大小伙子。想到你们一个个圆满毕业，老师很是高兴。

老师和你多次交流，感到你很懂事，也有追求。读大学读的是一种文化，铸就的是一种品格。老师来到你们身边，为的就是帮助你们系好人生的第一粒"扣子"，做一个感恩父母、服务祖国的人。大学毕业了，从某种意义上讲你的人生才刚刚开始。你们生逢其时，施展才能的舞台无比广阔。一定莫负光阴,奋勇前行,在大美的中国做大美的人,在服务祖国中实现人生的价值。在大连有事联系我。给你们上第一节课的时候老师就跟你们说过,我们不是一门课的关系,我们是四年的师生,一生的朋友。

祝一切都好!

要有理论自信

2023-07-13

曲老师，您好！

学高为师，身正为范。听了您的分享，似乎有种力量推着我往前走，有种燃起来的感觉。同时，我也深感责任重大。向您学习！

谢谢你的认同！

习近平总书记要求我们要成为“大先生”。所谓“大先生”，就是不要把自己当成“经师”，要成为“人师”，尤其是思政课教师没有理由不成为“人师”。仅仅给学生知识是远远不够的。厚德载物，只有解决了学生价值观的问题，知识越多才越有意义。

曲老师，您好！

我是××马克思主义学院教师××。我坐在第3排最右边靠窗的位置，刚才没有机会和您交流，十分遗憾。

今天听了您的讲座，我十分“共情”，也很受启发。我从事思政工作15年了，从辅导员到副书记再到现在的思政课教师，我认为做学生工作和思政工作确实是需要信仰和情怀的。

我之前在独立本科高校工作，由于孩子到××上学，去年来到××学院当了一名思政教师。我发现高职院校和本科院校的学生特点、知识基础以及学校的教育定位都是不一样的。现在国家大力发展职业教育，实施类型教育，在这样的背景下，我们思政课的教学重点和倾向是否应该调整？怎么才能体现出职教特色？教出学生满意的思政课？

这些问题是我近1个月以来思考的问题，如果您有时间，还期望得到您的指导。

××，你好！

昨天我注意到你一直在目不转睛地听我的交流。我心里在想，你应当有过学生工作的经历，和我有同感，看到你的微信，知道了你的确有过做辅导员的经历。

现在一些辅导员由于多种原因从辅导员岗位转到思政课教学岗位，这有有利的一面，也有不利的一面。总体来看，辅导员的理论基础与其他思政课教师比还是弱一些。好在思政课实践性和针对性比较强，辅导员做思政课教师也有一定的优势。况且爱是最好的老师，爱上思政课就会缺什么补什么。

高职学生和本科学生在学历层次上有所差别，但是在根本培养目标上没有差别，都是“为党育人、为国育才”。因此，无论本科还是专科的思政课教学，都应当按照教学大纲进行教学。至于如何让学生接受，怎样走进学生心灵，不仅是高职高专的思政课教学，本科的思政课教学也要下功夫解决好这个问题。

欢迎到大连的时候联系我，到时我们再详细聊。

祝好！

更要成为“人师”

2023-08-02

曲老师，您好！

我是刚刚听完您讲座的一名中职学校思政教师××。感谢曲老师在百忙中能通过我的微信好友申请。

刚才听了您的讲座，我真的是感触很深！我很多年前在央视新闻中看过您的介绍，那时我很崇拜您，没想到今天有机会听您亲自授课。我真是太幸运啦！

××，你好！

谢谢关注！谢谢点赞！读大学读的是一种文化，不是学历。有学历未必有文化。对大学生来说，读大学最为重要的是选择和确立一种正确的价值观。而大学生头脑里不会天然就有正确的价值观，这需要从外部灌输进去。思政课的关键就在这里，关涉到大学生确立什么样的价值观。思政课教师一定不能只做“经师”，更要成为“人师”，这是思政课的价值所在。

感谢曲老师的指点，我所在的××学校是一所中专学校，学生们年龄很小，还没有形成价值观。加上学生们本身基础知识薄弱，我觉得思政课的考核就不能只局限于分数，更多要看学生们的处事态度。

曲老师，您好！

我是××，感谢曲教授用您的亲身经历给我们上了一堂意义深刻的思政课，我们一定以您为榜样，用真心、用真情做好学生工作，不忘初心，为祖国培养可用之才。

谢谢认同！

孟子曰："人有恒言，皆曰，天下国家。天下之本在国，国之本在家，家之本在身。"中国梦在于青年，青年在于我们的教育。思政课教师一定要用心上好思政课，青年只有价值观正确了，才能积极投身到实现中国梦的伟大事业中，在青春的赛道上跑出最好的成绩。

曲老师，您好！

我是一名普通的中职学校的思政课老师。听了您的讲座，我备受震撼，这使我坚定了以后的人生方向。从教27年，我一直坚持在一线教学，给学生上思政课，教他们做人的道理，这样挺好。在这期间，我拒绝了领导的两次提拔，因为我认为我擅长的是教学，不是管理。很幸运我没有当中层干部，没有去领导想让我去的那两个部门。于是领导让其他的老师去了，但后来他俩都犯了错误。我感到很幸运，我现在还在想，如果当时我去了，说不定进去的人就是我。我现在在学校带10个班的思政课，感觉工作很充实。虽然我的工资低了些，每月几千块钱，家中父母妻儿都需要我养，但我会省出钱来每年都资助一到两名家庭贫困的学生，让他们完成学业。周围的人都不理解我，但是今天见到您以后，我觉得我做得完全正确！谢谢您在百忙之中给我们上课！

祝您一路顺风！

××，你好！

这就是一个人选择的问题。我常说这样一句话，你是一个什么样的人，取决于你想成为一个什么样的人。监狱也不是现在才有的，为什么有人走了进去？人若是硬要往监狱里走，别人有什么办法？总抱怨环境没有意义，有多少常在河边走，就是不湿鞋的人，不就是理想信念坚定吗？

当一名老师有什么不好？有学生就有一切。把学生培养好多么有意义、有价值。把自己该做的事做好。坦坦荡荡、问心无愧，"饿不死就读书”挺好，对我们思政课教师来说，帮助学生系好人生的“扣子”，让学生记住我们、给我们点赞，就可以了。最幸福的人是睡觉最安稳的人，最安稳的人就是对得起学生的人。

注重理论联系实际

2023-10-25

曲老师,您好!

我是××,××大学马克思主义学院的青年教师,我在今年5月自愿申请成为驻村工作队员,进行为期两年的乡村振兴工作。我从学习思想政治教育专业开始就一直关注您,您的文章给我带来了强大的精神动力。我选择去农村一线,以实际体验,学习农村运行的逻辑、道理,完善我的人格。我认为,只有知道基层一线是什么样的,才能够在思政课上教懂学生我们国家是如何运行的,才能做到鼓励学生将来到基层一线,为祖国繁荣富强而努力工作。未来,我将继续学习理论知识,用心、用爱教育学生,成为一名优秀的思政课教师!感谢您给予我们的精神支持!

今天早上我是从乡下赶最早的一班高铁来听您的讲座的,受益匪浅!真的非常感谢您!

××,你好!

习近平总书记在中国人民大学考察时强调:"思政课的本质是讲道理,要注重方式方法,把道理讲深、讲透、讲活,老师要用心教,学生要用心悟,达到沟通心灵、启智润心、激扬斗志。"用心教,就内含着思政课教师理论联系实际的问题,尤其要联系自身的实际,要真学、真懂、真信、真用。现在一些思政课教师还是从书本到书本、从课堂到课堂,思政课不生动、不鲜活,这与他们视野不广阔有关。习近平总书记指出:"希望广大青年用脚步丈量祖国大地，用眼睛发现中国精神，用耳朵倾听人民呼声，用内心感应时代脉搏，把对祖国血浓于水、与人民同呼吸共命运的情感贯穿学业全过程、融汇在事业追求中。”作为一名思政课教师，也要“用脚步丈量祖国大地，用眼睛发现中国精神，用耳朵倾听人民呼声，用内心感应时代脉搏”，加深对马克思主义中国化时代化的认识，把对祖国血浓于水、与人民同呼吸共命运的情感贯穿教学全过程、融汇在事业追求中。这样必将有助于思政课教学效果的增强。

谢谢你对我的关注，你还特别坐高铁来听我交流，这让我很感动。思政课是立德树人的关键课程，一定要努力成为一名优秀的思政课教师，“为党育人、为国育才”，为实现中国梦做出我们应有的贡献。

告诉我你的详细地址，我邮寄一本我的书给你做纪念。到大连联系我。

祝好！

立体化教学:思政课教学走进学生心灵的必然选择(一)

2023-10-30

思想政治理论课(以下简称思政课)是落实立德树人根本任务的关键课程,也是对学生进行马克思主义理论教育工作的主阵地、主渠道,其教学效果关系到能否“解决好培养什么人、怎样培养人、为谁培养人这个根本问题”。党的十八大以来,党和国家高度重视思政课教学,“三进”(进教材、进课堂、进头脑)工作成效明显,但我们也应清醒意识到,思政课教学的根本目标在于解决学生知行合一的问题,让学生“内化于心,外化于行”“实现知、情、意、行的统一”。这是思政课教学的出发点和落脚点,更是检验思政课教学水平的根本标准。习近平总书记强调,“思想政治理论课要坚持在改进中加强、在创新中提高”。实践告诉我们,构建立体化教学情境,是思政课教学走进学生心灵的必然选择。本文的立体化教学是相对单一教室场域教学而言,是指以教学理念、过程、策略和评价等要素驱动,系统集成包括理论教学、实践教学和网络教学在内的教学模式,强调思政课教师要吃透学情、教情,强化人格力量,优化教学评价。

一、立体化教学:思政课教学的内在要求

1.立体化教学是思政课作为马克思主义理论课程的应有之义

马克思主义揭示了人类社会的普遍规律,为人类社会发展进步指明了方向,具有完整而严密的理论体系和鲜明的阶级立场,是思政课最重要的理论基础和实践指南。思政课的内容涵盖马克思主义理论、党的创新理论和实际问题的阐释等方面,浓缩了马克思主义中国化的伟大成果,说到底是一门马克思主义理论课程。毛泽东同志指出："实践性是马克思主义理论区别于其他理论的显著特征。"这要求我们学习和传承马克思主义时，绝不能把马克思主义当成书斋里的学问，当成收藏家的欣赏品、拍卖品。习近平总书记2022年在中国人民大学考察时强调："思政课的本质是讲道理，要注重方式方法，把道理讲深、讲透、讲活，老师要用心教，学生要用心悟，达到沟通心灵、启智润心、激扬斗志。"这是党和国家领导人首次明确提出并论述"思政课的本质"命题，这一重要论断阐明了思政课的根本属性，揭示了思政课沟通心灵、润泽心灵的魅力所在，为思政课的内涵式发展提供了重要遵循，这里的道理不仅是关于"为什么"的道理，还包括"怎样做"的道理，以促进学生将知识"内化于心"的同时做到"外化于行"，实现知行统一、言行一致。

2.立体化教学是守好意识形态阵地的迫切需要

习近平总书记强调，"思政课要在传播马克思主义立场、观点、方法的基础上用好批判的武器，直面各种错误观点和思潮，旗帜鲜明进行剖析和批判"。党的二十大报告明确指出，要提高防范化解重大风险能力，严密防范系统性安全风险，严厉打击敌对势力渗透、破坏、颠覆、分裂活动。从而进一步凸显了意识形态工作的重要性。当前我国意识形态领域存在不少挑战，高校作为思想文化发展的前沿和交汇地，也是各种思想观点激烈碰撞的聚集地，处于意识形态斗争的前沿。当代青年学生正处在不同的思想文化交流、交融、交锋之中，同样正处于"三观"形成的"拔节孕穗期"，他们很容易被错误思潮濡染、迷惑，价值观很可能受到冲击。这给思政课教学增加了难度，也对思政课教师提出了更高的政治要求，因此以立体化教学上好高校思政课，守好高校意识形态"责任田"，对于巩固马克思主义在高校意识形态领域的指导地位、坚持"四为方针"办教育，坚定学生对马克思主义、对中国特色社会主义和共产主义的信仰信念显得尤为迫切。

3.立体化教学是思政课教学走进学生心灵的必然选择

习近平总书记在学校思想政治理论课教师座谈会上指出："办好思想政治理论课关键在教师，关键在发挥教师的积极性、主动性、创造性。"长期以来，由"教师讲课、学生听课、复习备考、期末考核"的线性化教学不同程度地制约了高校思政课育人实效。随着互联网科技的飞速发展，以5G、ChatGPT等为代表的数字技术构建了人类历史上绝无仅有的虚拟社区，也使得青年大学生成为网络空间的主体力量。由此决定了处在新样态下的思政课教学需要紧跟时代步伐，对课堂结构进行立体化改造，将时空场域由“教室”向“多维交集”转变；教学方式由“简单线性”向“系统立体”升级，构建实体课堂与线上交流相融合，蕴含多类教学资源、多种学习方式的立体课堂。这将有利于使思政课教学在“三进”基础上，把进心灵作为更深层次的价值追求，进而提升思政课教学的思想性、理论性、针对性和亲和力(“三性一力”)。开展立体化教学，是思政课教学走进学生心灵的必然选择。

(转下页)

立体化教学:思政课教学走进学生心灵的必然选择(二)

2023-10-31

(接上页)

二、立体化教学:思政课教学的现实境遇

新时代以来,思政课发展迎来了新的春天,总体上呈现出令人振奋的繁荣景象,一批深受大学生喜爱的思政课教师和一系列广为大学生接受的创新性思政课教学方法不断涌现,内容新颖、形式活泼的思政课教学越来越多,启智润心的氛围正在形成,思政课教学成效得到很大提升。但同时我们应清醒认识到,目前思政课教学仍然存在对教情、学情的把握不足的问题,部分教师人格力量不够、政治引领作用不彰,不同程度地弱化了思政课教学走进学生心灵的育人实效。

1.对教情、学情把握不足,使思政课教学进心灵有所减弱

习近平总书记强调:“思政课教师要有知识视野,除了具有马克思主义理论功底之外,还要广泛涉猎其他哲学社会科学以及自然科学的知识。”思政课教学相关理论内容丰富,既包括马克思主义理论基本内容,还涉及经济、政治、文化、社会、生态文明和党的建设等诸多方面,这从宏观的视角要求思政课教师要成为博学通才。但客观地说,广博精深地掌握思政课教学的全面内容确实需要长期积累与钻研,尤其是青年教师,难免存在自身理论的局限,加之教研室课程各有分工,导致现实中与庞大的知识体系存在隐性割裂。同时,要实现思政课教学进心灵的教育效果,除了“吃透”教材外,更要“吃透”学生,增进和学生的情感联系和心灵交流。

但目前思政课教学的时空场域通常停留于教室课堂，思政课教师对学生思想上的关注点、疑难点、敏感点和痛点等学情掌握不够，聚焦点还是停留在“吃透”教材、知识传授上，没能“吃透”学生，尤其课前和课下对学生的成长环境缺乏清晰的了解，仅靠短暂的课堂“教学交集”难以产生持续影响。可以说对教情、学情方面把握得不足，一定程度上减弱了思政课教学进心灵的效果。

2.部分教师人格力量不够，使思政课教学进心灵有所弱化

习近平总书记指出：人格要正。有人格，才有吸引力。要有堂堂正正的人格，用高尚的人格感染学生、赢得学生。思政课不只是传授知识，更为主要的是帮助学生树立一种正确的价值观，让学生把人生的“扣子”从一开始就扣好。习近平总书记指出：要做真善美的追求者和传播者。以深厚的学识修养赢得尊重，以高尚的人格魅力引领风气。因此思政课教师不能只把自己当作“经师”，必须努力成为“人师”，成为塑造学生品格、品行、品位的“大先生”。要关心学生、爱护学生，把学生放在心上，学生认同你，才会认同你传授的知识，学生感受到教师的平易近人，方能敞开心扉，进行心灵互动。广大思政课教师是有情怀的，都想把学生培养好，这是我们教育力量之所在。当前思政课教学进心灵效果不好的其中一个原因，是我们只注重了对学生的理论灌输，而忽视了作为教育者的价值引领作用。我们一些思政课教师缺少爱的情怀，人格力量不够，加之不少高校教学评价本身就不是按照“走心”来设计的，导致许多思政课教师一门心思扑在搞科研、写论文、申课题上，科研成了重心，教学反倒成了副业，这样的教学必然浮于表面，无法将教材体系转向教学体系，把知识体系转向信仰体系，导致原本思政课应当具有的“惊涛拍岸声势”弱化。

3.政治引领作用不彰，使思政课教学进心灵有所淡化

思政课不同于一般的专业课，它彰显着极强的政治属性。习近平总书记指出：“强调思政课的政治引导功能，并不是要把课讲成简单的政治宣传，而要以透彻的学理分析回应学生，以彻底的思想理论说服学生，用真理的强大力量引导学生。”思政课教师对课程育人理念的正确认知十分重要，少数思政课教师在教学过程中还没有树立起明确的价值引领理念，教学过程往往侧重知识传授，未能充分理解课程所蕴含的价值目标，造成思政课教学过程中片面突出知识性而政治引领作用不彰的现实困境，知识的传授难以转化为对学生心灵的浸润与教化，难以真正发挥价值引领作

用，由此使思政课教学进心灵的效果有所淡化。

4.线性教学“三性一力”不强，制约了思政课教学进心灵的效果

习近平总书记强调：“推动思想政治理论课改革创新，要不断增强思政课的思想性、理论性和亲和力、针对性。”近年来，教育部、相关部门和高校都为提升思政课教学的实效性做了很多努力，为教师“用心教”提供了动力。在广大思政课教师的努力探索中，沉浸式场景教学、研究式教学、智慧课堂、翻转课堂等教学方式方法让思政课理论得以更为鲜活地呈现在学生面前。但整体上看，当前思政课大多仍处于“教师讲课—学生听课—复习备考—期末考试”的线性教学模式，一些与课堂教学联系紧密的教学场域，并未有效嵌入学生交往空间，难以满足学生心灵所需。线性教学的思想性、理论性、针对性和亲和力，尚未能从学生心灵深处修正价值观偏差和提升精神境界，因而制约了思政课教学进心灵。

（转下页）

立体化教学:思政课教学走进学生心灵的必然选择(三)

2023-11-01

(接上页)

三、立体化教学:思政课教学的实现路径

习近平总书记曾多次强调,思政课教学是一项非常有创造性的工作。要在教学过程中进行多样化探索,通过多种方式实现教学目标。习近平总书记在学校思想政治理论课教师座谈会上指出:"思政课的教学目标、课程设置、教材使用、教学管理等方面有统一要求,但具体落实要因地制宜、因时制宜、因材施教,结合实际把统一性要求落实好,鼓励探索不同方法和路径。"思政课教学绝不是单面的课堂教学,而应该是立体全方位、融入时时处处的。立体化教学是一项系统工程,只有统筹系统内外多方资源,整体布局,局部设计,系统发力,方能切实解决社会主义核心价值观"入脑入心、终身受益"问题,这里从教学理念、教学过程、教学策略等方面构筑了立体化教学模式,为思政课走进学生心灵提供现实路径。

1.教学理念:政治要强,旗帜鲜明,确保思政课教学进心灵有理有力

习近平总书记在学校思想政治理论课教师座谈会上针对提高思政课教师素养提出了"六要",其中"政治要强"居于"六要"的首位。"政治要强",是对思政课教师的第一要求,是评价思政课教师的第一标准,是办好思政课的灵魂,政治强才能增强思政课教学的自觉性、针对性和实效性。"思政课教师对自己要求要严格,既要遵守教学纪律,也要遵守政治纪律和政治规矩。"对于思政课教师来讲,工作自觉首先来源于政治自觉,政治

素质是第一素质，政治能力是第一能力，政治要强是第一要求。教师只有不断提高政治判断力、政治领悟力、政治执行力，才能坚持马克思主义意识形态，坚定政治立场，同党中央保持高度一致；才能善于从政治上看问题，在大是大非面前保持政治清醒；才能迎难而上，理直气壮地讲授马列主义、讲正气，确保学生不在政治思想上犯错；才能不忘初心、牢记使命，增强职业自豪感和责任心，成为马克思主义的坚定传承者、捍卫者和学生思想观念的引领者。落实到思政课教学中就是要全面贯彻党的教育方针，清楚地懂得自己要坚守什么，应当教会学生什么，怎样找到切入点和着力点，着力打造听起来能“解渴”、学起来引“共鸣”、品起来增“回味”的“金课”。

2.教学过程：人格要正，育人育己，力求思政课教学进心灵可感可信

习近平总书记指出：办好思想政治理论课关键在教师。思政课教师，要给学生心灵埋下真善美的种子，引导学生扣好人生第一粒扣子。问题就是出发点，进心灵才是思政课的根本追求。怎样才能做到这一点？应当说这是当前思政课的重点难点，解决这个进心灵的问题是需要下大工夫的，不是简单地规定师生比能够解决的，也不只是靠知识、靠学术水平。正如马克思曾说，“教育者本人一定是受教育的”，无数实例说明，要想推动别人前进，自己一定是个能够被推动和鼓舞前进的人。亲其师，才能信其道，广大思政课教师的人格素养对教学效果有很大影响，正所谓正人者先正己，传道者自己首先要明道、信道，高校思政课教师要坚持教育者先受教育，最好的教育是来自教育者的教育，思政课教师想把学生培养成什么样的人，自己首先就应该成为什么样的人，以高尚的人格力量言传身教。思政课教师“用心教”，学生才会“用心悟”，才会懂“政理”、识“学理”、明“事理”，思政课才能达到“沟通心灵、启智润心、激扬斗志”的教学效果。思政课教师作为这一关键课程中发挥育人作用的关键因素，必须自觉以“六个要”“八个相统一”重要原则为指导，对马克思主义理论“真懂、真信、真用”，做到“诚教之，笃信之，躬行之”，思政课教师善用身边的鲜活资源，以人格魅力呵护学生心灵，以可观可感的强大人格力量引领青年学思用贯通，知信行统一，才能将道理和事实深度耦合，真正把“道”的“理”“讲活”。

3.教学策略：守正创新，立体赋能，推动思政课教学进心灵见行见效

用好课堂教学主渠道。课堂理论教学是该教学模式的中心环节，思政

课教师需主动将马克思主义理论与中华优秀传统文化结合起来，把正确认识中国特色与国际比较结合起来，深入剖析思政课的功能定位、知识体系、内容架构及授课对象特点，设定有针对性且可达成的显性教学目标，并将社会主义核心价值观作为一条主线融入教学整体目标及每一节课教学目标中，实现课程学习与价值观教育滋养和浸润相统一，用好思政的“盐”，讲出真理的“味”。教学各个环节的具体实践中，须紧紧围绕“培育大学生社会主义核心价值观”主线，注重团队集体备课，“吃透”教材，紧扣教材内容；以符合思政课教学规律的要求统筹规划、精心安排各种诸如模块式教学、情景式教学、研讨式教学、合作式教学等，优选教学方法；课堂教学注重融入红色元素，实现组合性、整体性和动态性教学的目的。

线上线下“吃透”学生。走近学生身边才能更好地走进学生心灵，思政课教师要用“思想芯片”打开学生心灵之门，把思政教育做到学生心坎里，就需在吃透学生上下功夫，只有坚持“吃透”学生，坚持问题导向，才能把“道”的“理”“讲透”。教育具体实践中，一方面思政课教师可以每学期开课前结合价值观主题，通过课前问卷、谈话、深入学生寝室、与辅导员沟通等方式，深度调研受教客体，做到把握学情实际，同时注重创建课内外全程教学链，通过读书会、结对子等方式实现对学生价值观培育的全程化教学。另一方面，思政课教师要敢于突破教学仅限于课堂和学生个体的桎梏，充分利用微信、博客、线上平台等现代化教学手段弥补传统教学方法的不足，充分挖掘网络资源、利用多媒体授课，也可在网上教学答疑，在微信群交流思想，通过点对点联系学生、线上视频导入活化教学效果，以达到沟通心灵的桥梁作用，给学生心灵埋下真善美的种子，帮助学生厚植爱党、爱国、爱社会主义的情怀。

上好实践育人大课。实践性是马克思主义的重要属性，思政课教学应注重凸显其鲜明的实践性特征，坚持“两个课堂”即学校教育课堂和社会实践课堂相融合，教育引导新时代青年大学生把基层实践作为最好的课堂，将个人奋斗的“小目标”融入党和国家事业的“大蓝图”，将远大的追求化作一件件身边实事，在磨砺中长才干、壮筋骨。思政课教师可组织学生参观革命遗址遗迹、纪念馆、博物馆等红色资源，访谈国家功勋模范人物、时代楷模和优秀共产党员，将实践教学作为思政课教学的重要环节，用课下教学弥补课上教学的深度不足，上好“行走的思政课”，使学生用所学的理论指导自己的行动。当然我们的思想政治教育千万不能成为只照学生的“手电筒”，要求学生做什么，我们就要做什么，我们做到了理论与实践的统一，学生才能言行一致。比如力所能及地帮助学生解决生活上的困难，我们要学生相信马克思主义理论，把所学到的马克思主义理论外化于行，思想政治理论课教师就应当成为引领学生积极践行社会主义核心价值观的第一人，以积淀丰富的人生阅历引导青年，以朴素深沉的家国情怀感染青年。

优化教学评价机制。教学评价是思政课教学的重要环节，发挥着结果反馈的导向作用，思政课教学评价应充分考虑互联网时代的特殊性，由以往单一性考试为主向多元化考核转变，改变一卷“定乾坤”的传统评价方法，变考核为激励机制。比如思政课程的考核中，期末考试和平时成绩分别赋分，以社会主义核心价值观的践行为目标，以读书、思考、讨论、社会实践等多种标准为依据，加强和辅导员双向融合共促，将学生参加社会实践和辅导员提供的日常表现纳入教学考核评价中，重点评价学生的学习成效，给予学生综合、全方位的考核与评价，激励青年大学生知行合一，用脚步丈量祖国大地。也可依托信息技术，搭建多主体参与的“共享式”评价平台，通过平台可以实现学生与学生之间、教师与学生之间的相互评价，以更为客观合理的评价机制，促进思政课教学取得新突破，促进立体化教学情境构建，切实推动思政课教学往深里走、往实里走、往心里走。

（此文发表在《中国大学教学》2023 年第 10 期，文/曲建武　裴长盛）

昨天早上写给四个学生的生日祝福

2023-11-08

昨天是我授课年级两个学生的生日，也是我们学校新疆少数民族两个学生的生日，因此我早上5点多就起床了，分别给他们写了生日祝福，平均一封信600多字。我把学生的生日名册存放在手机里随身携带。若是这天有学生过生日，我早上做的第一件事就是给学生写生日祝福。

××，你好！

你每天什么时候起床？养成了好的生活习惯没有？老师在大学的时候就养成了好的习惯，每天几点起床，几点睡觉，都非常有规律，可以说这使我终身受益。我今年66岁了，从来没懒惰过，没找借口多睡一会儿。成功都是“剩余时间”带来的，谁的“剩余时间”多，谁就容易成功。

老师知道今天是你的生日（还有三个学生也是今天过生日），老师在外地开会，一大早就起来了，老师要在开会前写完给你们的生日祝福。老师祝你生日快乐！一切都好！

转眼你来到了大三，还有一年多就大学毕业了。对过去的时光满意吗？作家冰心说：“每一个人都有他自己的童年往事，快乐也好，心酸也好，对于他都是心动神移的最深刻的记忆。”时光不会倒流，你满意也好，不满意也罢，过去的就让它过去吧，关键是过好剩下的大学时光。有部电影里有这样一句台词：“谁知一天会发生什么样的变化？”你还有一年多的大学时光，还有更长久的未来，从这点来说，要相信自己，在剩下的时光里把做得好的保持下去，把没有做好的改正过来，坚定地走好未来的路。

老师多次去过新疆，深感新疆的发展稳定在实现中国梦中的地位十分重要。这就需要你们当代青年一定要把民族团结作为头等大事来做。今天好好学习，明天服务新疆的发展建设。

你有考研的打算吗？能考还是要考。一般来说学历提升的过程也是能力提升的过程，两者并不矛盾。从某种意义上可以说，学习能力是一个人最重要的能力。因此，即便不考研究生，也要养成终身学习的习惯，把学习当成一种追求，当成一种生活方式。老师答应过你们，谁考上硕士了，老师会赠送一台计算机给他，激励你们为实现中国梦而刻苦学习。

老师会陪伴在你们身边，有事联系我。即便你们毕业了，大连也是你的第二故乡，老师随时欢迎你的到来。

就聊到这里吧，我要吃早餐了。

××，你好！

早上老师看了你们的登记表，知道今天是你的生日，老师在太原讲学，早餐前给你写了这段生日祝福，祝你生日快乐！一切都好！

老师常想你们从新疆来到这里，还真是不容易，你们付出了很多辛苦。不过人都是这样，年轻的时候希望一帆风顺，可是一旦遇到了困难并战胜它，就会得到一笔宝贵的财富。也正是这样，老师来到你们身边，就是希望陪伴你们读好大学，圆满结束你们的大学生活。

国家为新疆的发展稳定制定了许多政策，毫无疑问，新疆的发展还是需要靠你们年轻人的奋斗。

大学是你走向社会的最后一个准备阶段，一定要好好培养自己。空谈误国、实干兴邦。要想建设好新疆、发展好新疆，需要你们当代青年有担当、有本事，这样才会有作为。时间过得很快，你转眼就要毕业了。一定要惜时如金，全面丰富自己。要知道，同样的毕业证含金量未必一样，要下功夫，使自己的毕业证足斤足两。你有考研的打算吗？老师答应过你们新疆少数民族同学，考上硕士的，老师赠送一台计算机；考上博士的，老师会赠送一万元钱。老师就是想激励你们在青年的时候全力去拼搏。想考研究生一定要早做准备。

老师要吃早餐了，先聊到这里。有事联系我，不要客气。

××，你好！

今天是你的生日，老师祝你生日快乐！

老师跟你们说过，在你们过生日的时候，我要给你们每人送上我的祝福，就是想嘱咐你们，在自然年龄增长的同时，一定要增长自己的社会年龄，因为人是有思想的高级动物。

老师每次上课前都会发调查问卷，到目前为止，在回答“你最喜欢哪一本书”这个问题时，你是唯一回答《共产党宣言》这本书的。你说：“这本书为伟大的无产阶级领袖所著，交代了历史发展基本规律，表明了社会主义革命胜利的历史必然性，对个人及社会的发展有着极高的指导意义。”你的理解是对的。老师在大学读书时读了《共产党宣言》，相信了“两个必然”的结论，确立了理想信念、人生追求。大学生一定要有政治意识，把学到的知识用到党和人民的事业之中。你说你有入党的愿望，要成为党的一分子，为人民服务，为实现中华民族伟大复兴尽你的一份力。方向正确，那就努力前行。

老师还特别欣赏你的人生理想。你是电子信息专业的，你说你的人生理想是在电子信息领域成为一个对祖国、对人民有价值的人，让祖国冲破技术封锁，让世界在电子领域爱上中国制造。你有骨气、有担当。当代大学生就应当有“强国有我”的人生价值观。

老师建立了“你为祖国服务，我为你服务”的“励志基金”，就是想帮助那些为祖国奋斗的人。有需要我做的事联系我，我定当尽力为之。

天气冷了，注意保暖，别感冒了。要锻炼好身体，这是你成就人生理想的重要保证。有事联系我。

××，你好！

你已经去上课了吧？在大学一定不能逃课，逃一次课没事，如果养成一种思维、成为一种习惯那就不好了。

今天是你的生日，你们年级还有一个学生也是今天过生日，还有两个新疆少数民族学生也是今天过生日，老师要送给你们每人一段生日祝福，祝福你们生日快乐！一切如意！

老师跟你们说过，老师就是希望你们能够“咬定青山不放松”，排除一切干扰，很好地度过大学生活。不要嫌老师唠叨，也可能因为老师老了，总想告诉你们点什么。老师说的未必都对，但是老师说的每句话都是含有真情的。

你们来到大学多不容易,付出了那么多为了什么？大学是终点？显然不是。大学是你人生的一个“驿站”,在这里要为走上社会做好充分的准备。这就要好好培养自己、全面发展自己。大学是学习知识、培养能力的地方,大学更是确立人生价值观的关键时期,要思考好“到底成为一个什么样的人”这个人生根本问题。你说你最关心的问题是既能赚钱又能奉献祖国。这不矛盾,这本身就处在统一体中。那些为祖国服务的人,人们没有忘记他们;为祖国服务越多的人,祖国给他们的也越多。当然这不是能用金钱来衡量的。你说你的人生理想是成为一个不愁吃喝且对祖国有用的人。其实,人生活上要低标准,精神追求上要高标准。要培养“饿不死就读书”“斯是陋室,惟吾德馨”的精神境界。你有考研的打算,那就早做准备,不打无把握之仗。你还有入党的愿望,要感受党的精神,更好地为祖国做贡献。大学生就应当有政治追求,矢志不渝跟党走。这也是你成就人生的重要精神力量。

课上老师跟你们说过,我们是四年的师生,一生的朋友。有事联系我,我会尽力帮助你。

我在外地,要开会了,就聊到这里。

写给三个昨天过生日的学生的祝福

2023-11-27

××，你好！

今天你们新疆少数民族学生有三个人过生日，因为我没在大连，不然请你们一起吃个饭。

老师在外地祝你生日快乐！这真是要感谢手机提供了便利。

老师对你们有些了解，应当说你们是同龄青年中的佼佼者。但是，这还仅仅是从掌握知识的角度讲的，能不能有所作为、为民族团结做出贡献，还需实践检验。老师多次去过新疆，知道你们也真是不容易，远隔千山万水到这里读书，付出了很多。要记住这些不容易，不能把曾经的付出白白地丢弃，要把握好自己。你的大学生活还没有过半。海伦·凯勒说过，假如给她三天光明，她就会创造奇迹。你有很多个三天，要相信自己一定能使自己强大，实现人生最大的价值。

老师给你写生日祝福，就是想嘱咐你几句，珍惜时光，培养好自己，别到毕业时后悔，那就来不及了。老师还想告诉你，老师在你们身边，遇到什么难事就跟老师说一下，老师会尽力帮助你。

天气冷了，注意别感冒了。

谢谢曲老师！

很开心收到老师的祝福，我会努力学习的！也祝您身体健康、工作顺利！

××,你好!

你在干吗?学习没有?今天是星期天,给自己放假啦?有的大学生就是这样,一到周末、节假日,便给自己放假了。大学哪有休息日啊?我常提醒大家的是:大学不是用来度假的;大学不是用来过节的;大学生不是带薪休假的。

今天是你的生日,老师送几句生日祝福给你,祝你生日快乐!一切如意!

不知不觉间你的大学生活已经到了尾声。时间转瞬即逝、老师的大学生活已结束41年了,这是什么概念?说明我的人生到了后段。但是老师从来不悲观、不倦怠,每天都以积极的心态迎接新一天的到来。

谁知一天里会发生什么变化?珍惜每一天的时光,不断地精心雕刻、打磨自己,使自己做到最好。大学生活是你走向社会的最后一个准备阶段,你准备得越充分,自己越强大,待进入社会的时候你才会越应对自如。

不要满足于拿到毕业证,你们每个人毕业证的大小是一样的,但是含金量是不一样的,要使自己的毕业证有足够的含金量。

我要开会了,先聊到这里。有事联系我。

谢谢曲老师!

老师,您的生日祝福真的让我很感动,因为就连我爸妈也记不住我的生日,换句话说老师对我比我父母更用心,真的很幸运在大学里遇到您这样的好老师,我也真心希望您能健健康康、生活顺利。老师请放心,无论以后进入社会还是继续求知,我都会永远把您的每一句话刻在心里,努力发光,为社会献出一分力量。谢谢老师。

××,你好!

今天是你的生日,老师送上生日祝福,祝你生日快乐!

你是生活在新疆的蒙古族人。我多次去过新疆,也多次去过内蒙古。

每代人有每代人的使命和责任。实现中国梦需要你们参与,你们一定不要辜负时代的重托,一定要志存高远,别每天无精打采。你们要像我们大连海事大学校训弘扬的那样,“学汇百川,德济四海”,做一个有格局、有担当的大学生。

老师陪伴在你们身边,老师给你写生日祝福就是一个提醒,让你好好地度过大学生活，努力在青春的赛道上跑出最好的成绩。“莫等闲，白了少年头。”

有需要我做的事联系我，老师定将竭尽全力。

昨天写给四个学生的生日祝福

2023-12-01

××,你好!

今天是你的生日,老师在广西崇左祝你生日快乐!

转眼到了期末,你半个学期的大学生活就要结束了。

经过半个学期的思考、体验,想必你对大学有了较为深刻的认识。“大学之道,在明明德,在亲民,在止于至善。”读大学绝不能只想着毕业择业的问题,而是要懂得将所学的知识用到哪里,正像你在回答“你的择业愿望是什么?”时说的那样:“为国效力。”

你说对你影响最大的人是毛泽东。毛泽东也是对我影响最大的人。我从小就向往能到韶山、天安门看看,这些都实现了。

每代人有每代人的使命。一定要好好培养自己,做到“强国有我”。人生不会重来,何不奋力拼搏,看看自己到底能活成什么样子。伟大都是从平凡中走来的,相信自己,相信明天,在为祖国服务中实现人生的最大价值。

老师是你们的思政课教师,更是你们的知心朋友、人生陪伴者。老师来到你们身边,就是希望能为你们实现人生最大价值做些什么。有事联系我,老师一定尽力而为。“你为祖国服务,我为你服务”,这是老师建立“励志基金”的宗旨,也是老师奉行了一辈子的教育信条。

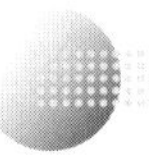

××，你好！

今天是你的生日，老师在广西崇左忙了两个报告、一个座谈会，忙到现在才给你写生日祝福，祝你生日快乐！一切顺心如意！算是迟来的祝福吧！

老师就是想提醒你，一定要好好读大学，圆满度过大学生活，将来回到家乡为民族团结做出贡献。

老师主动当了你们的大学辅导员，就是想在你们思想、生活、学习有需要的时候，老师能力所能及地帮助你们。所以，你有什么思想上的困惑可以找我，我给予你回答；若是毕业的时候考上了硕士，老师会资助你一台计算机。你有考研的打算吗？如果能考的话还是要考的。现在高等教育已经普及化了，提高自己的学历不是坏事。

当然，大学学习还不只是取得学历的问题，更要懂得成为一个什么样的人。一些进了监狱的干部，他们很多是名牌大学毕业生，能力很强，之所以走到了这一步，就是因为价值观出了问题，没有搞清楚到底应当成为一个什么样的人。厚德载物，这是有道理的。有了德才能把所学到的知识用到应当用的地方。

你的大学生活还有一段时光。虽然老师不能常在你们的身边，但是老师会时刻把你们挂在心上。老师要努力成为你们在大学里最亲近的人。有事联系我。

××，你好！

今天我带的学生中有四个过生日的，有两个是我上思政课年级的学生，有两个是你们新疆少数民族学生。在你们过生日的时候，老师送上生日的祝福，就是希望你们好好思考人生、规划好人生，把“小我”和“大我”统一起来，感恩父母、服务祖国，在奉献中实现人生的最大价值。老师现在在广西崇左，老师祝你生日快乐！一切都好！

大学是你人生的重要关口，可以这样讲，一些人的成功完全得益于在大学里做了充分的准备。所谓充分，指的是不仅学到了专业知识，更重要的是选准了人生方向，懂得了要成为一个什么样的人。所以，在大学里，一定要知行合一，把所学到的知识用到祖国需要的地方去。

老师去过新疆几次。新疆地大物博。新疆的发展稳定，对中国梦的实现有重大的影响。老师愿意陪伴你们，也是希望你们能学有所成，学有所

用，回到家乡，建设家乡。

大学生活过去一年了，你满意吗？在过生日的时候再认真审视一下，自己到底应当做什么，怎样圆满度过大学生活？老师在你们的身边，虽然老师不能总去看你们，但是无论老师在哪里，你们都在老师的心里。有事联系我。

到了冬季，大连天气开始转冷了，注意防寒，别感冒了。我要开会了，先聊到这里吧。

××，你好！

今天是你的生日，老师在广西崇左给你写生日祝福，衷心地祝你生日快乐！

生日怎样过？一些大学生过生日就是吃喝一顿，这不行。人是有思想的高级动物，在增长自然年龄的同时一定要增长自己的社会年龄。过生日，要好好思考一下过去的一年自己都做了什么，哪些应当做的还没有做或没有做好；要想想接下来应当做什么、怎样做。这样不断地思考、不断地实践、不断地积累，就会使自己的社会年龄随着自然年龄的增长而增长。

你说你有入党的愿望是因为"为人民做贡献是每一位共青团员的责任"，这是对的。大学是爱国的产物。我们今天办大学，就是要"为党育人、为国育才"。青年是祖国的未来。这就要求青年学生一定要有理想信念，坚定政治追求，矢志不渝跟党走。没有共产党，就没有新中国；没有共产党，就没有中国特色社会主义道路；没有共产党，就没有中华民族伟大复兴。千万不能把读大学只看成自己的事情，只想毕业找份好的工作，舒舒服服过自己的日子，这不会有大的出息。心中一定要有祖国，要有人民。你有了明确的奋斗目标，那就把它坚持下去。人生不能"常立志"，摇摇摆摆，那会耽误前行的路。老师在你们的身边，就是希望能为你们实现人生理想做些力所能及的事情。来到大学多不容易！你一定要好好培养自己，强大自己，为明天打下坚实的基础。有需要我做的事情说一声，老师定当全力以赴。

天气冷了，注意防寒，别感冒了。注意锻炼身体，一定要强身健体。

心中要有学生

2023-12-05

曲老师，您好！

最近看到同学们又在准备答辩了，我想起了6月我毕业的时候。时间过得真快，转眼已是12月了，我听取了您的建议，已经在××大学入职近1个月了，好多次想给您打个电话，又怕您在忙，不敢随便打扰您。成为一名老师以后，我更加能体会您的忙碌，同时也更能感受到您的温暖。传道受业解惑，成为学生的知心朋友，您一直是践行者。刚刚踏入教师队伍，我既有一些兴奋，也有一些担忧，既想成为像您一样的老师，又恐自己能力不足。但我想，只要像您一样，秉承“一直在路上”的理念，学习、实践、总结、反思，真心与学生相处，定然也能收获学生的喜爱。最近合肥很冷了，想来大连必然更冷，您经常奔波出差，一定要注意保暖。等到假期了，学生回去看望您。愿您和师母身体健康！

××，你好！

我也一直想给你打个电话，只是我在安排今日的行程，便没有打。我想近日去一趟合肥，到你们学校看看你。也巧了，就在你发来微信不一会儿，你们学校就说希望我12日能过去做个报告，我回复说可以，这样我们就可以在学校见面了，到时候我联系你，我们一起在学校吃个饭。

后天是今年下半年毕业的学生答辩。我还在想你那次本不应该出现的“惊险”。学术问题就是这样，不是用秤来称的，所以难免“仁者见仁，智者见智”。你也不用太在意。跟你们毕业生吃饭的时候我说过,你的毕业论文水平还是可以的,在学术上能有作为。

当然,从事思政课教学还不仅仅是学术水平问题,一些人教的思政课学生不愿意听,除了理论的透彻性不够之外,对思政课的情感不深也是重要的原因。思政课教师心中要有学生,要把功夫下在让思政课走进学生心灵上。这就要理论结合实际,尤其要结合我们思政课教师的实际。希望学生成为什么样的人,思政课教师首先就要成为这样的人。思政课教师一定要“言马”“信马”“行马”。这就有个学术定位问题,是搞纯理论研究,还是搞理论教育研究。我毕业时也上思政课,当时叫“共产主义思想品德”课。我自认为在那个年代我马克思主义理论基础还是不错的,若是纯搞马克思主义理论研究也能有所建树。但是我分析我自己,我愿意亲自实践,做马克思主义理论教育。现在看来,我若是纯做马克思主义理论研究不会有这样的影响力。

我主张作为一名思政课教师要把理论研究与理论教育结合起来,研究要为教学服务。你的理论水平绝对没有问题。你年轻,还有不断地丰富过程,重要的是增进对思政课的感情。其实这个也好解决。只要不搞双重标准就行。在你当学生的时候希望思政课老师是什么样子,那就照着那个样子去做。不要着急,慢慢来。只要用心教,围绕学生、关照学生、服务学生,将论文撰写扎根于中国大地,写到学生心坎,思政课就一定会达到“沟通心灵、启智润心、激扬斗志”的效果。

飞机着陆了,先聊到这里,我们很快就会见面了。

谢谢你的关心。有事联系我。

祝一切都好!

昨天写给我授课年级两个学生的生日祝福

2023-12-25

××,你好!

今天是你的生日,老师在候机时给你写生日祝福,祝你生日快乐!一生幸福!

你们的生日名册老师随身携带,手机里还有备份。老师就是想在你们过生日的时候嘱咐你们几句,希望你们圆满度过大学生活。

你说父母对你的影响最大。我想你也把父母当成你最感恩的人。千万不能把读大学只看成是自己的事情。要感恩父母,服务祖国。没有父母的养育,怎么会有你的今天。有的大学生读了大学就忘了家,忘了父母,只想自己将来怎样,这多让父母伤心。父母多不容易啊!上个月我在上海打车,在车上我看到司机身后倚着一块木板。我问他放木板干什么?他说:"你不知我有多难!我的腰椎坏了,医生让我住院治疗,说是有瘫痪危险。可是我的两个孩子都在读大学,我能怎么办?"34 元钱的车费我给了他 200 元钱。他说:"太多了。"我说:"不多,你回去给孩子打个电话,就说在车上有个老师告诉我给你们打个电话,你们不能忘了父母。"孝敬不能等待。你们远离家乡,父母无时无刻不在牵挂着你们,千万不能让父母操心。

你说你最关心的是将来的择业。老师理解你,这毕竟是人生的大事。但是在老师看来,选择职业固然重要,而正确的择业观比从事什么样的职业更重要,职业是为成为一个什么样的人服务的。你们的学兄××,本科毕业就想去西藏工作。因为没有计划便没有去成。没办法,他又读了研究生,等待机会。前年毕业他有了机会去到西藏,现在被评上了巴青县最年轻的优秀公务员。那里生活条件很艰苦,××说:“我不怕,我是中国共产党党员。”无论在哪里,无论做什么职业,都可以实现爱党、爱国的追求,都可以实现人生的价值。

我要登机了,先聊到这里。有什么需要我做的事情联系我。我说过,我们不是一门课的关系,我们是四年的师生,一生的朋友。

××,你好!

今天是你的生日,老师祝你生日快乐!

虽然我的课结束了,但是老师对你们的牵挂没有停止,无论老师在哪里,都会看看你们的名册,哪个学生过生日,老师都想嘱咐几句。是因为人老了愿意唠叨?不是!老师刚留校做辅导员的时候就有这个习惯,找过生日的同学聊几句,因为这时说的话学生容易记住。我原来带过的学生和我见面的时候,有的还能说出当年他过生日时我跟他说了什么。现在有手机了,送上生日祝福更方便了。

人活的是社会生命。自然年龄是自然增长的,社会年龄不可能自然增长。因此作为大学生,没有理由不使自己对社会有所贡献。

你说你最喜欢的书是《钢铁是怎样炼成的》。这也是老师年轻时最喜欢的一本书,它为我指明了人生的方向,给了我不惧怕困难的勇气。你说得对,人生就是要懂得活着的意义在哪里,要用正确的心态面对人生的磨难,你从这本书中找到了答案。

你说你最关心的问题是上大学要考哪些证书?证书重要,但是更为重要的是要确立正确的价值观,要把知识和能力用来为成为一个什么样的人服务。爱因斯坦说过:“青年人在离开学校时,是作为一个和谐的人,而不是作为一个专家。”就是这个意思。

你说你有入党的愿望,因为“入党是为了一种更好的政治追求,把自己的人生奉献给党的事业。入党是为了更好地全面奉献,使自己的人生无限地为人民服务。”大学生在政治上一定要追求进步,要听党话、跟党走。入党一定要解决思想上入党的问题,不然即便入党了,也经不起各种诱惑或考验,弄不好还会给党的事业带来损害。

大学一晃半个学期过去了,想必你对大学有了更深刻的认识。读大学不只是为了获得学位,更要看一下毕业证的含金量。

马上要放假回家了,回家静下心来好好思考一下自己应当做什么。要搞好职业规划,更要搞好人生规划。

老师在你们的身边,有需要我做的事联系我。

祝一切都好!

学校思想政治理论课教师座谈会召开五周年！

2024-03-18

党的十八大以来，特别是五年前，习近平总书记亲自主持召开学校思想政治理论课教师座谈会并发表重要讲话，为办好思想政治理论课提供了根本遵循。

我非常荣幸地参加了这次座谈会。习近平总书记强调："思想政治理论课是落实立德树人根本任务的关键课程。青少年阶段是人生的'拔节孕穗期'，最需要精心引导和栽培。""思政课是落实立德树人根本任务的关键课程，思政课作用不可替代，思政课教师队伍责任重大。"

五年来，广大思政课教师充分发挥自身的积极性、主动性、创造性，为办好思想政治理论课做出了重要贡献。但是，从问题的角度来看，思政课还没有达到完全令人满意的程度，正如习近平总书记在中央党校一次会议上指出的那样："现在理论宣传上有一种现象值得注意，那就是照本宣科、不求甚解、浮在面上的多，以理服人、以情动人、入脑入心的少。"如何从根本上改变这种状况？无疑需要方方面面的共同努力，而办好思想政治理论课关键在教师，思政课教师责任重大。这就要求"老师要用心教"。只有"用心教"，思政课才能取得"沟通心灵、启智润心、激扬斗志"的效果。所谓"用心教"，就是增强政治意识；提升理论素养；创新教学方法；怀有仁爱之心。

思政课不是简单的知识传授，说到底是要让学生"听党话、跟党走"。要想学生什么样，我们就得是什么样。马克思主义学院"姓马""言马"，马克思主义学院更要“信马”“行马”！思政课教师一定不能只做“经师”，要努力成为“人师”，成为“大先生”。学校思想政治理论课教师座谈会召开五周年了，再过五年思政课会怎样？会不会达到完全令人满意的效果？习近平总书记为什么要亲自主持召开学校思想政治理论课教师座谈会？一方面说明了党和国家对思政课的重视，另一方面说明思政课还没有上好。

办好思想政治理论课关键在教师。教师的关键在做实、在“用心教”。思政课一定要在让学生“内化于心，外化于行”上下功夫。这不能成为口号，这应成为检验思政课教师教学水平的根本标准。我又想起习近平总书记在纪念马克思诞辰200周年大会上引用的毛泽东那句话：“如果我们党有一百个至二百个系统地而不是零碎地、实际地而不是空洞地学会了马克思列宁主义的同志，就会大大地提高我们党的战斗力量。”习近平总书记想告诉我们什么？对思政课教师来说，一定不能夸夸其谈，要做到“六要”“八个统一”，这样思政课才能做出应有的味道。

做睡觉安稳的人

2024-05-17

曲老师,您好!

在省委党校××期思政(社科)班的报告中,您在结束时说道:“爱自己的孩子是人,爱别人的孩子是神,要做神一样的辅导员。”这句话让我感动到流泪。今天再次听您的报告,这几句话我十分认同,“不是学生不懂回报,而是你不懂得付出”“在增长自然年龄的同时也要增长社会年龄”。如今我虽然离开学工队伍一年有余,但我依然感动于教师这一神圣光荣的职业,带给我桃李满天下的荣光远大于物质上的满足。我以后还得向您多多学习。

××,你好!

谢谢认同!我们共勉!

人生就是一个追求定位的问题,就是想得到什么的问题。站立的高度不同,看到的风景就不一样。怎样都是一生,或者这样,或者那样,谁也别说比别人难,谁也别说比别人幸福。最幸福的人是睡觉最安稳的人。一些人一时看起来挺风光,到头来也是凄惨孤独地离去。德不足者多欲。心态不好,怎么也不会幸福。对得起学生,问心无愧,每天睡得安稳就可以了。忙忙碌碌没有什么不好,正是为学生的忙碌奏响了我们人生的乐章!这些体现了我们的价值感、存在感。不是学生不懂回报,而是我们一定要真心地付出。交往本身就是互动的过程,如果趋利而往自然就得不到回报。人生真需要回过头看。对学生一定要好点,不要总想远离学生,要珍惜和学生在一起的时光,这些一旦失去是无法弥补的。

忙忙碌碌地才回复你,抱歉!

不能为了评职称而忽视学生

2024-06-05

曲老师,您好!

我是一名年轻的“90后”思政课教师。虽然您可能不认识我,但我很早就关注了您的公众号,您的每一篇文章我都看了,所以今天在现场听您的讲座,有一种熟悉又亲切的感觉。您的讲座让我几度泪目,受益匪浅。作为年轻老师我既想纯粹地讲好思政课,又想个人有发展进步、评上职称,所以我经常陷入一种矛盾之中。今天您的讲座点醒了我,让我豁然开朗,您说“放下尘世繁华,做个勇敢的人”,我想我要放下职称评聘,做一个纯粹讲好课、培养好学生的思政课老师!真心感谢您。

××,你好!

思政课是立德树人的关键课程。思想是行为的先导。一些大学生犯了错,归根结底是价值观出了问题。所以,思政课教师在大学生人生成长中起着关键的作用。

思政课教师一定要搞好定位:是在马克思主义理论研究上下功夫,还是在马克思主义理论教育上下功夫。定位决定了力的方向和大小。我是赞同定位后者的。

马克思创立了马克思主义,这不是用来评职称的,这是对真理的追求。马克思因为创立马克思主义、从事共产主义运动,被开除了国籍,一生陷入贫困之中。今天我们开设思政课,其根本目的也不是解决思政课教师就业和评职称问题，而是要使思政课走进学生心灵，激扬学生的斗志，让青年学生听党话、跟党走，立志做有理想、敢担当、能吃苦、肯奋斗的新时代好青年，在青春的赛道上跑出当代青年的最好成绩。这是检验思政课教学水平的根本标准。

不是不可以评职称，而是不能为了评职称而忽视学生，那就失去了思政课的价值，这样的职称也没有意义。我想，真正走进了学生心灵，一定会有很多的体会，把这些体会从学理上加以分析，同样可以写出好的论文、专著。

你还年轻，能有现在这样的认识和心态很好，把它保持下去，“坚持数年，必有好处”。

告诉我你的详细地址，我签名邮寄一本我写的书给你做纪念。

祝好！

曲老师，我刚刚下课看了您的消息，备受鼓舞，感觉您真的有一股神奇的魔力，这股魔力让我这样的年轻老师充满力量，谢谢您，曲老师。我的地址是：××××××××。

思政课是一种最好的“食材”

2024-08-08

曲老师，您好！

我是××工业职业技术学院的思政教师××。我听了您的课，感觉很受鼓舞和启发，对自己的工作也有很多思考，感谢您！祝您身体健康、事事顺利！

两天过去了，我还在回味您的讲座，感觉受益匪浅。曲老师，我们××工业职业技术学院由一所中职院校升格为高职大专院校刚刚一年多，很多身在教学一线的同事如我一般在很多方面处于迷茫之中。特别衷心地邀请您，希望您能够在百忙之中抽出时间到我院来为我们指点迷津！

××，你好！

谢谢你的认同！

思政课是完成立德树人根本任务的关键课程。我们一些思政课教师总说学生不愿意听思政课，这跟我们没用心教有关。若是用“食材”来打比方，思政课是最好的一种“食材”了。只是我们的手艺不够好，不是“咸了”，就是“淡了”，不合学生的胃口。思政课教师只有用心教，学生才会用心悟，思政课才能启智润心、沟通心灵、激扬斗志，取得我们希望的效果。我们共勉！

你们什么时候开学？等我安排时间到你们学校去。

祝一切都好！

教育是爱的过程

2024-09-12

曲老师，您好！

我想对您说一些话：

您不仅谈到对学生精神方面的引导、示范和感染，还谈到很多对学生物质生活方面切切实实的帮助，我想问一下，作为青年教师，还未有坚实物质基础的时候，您认为应当从何做起？

我和师姐复盘的时候，找到的答案是：您把学生放在了心里，包括物质基础在内的各种问题只是您要达成育人目标途中去解决的一个小问题。物质为您所用，不是因为您拥有物质基础才能做成这些事，而是您去做成这些事，其他资源“不争自来”。这让我想起我在上大学的时候一位老师说过的一段话，大概意思是，工作以后不要追着钱，钱就会追着你；反之，钱就会躲着你。您今天的“不争自来”我应该也会记很久很久，很有幸听到您的分享，感谢您！

您在最后的时候提到您自己幸福满满，信心满满。我很感动也很骄傲，为有您这样的教育家而骄傲且开心。“向我学习”这四个字让我很有感触。我和师姐刚刚吃饭还在说，做老师纯讲道理很多都是在研究逻辑上的以理服人，但是做到“以行服人”才是真正的、鲜活的、实际意义上的以理服人，这恰恰也是最难的。我毕业论文主题是课程思政，我在采访青年教师时，有教师就提出，希望有一个本专业的老师给出一个鲜活的样板，这样他们很快就能学会。学生也是这样，身教示范，不只讲道理，让自己成为样板把道理展示出来,学生自然知道该做什么。“向我学习”,敢于喊出这四个字,真的需要很大的信心、热情、能力、毅力和自省力。向您致敬,向您学习!

您把学生的点点滴滴都记在心里,思政课的成效汇聚在课上课下每一个细节。我们老师说您已经用行动阐释了您对生命意义的理解。您对精神富裕的追求也在一定意义上回答了您对生命意义的理解。

我前段时间有幸向我们学校××老师请教了一些问题,他是生物学科的退休老师,我为××大学有这样的老师感到开心,我问了他许多问题,收获很大。我记住一个很简单但又很复杂的答案是:作为教师就做好教师的工作。今天听到您的分享,一瞬间我突然在想,大师的道可能都是相通的。我万分有幸听到您的讲座,再次感谢您的分享,祝您平安健康幸福快乐,每一天都有滋有味。

谢谢××!

节日同乐!我发现给你写的这段话没有发给你。这两天忙忙碌碌忘了回复你,抱歉!

教育过程是爱的过程,作为一名思想政治教育工作者,一定要有仁爱之心。这种爱体现在多个方面,比如不能让学生在价值观上出现问题。当然,你这里和我探讨的是物质上对学生的帮助。这和有没有钱没有什么大的关系。我现在条件好了,可以比较惬意地在物质上给予学生一些帮助。我刚工作的时候,就没有现在这样的物质条件,主观上我想更多地给予学生物质上的帮助,但客观上确实做不到。但是这并没有影响到我把爱融入思想政治教育的过程当中。学生有病不能上课了,我会买水果到寝室看望;住院了更是要买食品到医院看望;有个学生的弟弟住院了,我会想办法包些饺子送到他的床前;我还会把一些生活用品如笔记本、衣服送给学生用(穿);家访的时候我也是尽量多地给学生钱;我结婚后住在学生寝室,从我家到学生寝室打车 8 元钱,坐公交车要坐两趟,我跟我爱人挤公交车,就是为了省下这 8 元钱,那时能给学生买多少黄瓜和面包……上个月我种了两颗牙,需要吃消炎药。种牙第三天我在火车上赶上了吃药时间,我望着售货车里的矿泉水心里想买还是不买?最后决定不买。我省下了一瓶矿泉水钱,到了学校才把药吃上。我从来没在火车上买过水喝。我差钱吗?我是因为贫穷的时候养成了“病”。学生最在乎的不是你给了他们什么，而是他们在没在你的心上。

有一次我上思政课的时候，有个班长带了一张假条给我。班级有个学生高烧39℃不能来上课了。我立马从兜里掏出100元钱给这个班长。我说："我确实没有时间去看他，替我买箱牛奶和一些水果看看他，祝他早日康复！并且别忘了替我谢谢他。"班长纳闷地问："怎么还谢谢他呢？"我说："你看他都烧成这个样子还不忘了给我写假条，对我如此尊重，我不应当谢谢他吗？"这个学生晚上仍发着高烧，给我写了感谢的话语，表示一定会好好读大学。"100元也是钱啊！"有的老师会这样想。其实你送上一句温暖的话语所起到的作用与送上100元钱应当是一样的。

爱就像润滑剂，会使学生悦纳我们的教育。愿你能够成为一名学生喜爱的好老师。

知识成为力量是需要“中介”的

2024-10-14

××,你好!

今天是你的生日,老师祝你生日快乐!

今天是星期天,你睡懒觉了没有?要养成好的生活习惯,不要因为各种理由打乱自己的习惯,很多事都是这样,咬咬牙就过去了,没有什么不行。老师从上大学就养成了早起的习惯,即便大年初一也是早早就起床了,到今天还照样坚持着。老师在大学就认识到这一点:谁也不比谁聪明多少,成功的人有很多不同的特点,但是有一点相同,那就是拥有了比别人多的“剩余时间”,更多的“剩余时间”能创造更多的价值。

来到大学一个月了,老师也给你们上了课。你对大学有没有新的认识?读大学很重要的一个方面,就是选择和确立正确的价值观。不要小看这个问题。大家都认同“知识就是力量”这个口号。知识真的就是力量吗?知识成为力量是需要“中介”的,不“识”之所“知”,知识就是魔鬼,会把人送进监狱。一些走进监狱的官员,说到根本不是他们没有知识,而是他们德不配位,没有把知识用到对的地方。你是学计算机专业的,这个你知道,今天许多犯罪都与高科技有关,大多都是计算机高手干的。读大学,就要以德立学、以德立业、以德立生,明确人生的方向。

你有政治上要求进步的愿望,这很好。但是要求入党不是因为能做好事,而是要有更大的担当。长期以来,西方敌对势力的存在提醒我们,作为当代青年,就是要听党话、跟党走,立志做有理想、敢担当、能吃苦、肯奋斗的新时代好青年,在青春的赛道上跑出当代青年的最好成绩。你真不容易。既然能从那么远的地方来到这里,只要努力,坚持不懈,就没有什么是不可能的。

我说过,我们不是一门课的关系,我们是四年的师生,一生的朋友。有需要我做的事找我。能为你们做些力所能及的事情老师感到快乐!

老师也给你准备了你出生那天的一张报纸,今天午间我想请你们十月份过生日的同学吃个饭,老师把报纸带过去,我也给其他同学、老师准备了他们出生那天的报纸。记住老师的“用心”。老师还需要什么?老师就是希望你们能够好好努力,圆满地度过你们的大学生活,在青春的赛道上跑出当代青年的最好成绩!午间见!

祝一切都好!

好的老师,我肯定听从老师的教诲,养成早起的习惯,始终努力、坚持,朝着自己的目标不懈奋斗,为祖国创造更多的价值,谢谢老师的关心,也祝愿老师身体健康、万事顺意,您始终是我学习的榜样!

要志存高远,坚持不懈,看看自己到底能成为一个什么样的人!我们共勉!

昨天写给四个学生的生日祝福

2024-10-22

××，你好！

今天你们年级有四个人过生日，老师早早就起来了，给你们每个人写了一封生日祝福信，老师祝你们生日快乐。

这是你来大学的第一个生日，打算怎样过？课程忙碌，没有时间好好地吃上一顿饭吧？有的学生过生日讲排场，这着实不必。读大学，一定要最大限度地保证学习时间。同样是四年，为什么到毕业时同学间就有了那么大的差别呢？一个重要的原因就是时间利用得不一样。“剩余时间”产生“剩余价值”，有的同学积攒了更多的“剩余时间”，有的同学则浪费了很多“剩余时间”。老师想要提醒你要有节约时间、惜时如金的意识。

你的调查问卷写了两页稿纸，全年级只有三个人的调查问卷写了两页稿纸。不是说写得多就一定好，老师想说的是从中能看出来你是一个做事认真的人。毛泽东说过：“世界上怕就怕‘认真’二字，共产党就最讲‘认真’。”这是对的。从年轻的时候就要养成做事认真的习惯，这样才会少犯错、不犯错，才会取得更大的进步。

你对你的专业很满意。这是你学好专业知识的一个有利方面。既然喜欢，那就好好学。学无止境，一定要充分地利用好大学的时光，把专业知识学扎实。特别应当看到，当今科学技术的挑战加剧，这就要求你们要有永不满足的学习态度，不断攀登科学技术的高峰。你有考研究生的想法，那就从现在开始认真准备，不能“临时抱佛脚”，要打有把握之仗。

你喜欢《平凡的世界》这本书，你说从中你学到了主人公不怕困难的精神。人生就是要有刚毅坚卓的品格。青少年时期是人生的“拔节孕穗期”，一定要锻炼好自己。这个时期怎样，对未来影响甚大。谁的成长环境都不是一帆风顺的，关键是要有不怕吃苦的精神，养成了这种精神会受益终身。

你有入党的愿望，你要为祖国服务、为人民服务，那就朝着正确的方向踔厉奋发、勇毅前行。要从思想上入党。现在有的大学生太功利，把入党看成了为个人谋福利，没有把入党与做人统一起来。入党，不是为了个人的小家，要胸怀祖国、放眼世界，为共同理想和最高理想而奋斗不止，不然就不会为党和人民包括自己带来福音。

要把锻炼身体摆在重要的位置。锻炼身体要养成习惯，不能三天打鱼、两天晒网。有好的身体才能为党多做工作，才能为不断攀登科学高峰提供保障。老师今天还在忙碌的路上，与年轻的时候坚持锻炼身体有很大的关系。

老师说过，我们是四年的师生，一生的朋友。有需要我做的事联系我。老师祝你一切都好，圆满度过你的大学生活！

谢谢曲老师的生日祝福！没想到曲老师会给我发这么长的生日祝福，我很感动，也很感谢曲老师。看了曲老师发的信息，我深受启发，我一定继续保持认真的态度，努力学习专业知识并且尽自己所能帮助身边的人，为人民服务。我也一定会坚持锻炼身体，向曲老师学习！再次感谢曲老师的祝福和教导！

××，你好！

今天是你的生日，老师祝你生日快乐！

大学生活过去快两个月了，是不是眨眼间的事？四年也会很快就过去的！从上大学算起，我的大学生活过去了46年，当年读大学的情景还历历在目。毛泽东说：“一万年太久，只争朝夕。”要珍惜大学时光，努力奋斗，看看自己到底能走多远！有人做过抽样调查，老年人最后悔的事不是没有钱，而是年轻的时候没有好好地奋斗。

你从贵州来到这里，不容易，也付出了很多。遗憾的是有些学生来到大学便放松了自己，没能培养好自己，有的毕不了业，更有的违法违纪，受到了处罚，这都是前车之鉴。读大学，每天都要警醒自己，哪些事该做，哪些事应当做得更好。要防微杜渐，不该做的事坚决不能做。

你喜欢你的专业，这对你搞好专业学习是有利的。热爱是最好的老师。学习，就要刻苦、就要认真，就要永不满足。有的学生把学习定位在可以毕业上，这是底线要求。要知道，每个人的毕业证大小是一样的，但是含金量是不一样的。你有考研的想法，这是应当的。社会对人才的质量要求越来越高，只有知识多、能力强，才能满足走上社会面临的职场需要。

当然读大学还有比学习知识更为重要的东西，这就是一个人的价值追求，也就是你到底想成为一个什么样的人。五千年的中华文明告诉我们要厚德载物。价值观错了，就承载不了知识的重负，也不知所学的知识应当运用到哪里。你爷爷是共产党员，参加过抗美援朝战争，你说受你爷爷的影响你有入党的愿望。你在中学评上过市里的三好学生，你的基础很好。那就用党员的标准要求自己、衡量自己，坚持不懈地去追求，这样你就一定会实现你的美好愿望。

把身体锻炼好，这也非常重要。好的身体是你成就梦想的重要保证。

有事联系我。

祝好！

曲老师，您好！

我非常感谢您在百忙之中给我写下这封信，也感谢您一直以来对我们2024级学生无微不至地关心与支持。今天是我的生日，收到您的祝福和教诲，我感到非常温暖和感动。

大学生活确实一晃而过，这两个月我经历了许多新的挑战，也逐渐意识到四年光阴的重要性。正如毛泽东所说的“一万年太久，只争朝夕”，我会时刻铭记并珍惜每一天，不辜负这段宝贵的时光，努力提升自己。

您的教导让我更加坚定了目标，读大学不仅是为取得一纸文凭，更是为了让自己在学业和人生中都能有所成就。我会继续保持对专业的热爱，严格要求自己，同时牢记“厚德载物”的道理，努力成长为一个具备正确价值观和社会责任感的人。

我也会时刻提醒自己，无论在学习上，还是在生活中，都要保持警觉，走好每一步。同时，我会重视身体锻炼，毕竟一个健康的体魄是实现一切理想的基础。

再次感谢您对我的悉心指导和鼓励。未来的路,我会不断努力,我会在追求梦想的路上不断前行。

如果将来我有什么思想上无法解决的事,我一定会联系您。祝您身体健康、万事顺意!

××,你好!

今天是你的生日,老师祝你生日快乐!

生日就是年轮,刻下了你过去一年走过的足迹。不过人是社会中的人,人与动物有本质的不同,人既有自然生命,更有社会生命,所以,人不能只增长自然生命,更要增长社会生命。过生日,要想想自己对不对得起过去的365天,下个365天应当怎样过,乃至自己的一生应当怎样过。

你来大学两个月了,对大学有怎样的认识?大学无疑是学习知识、培养能力的地方,因此,一定要充分地利用好大学阶段宝贵的时光,丰富自己的专业知识,提升自己的能力。空谈误国,实干兴邦。习近平总书记说:“以真才实学服务人民,以创新创造贡献国家。”这里告诉我们的是,学习知识、提升能力,不能只是为了自己将来如何,更要将“小我”统一到“大我”之中,在实现中国梦伟大事业中放飞梦想。可见,大学更是一个确立自己的人生方向、培养自己品德的地方。古人曰:“仁者以财发身,不仁者以身发财。”读大学,一定要做仁者,以德立身、以德立学、以德立业,做到知行统一。

你最关心的问题是提升国家综合国力,实现共同幸福。由此折射出你心中装着的不是自己。当代青年就应当有胸怀、有格局,格局太小做不成大事。只有心存希望,才有希望。江山代有才人出。人生不会重来。伟人不是生下来就伟大,是时代、个人的努力成就了他们。当代青年生逢其时,施展才干的舞台无比广阔,为什么不全力地拼搏一下,看看自己到底能活成什么样子!不管别人如何,我们都要坚强,向着美好进发。“待到山花烂漫时,她在丛中笑。”

和同学相处得怎样?世界这么大,偏偏你们在一起,这得是多大的缘分!和同学要好好相处,不要总想自己做多了、吃亏了。你心中有他人,他人心中才会有你。离开大学带走的应是一个团队,而不只是自己孤零零地离开，这也是读大学必须学好的一门课。

要养成锻炼身体的习惯。人生是长跑比赛，不要在乎现在自己跑到了哪里，要想明天、将来能跑到哪里，能第几个冲刺。

老师要去开会了，就聊到这里。祝一切都好！

曲老师，您好！

非常感谢您的关心与祝福，收到您的消息，我感到无比激动！很遗憾13日那天由于个人原因没有与您和大家共进午餐，您送给我的报纸和发来的祝福是我最珍贵的礼物。

在您的课上，我深刻体会到了大学生活的意义。我认为，在大学里一定要树立正确的人生观、价值观，努力提高专业技能，不随波逐流，提高身体素质，德智体全面发展，为实现中华民族伟大复兴贡献自己的力量。

我也深深感悟到自己的不足，很多时候我不能只顾自己的小事，应当更多地融入团队中，多为别人想，多为别人做，未来才能更好地服务国家，服务人民。

再次感谢您对我们的关心与祝福，您记得我们每个人的生日，用心地培养、教导我们，为教育事业奋斗终生。您辛苦了，您是我们的榜样！

祝您身体健康、工作顺利！

××，你好！

今天是你的生日，老师祝你生日快乐！

刚来大学时老师让你们做了调查问卷，在回答“来大学之前你对大学有怎样的认识”时，你说：“充满期待，了解课程。”来大学两个月了，现在你对大学又有怎样的认识？大学不只是学习知识的地方。老师跟你们讲过，大学还有个名字，就是爱国。不爱国办什么大学？当年，著名教育家张伯苓校长在南开大学开学典礼上问了三个问题：“你是中国人吗？你爱中国吗？你愿意中国好吗？”其言谆谆，其意切切，嘱托的就是读书人一定要有爱国精神，爱自己的祖国。习近平总书记也是谆谆教导当代青年，要立大志、明大德、成大才、担大任，在青春的赛道上跑出当代青年的最好成绩。所以，来到大学，就要提升自己的格局，不能只想自己，要把个人的发展融入实现中国梦伟大事业之中，在服务祖国中实现人生的最大价值。

爱国不是喊口号，要付诸实践，这就要有真本事。前两天我们学校表彰了大连海事大学“十佳大学生”,××同学她是“轮椅大学生”,被保送到××大学读硕士。她能学好,你们没有什么理由学不好。总想舒舒服服是不行的。你是计算机专业的,一定要管住自己,不能玩游戏,玩游戏上瘾了,就耽误自己了,后悔就晚了。你想考研,那就早做准备。按照上限要求自己,争取做到最好。即便考上了研究生,“含金量”也是不一样的。

大学生政治上理应要求进步,要创造条件加入党组织中来。当然入党更要从思想上入党,要不断磨炼自己,培养自己对党忠诚的品格,把入党与成为一个什么样的人结合起来。

你说你喜欢《活着》这本书。老师在上个年级做问卷调查的时候,发现喜欢《活着》这本书的学生最多。我与他们进行了交流,他们和你的感触类似,主人公身处低谷却保持乐观的人生态度对他们有所启发。老师认为你们还应当思考主人公为什么从人生的“高峰”跌入了“低谷”?说到底,是价值观出了问题,这个教训要汲取。

今天有四个同学过生日,老师一直忙到现在。老师之所以嘱咐你们要锻炼身体,就是因为身体太重要了。不要因为年轻满不在乎。我经常讲,身体最功利,你现在对它怎么样,它明天就会对你怎么样。

老师顺便问一下,你说你爸爸是司机,是出租车司机吗?老师明天晚上去长春,你爸爸若是出租车司机的话,老师就不用学校来人接我了,让你爸接我,我照付车费,“肥水不流外人田”嘛,老师主要想顺便跟你爸聊一聊。

好了,老师上午要到市里开会,就聊到这里。小伙子,只要有决心就一定能实现目标!要有志气、骨气、底气!现在,青春是用来奋斗的;将来,青春是用来回忆的。

祝一切都好!

高校思政课切实完成好培养时代新人历史使命的四重维度(一)

2024-10-25

党的二十届三中全会审议通过的《中共中央关于进一步全面深化改革 推进中国式现代化的决定》,站在新的历史起点上,擘画了以中国式现代化全面推进中华民族伟大复兴的战略举措,并特别提出"教育、科技、人才是中国式现代化的基础性、战略性支撑"。青年兴,则国家兴;青年强,则国家强。对教育而言,其"基础性、战略性支撑"最集中的体现就是着力培养担当民族复兴重任的时代新人。思政课是立德树人的关键课程,培养担当民族复兴重任的时代新人是思政课责无旁贷的历史使命。由此要求思政课必须依循以下几个维度,努力完成好所担负的任务。

一、从政治高度认识思政课

"中国共产党一经诞生,就把为中国人民谋幸福、为中华民族谋复兴确立为自己的初心使命。一百年来,中国共产党团结带领中国人民进行的一切奋斗、一切牺牲、一切创造,归结起来就是一个主题:实现中华民族伟大复兴。"百年奋斗,百年辉煌。我国 GDP 总量稳居世界第二位,中国声音、中国力量、中国故事、中国模式正日益显现出强大的生命力。"今天,社会主义中国巍然屹立在世界东方,没有任何力量能够撼动我们伟大祖国的地位,没有任何力量能够阻挡中国人民和中华民族的前进步伐。""没有任何力量能够撼动""没有任何力量能够阻挡",但是有人想撼动、有人想阻挡。长期以来，各种敌对势力从来没有停止对我国实施西化、分化战略，从来没有停止对中国共产党领导和我国社会主义制度进行颠覆破坏活动，他们下功夫最大的一个领域就是争夺我们的青少年。面对风云变幻的国际形势，以习近平同志为核心的党中央统筹把握中华民族伟大复兴战略全局和世界百年未有之大变局，要求全党从党的百年奋斗中看清楚过去我们为什么能够成功、弄明白未来我们怎样才能继续成功，对来自外部的各种围堵、打压、捣乱、颠覆活动，必须发扬不信邪、不怕鬼的精神，同企图颠覆中国共产党领导和我国社会主义制度、企图迟滞甚至阻断中华民族伟大复兴进程的一切势力斗争到底。

从事伟大的政治斗争，必须培养伟大的战士，必须使当代青年学生坚定政治品德，正确认识中国和世界发展大势；正确认识中国特色和国际比较；全面客观认识当代中国、看待外部世界；正确认识和把握人类社会发展的历史必然性；正确认识和把握中国特色社会主义的历史必然性；正确认识时代责任和历史使命，不断树立为共产主义远大理想和中国特色社会主义共同理想而奋斗的信念和信心，听党话、跟党走，努力成为让党放心、爱国奉献、担当民族复兴重任的时代新人。人的品德形成规律遵循的是知情意行统一的过程，知是前提，正确的认知是养成良好品德的前提。人的正确思想是从哪里来的？不会在头脑里天然存在。青少年阶段是人生的“拔节孕穗期”，最需要精心引导和栽培，他们的政治认知需要从外部“灌输”进来。思政课具有极强的政治属性，是我们党立志于中华民族千秋伟业，培养一代又一代拥护中国共产党领导和我国社会主义制度，立志为中国特色社会主义事业奋斗终身的有用人才开设的课程，体现的是我国高校社会主义性质和发展方向，是青年学生接受政治认知教育的主渠道，“我们的教育绝不能培养社会主义破坏者和掘墓人，绝不能培养出一些‘长着中国脸，不是中国心，没有中国情，缺少中国味’的人！”由此可见，思政课绝不是一门单纯传授知识的课程，它更是一门政治信仰课，思政课上得好坏，直接关系到培养什么人、怎样培养人、为谁培养人这个党之大计、国之大计落实得怎样。思政课就是要旗帜鲜明地讲授好中国共产党的历史，讲清楚中国共产党如何领导人民造就了新的历史辉煌，尤其要讲授好习近平新时代中国特色社会主义思想这一当代中国马克思主义、21世纪马克思主义，以彻底的思想理论说服学生，用真理的强大力量引导学生，破解学生的中国之问、世界之问、人民之问、时代之问、人生之

问，帮助学生应对纷繁复杂的国际、国内形势带来的各种错误思潮的挑战，在大是大非面前保持清醒的政治头脑，增强做中国人的志气、骨气、底气，以伟大的历史主动、巨大的政治勇气、强烈的责任担当，把爱国情、强国志、报国行自觉融入以中国式现代化推进中国梦实现的奋斗之中。思政课的作用十分重要、不可替代。

二、高校党委要切实负起主体责任

中国共产党百余年奋斗的历史经验告诉我们，中国人民和中华民族之所以能够取得今天的伟大成就，最根本的是有中国共产党的坚强领导。“东西南北中，党是领导一切的。”只要我们坚持党的领导不动摇，紧紧地团结在以习近平同志为核心的党中央周围，充分发挥党的政治领导优势，把党的领导落实到党和国家事业各领域、各方面、各环节，我们就一定会达到我们所期待的目标。思政课是党的事业的组成部分。习近平总书记强调：“办好中国的事情，关键在党。”于高校而言，办好思政课关键在于高校党委的领导。2024 年 5 月，习近平总书记对学校思政课建设做出重要指示，强调各级党委（党组）要把思政课建设摆上重要议程，各级各类学校要自觉担起主体责任，不断开创新时代思政教育新局面，努力培养更多让党放心、爱国奉献、担当民族复兴重任的时代新人。高校党委要不断增强政治意识、大局意识、核心意识、看齐意识，居安思危，恪尽兴党之责，善谋治党之策，切实从政治和全局的高度来认识主体责任、担当主体责任，负起办好思政课的主体责任，把思想认识统一到党和国家对思政课形势的准确判断上面，把行动落实到党和国家对办好思政课部署的各项任务上面。学校的工作千头万绪，使高校成为坚持党的领导的坚强阵地，保证高校正确的办学方向，保证高校始终成为培养社会主义事业建设者和接班人的坚强阵地是头等大事，这就要求高校党委必须把思想政治理论课建设纳入重要议事日程。放眼今日之中国，实现中华民族伟大复兴使得我们对高等教育的需要比以往任何时候都更加迫切，对科学知识和卓越人才的渴求比以往任何时候都更加强烈。为此，党中央做出了建设世界一流大学的战略决策，我们的高校也都在朝着这个目标坚定不移前进。但是，办好中国的世界一流大学必须有中国特色，特色在哪里？简单来说，就是我们扎根中国大地办大学，培养的学生有一流的价值观，也可以说有一流的人文精神，而思政课是一流人文精神的核心。中共中央办公厅、国务院办公厅印发的《关于深化新时代学校思想政治理论课改革创新的若干意见》要求将马克思主义学院作为重点学院、马克思主义理论学科作为重点学科、思政课作为重点课程加强建设。对此不能喊起来重要，做起来次要，忙起来不要，要把思政课建设情况纳入学校党的建设和办学质量考核中，切实把这项工作抓起来、抓到位，充分发挥党委在思政课建设中的把方向、管大局、做决策、带队伍、保落实、促发展等重要作用。面对纷繁复杂的国际、国内形势，面对新一轮科技革命和产业变革，面对人民群众新期待，面对高等教育所处的自身环境，面对青年学生的思想身心特点，办好思政课不容易。高校党委应当切实增强办好思政课的信心。要抓住制约思政课建设的突出问题，积极建立党委统一领导、党政齐抓共管、有关部门各负其责的工作格局。要特别健全马克思主义学院与职能部门、其他学院的联动机制，确保思政课程与课程思政同向同行，推动形成学校上下努力办好思政课，学生积极学好思政课的良好氛围。制度是人们共同遵守的办事规程或行动准则，带有全局性、整体性、基础性的特征，具有广义法的效用。学校党委要以时不我待的责任感、躬身入局的使命感，围绕办好思政课亟待解决的根本性问题，下大决心、下大气力、因地制宜，出台具有较强针对性和可操作性的落实性文件，为办好思政课提供各方面的制度支持，为相关制度要求落地指明具体的路径，在资格准入、招聘引进、职称评聘、导师遴选、评优奖励、发展规划、人才引进、资源使用、平台建设等方面优先保障思政课建设，形成高校办好思政课的制度体系和长效机制。高校党委书记、校长作为思政课建设第一责任人，要履职尽责，带头推动思政课建设。要主动联系思政课教师，走近学生、走进课堂，多听他们的意见、真听他们的意见，回答师生关注的理论和现实问题，做到重要工作亲自部署、重要问题亲自过问、重要环节亲自协调、重要事项亲自处置，切实把思政课建设成学生真心喜爱、终身受益的优秀课程。

（转下页）

高校思政课切实完成好培养时代新人历史使命的四重维度(二)

2024-10-26

(接上页)

三、更充分发挥好思政课教师的关键作用

习近平总书记指出:"教师重要,就在于教师的工作是塑造灵魂、塑造生命、塑造人的工作。一个人遇到好老师是人生的幸运,一个学校拥有好老师是学校的光荣,一个民族源源不断涌现出一批又一批好老师则是民族的希望。"党的十八大以来,以习近平同志为核心的党中央站在党和国家事业发展后继有人的战略高度,将加强教师队伍建设作为建设教育强国最重要的基础工作来抓,做出一系列重大决策部署,尤其对思政课教师队伍建设给予了高度重视。习近平总书记亲自主持召开学校思想政治理论课教师座谈会,他强调:"办好思想政治理论课关键在教师,关键在发挥教师的积极性、主动性、创造性"。习近平在中国人民大学考察时指出:"老师要用心教,学生要用心悟,达到沟通心灵、启智润心、激扬斗志。"这些为上好新时代思政课提供了科学指引和强大动力。应当充分肯定的是,广大思政课教师深刻领会习近平总书记重要讲话精神,以党的旗帜为旗帜、以党的方向为方向、以党的意志为意志,在党言党、在党忧党、在党为党、在党爱党,对上好思政课给予了深深的政治认同、思想认同、理论认同、情感认同。他们紧扣新时代、新征程以中国式现代化推进中国梦实现需要培养担当民族复兴重任时代新人这一命题,围绕学生、关照学生、服务学生，旗帜鲜明、坚持不懈以习近平新时代中国特色社会主义思想铸魂育人，以人格魅力呵护学生心灵，以学术造诣开启学生智慧，做学生为学、为事、为人的大先生。把自己的温暖和情感倾注到每一个学生身上，让每一个学生都健康成长，让每一个学生都有人生出彩的机会，为学生的成长点亮理想之灯、照亮学生前行之路，筑牢学生坚定的理想信念之基，广大思政课教师以自己的实际行动表明了他们是一支可信、可敬、可靠，乐为、敢为、有为的教师队伍。但是，在我们肯定成绩的同时也要清醒地认识到，一些思政课教师还没有发挥好在帮助学生扣好人生第一粒“扣子”中所应起的作用。他们有的把思政课只当成了“饭碗”；有的把心思都用到了发表学术论文、申报研究课题上，而不是带上使命、带上情感、带上追求，全身心地投入思政课教学中，致使思政课教学没有很好地将教材体系转向教学体系、将知识体系转向信仰体系，偏离了满足学生成长、成才的需要这一根本目的。该问题的解决无疑需要思政课教师首先从主观方面努力，真正认识到思政课教师在培养担当民族复兴重任时代新人中的关键作用，自觉做到为党分忧、为党担责，把“经师”与“人师”统一。从客观方面来看，思政课教学还没有很好地导引思政课教师把心思用到思政课教学上，我们过于重视对思政课教师科研能力的评价，对其教学能力、教学效果的评价排在了科研能力评价之后，他们做科研得到的报酬也是远大于做教学得到的报酬。科研必须为思政课教学服务，思政课教学必须以学生“内化于心，外化于行”为评价标准。这就需要建立完善符合思政课教师教学特点的教师评价体系，由此要特别深化思政课教师的职称制度改革，推进对思政课教师的发展性评价，突出他们的教育教学实际、教学能力、教学贡献、育人成效，坚决克服唯论文、唯帽子等现象，增强思政课教师的获得感、幸福感和满足感。只有这样，思政课教师才能够坚定心有大我、至诚报国的理想信念，从科研导向转向教学导向，将理论研究和教学实践有机统一起来，涵养启智润心、因材施教的育人智慧，热心从教、精心从教、长期从教、终身从教，打造出真正意义上的思政“金课”，切实增强思政课的实效性。

四、切实推进思政课改革创新

习近平总书记指出：“纵观人类发展历史，创新始终是一个国家、一个民族发展的重要力量。”创新是时代的精神，创新是进步的灵魂。唯创新者进，唯创新者强，唯创新者胜。对思政课而言，就是要面向新时代，面向

其所担负的使命责任，面向青年学生的成长环境，坚持在改进中加强、在创新中提高，不断改革创新教学内容和教学方式，积极构建和完善符合学生成长规律特点和人才培养规律特点的教育教学体系，提高教育教学实效、提升学生的获得感，使思政课“内化于心，外化于行”，真正成为青年学生的行为指南。时代在不断前进、事业在不断发展。党的十八大以来，我们党不忘初心、牢记使命，“坚持在改革中守正出新、不断超越自己，在开放中博采众长、不断完善自己，不断深化对共产党执政规律、社会主义建设规律、人类社会发展规律的认识，不断开辟当代中国马克思主义、21 世纪马克思主义新境界”。理论之树常青，事业之树常青。党的理论创新每前进一步，理论武装就要跟进一步。“中国应该每年有新的东西，每一天都有新的东西。”新时代的思政课要坚持与党的创新理论同步推进，通过健全以习近平新时代中国特色社会主义思想为核心内容的课程教材体系，推动党的创新理论常学常新、入脑入心。“知己知彼，百战不殆。”思政课教学不仅要“吃透”教材，更要“吃透”学生，要了解学生的所思所想。这就要求思政课教师不能“夹着教材来，带着教材去”。要想方设法“吃透”学生，比如，可以通过调查问卷、深入学生宿舍、召开座谈会、与辅导员交流等多种方式方法把握学生的思想脉搏。有了“原材料”，思政课教师再“吃透”教材内容，就会很好地把价值性和知识性相统一，寓价值观引导于知识传授之中，增强思政课的思想性、理论性和亲和力、针对性，让思政课讲得有深度、有力度、有温度。同时，应当完善思政课教学的考试方式。马克思主义不是书斋里的学问，实践性是马克思主义的根本属性。思政课讲得好不好、学生学得怎么样，是由两方面来衡量的。一方面，是通过课堂考试检验学生对科学理论的掌握程度；另一方面，是通过学生的日常表现来衡量学生是否学以致用。因此，思政课教学的考试“以分数贴标签的做法必须彻底改！”必须避免一张卷子“定乾坤”的做法。思政课教学考试要把学生的日常表现加进来，这里的表现不是指学习积极性、学习态度、学习纪律怎样，而是指是否用学过的理论指导自己的行动。比如，政治上是否积极要求进步，是否积极参加集体活动，是否关心他人，是否参加志愿活动，是否有违纪行为，等等。“大思政课”我们要善用之，一定要跟现实结合起来，思政课不仅应该在课堂上讲，也应该到社会生活中来讲。善用“大思政课”是新时代全面贯彻党中央对思政课建设要求的体现，是推动思政课改革创新的理念支撑，也是思政课切实完成好培养时代新人历史使命的重要前提。“纸上得来终觉浅,绝知此事要躬行。”“大思政课”要善用之,就要使思政课从“小课堂”中跳出来,让思政课始终紧扣“培养堪当民族复兴重任的时代新人”这一命题,不再囿于一位教师、一间教室、一堂课、一本教材,与社会这个“大课堂”紧密结合,让学生“用脚步丈量祖国大地,用眼睛发现中国精神,用耳朵倾听人民呼声,用内心感应时代脉搏,把对祖国血浓于水、与人民同呼吸共命运的情感贯穿学业全过程、融汇在事业追求中”,使理论性和实践性相一致,引导学生知行统一。

要树立正确的人生方向

2024-11-04

××，你好！

今天是你的生日，老师在桂林祝你生日快乐！

大学生活过去了两个月，现在你对大学的认识与来大学前比是不是有了变化？在高中阶段你们的家长、老师对你们灌输的主要就是考上理想的大学，将来找到理想的工作，对大学的根本属性缺乏有效的引导。

读大学不只是为了学习知识、解决个人就业需求，大学更是精神的家园。读大学，首先要解决的是自己要成为一个什么样的人的问题，要确立正确的人生方向。你们正处在人生的“拔节孕穗期”，这个问题解决了，知识越多越有意义。你是学计算机专业的，看看今天社会上多少犯罪都与高科技有关。厚德才能载物。老师多次跟你们讲，知识是统一体，要把“知”“识”统一起来，要“识”之所“知”，不然知识就是魔鬼，会把你带进深渊。

你得到了三等助学金，不要觉得自己应当得到二等、一等助学金。要正确地看待助学金。这是国家对大学生的资助。我们这样的国情办了如此规模的高等教育，一方面是国家发展需要人才；另一方面，也是为了满足人民群众日益增长的物质文化需求，这也是我们社会制度优越性的一个体现。助学金的评定毕竟不是拿秤称的，即便真有不均，也可以正常地向辅导员反映自己的情况，不要有什么情绪。最重要的是要增强克服困难的勇气。越是困难，越要有不惧怕困难的精神，越要有“穷且益坚，不坠青云之志”的品格。古往今来很多伟大的人物、成功的人士都是这么过来的,要用他们的人生经历激励自己。

要抓紧时间学习,把自己变得强大。你们学计算机的学生,接触计算机最多。一些学生把握不住自己,陷入游戏之中,结果耽误了自己。一定要做到慎独。要自己管住自己,都是成年人了还要靠别人管?那还会有出息吗?

锻炼好身体,这很重要,你能走多远,从某种意义上讲,是由你的身体决定的。大连的天气变化无常,注意保暖,防止感冒。有事联系我。

祝一切都好!

感谢曲老师的生日祝福!老师,我一定谨记您的教诲,争取成为一名能够为国家和社会做出积极贡献的大学生!

好的,选对了路,就坚定地朝前走,看看自己到底能有多大的作为!有些人不是路没选对,而是没有走,或者走着走着就不走了,实在是有些可惜。

把精力用到为中国梦而读书上

2024-11-05

曲老师,您好!

能成为您的学生,我感到十分荣幸。听了您的课,我真觉得受益匪浅,以下是我想跟您汇报的事情。

我来自山东临沂,在我家附近就有一处抗日革命根据地和一处红嫂故里,那里也有很多雕像。我小时候经常去参观,去听他们的故事,可我一直都不明白,他们为什么不怕死,甘愿为了革命事业牺牲,他们的勇气从何而来。通过您的授课,我找到了一个答案——信仰。共产党人相信马克思主义,革命必将胜利是他们的信仰。因此,他们不怕牺牲,他们知道自己不会白白牺牲,人民群众相信共产党,相信共产党终将解放全中国,维护人民的利益是他们的信仰,所以他们也无所畏惧。我不知道这个答案是否完全正确,但是我相信了信仰的力量。

我也想成为一个有信仰的人,在您的课上,您讲到邓稼先、黄旭华、钱学森都有着“苟利国家生死以,岂因祸福避趋之”的精神,周恩来“为中华之崛起而读书”,他们都是有理想、有骨气的读书人,他们都是将“小我”融入祖国“大我”中的人,爱国是他们坚定的信仰,您说“高山仰止,景行行止”,我立志向他们学习,将爱国、报国作为我的信仰和追求。犹记得您在课堂上说:“现在,我们在计算机领域还不如美国。”作为计算机专业的当代大学生,我立志用尽全力,为增强祖国在计算机领域的话语权贡献自己的力量,我知道自己现在还很弱小,是这个领域的小白,但我不自卑,我想用我的大学四年练就一身硬本领,想到这些,我真觉得现在的每分每秒都如此宝贵。

此外,您讲到您当年放弃厅级干部职务毅然回到学校当辅导员的故事,我感受到了什么才是一个人真正的追求,一个人的追求不应该是随着社会上大多数人的追求而追求,若一个人活着只是为了寻求别人口中的好,那这个人也许永远找不到生活的意义,永远过不上自己想要的生活。

虽然我现在并不是一个十分自律的人,有时候一玩起来就停不下来,但我会不断用曲老师给我讲的故事勉励自己,使我的信仰越来越坚定。

写到最后,我有幸遇到曲老师,就像老师说的,我们是四年的师生,一生的朋友。祝曲老师身体健康,每天都开心。

××,你好!

我收到你这封信的时候,正好在桂林一个思政课教师培训班上。我跟老师们讲,如果把大学里的每门课都比喻为一种“食材”的话,思政课是最好的一种“食材”,只是我们有的老师“手艺”不精,没有将其做出好味道,不是“咸”了,就是“淡”了,学生不愿意吃。老师为什么给你们上思政课?老师相信思政课只要用心教,学生就一定会用心悟,思政课就能达到沟通心灵、启智润心、激扬斗志的教学效果,你的信再次证明了老师观点的正确性。

看了你的信,老师流泪了。老师辞去领导职务回到学校的时候,很多人不理解。领导关心地说:“这能行吗?”我说:“我的心情像足球队员一样,我要下场踢球,我不相信球踢不进对方的门。”我跟你们讲过××的故事。他要“植大木以立长天,处江湖以忧国民”。他不是去西藏“镀金”了,他要为民族团结奉献一生。还有××,他坚定人生追求,要做一名真正的共产党员,他今年参加国家发展改革委一个下属单位的考试,笔试、面试成绩都是第一名。今天,你又站了出来,要成为一个有理想信念的人。可谓当代青年大有可为、大有作为。

习近平总书记说:“每一代人有每一代人的长征路,每一代人都要走好自己的长征路。”今日之中国正行进在实现中国梦的伟大征途上。当代青年应当听党话、跟党走,立志做有理想、敢担当、能吃苦、肯奋斗的新时代好青年。人生只有一次,为什么不精彩地活着?鲁迅先生说:“其实即使是天才,在生下来的时候的第一声啼哭,也和平常的儿童一样,绝不会就是一首好诗。""惟其幼小,所以希望就正在这一面。"谁也不是天生就伟大,伟大来自平凡、来自坚持不懈的努力和奋斗。你多年轻,年轻就是资本、就是希望、就是未来。从现在起,把全部精力聚焦到为实现中国梦而刻苦读书上,你能行、一定行!

老师承诺过:我们是四年的师生,一生的朋友。老师是你的铺路石。老师建立了"励志基金",宗旨是"你为祖国服务,我为你服务"。你勇敢地前行,老师一定尽最大的努力帮助你在青春的赛道上跑出当代青年的最好成绩!一定要把身体锻炼好!

飞机着陆了,先聊到这里。等老师约你吃饭,我们再好好聊聊。有事联系我。

祝一切都好!

一定要自己管好自己

2024-11-07

××,你好!

今天是你的生日,老师祝你生日快乐!

你早上几点起床?睡懒觉了没有?老师跟你们说过,要养成好的生活习惯,不要今天刮风了、今天下雨了、今天下雪了、今天是星期天……总给自己的懒惰找各种借口,每天应当到点起床,到点睡觉,井井有条,好的生活习惯终身受用。你已经是成年人了,一定要自己管好自己。

你们来大学一晃已经过去两个多月了,转眼就是一个学期、一个学年,大学四年很快就会过去。老师 46 年前读的大学,那时的情景还历历在目。有的大学生成天玩手机,多浪费时间啊!你玩不?一定不能无端地消耗宝贵的大学时光!

读了大学,就要有读大学的样子。你首先要想一想自己的人生方向在哪里,也就是要成为一个什么样的人。不能每天浑浑噩噩,当一天和尚撞一天钟。要懂得感恩,要服务祖国。读大学不能只想自己如何,要想能为父母、为祖国做什么。你说你有入党的愿望,要跟随你的爷爷。你爷爷是共产党员,你敬佩你爷爷,他老人家对你有很大的影响。大学生就应当在政治上要求进步,听党话、跟党走,担当民族复兴大任。江山代有才人出。努力地拼搏,看看一个普通的灵魂到底能走多远。

空谈误国、实干兴邦。感恩父母也好,服务祖国也罢,都需要真本事。学生的天职是学习。只有强大自己才能成就梦想。老师多次讲过,学习可不会像喝饮料那么舒服。学海无涯苦作舟。要拿出破釜沉舟般的勇气学习。难吗？难！但是这是必须要做到的，就是要下功夫的问题。要充分地利用大学的时光强大自己。

和同学相处得怎样？不能处处只想自己，这会成为“孤家寡人”。心中要有他人，要力所能及地帮助他人。你心中有他人，他人心中才会有你。一个不在乎别人的人，也必然不会被别人在乎。谁的成功都不能只靠自己实现。离开大学的时候，你们要带走一个团队，若只是孤零零地自己离开了，未来的路会很难走。

老师写给每个学生的生日祝福都要嘱咐他们把身体锻炼好，这太重要了！身体和知识一样，是成就梦想的重要保证，而没有好的身体，你的知识学习、能力提高也会受到影响。

你的字写得有点潦草。字如其人。平时多练一练。

八点半老师要召开一个学生座谈会，需要准备一下，先聊到这里，有事联系我。

祝一切都好！

感谢曲老师在百忙之中抽出时间为我回信，我一定谨遵曲老师的教诲，努力学习，努力进步，不辜负这大学四年的时光，再次感谢曲老师！

好的！谁都是一点一点长大的，伟大寓于平凡之中。努力了，就不会后悔。努力了，未必就能得到；但不努力，就什么都得不到。

要重视理论学习

2024-11-11

××，你好！

昨天是你的生日，老师给你写了一封信，写得早，怕打扰你休息，就没让你加我微信。我早上六点就去辽阳、鞍山了，晚上很晚才回来，忘了发给你了，你加我微信，老师发给你，算是迟来的祝福。

××，你好！

今天是你的生日，老师祝你生日快乐！

大学生活很快一个学期就过去了，四年也很快就会过去。有的学生常说，什么时候才能毕业啊！很快的，一眨眼的工夫就毕业了。我来大连海事大学也已经11年了。

老师在你过生日的时候给你写信，就是想给你提个醒，希望你在这个时间节点上能够想一想自己在过去的一年都做了什么，有没有做得不对的地方？哪些需要保持？哪些需要改正？在你刚来大学做的调查问卷中，你说你对大学的认识是自由时间多，挑战自控力。人一定要自己管好自己，都是成年人了，还要靠老师管？靠父母管？那还能有什么出息？要做到慎独。像你说的，在大学要全面发展自己。要管，就管自己是否全面发展了自己。

我们的基础教育，对专业知识的学习比对人文知识的学习更加重视。这使一些学生脑袋中装满了专业知识，以为有了知识就可以改变命运。

哪能这么简单。中华文化告诉我们四个字:厚德载物。没有德,学知识有什么用?没有德,怎么会把知识用到正确的地方去?而品德的形成是从正确的道德认知开始的,要有正确的价值观,这就要重视理论的学习,就要用习近平新时代中国特色社会主义思想武装头脑。方向正确了,知道了知识用到哪里,再刻苦学习,增强感恩父母、服务祖国的本领。这样知识越多越有意义,才能改变命运,才能实现人生的最大价值。

老师今天早上六点就要到辽阳去,晚上回来。先跟你聊几句,明天老师请你们11月份过生日的同学吃饭,到时我们可以再聊。现在还早,老师怕打扰你休息,等一会儿在路上老师发给你。

要注意强身健体,养成好的生活习惯,这很重要。

祝一切都好!

感谢老师在百忙之中给我发来的祝福和督促,我会努力让自己变得越来越好的。身为新时代青年,时间、精力是我们的优势,吃苦耐劳、勤奋是我们的品格。感谢曲老师的教诲,我会在接下来的四年大学生活中从思想和行动上严格要求自己,我希望能做到“文明其精神,野蛮其体魄”。也祝愿老师身体健康、一切顺心!

好的。午间吃饭的时候老师又跟你们在这个月过生日的同学聊了几句,就是希望你们锻炼好身体,努力攀登科学、人生的高峰,看看自己到底能走多远!老师是你们坚强的后盾!